Buch

Im Sommer 1966 unternehmen die beiden Brüder Kernahan und Rinker Buck das Abenteuer ihres Lebens. Die beiden Jungen – siebzehn und fünfzehn Jahre alt – kaufen für dreihundert Dollar eine alte Piper und bringen das heruntergekommene Flugzeug wieder auf Vordermann. Sie haben es sich in den Kopf gesetzt, in diesem Zweisitzer quer über den amerikanischen Kontinent zu fliegen – von New Jersey nach Kalifornien. Und so setzen sie an zum Start. Ohne Radar und ohne Licht müssen die Flugpioniere ganz ihrem Kompaß und ihren eigenen Flugkünsten vertrauen. Die hat ihnen ihr Vater beigebracht, der selbst ein passionierter Flieger war und als junger Mann bei Volksfesten im »Fliegenden Zirkus« auftrat, bis er bei einem Unfall ein Bein verlor.

Kern und Rinker gehen als jüngste Piloten in die Geschichte des Landes ein. Doch für die beiden unterschiedlichen Brüder sind die sechs Tage, die sie gemeinsam in der Luft sind, mehr als der Beweis ihres technischen Könnens. Sie merken sehr schnell, daß diese Reise auch in anderer Hinsicht etwas ganz Besonderes ist. Denn zum ersten Mal in ihrem Leben fühlen sie sich einander nahe. Die Mauer, die bislang zwischen ihnen stand, scheint nicht mehr da zu sein…

Autor

Rinker Buck ist von Beruf Journalist. Er lebt mit seiner Frau und seinen beiden Töchtern in Cornwall, Connecticut.

btb

Rinker Buck

Traumflug
Eine wahre Geschichte

Aus dem Amerikanischen
von Almuth Carstens

btb

Die Originalausgabe erschien 1997
unter dem Titel »Flight of Passage«
bei Hyperion, New York

Umwelthinweis:
Alle bedruckten Materialien dieses Taschenbuches
sind chlorfrei und umweltschonend.

btb Taschenbücher erscheinen im Goldmann Verlag,
einem Unternehmen der Verlagsgruppe Bertelsmann

1. Auflage
Deutsche Erstveröffentlichung Januar 1999
Copyright © 1997 by Rinker Buck
Copyright © der deutschsprachigen Ausgabe 1999
by Wilhelm Goldmann Verlag München in der
Verlagsgruppe Bertelsmann GmbH
Umschlaggestaltung: Design Team München
Satz: Uhl + Massopust, Aalen
RK · Herstellung: Augustin Wiesbeck
Made in Germany
ISBN 3-442-72424-4

Für meinen Bruder Kernahan Buck,
der uns so weit gebracht hat,
und für meinen Vater Thomas Francis Buck,
der uns das Träumen lehrte und dann
so vernünftig war, uns ziehen zu lassen.

Wir waren einfach nur zwei Jungen, siebzehn und fünfzehn, die in einem Flugzeug, das vor unserer Geburt gebaut worden war, nach Kalifornien flogen. Im selben Sommer noch sollte uns ein Reporter von Associated Press für kurze Zeit berühmt machen, indem er schrieb, wir seien die jüngsten Flieger, die Amerika je von Küste zu Küste überquert hatten, aber es waren weder Rekorde noch Ruhmesreden, auf die es uns ankam. Uns ging es eigentlich darum, uns unserem Vater gegenüber zu beweisen.

Es scheint unvorstellbar, daß wir Tom Bucks Söhne hätten sein können, ohne nach Kalifornien zu fliegen, sobald wir dazu in der Lage waren. Mein Vater war ein Träumer, ein ganz großer Träumer, und die meiste Zeit träumte er vom Fliegen. Die Fliegerei war das wichtigste in seinem Leben, nicht nur wegen der damit verbundenen abenteuerlichen Aspekte, obgleich er schwärmerisch genug war, daß auch sie für ihn gezählt hatten. Was ihn bewegte, war eher die Symbolik des Fliegens.

1933, im Alter von siebzehn, hatte mein Vater die Enttäuschungen einer in Pennsylvania während der Depression durchlebten Jugend hinter sich gelassen, indem er von zu Hause weggelaufen war und sich einem fliegenden Zirkus angeschlossen hatte. Die nächsten Jahre verbrachte er damit, als Luftakrobat und Pilot zu überführender Maschinen im Land umherzuziehen – eine romantische, unbesonnene Flucht, die ihm aber seinen Weg wies. Mit einundzwanzig bereits gab er das Herumvagabundieren auf und ließ sich in New York nieder, wo er eine höchst erfolgreiche Karriere im Zeitschriftenwesen einschlug. Sie trug dazu bei, daß seine Familie die harten Zeiten überstand, und lieferte dann den Unterhalt für die riesige Kinderschar, die er nach dem Zweiten Weltkrieg zeugte. Trotzdem blieb er zeit seines Lebens gehemmt, weil er kein College besucht, ja nicht einmal die Highschool abgeschlossen hatte. Seine Zigeunerjahre, in denen er als schneidiger junger Pilot wenig mehr besaß als zwei ölverschmierte Khaki-Overalls, ein paar Navigationskarten und einen Fallschirm, waren seine eigentliche Ausbildungszeit, an die er sich oft und gern erinnerte, weil sie seinen Triumph über wirtschaftliche Härten symbolisierte und sein Selbstbild entscheidend prägte.

Seine Nostalgie wuchs mit dem Alter und zeigte sich auch in der Erziehung seiner Söhne. An den langen Winterabenden in den fünfziger Jahren, als wir Kinder waren, saßen mein älterer Bruder Kern und ich in unserem Farmhaus in New Jersey oft bis spät in die Nacht hinein mit unserem Vater vor dem glühenden Kanonenofen und halfen ihm, sich mit simulierten Flügen seiner Schlaflosigkeit zu erwehren. Entzückt lauschten wir seinen endlosen Geschichten, die davon handelten, wie er über die Ozarks und den Mississippi nach Oklahoma und Ost-Texas vorgestoßen war und die großen Ebenen des Westens kreuz und quer in offenen Fairchilds und in Pitcairn Mailwings überflogen hatte.

Diese Anekdoten, ein Hohelied auf den Mumm und den Mutterwitz der frühen Jahre des Fliegens, fanden wir beide wundervoll. Da war die Rede von gefahrvollen Schneestürmen in den Appalachen und verzweifelten Landungen bei Mondlicht auf entlegenen Pisten in Alabama. Die Erzähltechnik meines Vaters war sehr gefühls- und körperbetont. Er war ein massiger, imposanter Mann, einen Meter neunzig groß, mit gewaltig ausladenden Schultern und einer breiten Brust, die sich hob und senkte wie der Blasebalg einer Orgel, während er sprach. Wenn er vor dem Feuer seine Geschichten vortrug, schwang er sich in seinem Schaukelstuhl vor und zurück und trat dabei mit den Beinen imaginäre Ruderpedale, ruckte bei einer Seitenwindlandung wild an seinem »Knüppel« oder brachte bei einer Rolle oder einem Immelmann den künstlichen Horizont zwischen seinen Beinen zum Rotieren. Manchmal brach seine Stimme und erreichte Falsetthöhe. »Der Acker war *kurz*, Jungs, viel zu kurz.« Im Zischen der Flammen konnten wir die Steuerseile ächzen hören.

Hinter meinem redenden Vater hingen an der getäfelten Wand seiner Bibliothek gerahmte Fotos aus seiner Pilotenkarriere – verblichene, silbrig getönte Bilder von jungen britischen Fliegern, die er in Kanada für die Luftschlacht über England trainiert hatte, von endlosen Reihen knallgelber Stearman-Schulflugzeuge im texanischen Love Field, wo er nach Pearl Harbor Fluglehrer beim Army Air Corps war. Eines unserer Lieblingsbilder war ein schwarzweißes Zeitungsfoto, aufgenommen am Ostersonntag 1942. Es zeigte meinen Vater, der in einem klapprigen KR-31-Doppeldecker vor der Philadelphia City Hall an einer winkenden, lächelnden Menschenmenge vorbeirollt, an beiden Tragflächenspitzen eskortiert von Polizisten auf Motorrädern. Um für die Altmetallsammlung zu werben, die den Krieg mit finanzieren sollte, war er als Gag mit dem offenen Flugzeug in der Innenstadt von Philadelphia gelandet, und die Ermahnung »Kratzt das Zeug zusammen!« stand in großen weißen Buchstaben auf der Bordwand der Maschine.

Später sollte ich erfahren, daß nicht alle Geschichten meines Vaters auf Wahrheit beruhten. Es wäre jedoch ein Fehler, an Erzähler wie ihn orthodoxe Maßstäbe anzulegen. Daran liegt Kindern nicht besonders, und wir erkannten selbst, daß unser Vater in einem Reich jenseits aller Notwendigkeit für

Beweise existierte. An sonnigen Wochenendtagen im Frühjahr und Sommer stand er früh auf und rief meinen Bruder und mich, damit wir seine große, schwarze BMW an die Seitentür schoben. Dann brauste er aus unserer Einfahrt zum Flugplatz. Dort schnallte er sich einen Fallschirm um, setzte seinen Pilotenhelm auf und donnerte in der lautesten Maschine der Allgemeinen Luftfahrt davon, einer Jagdmaschine der Marke At-6 Texan. Manchmal stimmte er bei Flugschauen die sich sammelnde Menge ein, indem er in Baumhöhe angesaust kam und tief über ihren Köpfen eine Faßrolle machte. Andere Male stieß er, wenn wir beim Fußballspielen oder Schwimmen waren, im Sturzflug auf uns nieder. Als Kinder taten mein Bruder und ich nichts lieber, als ausgestreckt auf dem weichen Gras neben der Piste zu liegen und in die Sonne zu blinzeln, während mein Vater über dem Flugfeld seine Kunstfiguren flog. Die mächtige, sexy Texan machte einen Höllenlärm am Himmel, wimmerte und heulte wie ein Modellflugzeug, wenn mein Vater seine Loopings und Rollen vorführte und alle sechshundert Pferdestärken durch den Auspuff knatterten, keuchten und furzten. Mein Vater übte seine Kunststücke gern mit offenem Cockpit aus, die gläserne Haube weit hinter sich zurückgeschlagen. Wenn er sich in der Luft drehte, fielen vereinzelte Navigationskarten, die sich zwischen den Bodendielen angesammelt hatten, heraus und zerstoben hinter dem Heck.

Mein Vater war damals bereits Ende Vierzig und hatte elf Kinder. Sein Alter und seine familiären Verpflichtungen hielten ihn jedoch nicht davon ab, so zu fliegen, wie es ihm gefiel, ebenso, wie er sich als jüngerer Mann durch einen spektakulären Unfall nicht hatte davon abhalten lassen. 1946 war er in 2000 Fuß Höhe ins Trudeln gekommen und in ein entlegenes Waldstück außerhalb von Wilmington, Delaware, gekracht. Sein Passagier war dabei umgekommen, und das Bein meines Vaters, das beim Aufprall von dem pfeifenden Motor zerquetscht worden war, mußte drei Jahre später amputiert werden. Mit der Prothese, die er trug, hinkte er merklich, und oft lähmten ihn qualvolle Phantomschmerzen. Er weigerte sich aber, dies als Handicap anzusehen oder auf die Ärzte zu hören, die ihm rieten, ein ruhigeres Leben zu führen. Sein fehlendes Bein verlieh ihm eine Art Ahab-Mystik, und er betrachtete es als Ausdruck seines unkonventionellen Lebensstils. In der Tat war er ein Typ, der Erfolg hatte, indem er noch die eklatantesten Belastungen zu seinem Vorteil nutzte. 1949, ein Jahr, bevor ich geboren wurde, trat er den eben entstandenen Anonymen Alkoholikern bei, weil er aufhören wollte zu trinken, und schon bald machten ihn die witzigen, ausschweifenden »Bekenntnisse«, die er dort ablegte, zum Star in AA-Kreisen. Ende der fünfziger Jahre begann er, ein praktisch Unbekannter, sich für Politik zu interessieren, leitete aber bereits 1960 in unserem Staat den Wahlkampf für die Präsidentschaft von John F. Kennedy mit. Er genoß die Aufmerksamkeit und den Beifall, den ihm diese Leistungen einbrachten, benötigte dies alles sogar und organisierte sein Leben so, daß er soviel wie möglich davon erhielt. Der Schriftsteller Joseph Heller arbeitete Ende der fünfziger Jahre mit meinem Vater bei *McCall's* und gründete später eine Figur in einem seiner Romane auf Tom Buck. »Er war ein Selfmade-Mann«, schrieb Heller, »und nicht imstande, es zu verbergen.«

Mein Vater zeigte immer deutlich, daß er von Kern und mir, seinen beiden ältesten Söhnen, erwartete, daß wir genauso erfolgreich und berühmt würden. Leider geraten Kinder selten nach Plan. Als Junge war mein älterer Bruder zurückgezogen, scheu und gehemmt, weil er so klein war für sein Alter. Kern war der typische älteste Sohn eines starken, mit eisernem Willen ausgestatteten Vaters, der insgeheim fürchtete, seinem Vorbild nicht gerecht zu werden, und daher ziemlich launisch und empfindlich gegen Kritik war. Schon seine äußere Erscheinung deutete auf Verwundbarkeit hin. Er hatte feder-

weiches kastanienbraunes Haar mit roten Glanzlichtern, hohe
Wangenknochen und vertrauensvolle braune Augen, die sich
vor Enttäuschung weiteten, wenn er verletzt wurde. Am meisten tat er sich in den Dingen hervor, die viel Alleinsein und
ein Minimum an sozialen Kontakten erforderten, in Mathematik und Naturwissenschaften, und sein bester Freund war
ein Tüftler und Rundfunkamateur, der im Nachbardorf
wohnte, Louie DeChiaro.

Kern und Louie verbrachten lange Nachmittage in Kerns
Zimmer oben auf dem Dachboden, wo sie an alten Radios
herumbastelten und vor Aufregung heulten und auf und ab
hüpften, wenn sie einen Empfänger zusammengebaut hatten,
der stark genug war, um »Chicago ranzuholen«. Mit ihren wis-
senschaftlichen Projekten – Ölbohrtürme, die »echtes Rohöl«
förderten, Modelle von Mercury-Raumkapseln, Kästchen mit
elektrisch geladenen Steinen, die Vierzig-Watt-Birnen zum
Glühen brachten – gewannen sie bei den Projekttagen der
Grundschule jedes Jahr die ersten Preise. Kern entwickelte nie
einen Instinkt für den sportlichen Wettbewerb, und in Gegenwart von Mädchen war er quälend schüchtern. Als er das
Highschoolalter erreichte und fand, es sei endlich an der Zeit
für ihn, sich mal zu verabreden, suchte meine Schwester
Macky das zurückhaltendste Mädchen in ihrer Klasse für ihn
aus, schrieb ihm ein ganzes Telefongespräch mit ihr auf einen
Block und hielt ihn Kern vor die Nase, während er nervös ihre
Nummer wählte.

Mich erwischte nie jemand dabei, wie ich bei den Projekttagen gewann. Ich hatte meinen Bruder die Rolle des scheuen
Einsiedlers spielen sehen und beschlossen, das genaue Gegenteil zu sein. Ich war der Extrovertierte, populär und gut in der
Schule, Hauptdarsteller in dem Stück, das die Klasse auf-
führte, und wurde Kapitän unserer unschlagbaren Fußball-
mannschaft. Diese Leistungen meinerseits beruhten nicht auf
Verdienst, sondern auf kriminellem Verhalten. Ich war beliebt,

weil ich der Klassenrabauke war, Experte für so heikle und bei uns hochgeschätzte Arbeiten wie das Sprengen des Briefkastens unseres Rektors mit einem Knallfrosch oder das Veredeln des Suspensoriums unseres Baseballtrainers mit einer unsichtbaren, körperlich aber höchst wirksamen Schicht Juckpulver. Wenn ich Scherereien hatte, dann immer gleich mehrere. In dem Frühjahr, als ich in die siebte Klasse ging, ertappte mich ein Nachbar dabei, wie ich draußen im Wald mit einer wunderhübschen Sechstkläßlerin rumknutschte, und berichtete meinem Vater von diesem Vorfall. Ein paar Abende später fanden meine Freunde und ich oben am Tea Mountain eine alte Klapperkiste, rollten sie auf den Reitweg und karriolten damit den Hügel hinab, wo wir nach einem frontalen Zusammenstoß mit einem Baum auf dem Rasen des Bestsellerautors Sterling North zum Stillstand kamen. Der bekannte Schriftsteller kam, einen Martini umklammernd und nackt bis auf ein Paar seidene Boxershorts, selbst aus dem Haus und fluchte hysterisch, bevor er die Polizei rief. Die Woche darauf drohte meine Klassenlehrerin Blair Holly, mich von der Schule werfen zu lassen, weil ich Betsey DeChiaro eine tote Ratte in die Schultasche gesteckt hatte. Meine frühjährliche Unfugskampagne fand in der letzten Schulwoche im Juni ihren brillanten Abschluß, als ich für den Vorsitz des Schülerbeirats kandidierte und mit überwältigender Mehrheit gewählt wurde.

Mein Bruder fühlte sich erbärmlich deswegen. Die Ungerechtigkeit der Welt erschütterte ihn. Er hatte sich gut betragen und sämtliche Vorschriften befolgt, und doch schien es niemanden zu interessieren, ob er am Leben war oder nicht. Ich brach jede Regel und bekam Aufmerksamkeit von allen Seiten. Er hatte schreckliche Angst, daß ich entweder im Gefängnis landen oder Präsident der Vereinigten Staaten werden würde, beides empörende Vorstellungen bei einem kleinen Bruder. Mehr als alles andere wünschte er sich einen ruhigeren, zurückhaltenden jüngeren Bruder, der sich im Hintergrund hielt und ihm nicht ständig die Schau stahl. *Ich* sehnte mich nach einem draufgängerischen, selbstbewußten älteren Bruder, der mir in der schulischen Gemeinschaft den Weg hätte ebnen und als Gegenpol zu meinem Vater fungieren können. Der Bruder, den ich hatte, machte mich regelrecht krank. Sogar die Kleidung, die Kern und Louie trugen – buntkarierte Hemden, nicht dazupassende, ebenfalls karierte Spießershorts, schwarze Socken und schwarze, hochgeschnürte Schuhe – war mir wahnsinnig peinlich.

Alle taten ihr Bestes, um Kern zu ermutigen. Eines Tages kam er von der Schule nach Hause, wütend über irgendeinen Jux, den ich mir geleistet hatte, und beschwerte sich bei meiner Mutter über mich. Meine Mutter war zierlich und sehr hübsch, eine typische Irin, und wirkte so jugendlich, daß keiner glaubte, sie könne elf Kinder zur Welt gebracht haben. Wie viele Mütter der damaligen Zeit, selbst protestantische, war sie eine Anhängerin der Kindererziehung à la Rose Kennedy. Ihr zufolge kam es auf die kleinen Dinge an, etwa daß man sich ordentlich anzog und dem Pfarrer gegenüber höflich war, und sie glaubte, Kinder könnten Großes erreichen, wenn man ihnen jemanden zum Vorbild gab, der erfolgreich war.

»Nun, Kern«, sagte meine Mutter, »vielleicht solltest du versuchen, deinem Bruder *ähnlicher* zu werden. Rinker kommt mit allen gut aus, arbeitet hart in der Schule und hat nie Löcher in den Zähnen.«

Meine Mutter leistete Hervorragendes beim Großziehen von elf Kindern, doch diesmal hatte sie das Falsche gesagt. Kern kam nie darüber hinweg. Als ich mich vor ein paar Jahren einer schmerzhaften Zahnwurzelbehandlung unterziehen mußte, rief er mich fast jeden Abend an, um sich nach meinem Befinden zu erkundigen, und überschwemmte mich mit Karten, auf denen er mir gute Besserung wünschte. Ich habe ihn nie so besorgt um mein Wohlergehen erlebt. Und er sprach mit großer Munterkeit, beinahe frohlockend darüber.

»Hör mal, Rink, laß dich davon nicht unterkriegen«, sagte er zu mir, während ich stöhnend im Bett lag und behutsam den Hörer an mein Ohr hielt. »Zu guter Letzt faulen jedem die Zähne weg.«

Viele Probleme mit meinem Burder milderten sich Anfang der sechziger Jahre, als wir Teenager wurden und mein Vater begann, uns das Fliegen beizubringen. Die Fliegerei erschien uns wie ein Heilmittel von Gottes Gnaden. Von dem Moment an, als mein Vater Kern zu seiner ersten Flugstunde im Pilotensitz einer gemieteten Piper Tri-Pacer festschnallte, zeigte sich deutlich, daß dieser der geborene Pilot war. Das Selbstvertrauen und die Ausgeglichenheit, die ihm am Boden fehlten, blühten in der Luft wie durch ein Wunder auf, als hätten sie speziell dafür auf Eis gelegen. Kern bediente die Steuerung mit natürlicher Gewandtheit und Koordination, und was er im konkreten Umgang mit einem Flugzeug nicht lernte, eignete er sich an, indem er alle achtundzwanzig Kapitel von *The Student Pilot's Handbook* auswendig lernte. Mein Vater war zwar ein sehr geduldiger, nachsichtiger Lehrer, setzte jedoch anspruchsvolle Maßstäbe und bestand darauf, daß wir nach der altmodischen Methode fliegen lernten, indem wir den richtigen Riecher entwickelten, mit jeder Menge Notlandeübungen, Sturzspiralentraining und Aerobatik. Mein Bruder meisterte alles mühelos.

Am bemerkenswertesten war, zumindest für mich, daß Kern in der Luft absolut keine Angst hatte. Nichts konnte ihn aus der Ruhe bringen. An einem kalten, regnerischen Novembernachmittag, als Kern vierzehn war, setzten er und mein Vater gerade zur Landung an, als der Motor stotterte und im Gegenanflug aussetzte. Die Texan wog nahezu zwei Tonnen, und wenn in einem solchen Flugzeug ein Motor ausfiel, hatte man nur noch eine fliegende Einstiegshaube. Mit kleinstem Anstellwinkel nahmen sie Kurs auf die Piste und landeten kurz davor in einem Obstgarten. Rumpelnd und quietschend wie ein Panzer schleuderte der massige, plumpe Jäger mehrere große Apfelbäume, zwei Zäune, einige Farmgeräte und einen Hühnerstall zur Seite und schlitterte dann durch ein Maisfeld, bevor er vornüber auf den äußeren Rand der Rollbahn kippte. Mein Vater und Kern rutschten gemeinsam eine ramponierte Tragfläche herunter, landeten im Schlamm und blieben stehen, um ihren Schiffbruch fröhlich zu analysieren. Eine Schar von Piloten und Mechanikern rannte zur Unfallstelle, und alle staunten über die Gelassenheit meines Bruders. »Mensch, Leute, guckt euch das an!« strahlte Kern. »Was sagt ihr dazu, daß wir es bis zur Landebahn geschafft haben?«

Meine eigenen Fortschritte in der Luft waren weniger befriedigend. Bis aufs Navigieren, das mir Spaß machte und bei dem ich mich sehr bemühte, war ich als Pilot längst nicht so gewandt wie mein Bruder und hatte, was noch schlimmer war, die meiste Zeit Angst. Die ungewohnten körperlichen Empfindungen und bizarren optischen Effekte, die sich einstellten, wenn ich die Nase des Flugzeugs auf den Horizont ausrichten und gleichzeitig, um eine Kurve zustande zu kriegen, den Flügel in Schräglage bringen mußte, waren zuviel für mich. In Turbulenzen zitterte ich krampfhaft am ganzen Leib, mir brach der kalte Schweiß aus, und vor Stalls, also Strömungsabrissen, und Sturzspiralen graute mir. Meinem Vater fiel es schwer, seinen Abscheu zu verbergen.

»Ach, Scheiße, Rinker«, stöhnte er auf seinem Fluglehrersitz hinten in der Maschine. »Nennst du das eine 360-Grad-Kurve? Dein Bruder kriegt sie doch auch hin. Versuch's noch mal.«

Wenn ich es dann immer noch nicht richtig machte, nahm mein Vater seine Lieblingsinstruktion zur Hilfe. »Ein Flugzeug ist wie eine Frau, Junge. Geh sanft, aber bestimmt mit ihr um.« Das verwirrte mich. Ich hatte bereits Erfahrungen mit Frauen, allerdings waren sie erst im Teenageralter, und der

Rat meines Vaters bewirkte bei ihnen draußen in den Wäldern zwar Wunder, doch im Inneren eines Flugzeugs war er keinen roten Heller wert. Sobald ich mich in die nächste 360-Grad-Kurve legte, fiel die Nase wieder unter den Horizont, so daß ich noch heftiger am Knüppel riß. »Junge, *bitte,* sanft, aber bestimmt!« Wenn mein Vater mir das im Verlauf einer einzigen Flugstunde zum zehntenmal zuschrie, wünschte ich mir, wir wären wieder auf der Erde und hätten beschlossen, daß die ganze Familie jetzt Golf spielen lernen sollte.

Schließlich kam mein Vater zu dem Schluß, daß ich noch zu jung sei, gestaltete meinen Unterricht lockerer und konzentrierte sich statt dessen auf meinen Bruder. Ich war erleichtert, erst mal aus dem Schneider zu sein, und in einer wichtigen Hinsicht empfand ich meine mäßige Begabung als Segen. Endlich, unleugbar, war mein älterer Bruder in etwas besser als ich. Ich war jetzt richtig stolz auf ihn, sogar neidisch auf sein Können in der Luft. Wenn ich hinten in der viersitzigen Beechcraft oder Cessna saß, die wir am Wochenende mieteten, um zusammen irgendwohin zu fliegen, war ich begeistert davon, wie professionell Kern seine Checkliste durchging, den Motor anließ und dann einen ganzen Flug allein bewältigte, während mein Vater mit gekreuzten Armen auf dem Fluglehrersitz hockte. Am Ende dieser langen gemeinsamen Tage wurde mir jedesmal plötzlich klar, daß ich mittlerweile glücklich in Kerns Gegenwart war, einfach, weil *er* glücklich war, ein erfrischend neues Gefühl für mich. Kern war voller Euphorie über seinen Erfolg als Pilot und stürzte sich mit Leib und Seele in die Fliegerei. Endlich konnte er sich auf das konzentrieren, was er an sich selbst mochte, und das vergessen, was er an mir verabscheute.

Am allerbesten war, daß mein Vater nun ein viel entspannteres Verhältnis zu uns beiden hatte. Jetzt, da einer seiner Söhne sich als großartiger Pilot erwies, kümmerte ihn nichts mehr. Die nächsten vier Jahre waren wir drei selig und verbrachten die Sommer Wochenende für Wochenende damit, uns von der holprigen Graspiste ein paar Meilen von unserem Haus entfernt in die Luft zu schwingen. Im Herbst suchten wir uns eine abgewrackte Tailocraft oder Aeronca, nahmen sie auseinander, schleppten sie mit unserem Jeep nach Hause und widmeten uns dann in den kalten Monaten in unserem Schuppen zufrieden der Restaurierung unseres »Winterfliegers«.

Kern machte in dem Stil, den mein Vater bevorzugte, weitere Fortschritte als Pilot. Im August 1964 wurde er sechzehn und hatte damit das gesetzlich vorgeschriebene Alter für sein erstes Solo. Für den ältesten Sohn von Tom Buck reichte es natürlich nicht, das Feld in einer Allerwelts-Cessna bloß einmal zu umkreisen, was sonst üblich war. Statt dessen heckten er und mein Vater etwas Besonderes aus. An seinem sechzehnten Geburtstag, so beschlossen sie, sollte Kern in vier verschiedenen Maschinen je vier Soli fliegen, zusammen also sechzehn. Es war die Art alberner Gags, für die mein Vater bekannt war, und Kern legte auch prompt los. Immer um die Graspiste herum brummte er in einem Flugzeug nach dem anderen seine monotonen Platzrunden ab. Mein Vater hatte es wie gewöhnlich geschafft, eine große Menge von Angehörigen und Freunden zusammenzutrommeln, die das Ereignis miterleben sollten. Es war jedoch ein drückend heißer Tag, und Kerns Zuschauer waren schon bald ermüdet und gelangweilt – sechzehn Starts und Landungen eines Teenagers in einem Leichtflugzeug sind ungefähr so unterhaltsam wie sechzehn Starts und Landungen einer Krähe. Als Kern die letzte Maschine bestieg, eine kackbraune Ercoupe, hatte sogar mein Vater genug. Er trat hinüber in den Schatten des Hangars, legte sich ins Gras, nahm sein Holzbein ab und machte ein Nickerchen.

Für meinen Vater war ein Ereignis kein Ereignis, wenn es keine Schlagzeile hergab, und so wurde auch das arrangiert. Noch am selben Abend rief er einen alten Freund an, Jack Elliott, der im *Newark Star Ledger* übers Fliegen schrieb, und wir saßen alle in Vaters Bibliothek und hörten zu, wie Kern Jack telefonisch seine sechzehn Soli beschrieb. In der nächsten Woche erschien die Geschichte in Jacks regelmäßiger Sonntagskolumne »Flügel über Jersey« unter der Überschrift 16 SOLOFLÜGE MIT 16. Illustriert war sie mit einem drei Spalten breiten Foto meines Bruders im Cockpit der klapprigen Piper Cub unserer Familie. Kern war immer noch recht klein für sein Alter und wirkte sehr jungenhaft, eigentlich nicht älter als vierzehn. Aber sein harmlos-braves gutes Aussehen ließ seine Leistung in noch hellerem Licht erscheinen. Jack war ein erfahrener Zeitungsmann, der wußte, wie er Material, das er am Telefon entgegengenommen hatte, so ausschmücken mußte, daß die Leser glaubten, sie hätten einen Augenzeugenbericht vor sich. »Kern brachte die Maschine hoch und wieder runter, als ob er das schon sein Leben lang getan hätte und auch mit einer Hand tun könnte«, schrieb Jack über die erste Runde meines Bruders. »Und dann wiederholte er es.«

Kern hatte Schwierigkeiten, sich an seinen neuen Status als junger Star der Piste zu gewöhnen. An einem Herbsttag kurz nach seinem ersten Solo waren wir alle zusammen draußen am Flugplatz; es war sehr windig, und keiner der Fluglehrer erlaubte seinen Schülern zu fliegen. Mein Vater jedoch fand, die Bedingungen seien eine gute Herausforderung für Kern, und er forderte ihn auf, Starts und Landungen zu üben. Kern drehte etwa eine Stunde seine Runden über dem Feld, landete elegant mit Vorhaltewinkel und setzte die Räder jedesmal ohne zu holpern zu einem »Touch-and-Go« auf.

Während mein Bruder seine Kreise zog, stand Nick Stone, ein anderer Flugschüler, den wir sehr mochten, bei den Zapfsäulen und sah zu. Jedesmal, wenn Kern den Boden berührte, sagte Nick: »Mein Gott, was für 'ne Landung. Perfekt.«

Dann kam die nächste Runde, und Nick sagte wieder: »Mein Gott, was für 'ne Landung.«

Ich hatte es so satt, Nick ständig »Mein Gott, was für 'ne Landung« wiederholen zu hören, daß ich anfing zu beten, mein Bruder möge mal pfuschen, nur so zur Abwechslung. Er mußte ja nicht gleich die Tragfläche in den Boden rammen und das Flugzeug ernsthaft beschädigen, bloß in dem starken Querwind etwas schief aufkommen und weit genug zur Seite rutschen, damit ihm ein Reifen platzte, oder sich von der Abdrift zu der Reihe Erdhörnchenlöcher abdrängen lassen, die drüben beim Luftsack die Piste säumte. Vielleicht könnte er ja sogar gegen den Luftsack prallen. Es wäre gut für Nicks Ego – zum Teufel, es wäre *großartig* für meines –, Kern Mist bauen zu sehen, nur ein einziges Mal.

Aber nein, er war schließlich mein Bruder. Jede Landung glückte perfekt.

Nach dem letzten Aufsetzen ließ Kern das Flugzeug auf der Rampe ausrollen, stellte den Motor ab und kam herausgehüpft.

Eher bewundernd als neidisch sagte Nick zu ihm: »Mein Gott, was für eine Landung. Kern, du bist so gut. Du bist einfach verdammt gut.«

Als wir abends zu Hause waren, regte Kern sich darüber auf.

»Rink, das ist nicht fair«, meinte er. »Hast du gehört, was Nick zu mir gesagt hat?«

»Ja, hab ich gehört.«

»Also, das ist nicht fair. Um gut in etwas zu sein, sollte man daran *arbeiten* müssen. Aber mir fällt das Fliegen in den Schoß. Ich muß nicht mal darüber nachdenken.«

Ich verstand meinen Bruder nicht. Nie ließ er sich eine Gelegenheit entgehen, sich selbst in Frage zu stellen. Plötzlich fühlte ich mich furchtbar schuldig ihm gegenüber, schuldig wegen all der Dinge, die ich besser zu können glaubte als er, und ich beschloß hier und jetzt, eine neue Seite aufzuschlagen und ihm ein besserer Bruder zu werden. Es war meine Aufgabe, ihn aufzubauen, ihm Komplimente zu machen, dafür zu sorgen, daß er sich positiver sah.

»Kern«, sagte ich, »du bist ein Arschloch. Was hat denn *Arbeit* damit zu tun? Du bist ein guter Pilot! Wenn du was kannst, sei stolz drauf!«

»Okay, Rink«, sagte er. »Paß auf, ich treffe jetzt mit mir selbst die Vereinbarung, daß ich es in Ordnung finde, gut im Fliegen zu sein. Ich werde deshalb keine Schuldgefühle haben, egal, wie gut ich noch werde. Und weißt du, was ich dann tue?«

»Nein, was?«

»Dann *bleibe ich dabei.*«

Sie sehen, es war nicht einfach mit ihm. Ich verbrachte damals viel Zeit damit, mein Schicksal zu verfluchen und mich zu fragen, wie ich zu so einem Bruder gekommen war.

Im August 1965, an seinem siebzehnten Geburtstag, bestand Kern mühelos die Prüfung für seine Fluglizenz, und im selben Herbst hatte er schon fast hundert Flugstunden zu verzeichnen. Er ging sehr methodisch und zielstrebig vor; Kern war der Typ, der seine »Karriere« bereits in einem Alter festlegt, in dem die meisten anderen ihre erste Verabredung mit einem Mädchen planen. Er war entschlossen, seine Berufspilotenlizenz zu erwerben, bevor er 1966 aufs College ging. Das sei unbedingt notwendig, fand er. Wir waren uns alle darüber im klaren, daß unsere Eltern zwar einigermaßen wohlhabend waren, es sich bei der phantastischen Geschwindigkeit, mit der sie Kinder in die Welt setzten, aber nie würden leisten können, uns allen das College zu finanzieren. Kern hatte vor, sich als Charter-Pilot und Fluglehrer sein Studium zu »erfliegen«. Um sich für die Berufspilotenlizenz zu qualifizieren, mußte er weitere einhundert Stunden verbuchen können, und zwar größtenteils mit Langstreckenflügen.

Das war die praktische Seite meines Bruders. Gleichzeitig hatte Kern aber auch etwas Grüblerisches, Verträumtes, der irische Einschlag, nehme ich an. Und von meinem Vater hatte er das verzweifelte Bedürfnis geerbt, sich zu beweisen, aber er war noch zu jung, um zu wissen, was er mit seinem Ehrgeiz anfangen sollte. Jetzt, da er gut war in etwas, nämlich im Fliegen, mußte es doch noch mehr für ihn zu tun geben, eine Möglichkeit, sich hervorzutun. Niemand sollte vergessen dürfen, was für ein großartiger Flieger er war.

Er war besessen davon. Eines Abends, kurz nachdem er seine Fluglizenz hatte, fand ich ihn oben in seinem Zimmer, wo er mißmutig auf und ab trottete.

»Rink, willst du mal was Jämmerliches hören? Was richtig Jämmerliches?«

»Klar.«

»Rink, ich bin siebzehn, und ich habe in meinem Leben noch nichts zustande gebracht. Nicht das kleinste Etwas!«

Verdammt. Jetzt ging das wieder los. Es mußte doch etwas geben, womit ich ihn aufmuntern konnte.

»Kern«, sagte ich, »sei nicht komisch. Du hast eine Fluglizenz! Die meisten deiner Freunde haben noch nicht mal einen Führerschein.«

»Nee, nee, Rink – das ist doch nichts. Ich möchte was leisten, irgendwas, wovon jeder begeistert ist, und das alle respektieren. Vielleicht was mit Fliegen. Aber ich weiß noch nicht, was es sein könnte. Ich erschieß mich, wenn ich es nicht rauskriege.«

»Kern«, sagte ich, »beruhige dich. Wenn du dich erschießt, kriegst du es nie raus.«

Für ihn verlangte die Situation nach etwas Großem, etwas viel Größerem und Besserem als den 16 SOLOFLÜGEN MIT 16. Da er damit aufgewachsen war, hinreißenden Geschichten von Pitcairn Mailwings und Waco 10s zu lauschen, die über die Ozarks und den Mississippi bis nach Oklahoma und Ost-Texas vorgestoßen waren, hatte mein Bruder den Vorteil, auf hervorragendem Rohmaterial aufbauen zu können. Das einzige Flugzeug, das ihm zur Verfügung stand, war die wettergegerbte, 85 PS starke Piper Cub, die mein Vater zwei Jahre zuvor für 300 Dollar gekauft hatte, damit Kern seine Flugstunden zusammenbrachte. Nun begann er, einen großen Traum zu träumen, wobei er seine Phantasien dem verfügbaren Instrumentarium anpaßte. Als wir in diesem Herbst in das benediktinische Internat für Jungen zurückkehrten, das wir in der Nähe unseres Wohnorts besuchten, schien er träumerischer und versonnener als sonst. In Gedanken zog er nach Westen.

Kern verkündete seinen Plan an einem Wochenende Ende Oktober. Er sagte, er und ich müßten den Winter darauf verwenden, in unserem Schuppen allein und ohne die Hilfe meines Vaters die Cub instand zu setzen. Dann würden wir im Sommer 1966 von New Jersey nach Kalifornien, also von Küste zu Küste fliegen. Mein Bruder beharrte darauf, meine Unterstützung zu brauchen, weil er nicht glaubte, daß er das Flugzeug ganz allein den Winter über restaurieren könnte. Und er glaubte auch nicht, daß er die Maschine allein ganz bis nach Kalifornien navigieren und steuern könnte.

»Rink, ich *brauche* dich dafür«, sagte mein Bruder. »Alleine schaffe ich es nicht.«

Es war die absurdeste Idee, die mir je zu Ohren gekommen war. Mein Bruder hatte kaum einhundert Flugstunden in seinem Logbuch. Er hatte niemals ein Flugzeug über den Delaware River in Pennsylvania hinaus gelenkt. Kein Mensch flog mit einer Piper Cub ganz bis nach Kalifornien. Kein Mensch hatte je daran gedacht, bis mein ernsthafter, verträumter Bruder daherkam.

Nachdem Kern seine Fluglizenz hatte, waren wir ein paarmal zu zweit geflogen, und ich war überrascht davon, wieviel Spaß wir zusammen in der Luft hatten. Kern war überhaupt nicht fordernd wie mein Vater, und wenn er mich ans Steuer ließ, machte es ihm nichts aus, wenn ich mit dem Flugzeug ins

Schwimmen geriet. Auch sonst war er blödsinnig einfach zufriedenzustellen. Ich brauchte nur auf dem Rücksitz der Cub zu hocken und durfte mich nicht beklagen, wenn er im Tiefflug über Louie DeChiaros Haus hinwegbrummte, oder mußte so tun, als würde mir nicht übel, wenn er eine Rolle Toilettenpapier aus dem Fenster warf und dann johlend durch die Wolken tauchte, um sie mit dem Propeller zu zerschneiden. Ich tat da hinten gar nichts, außer daß ich grün anlief. Aber Kern war übertrieben dankbar für meine Gesellschaft und machte mir verschwenderische Komplimente, was für ein »großartiger Copilot« ich sei.

Diese Flüge offenbarten mir eine wichtige Seite meines Bruders. Er war nicht nur einsam, sondern suchte auch verzweifelt meine Anerkennung. Er hatte sowieso nicht viele gute Freunde, und die wenigen, die er besaß, hatten keine Ahnung vom Fliegen. Ich wußte als einziger, wie er als Mensch wirklich war, was bei Kern damals bedeutete, wie er als Pilot wirklich war. Er genoß meine Gesellschaft und wünschte sie sich öfter, und mir war klar, daß er ungeheuer frustriert von meinem Unvermögen war, so auf ihn zu reagieren, wie es ein jüngerer Bruder seiner Meinung nach tun sollte. Es lag jedoch nicht in Kerns Wesen, mir deshalb Vorwürfe zu machen, sondern er gab sich selbst die Schuld. Mich für sich zu gewinnen und meine Liebe zu erringen, war ein enormes Stück unerledigter Arbeit für ihn, noch so eine Sache, die er bewältigt und gelöst haben wollte, bevor er aufs College ging.

Ich war in jenem Herbst erst vierzehn, kämpfte mit den unangenehmen Begleiterscheinungen der Pubertät und hätte nie zugegeben, daß ich so über meinen Bruder dachte. Über derartige Dinge wollte ich nicht sprechen. Also stimmte ich seinem Plan fast sofort zu, denn wenn ich es nicht getan hätte, hätte er mir endlos mit meinen Verpflichtungen »als Bruder« zugesetzt. Außerdem war meine jugendliche Rebellion gegen meinen Vater in vollem Gange. Ich hatte nach wie vor ständig

Ärger in der Schule, und mein Vater und ich stritten uns deswegen oft. Ohne daß er es darauf abgesehen hätte, tat Kern jetzt endlich etwas, was ich schon immer von ihm erwartet hatte. Sein Vorhaben, von Küste zu Küste zu fliegen, für das wir den ganzen Winter über das Flugzeug im Schuppen würden instand setzen müssen, lieferte mir einen vollkommen triftigen Grund dafür, meinen Vater beinahe ein volles Jahr meiden zu können.

Mein Vater stand dem Plan meines Bruders anfangs zögerlich gegenüber, aber ein Aspekt erschien ihm unwiderstehlich. Seit der Depression, als er und seine vier Brüder die ganze Nacht über in einer Cafeteria gearbeitet und im Morgengrauen Zeitungen ausgetragen hatten, um ihre Familie vor dem finanziellen Ruin zu retten, war ihm das Prinzip des brüderlichen Zusammenhaltens nahezu heilig. Es schmerzte ihn zutiefst, daß Kern und ich es nie geschafft hatten, diesem Ideal zu entsprechen. Den geplanten Flug betrachtete er nun als eine Gelegenheit für uns, gemeinsam etwas zu erarbeiten und damit die Eifersüchteleien und nichtigen Zänkereien zu überwinden, die unser Glück als Brüder und sein Glück als Vater beeinträchtigt hatten. Und er war viel zu sehr Spürnase, um einen weiteren Aspekt zu ignorieren: Zwei Jungen im Teenager-Alter, die in einer Piper Cub von Küste zu Küste flogen, gaben eine verlockende Abenteuergeschichte ab, eine Schlagzeile, die nur darauf wartete, gedruckt zu werden. Für ihn würde der Flug die entscheidende Möglichkeit bieten, stellvertretend durch seine Söhne zu leben und sich im Glanz ihres Erfolgs zu sonnen.

Die Kühnheit unseres Unternehmens, unsere völlige Naivität und Unbekümmertheit erstaunen mich heute noch. Die winzige, zweisitzige Cub, Baujahr 1946, hatte keine Batterie, keinen Funk, keine Beleuchtung, nicht einmal einen Anlasser. Der vierzylindrige Motor der Marke Continental wurde gestartet, indem mein Bruder vom Cockpit her »Zündung!«

schrie, während ich draußen stand und den Propeller von Hand anriß. Unsere einzigen Navigationshilfen waren ein uralter, ans Instrumentenbrett geschraubter Magnetkompaß und eine Einkaufstüte voller Navigationskarten. Die Überquerung der Rocky Mountains kostete uns denn auch fast das Leben. Und als wir in den entlegenen Wüstengebieten von New Mexico und Arizona asphaltierten Straßen folgten, überholten uns unten die PKWs und Laster, die auf diesen Strecken fuhren, und verspotteten uns mit ihren Staubwolken, während sie gen Westen rasten.

Am naivsten aber waren wir, was uns selbst betraf. Als wir zu unserer Reise aufbrachen, sahen mein Bruder und ich uns als junge Abenteurer in der Nachfolge der berühmten Fliegerasse – Wiley Post, Charles Lindbergh, Antoine de Saint-Exupéry. Wir würden unsere altersschwache Maschine quer über den Kontinent dirigieren und dabei jeden Zentimeter zwischen New York und L. A. einfach dadurch erobern, daß er da war. Doch das war Quatsch. Tatsächlich mußten wir uns erst einmal als Brüder entdecken. Die Liebe zueinander, die ein unterdrücktes Dasein in unserem Inneren fristete, seit wir kleine Jungen waren, mußte irgendwie eingestanden und geäußert werden, dabei war doch alles, wovon wir eine Ahnung hatten, das Fliegen. Aber wir wurden für die Gefahren eines Fluges von Küste zu Küste entschädigt. Das ist es, was wir herausfanden über unbekannten Wüsten und hohen Gebirgspässen, und das ist es, worum es bei einer Odyssee überhaupt geht, glaube ich: Die Odyssee fand in uns selbst statt.

Jahrelang wollte ich über diese Reise schreiben. Seit dem College habe ich eine alte Ölkanisterkiste von Wohnung zu Wohnung mit mir herumgeschleppt, vollgestopft mit Erinnerungen an unseren Flug – alten Logbüchern und Treibstoffverbrauchsprotokollen und Karten, einem vergilbten Stapel Zeitungsssausschnitten, einem Karussell mit Farbdias, die wir unterwegs gemacht hatten.

Dann, eines wunderschönen, wolkenlosen Augustnachmittags 1994, nahm ich meine Töchter, die schon oft zugehört hatten, wenn ich von unserem Flugabenteuer erzählte, mit auf einen Flug ums Cape Cod. Sara war in dem Jahr acht, Charlotte vier.

Als wir nach dem Rundflug auf dem Flugplatz von Chatham gelandet waren, wand und reckte sich Sara, wie Kinder es tun, wenn sie etwas Wichtiges zu sagen haben, und platzte plötzlich heraus.

»Dad, wenn ich siebzehn bin, darf ich dann mit Charlotte nach Kalifornien fliegen?«

»Meine Güte, Sara. Mensch, Kern und ich waren Teenager, als wir das ausbrüteten.«

»Na und, Daddy? Du willst es nur nicht erlauben, weil ich ein Mädchen bin.«

»Ganz und gar nicht, Sara. Ich habe dir nicht einmal, sondern hundertmal gesagt, daß Mädchen alles auch tun können, was Jungen tun.«

»Siehst du, Dad. Also dürfen wir?«

»Sara, das sage ich nicht. Ich verspreche nur, daß ich darüber nachdenken werde. Eines Tages, wenn du soweit bist, lasse ich dich vielleicht fliegen. Womöglich fliegen wir sogar schon früher, zusammen.«

»Ich will nicht mit dir fliegen. Ich will mit Charlotte fliegen. Ohne Eltern. So, wie *ihr* es gemacht habt.«

»Sara, Onkel Kern und ich haben jahrelang bei meinem Vater Unterricht genommen, bevor wir diesen Flug machten. Wir waren darauf vorbereitet.«

»Na und, Daddy? Du kannst mir das Fliegen ja beibringen, dann bin ich auch vorbereitet. Dein Vater hat dich fliegen lassen, also mußt du mich auch fliegen lassen. Im Moment brauchst du einfach nur ›vielleicht‹ zu sagen.«

»Sara, ich sage nicht ›vielleicht‹.«

»Dad. Vielleicht.«

»Na gut. *Vielleicht.* Aber es ist ein ganz dickes, fettes Vielleicht, das kannst du mir glauben. Ich sage nur ›vielleicht‹, verstehst du?«

»Super! Du hast es gesagt. Und du darfst es nicht vergessen.«

»Ich vergesse es nicht.«

»Versprochen?«

»Ich verspreche es dir. Daß ich es mir überlege.«

»Heiliges Ehrenwort?«

»Heiliges Ehrenwort.«

Also schwor ich feierlich, und dann wachte Charlotte auf dem Rücksitz von ihrem Nickerchen auf, sah, daß ich Sara auf irgendwas mein Ehrenwort gab, und ich mußte es ihr auch geben.

Jetzt wußte ich, daß ich die Geschichte unbedingt aufschreiben mußte.

Ich wollte meinen Töchtern die Weite des Landes vermitteln, die Überraschungen, die das von uns überquerte Terrain barg, das Amerika der Kleinstadtcafés und billigen Motels und der staubigen Pisten, die irgendwo zwischen einer Ranch und einer Farm eingekeilt waren. Ich konnte die Gesichter der Menschen nicht vergessen und die Großzügigkeit, die wir dort draußen angetroffen hatten. Wir waren ergrauten Piloten begegnet und alten Haudegen, die als Cropdusters, fliegende Schädlingsbekämpfer, arbeiteten, Abenteurern und Zeitungsleuten, die uns alle weiter auf unseren Weg nach Westen brachten. Und dann mein Bruder Kern. Er war geflogen, was das Zeug hielt. Ich hatte das Gefühl, ich müßte andere daran teilhaben lassen, wie es gewesen war, fünfzehn zu sein und vollkommen frei, die Seitenfenster dem Wind geöffnet, und über Wüsten und Berge zu fliegen, von nichts getragen als von vier klopfenden Zylindern und einem Traum.

1

Mein Bruder verblüffte uns mit seinem Plan an einem Samstagnachmittag im Oktober. An den Wochenenden waren mein Vater, Kern und ich ein unzertrennliches Trio, und diesmal hackten wir hinter dem Haus gerade Holz für das Feuer in der Bibliothek meines Vaters. Ich genoß diese Zeit im Herbst immer, wenn wir gemeinsam die Klötze spalteten, weil es unmöglich war, sich in Gegenwart meines Vaters nicht wie ein Mann zu fühlen. Mit neunundvierzig war er noch kräftig und stattlich wie ein Ackergaul, und seine neunzig Kilo bestanden nur aus Muskeln. Wenn er mit wütender Energie auf das Holz eindrosch, schwang er die Axt gern mit einer Hand, nur um Kern und mir zu zeigen, daß er dazu noch imstande war, und spaltete riesige Halbmeterstücke mit einem einzigen Schlag. Während er arbeitete, war die Luft erfüllt von seinen munteren Scherzen, und er stachelte uns damit an, daß er Kern und mich sanft tadelte, wir könnten es »mit dem Alten« wohl nicht aufnehmen.

Ich liebte den Frost in der Luft und das Gefühl des nahenden Winters noch aus einem anderen Grund. Die Kinder von Behinderten sind sich von frühester Jugend an der körperlichen Einschränkungen bewußt, denen der betroffene Elternteil unterliegt. An Winterabenden, wenn mein Vater von der Arbeit und seinen AA-Treffen nach Hause kam, arbeitete er meistens noch mehrere Stunden in seiner Bibliothek, wo er auf seiner Schreibmaschine einen Leserbrief oder eine politische Rede verfaßte. Er konnte nicht schreiben ohne rauchende Pfeife im Mund und krachendes Feuer im Ofen. Da er aber erschöpft und wund davon war, den ganzen Tag sein Holzbein herumschleppen zu müssen, nahm er es gewöhnlich ab und warf es in die Ecke, sobald er seine Bibliothek betrat. Deshalb benötigte er jemanden, der ihm das Holz hereintrug und sein Feuer in Gang hielt. Das wurde aus irgendeinem Grund, der mit den Mysterien persönlicher Wünsche und Bedürfnisse zu tun hatte, meine Aufgabe, die ich wie ein Ehrenamt versah. Jeden Abend machte ich an der alten Werkbank vor seiner Couch meine Schularbeiten, stand alle fünfzehn oder zwanzig Minuten auf, um noch ein Holzscheit aufs Feuer zu legen, und las dann auf der Couch, um ihm Gesellschaft zu leisten, bis er fertig war. Oft schlief ich ein, bevor mein Vater seine Arbeit beendet hatte, dann hüpfte er auf einem Bein zu mir herüber und warf mir eine Decke über und noch ein oder zwei Scheite ins Feuer. Auch wenn wir gerade nicht besonders gut miteinander auskamen, waren diese Abende ein Ritual, das mein Vater und ich teilten. Meine Erinnerungen an ihn und an den Winter sind eng verknüpft mit dem Klappern seiner Schreibmaschine, dem Duft des mit Kirsche aromatisierten Tabaks und des Ahornholzes, das im Feuer schwelte, während ich eindöste.

Also freute ich mich stets auf diese Zeit mit ihm. An jenem Tag, an dem mein Vater und ich das Holz spalteten, leistete Kern die Vorarbeit, indem er Baumstämme mit einer Kettensäge zerteilte. Mittendrin schaltete er die Säge auf einmal ab und ließ sie auf die Erde fallen.

Als er sich meinem Vater zuwandte, legte er den Kopf schief und reckte das Kinn in die Höhe.

Das bedeutete gewöhnlich Ärger. Kern scheute Auseinandersetzungen, vor allem mit meinem Vater. Wichtige Dinge behielt er am liebsten bis zum letzten Moment für sich. Inzwischen hatten seine Gedanken aber schon so heftig in ihm gewütet, daß er seine Sache nachdrücklicher vertrat, als er eigentlich mußte.

»Dad«, sagte Kern, »Rinky und ich fliegen nächsten Sommer mit der Cub nach Kalifornien.«

Mein Vater legte seine Axt beiseite.

»Aha. Sag das noch mal.«

»Dad, Rinky und ich fliegen nächsten Sommer mit der Cub nach Kalifornien.«

»Meine Güte, Kern, wie kommst du denn auf die Idee?«

»Durch dich, Dad. Durch dich.«

»Durch mich? Ich hab' doch nie was in der Richtung gesagt. Ich meine, für so was brauchst du Zeit. Viel Zeit.«

»Nein, Dad. Ich hab' mir alles überlegt. Wir überholen die Cub den Winter über im Schuppen von Grund auf neu und fliegen nächsten Sommer damit nach Westen. Stell dir das doch mal vor, Dad, stell dir das bloß mal vor! Daß Rinky und ich von Küste zu Küste fliegen!«

»Jetzt hör mal zu, mein Junge. Als ich in deinem Alter war, habe ich mir den Flug quer durchs Land *erarbeitet*, Stück für Stück, und das hat vier Jahre gedauert. Bis nach Texas bin ich erst gekommen, als ich fast zwanzig war. Zum Teufel, ich wette, du weißt nicht mal, was hinter Ohio liegt.«

»Illinois.«

»Falsch. Indiana.«

»Na und, Daddy? Na und? Wer schert sich schon um Indiana? Du sagst ja nur nein, um nein zu sagen.«

»Na und! So redest du mit deinem Vater? Na und? Paß auf, Kern, das ist ein großes Vorhaben. Es macht mir eine Höllenangst. Hast du an das Finanzielle gedacht? Hast du an die Wüsten gedacht? Und was ist mit den Bergen? Wie zum Teufel willst du eine Piper Cub über die Rockies kriegen? Über welchen Paß willst du fliegen?«

Darüber war Kern sich noch nicht im klaren.

»Siehst du, Dad? Siehst du? Immer machst du aus einem Gespräch ein Quiz. Was weiß denn ich, welchen Paß ich nehmen soll? Das knoble ich schon noch aus.«

Obgleich mein Vater schon eine angezündete Pfeife im Mund hatte, griff er in der Tasche seiner Arbeitsjacke nach seiner zweiten und stopfte sie nervös mit Tabak.

»Himmel noch mal, Kern. Warum tust du mir das an?«

»Dad, du darfst nicht nein sagen. Ich *muß* es tun. Ich meine ... Dad, ich träume schon so lange davon.«

»Kern, ich sage nicht ›nein‹. Ich sage ›vielleicht‹. Und zwar ist das ein ganz dickes, fettes ›Vielleicht‹. Ich muß mir die Sache im Kopf rumgehen lassen.«

»Gut, Dad. Überleg's dir, soviel du willst. Aber ich habe mich entschlossen. Wir fliegen.«

Mit einem Ruck erweckte Kern die Kettensäge wieder zum Leben und ließ sie durch den nächsten Holzklotz röhren.

Ich ärgerte mich darüber, daß mein Bruder mich in sein Vorhaben eingeschlossen hatte, ohne sich zuerst mit mir zu beraten, aber es fiel mir nie ein, seinen Plan für unrealistisch zu halten. Unsere ganze Familie war impulsiv und ziemlich verrückt; daran hatte ich mich inzwischen gewöhnt. 1958, als ich sieben war, befand mein Vater, es sei der ideale Familienurlaub für uns, mit dem Pferdewagen eine Tour durch Pennsylvania über die Schlachtfelder des Bürgerkriegs und der Revolution zu machen. Also zog er los, kaufte ein Pferdegespann und einen großen Planwagen, und wir verbrachten einen herrlichen Sommer und schliefen nachts draußen am Straßenrand oder auf den Wiesen der Farmer. Im Jahr darauf erstand er einen riesigen gelben Schulbus, in dem wir in den nächsten Sommern die Gegend unsicher machten. Im Sommer, wenn das Wetter gut war, fuhr mein Vater mit dem Motorrad zur Arbeit in New York City; im Winter, wenn Schnee lag, ging es sonntags mit dem Pferdeschlitten zur Kirche. Jetzt schlug mein Bruder vor, wir sollten mit unserer Piper Cub von Küste zu Küste fliegen. In der Theorie klangen diese Ideen immer verrückt, doch eigentlich waren sie es nicht, wenn man bedenkt, daß sie von uns stammten.

Trotzdem war der Nachmittag ruiniert. Mein Vater war abgelenkt von dem Einfall meines Bruders und fürchtete, er könne zu schnell ja sagen, deshalb hatte er keine große Lust mehr, die Axt zu schwingen. Kern war abgelenkt von der Angst, mein Vater würde nein sagen, was ihn zu einer Gefahr an der Kettensäge machte. Schließlich verloren beide das Interesse an ihrer Arbeit und zogen sich zurück, und ich spaltete am Ende das Holz allein.

Der Zeitpunkt, den mein Bruder wählte, hätte für mich nicht ungünstiger sein können. Ich war wieder in meine schlechten Gewohnheiten verfallen, hatte Ärger in der Schule, und mein Vater war wütend darüber. Wir hatten seit Wochen kaum miteinander gesprochen. Alle Einwände, die ich gegen den Plan meines Bruders vorgebracht hätte, wären im Moment auf taube Ohren gestoßen.

Im Herbst war ich in die erste Klasse der Delbarton School gekommen, eines benediktinischen Internats einige Meilen von unserem Haus entfernt. Kern besuchte sie bereits seit drei Jahren und war mittlerweile Senior, also im letzten Jahr. Meinem Vater war an diesem Abschnitt meiner Ausbildung sehr gelegen. Schon seit dem Kindergarten gehörte ich zu der furchtbarsten und anstrengendsten Sorte Schüler – immer Klassenbester, aber in disziplinarischer Hinsicht ein Schrecken –, und mein Vater war überzeugt, daß ich durch reine Willenskraft und aus Interesse an meiner Zukunft von dieser Schizophrenie geheilt werden könnte. Durch die AA war er zum Verfechter des positiven Denkens geworden. Im Laufe des Sommers hatte er mich mehrmals zu sich in die Bibliothek gerufen, um mir dort seine Lieblingsstandpauke zu halten, die »Guter-Junge«-Predigt. Im Grunde, so glaubte mein Vater, sei ich ein »guter Junge« – gut im Unterricht, gut im Sport, gut darin, Freundschaften zu schließen –, gefährde meinen schulischen Ruf aber ständig mit meinen »Eseleien«. Er meinte, ich hätte es hervorragend geschafft, meine Grundschullehrer hinters Licht zu führen, doch die Benediktinermönche in Delbarton seien höchst gebildete, empfindsame Männer, die meine Faxen gleich durchschauen würden. Ich solle mich während des Sommers »geistig darauf vorbereiten«, an der neuen Schule einen neuen Anfang zu machen, auf die enormen Fortschritte, die ich in meinem Betragen würde machen müssen. Solange sein Vortrag dauerte, nickte ich aufmerksam und behielt einen zielstrebigen, optimistischen Gesichtsausdruck bei, den ich manchmal sogar ernst meinte. Mein Vater schloß stets mit denselben Worten.

»In Ordnung, mein Junge. Das wär's also. Hör auf mit dem Quatsch und benimm dich. Kern ist jetzt seit drei Jahren da, und ich habe noch keine einzige Beschwerde gehört. Es ist eine neue Schule für dich, also mach vorher reinen Tisch. Abgemacht?«

»Abgemacht, Dad. Ich werde mich bemühen.«

Schikanen spielten damals im katholischen Schulleben eine große Rolle. Jedes Jahr in der letzten Septemberwoche erlaubten die Mönche in Delbarton den Senioren, eine blödsinnige Veranstaltung durchzuziehen, die sich »Freshman-Initiation« nannte. Dann mußten alle Erstkläßler den ganzen Tag in scheußlichen grün-weißen Wollmützen über das Schulgelände laufen, mit Schuhputzzeug ausgestattet, nur für den Fall, daß ein Senior, der sich die Schuhe bereits von zwölf speichelleckerischen Freshmen hatte putzen lassen, fand, es sei noch ein weiteres Mal nötig. Beim Lunch genossen die Erstkläßler das Privileg, die von den Senioren halb verspeisten Schokoladenpuddingportionen aufzuessen.

An einem Morgen dieser Woche wählte an der Bushaltestelle in Morristown ein Senior aus der Menge der Freshmen mich dazu aus, den Vorüberfahrenden den »Blanken« zu zeigen. Das war eine umkomplizierte Anweisung. Sie bedeutete, daß man seinen Hintern an der Route 24 aus der Hose hängen lassen, den vorbeifahrenden Autos ein paarmal heftig damit zuwackeln, sich dann in aller Ruhe zurück in die Menge gesellen und wieder in einen anonymen Erstkläßler verwandeln mußte.

Natürlich konnte ich einer Aufforderung wie dieser nie nachkommen, ohne einige ganze persönliche Ausschmückungen vorzunehmen. Außerdem war es ein wunderschöner, sonniger Morgen mit dem Geruch knackig trockener Blätter in der Luft und gelben und rosa Chrysanthemen, die aus dem Garten des Gerichtsgebäudes auf der anderen Straßenseite herüberleuchteten. Herbstwetter inspirierte mich. Warum ein Freshman von vielen sein, dachte ich, wenn ich auch aufs Ganze gehen und einen »totalen« Nacktarsch heraushängen lassen konnte?

Ich ging also folgendermaßen vor. Nachdem ich meinen Gürtel aufgeschnallt, meinen Hosenschlitz geöffnet und meine Fruit-of-the-Loom-Unterhosen bis zu den Knien heruntergezogen hatte, trat ich auf die Route 24 und beugte mich nach vorn, so daß mein Hintern in voller Nacktheit wie ein Vollmond dem Verkehr zugewandt war. Die Senioren heulten vor Entzücken.

Niemand der Vorbeifahrenden schien sich groß um mich zu kümmern, bis eine unglaublich hagere alte Frau mit schlaffen Wangen und Brüsten in ihrem VW Käfer kreischend zum Stillstand kam. Sie lehnte sich zu mir herüber, kurbelte das Fenster der Beifahrertür herunter und schrie: »Junger Mann, du entblößt dich. Hör auf damit!«

Die Schüler von Delbarton waren begeistert und fingen an, grölend zu jubeln. Um das Maß voll zu machen, präsentierte ich der alten Dame noch einen energischen Schwung mit dem Arsch.

»Hör auf damit! Du *entblößt* dich!«

Als ich nicht aufhörte, quietschte die alte Dame in ihrem VW davon, hielt an einem öffentlichen Telefon und rief die Polizei an. Wir hörten die Sirene eines Streifenwagens genau in dem Moment, als unser Bus die Haltestelle anfuhr. Inzwischen hatte ich meine Hosen wieder zugeknöpft, und die alte Dame kam von der Ecke her auf mich zugelaufen. Mit leberfleckigem Finger auf mich zeigend, machte sie die Polizisten auf mich aufmerksam und verlangte, daß ich wegen Entblößens »eingebuchtet« würde. Um ihr zu beweisen, wie streng sie mit mir umzugehen beabsichtigten, legten die Beamten mir Handschellen an, schoben mich in den Streifenwagen, und wir fuhren zum Revier, die alte Schnepfe in ihrem VW hinter uns.

Auf dem Polizeirevier fand das übliche scheinheilige Getue statt. Die meisten Polizisten und die meisten Mitarbeiter der Staatsanwaltschaft im Ort hatten selbst eine katholische Schule besucht, und keiner regte sich sonderlich über einen Delbarton-Schüler auf, der während der Freshman-Initiation seinen Blanken zeigte. Der Sergeant nahm den Bericht der Dame höflich auf einem gelben Beschwerdeformular auf, dankte ihr für ihre Mühe und versicherte ihr, man würde sich »darum kümmern«. Sobald die Alte das Revier verlassen hatte, warf der Sergeant das Formular in einen Papierkorb und sagte einem der Streifenpolizisten, er solle mich zur Schule fahren.

Für Delbarton war das eine Premiere. Kein Schüler war je zuvor in einem Streifenwagen bei den Mönchen abgeliefert worden, und so erregten wir einiges Aufsehen, als wir vor der Trinity Hall hielten. Als ich ausstieg und dem Beamten in schönster Eddy-Haskell-Manier für die Fahrt dankte, hingen schon einige Schüler an den Fenstern der Klassenzimmer und johlten. Sogar einige Pater beugten sich über die Fensterbänke und schmunzelten, während sie ihre Pfeifen rauchten. Eine

Gruppe von Schülern zerriß Hefte und warf die Papierschnipsel herunter, damit es richtig nach einer Konfettiparade aussah.

»Hübscher Arsch, Buck!«

»Weiter so!«

»Verdammt gut! Klasse Vollmond!«

Na prima, dachte ich. Bei mir war es immer wieder dasselbe. Mist bauen und dann ein Held sein. Ich ließ meine Schultasche fallen und schwenkte die Arme über dem Kopf wie ein Boxer, um den Applaus meiner Mitschüler entgegenzunehmen, und es folgten weitere Hurrarufe.

Mein Bruder fuhr meistens mit einem Freund zur Schule und war deshalb am Morgen nicht mit an der Bushaltestelle gewesen. Die Nachricht über das Blanken-Zeigen hatte sich jedoch rapide in der Schule verbreitet. In der nächsten Pause kam Kern mit weit aufgerissenen Augen und ganz besorgt im Flur auf mich zugerannt.

»Rink! Mein Gott, was ist passiert? Geht's dir gut?«

»Kern, es ist nichts weiter, okay? Alle haben mir zugejubelt.«

»Denkste, Rink. Du sitzt in der Tinte. Dafür kriegen dich die Pfaffen dran. Du wirst jede Menge nachsitzen müssen.«

Aber Kern irrte sich. Er hatte selbst so wenig Ärger in der Schule, daß er von Disziplinarmaßnahmen keine Ahnung hatte. Erstens war es zu dem Blanken-Zeigen gekommen, weil ich den Befehlen eines Seniors gehorcht hatte, und das auch noch während der Freshman-Initiation, wodurch es praktisch sanktioniert war. Zweitens war ich Sportler – noch etwas, wovon Kern absolut nichts verstand –, und Sportler wurden in katholischen Schulen nie bestraft. Pater Peter »Skeet« Meaney, der Schulkaplan und Trainer der Erstkläßler beim Laufen, hatte mich schon vor Schuljahrsbeginn für die Geländelaufmannschaft rekrutiert, und ich hatte bereits meine ersten beiden Rennen gewonnen. Kurz vor dem Mittagessen nahm mich einer der Senioren, die an diesem Morgen mit an der Bushaltestelle gewesen waren, beiseite und sagte mir, wie ich die Situation handhaben müsse. Pater Arthur, der rothaarige, verknöcherte alte Dekan, der an unserer Schule für Disziplin zuständig war, würde mich anschreien und mich mit allen möglichen Schimpfnamen belegen, aber ich solle nur immer brav ja-Patern und nein-Patern, dann würde ich ungestraft davonkommen.

Artie lauerte mir oben im Speisesaal auf. Die Fäuste unter seiner Soutane geballt und auf den Fußballen wippend, brüllte er mich zehn Minuten lang an, nannte mich einen »Nudistenfiesling« und sagte, ich sei es nicht wert, die Schuhe meines Bruders zu putzen. Ich merkte jedoch, daß die Sache schon geritzt war – Skeet, der Geländelauftrainer, hatte bereits Fürsprache für mich eingelegt. Beschimpfungen ausspuckend und so wütend, daß ich dachte, er würde mich schlagen, verdonnerte Artie mich zu zwei Wochen Nachsitzen, aber dann erklärte er, dieses Urteil wäre aufgeschoben, solange ich weiterhin die Querfeldeinrennen gewänne. Die Bestrafung war lachhaft, und Artie war offensichtlich frustriert von seiner Machtlosigkeit. Allerdings glaubte er, daß er mir doch noch eins auswischen könnte.

»Weißt du, was ich noch mit dir tun werde, Buck?«

»Nein, Pater.«

»Ich werde deinem Vater von der Sache erzählen. Genauer gesagt, ich habe es ihm schon erzählt.«

»Ja, Pater.«

»Ich kann es gar nicht abwarten, deine Miene zu sehen, nachdem Tom Buck dich in den Arsch getreten hat.«

»Ja, Pater.«

Als ich an dem Abend nach Hause kam, war der Oldsmobile meines Vaters bereits in der Toreinfahrt geparkt. Er war früh zu Hause, ein schlechtes Zeichen. Nur der dringendste familiäre Notfall brachte ihn dazu, sein AA-Treffen zu versäumen.

Während ich auf die Veranda trat, sah ich ihn durch das Bibliotheksfenster in seinem Schaukelstuhl sitzen, ins Feuer starren und Pfeife rauchen. Ich konnte ihm unmöglich ausweichen, die Bibliothek lag direkt neben der Haustür.

»Verdammt noch mal, Rinker. Du hast mir ein Versprechen gegeben. Du hast gerade auf einer neuen Schule angefangen. Du solltest dich von Ärger fernhalten.«

»Dad, ein Senior hat es von mir verlangt.«

»Ach, Blödsinn. Wenn ein Senior dich auffordern würde, von der Brooklyn Bridge zu springen, würdest du das auch tun?«

»Natürlich nicht. Aber das war was anderes.«

»Blödsinn.«

In letzter Zeit hatte mein Vater im Umgang mit mir Techniken aus dem Programm der Anonymen Alkoholiker eingesetzt. Meine Verhaltensstörungen, so glaubte er, seien wie die eines Alkoholikers, suchtbildend und chronisch, und müßten systematisch und mit Blick auf eine langfristige Heilung angepackt werden. So ließ er mich zum Beispiel auf einer Seite eines Blatt Papiers alles aufschreiben, was mit mir nicht stimmte, und auf der anderen Seite mußte ich die Maßnahmen auflisten, mit denen ich die einzelnen Defekte korrigieren könnte. Als nächstes gab er mir die Biographien des AA-Gründers Bill W. und des verstorbenen Matthew Talbot aus Dublin zu lesen, eines berühmten bekehrten Trinkers, für den mein Vater und seine Freunde bei den AA in Rom gerade die Petition eingereicht hatten, man möge ihn zum »Schutzheiligen aller Alkoholiker« ernennen.

Diesmal beschloß mein Vater, eine neue Vorgehensweise auszuprobieren – ich glaube, es handelte sich um Schritt sechs oder sieben des AA-Programms: der genesende Alkoholiker tritt mit allen ihm Nahestehenden und Freunden in Kontakt, denen er als Trinker Unrecht zugefügt hat, und entschuldigt sich für grobe Kränkungen, die ihm immer noch Schuldgefühle verursachen. Dann muß er sich hinsetzen und sich alles

Negative anhören, was der oder die andere über ihn zu sagen hat. Das Ganze dient als Demütigung, soll aber nützliches neues Material ergeben, mit dem der genesende Alkoholiker arbeiten kann.

»Rinker«, sagte mein Vater, »Ich möchte, daß du einen Entschuldigungsbrief an die Frau schreibst. Und verzapf keinen Quatsch. Liefere mir nur einen ehrlichen Segne-mich-ich-habe-gesündigt-Brief ohne irgendwelches dummes Zeug für das alte Mädchen, dann ist dir vielleicht klarer, warum du das getan hast.«

»Mach ich, Dad.«

Ich riß mir den Arsch auf für diesen Brief. In meiner Dachkammer auf der Smith-Corona drauflos klappernd, schrieb und verbesserte ich und konsultierte dazu meinen Webster's und Roget's Thesaurus, um genau die richtigen Worte zu finden. Es mußte perfekt werden. Als ich fertig war, war ich so stolz auf das Resultat, daß ich eine Durchschrift machte, die ich aufheben wollte, bevor ich meinem Vater das Original zur Genehmigung vorlegte. Hier der letzte Abschnitt direkt vor dem abschließenden »Herzlichst, Ihr«:

Es tut mir jedoch aufrichtig leid, und ich empfinde *echte* Schuldgefühle. Ich konnte ja nicht ahnen, daß meine unbedachte Tat bei einer Frau von derartig zarter Gesundheit wie der Ihren und von Ihrem fortgeschrittenen Alter solch qualvolle Bestürzung hervorruft. Bitte zögern Sie nicht, Kontakt mit mir aufzunehmen, falls ich Ihnen weiter behilflich sein kann, während Sie sich von diesem höchst peinlichen und denkwürdigen Ereignis erholen.

Als mein Vater den Brief las, zitterten ihm die Hände, und er tastete nach seiner Pfeife.

»Das darf nicht wahr sein, Rinker. Guck dir das an. Da hast du dir ja einen netten Spaß erlaubt.«

»Mensch, Dad. Das ist ein guter Brief. Ich hab' hart dran gearbeitet.«

»Ach, Quatsch.«

»Dad, bringen wir es doch hinter uns. Ich stecke den Brief morgen früh ein.«

»Rinker, das Ding können wir nicht abschicken. Die verdammte Lady kriegt einen Herzanfall.«

Voller Angst, ich könnte ihn tatsächlich absenden, zerknüllte mein Vater den Brief und warf ihn ins Feuer. Er schaute eine Weile in die Flammen und seufzte dann.

»Ach, zum Teufel, Rinker. Ich weiß nicht, wo du noch mal landen wirst, im Weißen Haus oder auf der Bowery. Im Moment gehst du mir jedenfalls furchtbar auf die Nerven.«

»Ach, Dad.«

»Paß auf. Geh nach oben und lies oder tu irgendwas, klar? Geh mir aus den Augen.«

Als ich an der Tür war, rief mein Vater noch einmal nach mir. Er saß in seinem Schaukelstuhl, den Rücken mir zugewandt, das Gesicht dem Feuer.

»Weißt du, was mir an der ganzen Sache wirklich Sorgen macht?«

»Nein, was?«

»Kern. Dein Bruder. So etwas tut ihm weh, Rinker. Er regt sich schrecklich über dich auf und ist ganz durcheinander wegen dir. Ist dir das klar? Ich habe dich gebeten, ihn nicht vor den Kopf zu stoßen, aber du findest immer wieder eine Möglichkeit.«

Ich war eigentlich nicht so besorgt um meinen Bruder. Ich hatte Kern schon so lange vor den Kopf gestoßen, daß er es mittlerweile geradezu von mir erwartete. Trotzdem fühlte ich mich gräßlich, nachdem mein Vater das gesagt hatte, denn in Wahrheit redete er nicht über Kern, er redete über Kern und sich selbst. Mein Vater hatte sich in den letzten vier Jahren sehr bemüht, Kern voranzubringen, indem er ihm das Fliegen beibrachte. Sein Leben war damals ungeheuer frustrierend und kompliziert – zu viele Kinder, zu viele Rechnungen, ein Job in New York, der ihm nicht mehr gefiel. Und zu beobachten, wie Kern sich als Pilot herausmachte, hatte ihm viel von seinen Kümmernissen genommen und ihm Freude beschert. Ich glaube, der Tag, an dem mein Bruder seine Soli flog, war der glücklichste Tag im Leben meines Vaters. Zusammen waren sie unschlagbar, und Kern war inzwischen praktisch das Alter ego meines Vaters. Kerns Glück bedeutete ihm alles, das wußte in unserer Familie jeder. Daß er Kern aus seinem Schneckenhaus gelockt und sein Selbstvertrauen gestärkt hatte, war für meinen Vater sehr wichtig gewesen. Indem ich einem von ihnen weh tat, schien er sagen zu wollen, tat ich beiden weh, weil ich die eine große Freude in seinem Leben der letzten paar Jahre bedrohte.

Ich verabscheute mich selbst dafür, aber meine Situation verabscheute ich ebenfalls. Alles, was ich tat, mußte im Licht der Erwartungen meines Vaters und meines Bruders erwogen werden. Ihre Beziehung war elementar und intensiv, etwas Gegebenes. Ich spielte die zweite Geige, rangierte in unserem Trio unter ferner liefen. Vielleicht hätte ich durchschauen müssen, daß ich mit meinem Verhalten oft gegen die meiner Meinung nach übermäßige Sympathie und Liebe meines Vaters für Kern rebellierte und sicher eifersüchtig auf ihre Beziehung war. Aber mit vierzehn Jahren durchschaut niemand besonders viel.

Ich plagte mich nie sehr lange mit Schuldgefühlen herum. Es ist ja nur die Familie, dachte ich, etwas, von dem man sich abnabelt. Warum sollte ich mir um meinen Vater und meinen Bruder Sorgen machen, wenn in der Schule alles so gut lief? Jeder war begeistert davon, wie ich der alten Dame den Blanken gezeigt hatte, und ich beabsichtigte nicht, einer Popularität den Rücken zu kehren, die so leicht zu haben war.

Mein Vater war von Natur aus ungeduldig und haßte es, sich mit Problemen aufzuhalten. Er wußte, daß er, was Kern betraf, in der Falle saß. Er hatte uns durch unsere Kindheit getrieben, uns immer auf ein noch feurigeres Pferd oder in ein noch schnelleres Flugzeug gesetzt und darauf bestanden, daß wir früh männliche Verantwortung übernahmen. Er war selbst ein großer Exzentriker, der stets vor eigenen verrückten Flugvorhaben übersprudelte, und jetzt hatte Kern ihn einfach ausgestochen. Ein Flug von Küste zu Küste war genau das wahnwitzige, absurde Unternehmen, das er von seinem ältesten Sohn erwartete. Wenn er ihm nun seine Erlaubnis vorenthielt, würde er sich von dem Jungen abwenden, den er großgezogen hatte. Eines Abends noch in derselben Woche rief mein Vater uns hinunter in die Bibliothek. Er saß auf seinem Schaukelstuhl, starrte nachdenklich in die Flammen und zog an einer langen geschwungenen Bruyèrepfeife.

»Ach, Scheiß drauf, Kern«, sagte mein Vater. »Ich habe es satt zu überlegen. Ihr könnt nach Kalifornien fliegen, Rinky und du. Zum Teufel, eigentlich ist es eine gute Idee.«

Kern sprang von der Couch auf.

»Hurra! Danke, Dad. Danke! Ich verspreche dir, daß wir dich nicht enttäuschen werden. Meine Güte! Klasse!«

Er stürmte auf die Treppe zu und sauste die teppichbelegten Stufen hinauf, als gleite er auf einem Luftkissen.

»He! He, Kern!« rief mein Vater ihm nach. »Wohin gehst du? Ich will mit dir darüber reden. Die Reise planen.«

»Später, Dad«, rief Kern vom Treppenabsatz herunter. »Ich will meine Karten ordnen.«

Mein Vater seufzte, zuckte mit den Achseln und lachte.

»Meine Güte«, sagte er, »Kern.«

»Ja«, sagte ich, »Kern.«

Mein Vater hatte eine ungeheuer eindringliche Art, sich in seinem Stuhl fast rechtwinklig vorzubeugen, die Fingerspitzen beider Hände zu einem kleinen Kirchturm zusammenzulegen und seinem Gegenüber direkt ins Gesicht zu blicken. Ich hatte ihn das bei AA-Treffen, politischen Versammlungen und in Gesprächen mit den ehrfürchtigen jungen Leuten tun sehen, die in seinem Büro in New York ein und aus gingen. Er tippte mir aufs Knie.

»Jetzt paß mal auf, junger Mann«, sagte er. »Eine Sache noch.«

»Dad, du brauchst gar nichts zu sagen. Ich weiß schon. Bau diesmal keinen Mist. Um Kerns willen.«

»Na gut, Rinker. Genau. Aber denk auch an dich selbst. Dein Bruder hat dich *gern*, er will dich auf dieser Reise dabeihaben. Denk daran, was du alles lernen wirst, wenn du am Flugzeug arbeitest. Und das Land, das du sehen wirst! Mensch, Texas. Texas! Texas ist herrlich von der Luft aus. Das ist eine wunderbare Gelegenheit für dich.«

»Klar, Dad. Texas.«

»Abgemacht?«

»Abgemacht.«

So mußte ich das Ganze also sehen. Weil mein Bruder mich gern hatte, weil es eine wunderbare Gelegenheit für mich war, würden wir nach Texas und darüber hinaus fliegen und uns dann in einer Piper Cub mit 85 PS irgendwie über die Rocky Mountains hieven.

2

Wir holten die Cub am Tag nach Thanksgiving zu uns nach Hause. In früheren Jahren hatten wir unsere »Winterflugzeuge« draußen am Flugplatz auseinandergenommen, die Flügel auf Holzschienen gebunden, die über der Ladefläche unseres Jeep-Pickups lagen, und das Heck an der hinteren Stoßstange befestigt, so daß die Maschine auf ihrem Fahrwerk gezogen wurde. So schafften wir es nach Hause, Zentimeter für Zentimeter über zwölf Meilen schlechter Straßen, was uns gewöhnlich den ganzen Tag kostete. Aber dieses Jahr befand Kern, die Methode sei nicht effizient. Er verabredete mit Barclay Morrison, einem Nachbarn, daß er die Cub auf die kleine Privatpiste fliegen würde, die Barclay auf seinem Grundstück unterhielt.

Kern war freudig erregt. Er wollte die Cub ganz allein fliegen und war fest entschlossen, sie bis zum langen Thanksgiving-Wochenende in unserem Schuppen zu haben, damit wir anfangen konnten, die alte Verkleidung abzumontieren und die Zelle vor einem Neuanstrich abzuschmirgeln. Er konnte es gar nicht abwarten, sich an die Arbeit zu machen, und das ganze Thanksgiving-Dinner hindurch sprudelte er über vor Plänen für das Flugzeug und Träumen von unserer Reise.

Der nächste Morgen war böig und kalt. Eine Decke hoher Federwolken sperrte die Sonne aus, und Wellen niedrig hängender Kumuluswolken fegten über die Hügel. Der Wind blies mit fünfundzwanzig Knoten oder mehr direkt aus Norden, und wir wußten, ohne uns vor Ort davon zu überzeugen, daß auf Barclays Ost-West-Piste ein starker Seitenwind auf uns wartete.

Barclays Landebahn war schmal und kurz, nur 800 Fuß lang. Sie lag auf einem hohen, grasbewachsenen Hügel mit steil abfallenden Schluchten auf drei Seiten. Bei Wind wie diesem, das wußte Kern, würde er die Cub unmöglich herunterbringen und anhalten können, bevor er mit ihr über den Rand rollte.

Beim Frühstück war Kern sehr verdrießlich deswegen, und seine riesigen braunen Augen waren weit offen vor Niedergeschlagenheit und so groß wie Radkappen.

»Dad, Rink«, seufzte er. »Die Sache ist abgeblasen.«

Mein Vater saß da, die Ellbogen auf den Tisch gestemmt, und hielt eine Tasse Kaffee in beiden Händen. Es war ihm zuwider, Kern so enttäuscht zu sehen wie jetzt. Verträumt schaute er aus dem Fenster auf die Bäume, die sich am anderen Ende unseres Feldes im Wind beugten. Normalerweise wären dies keine Bedingungen gewesen, unter denen man flog, doch »normal« hatte meinem Vater nie viel bedeutet.

»Mach nicht so ein finsteres Gesicht, Junge«, sagte mein Vater. »Ich werde die Cub für dich zu Barclay fliegen.«

»Nein, Dad«, sagte Kern, »das ist zu gefährlich. Da drüben herrscht heute bestimmt ein Seitenwind von 90 Grad. Wir können bis morgen warten.«

»Quatsch«, sagte mein Vater. »Morgen gibt es vielleicht Schnee. Ich kriege die Cub schon runter bei Barclay. Und euch macht es sicher Spaß, eurem Alten dabei zuzusehen.«

Mich durchzitterten jedesmal kleine Schauder der Angst und des Stolzes, wenn mein Vater sich einer solchen Herausforderung stellte. Mein Vater flog gut, sehr gut. Es gab im Umkreis keinen Piloten, der seinen Instinkt hatte. Wahrscheinlich würde er es schaffen, die Cub bei Barclay zu landen. Aber es war riskant und auch nicht unbedingt nötig. Wir konnten die Maschine immer noch am Flugplatz auseinandernehmen und von dort nach Hause schleppen.

Kern und ich wußten jedoch, daß es nichts nützte, Einwände gegen meinen Vater zu erheben, wenn er in der Stimmung war, sich zu beweisen. Im Repertoire seiner Fliegeranekdoten waren ihm die über prekäre Landungen am liebsten. Für ihn war das eine Sache der Selbstachtung. Er konnte eine Maschine auf Pisten quetschen, die andere Piloten nicht einmal anguckten.

Nach dem Frühstück durchstöberte Kern den Schuppen nach seinen Werkzeugen, dann drängten wir uns alle in unseren ramponierten Willys-Pickup und fuhren hinaus zum Flugplatz in Basking Ridge.

Dort flog niemand. Es wurde von schweren Turbulenzen berichtet und einer Kaltluftfront mit Schnee, die sich die Ostküste herunter bewege. Mein Vater schlängelte sich in seinen alten, schaffellgefütterten Fliegeranzug und setzte sich in der Pilotenklause an den Gasherd, um warm zu bleiben. Kern und ich machten die Cub startklar, ließen sie an, rollten sie hoch zur Klause und verankerten sie mit leerlaufendem Motor daneben. Mein Vater sagte, wir sollten uns gleich auf den Weg zu Barclay machen. Der Wind war so stark, daß er dachte, er würde uns vielleicht dazu brauchen, die Tragflächen festzuhalten, sobald er gelandet wäre.

Als wir zum Grundstück der Morrisons kamen, spazierte Barclay gerade mit seinen irischen Wolfshunden zu seiner Graspiste. Er war ein eleganter, ruhiger Mann, tadellos gekleidet in Wollhosen, blankpolierten Schuhen und einer Tweedkappe. Er setzte sich mit uns auf die noch warme Haube des Jeeps, um darauf zu warten, daß mein Vater mit der Cub auftauchte. Sein eigenes Luftschiff, ein Buschflugzeug Marke Helio Courier, stand nahebei, die Ketten, mit denen es verankert war, klickten und schepperten im heftigen Wind.

Barclay schaute auf den Luftsack oben auf dem Hügel. Er wies geradeaus, womit er einen starken Seitenwind genau quer zur Landebahn anzeigte.

»Ganz schön windig«, sagte Barclay.

Kern wurde defensiv.

»Barclay«, meinte er, »wenn ihm nicht gefällt, wie es hier aussieht, landet er nicht. Dann wippt er mit den Flügeln, damit wir ihn am Flugplatz abholen.«

»Ist schon in Ordnung, Junge«, sagte Barclay. »Ich kenne deinen Vater. Er wird zumindest versuchen, das Flugzeug runterzukriegen.«

Unter normalen Umständen ist das Landen eines Flugzeugs eine relativ unkomplizierte Angelegenheit, nicht schwieriger, als ein Boot anzudocken. Ein Pilot landet, indem er die Maschine direkt in den Wind steuert, um Auftrieb beizubehalten und die Geschwindigkeit über Grund zu vermindern, bevor die Strömung an den Tragflächen kurz über dem Boden abreißt. Seitenwindlandungen vermeidet man möglichst, weil dabei das Flugzeug von der Bahn gefegt werden kann, wofür es bei langsamen Geschwindigkeiten anfällig ist.

Bei leichtem Seitenwind gibt es eine allgemein anerkannte Landeprozedur. Der Pilot bringt die Maschine parallel zur Landebahnrichtung und kippt eine Tragfläche gegen den Wind, um der Abdrift entgegenzuwirken. Als Ausgleich für die hängende Fläche und um Geradeauskurs zu halten, wird nun das entgegengesetzte Seitenruder getreten. Solchermaßen gegengesteuert, schiebt sich das Flugzeug in den Wind und auf die Piste zu. Die Schräglage wird korrigiert, indem der Pilot die Flügel kurz vor dem Aufsetzen in die Horizontale bringt. Es gibt alle möglichen Variationen – den Slip oder Seitengleitflug, den Anflug mit Vorhaltewinkel, das Aufsetzen auf einem Rad –, denn jeder Pilot hat seine eigene Seitenwindtechnik.

Dem Regelkatalog der Luftfahrtbehörde FAA (Federal Aviation Administration) zufolge darf ein Pilot niemals die angegebene maximale Seitenwindkomponente seines Flugzeugs überschreiten. Sie ist im allgemeinen dann erreicht, wenn Winde in einem Winkel von mehr als 45 Grad und mit über zehn oder zwölf Knoten auf die Landebahn blasen. Nach den Gesetzen der Aerodynamik kann man eine Maschine unter solchen Bedingungen einfach nicht landen. Die meisten Piloten lernen diese Lektion ein für allemal, wenn sie es probieren. Einige der besten Flieger, die ich kenne, rissen Bäume und Treibstoffwagen um, bevor sie sich ihr ureigenes Seitenwindlimit setzten.

Auf der Piste bei Barclay war jede bekannte maximale Seitenwindkomponente so weit überschritten, daß es schon eine Verletzung der FAA-Regeln bedeutete, sie auch nur anzugucken.

Mein Vater hatte auch in der Luft eine ausgeprägte Persönlichkeit. Während er am Boden den Aufschneider und Geschichtenerzähler spielte, besaß er im Cockpit eine elegante, altmodische Grazie. Er war völlig instinktsicher, was er seiner Zeit als Vagabund der Lüfte in den dreißiger Jahren zu verdanken hatte. Zur Landung setzte er hoch und schnell an, eine Sicherheitsmaßnahme gegen Motorenausfall, und reduzierte dann im Endteil Höhe und Geschwindigkeit mit einem dramatischen Seitwärts-Slip. Wenn er über Land flog, ging er oft vom Kurs ab und folgte verträumt dem sich schlängelnden Lauf eines Flusses oder sonstigen Besonderheiten des Geländes.

Es war zweifellos die Cub, die wir an jenem Morgen bei Barclay zwischen den tiefhängenden Wolken hervorschießen sahen. Wir konnten erkennen, wie die Tragflächen rüttelten, während mein Vater gegen die Turbulenzen ankämpfte, und die Nase im Horizontalflug nach unten wies, weil er den Propeller zu schnell laufen ließ, denn das machte er immer. Während er auf die Landebahn einkurvte, drückte er das Höhenruder und ging in den Sinkflug.

Mein Vater war zu talentiert, als daß er auch nur erwogen hätte, gegen einen Seitenwind anzukämpfen, der so stark war wie an diesem Morgen. Er zögerte auch nicht, wie es viele Piloten täten, um mit vorsichtigem Kreisen Wind und Piste auszuloten.

Statt dessen wandte er sich, noch eine Viertelmeile entfernt, rechtwinklig zur Landebahn, so daß die Nase der Cub auf die Spitze des Luftsacks zeigte, und flog direkt in den Wind. Er ließ den Motor mit halber Kraft laufen, um durch den heftigen Sturm durchzukommen, und zog die Nase hoch, so daß die Cub wie ein Fahrstuhl nach unten sauste. Er öffnete die Seitenfenster und steckte den Kopf heraus, um besser sehen zu können. Der lange weiße Schal, den er beim Fliegen gern trug, flatterte in der Propellerbö wie der Schwanz eines Drachens.

So flog er an, den ganzen Weg bis nach unten. Rechtwinklig zur Landebahn, genau gegen den Wind. Es war die Seitenwindtechnik schlechthin. Noch in 30 Fuß Höhe, bereits unterhalb der Baumgrenze, war die Nase auf den Luftsack gerichtet.

Der nun folgende Endteil geschah in einer einzigen anmutigen, fließenden Bewegung.

Am Rand der Piste, direkt über unseren Köpfen, ließ mein Vater den Motor aufheulen. Dann legte er sich in eine 90-Grad-Kurve, um die Maschine parallel zur Landebahnrichtung zu bringen, und zwar so heftig, daß es aussah, als würde sich die eine Tragfläche mit der Spitze gleich in den Boden bohren.

Jetzt senkte er abrupt die andere Fläche und pflanzte das dem Wind zugekehrte Rad aufs Gras. Er flog nach wie vor mit reichlich Leistung und war schnell, sehr schnell, keineswegs kurz vorm Stillstand, doch es war ein brillanter Schachzug, weil er diese Leistung und Geschwindigkeit brauchte, damit es nicht zu einem Strömungsabriß kam und er gegen die Abdrift ankämpfen konnte. Sehr wenigen Piloten würde es einfallen, die Sache so zu handhaben, aber schließlich gab es auch nur wenige Piloten wie ihn. Er wußte – das heißt, er baute darauf –, daß das Hin- und Herschaukeln der Räder auf dem Gras, um das Flugzeug zu Boden zu zwingen, und das Abbremsen durch wechselseitige Seitenruderbetätigung genügend Strömungswiderstand erzeugen würden, um die Maschine beizeiten zu verlangsamen.

Das Ende der Piste und die Schlucht dahinter kamen jetzt rasch auf das Flugzeug zugerast, um es zu schlucken. Meinem Vater blieb nur noch die Möglichkeit, die ganze Landebahn entlang gegen den Wind anzukämpfen und die Maschine heil und ganz geradeaus zu steuern.

Es war ein gespenstisch schöner Moment, jene drei oder vier Sekunden, als mein Vater und die Cub an uns vorüberschossen. Flugzeug und Pilot und die Elemente, denen sie ausgesetzt waren, in einer Gefechtssituation zusammengeschweißt, einander so ebenbürtig, so nahe der Katastrophe, daß unmöglich zu entscheiden war, wo menschliche Geschicklichkeit aufhörte und Glück oder Schicksal oder der göttliche Schutz, der den wahrhaft Tollkühnen zuteil wird, an ihre Stelle trat. Das Risiko, das mein Vater einging, und die Grazie, mit der er es tat, waren für mich körperlich spürbar. Und er strengte sich jetzt wirklich an, rang der Maschine das letzte Quentchen Effektivität ab. Durch die Fenster der Cub konnte ich sehen, wie er sich in die Steuerung legte, den Knüppel wie einen Pumpenschwengel betätigte, und heftig in die Ruder trat, um das Flugzeug auf Geradeauskurs zu halten und das zweite Rad auf den Boden zu bekommen, und all diese Bewegungen wurden auch in den raschen Ausschlägen der Klappen an Tragflächen und Heck sichtbar. Die Eindringlichkeit, das Tempo und die Gefahr der Situation waren hinreißend, und der Anblick dieser zu Boden strebenden Maschine hatte etwas, das die einzelnen Faktoren transzendierte, so daß sie sich zu einem ganzheitlichen Akt allerhöchster Kompetenz verbanden. Während mein Vater auf einem Reifen an uns vorbeischlitterte, lag ein schiefes Lächeln grimmiger Entschlossenheit auf seinem Gesicht.

Von den Sturmböen wie eine Wetterfahne hin und her geworfen, holperte die Cub Barclays Piste entlang.

Als er das Ende erreicht hatte, stieg mein Vater auf die rechte Bremse. Die Cub kreiselte auf einem Rad in einem Boden-Looping herum. Normalerweise war dies ein zu vermeidendes Manöver, doch mein Vater hatte in diesem Fall keine Wahl, und er wußte, was zu tun war. Er ließ das Heck hochschwingen, damit soviel Luft darüberströmte, daß das Seitenruder reagieren konnte. Und noch etwas tat er in diesem Augenblick, das ich seitdem nie mehr gesehen habe. Mitten in seinem Boden-Looping gab er Vollgas; der Propeller röhrte und riß ihn den Rest der Strecke in den Looping hinein. Es war ein äußerst gefährliches Manöver, das aber Stil hatte, und mein Vater war so geschickt und hatte solch ein Mordsglück, daß es bei ihm klappte.

Im letzten Moment berührte die rechte Flügelspitze fast den Boden, und das blockierte Rad wirbelte einen Sprühregen von Rasenstückchen auf.

Der ganze Endteil dauerte nur wenige Sekunden und war nicht besonders elegant. Doch das Flugzeug war unten und zum Stehen gebracht, und kein Mensch schert sich um Eleganz, wenn die maximale Seitenwindkomponente soeben um 100 Prozent überschritten wurde. Die kleine Cub stand allein auf dem Gras, gerahmt vom Himmel und den tiefhängenden Wolken hinter ihr, so daß es aussah, als flöge sie immer noch, denn das Gelände um sie herum fiel steil ab, und nach wie vor fingen sich Windstöße in den Tragflächen und hoben sie leicht an. Mein Vater ließ den Propeller ein letztes Mal rotieren und die Cub so ausrollen, daß sie in den Schutz der Baumreihe gelangte. Sie war über und über mit Schlamm bespritzt, hatte jedoch keinen Kratzer.

Kern und ich rannten hin und hängten uns an die Flügelstreben, um die Maschine zu stabilisieren. Mein Vater saß zitternd im Cockpit, und sein Gesicht war leuchtend rot von der Propellerbö, die ihm an den Kopf geknallt war, als er ihn aus dem Fenster gehalten hatte. Er schaute zu Kern herüber und zuckte mit jenem vergnügten, jungenhaften Grinsen die Achseln, das er immer zur Schau trug, wenn er in einem Flugzeug etwas Verrücktes angestellt hatte und wieder mal damit durchgekommen war. Die Propellerschaft machte klick-klick-klick, als er den Motor abschaltete.

Während ich an der Tragflächenstrebe hing, klopfte mein Herz wie ein Vorschlaghammer, und Tränen brannten in meinen Augenwinkeln. Ich wußte in solchen Momenten nie, ob ich meinen Vater lieben oder verabscheuen sollte. Ich ärgerte mich, daß ich keine Kontrolle über meine Gefühle hatte, und noch mehr über ihren frustrierenden Mangel an Endgültigkeit. In nur wenigen Sekunden hatte ich die Gewißheit, daß mein Vater abstürzen würde, gegen die Begeisterung, ihn das Flugzeug landen zu sehen, eingetauscht. Aber ich hätte ihn in diesem Augenblick, das war mir klar, ebensogut am Fuße des Hügels aus einem Wrack ziehen können.

Diese quälenden Empfindungen vergingen allerdings immer schnell. Danach verschwamm die eindrucksvolle Schönheit der Landung plötzlich – der steile Seitengleitflug über die Bäume, die niedrige Kurve zur Piste hin, das Aufsetzen der Räder auf dem Gras und der Boden-Looping – und verschmolz zu einem anderen, jetzt vorherrschenden Gefühl: Ich vergaß alles, was ich sonst noch für meinen Vater empfand und verspürte nur Stolz. Vielleicht lebte er zu gefährlich und erschreckte uns dauernd damit, daß er sich auf die Probe stellte, aber er war nun mal der Vater, den ich hatte. Er war ein großartiger alter Flieger, und niemand tat es ihm in der Luft gleich.

Barclay kam mit seinen Wolfshunden anspaziert. Er trat unter die Tragfläche und half meinem Vater aus der Maschine, indem er die Seilzüge der Ruder entwirrte, die über den Boden des Cockpits liefen.

Er war erleichtert und erstaunt, doch zu höflich und zurückhaltend, um das Falsche zu sagen.

»Na, das war aber mal eine Seitenwindlandung, Tom.«

»Ja. Danke, daß wir deine Piste benutzen durften.«

Und dann marschierte Barclay mit seinen Hunden wieder auf den Hügel.

Normalerweise konnten wir ein Flugzeug in weniger als einer Stunde demontieren. Es ging im wesentlichen nur darum, die Tragflächen vom Rumpf zu nehmen. Die Bolzen, mit denen die Hauptbestandteile der Flügel, die Holme, befestigt sind, sitzen direkt über dem Cockpit. Die Streben, die die Tragflächen stützen und mit ihnen und dem Fahrwerk ein Dreieck bilden, werden ebenfalls mit Hilfe von Bolzen gelöst. Danach montiert man zweitrangige Teile wie Steuerseile und Treibstoffleitungen ab. Hat man die Flügel einer Piper Cub erst einmal vom Rumpf gehoben, sind sie nicht mehr schwer, und Kern und ich legten sie auf die Holzschienen, die an die Schutzbleche unseres Pickups geschraubt waren.

Wir befestigten die Tragflächen mit Strohseilen. Nachdem wir den Propeller abgenommen hatten, wickelten wir ihn in eine Decke und legten ihn auf die Ladefläche des Pickups. Dann ketteten wir die Cub mit dem Spornrad an den Abschlepphaken des Jeeps und holperten über Barclays Grundstück in Richtung Heimat.

Mir war es immer peinlich, wenn wir in dieser baumbestandenen, feudalen Wohngegend mit ihren kurvenreichen Landstraßen und altmodischen Gestüten mit unserem abgetakelten Pickup und Flugzeug nach Hause fuhren. Unser Wagen war ein alter Willys, blau lackiert und verrostet, bei dem Auspuffgase und Rauch von der glühenden Kupplung durch die Bodenbleche nach oben drangen. Der Auspufftopf hatte seit Jahren ein Loch, und wir hatten uns nie die Mühe gemacht, ihn zu ersetzen. Während wir die Blue Mill Road entlangrülpsten, staute sich der Verkehr hinter uns, und die Leute glotzten. Barclay wohnte direkt zwischen den großen Anwesen von Kirby und McGraw. Danach mußten wir bei den Colgates und den Francis' vorbei und anschließend an den riesigen Ländereien des Kongreßabgeordneten Freylinghuysen. Die meisten unserer Nachbarn waren ruhige, blaublütige Protestanten oder reiche Katholiken, die blaublütige Protestanten nachäfften, und gaben sich den Anschein müheloser gesellschaftlicher Vollkommenheit. Sie glitten im blitzblanken Jaguar vorüber oder im neuen Chevy Suburban, der dazu passende Pferdeanhänger hintendran, und ritten am Thanksgiving-Wochenende mit Jackie Kennedy zu den örtlichen Fuchsjagden aus. Wir waren die Schmuddelkinder des Viertels, die mit ihrem baufälligen Jeep eine 1946er Piper Cub nach Hause schleppten.

Meine Verlegenheit schwand jedoch schnell, weil mein Vater durch unser alljährliches Ritual, ein Flugzeug heimzuholen, immer zu neuem Leben erwachte. Es erinnerte ihn an seine Jugendjahre in den Dreißigern und Vierzigern, als er jeden Winter damit eingeläutet hatte, daß er sich ein Flugzeug in irgendeinen Schuppen holte. Jetzt alberte er mit gerötetem Gesicht herum und lachte auf dem ganzen Weg bis nach Hause, während sich hinter uns der Verkehr staute.

An diesem Tag war mein Vater besonders zufrieden mit sich. Er war eine ganze Weile nicht geflogen und freute sich, daß er sich bei Barclay vor unseren Augen so gut geschlagen hatte. Er zitterte und fror aber immer noch, als wir auf unser Grundstück fuhren. Wir setzten ihn an der Toreinfahrt ab, damit er gleich ins Haus gehen und sich im Bad aufwärmen konnte. Kern und ich konnten das Flugzeug auch allein in den Schuppen bringen.

Mein Vater stieg aus dem Jeep, zündete seine Pfeife an und lehnte sich in die Fahrerkabine auf Kerns Seite, das Bein aufs Trittbrett gestützt.

»Also gut, Jungs, gut. Jetzt habt ihr euer Flugzeug.«

»Dad«, sagte Kern, »ich bin dir sehr dankbar dafür. Danke. Nicht viele Piloten hätten das getan, was du heute getan hast.«

»Ach wo, Kern«, meinte mein Vater. »Ist doch drauf geschissen. Zu meiner Zeit ist jeder Pilot so geflogen.«

Mit seinem weißen Schal und schaffellgefütterten Fliegeranzug hüpfte er munter die Stufen hoch und über die Veranda vorm Haus, pfeifend und zufrieden mit sich selbst, ein alter Flieger, der sein Gewerbe noch nicht verlernt hatte.

Kern betätigte die Kupplung des Jeeps und lenkte ihn auf den Schuppen zu.

»Rink, weißt du was?«

»Nein, was denn?«

»Daddy ist ein klasse Typ.«

Das war auch so ein Problem, das ich mit meinem Bruder hatte: die Wirkung, die solche Äußerungen auf mich ausübten. Immer bestand er darauf, die Sonnenseite des Lebens zu sehen, nur die Hälfte der Wahrheit, und sprudelte über vor Begeisterung über etwas, das gerade passiert war, vor allem, wenn mein Vater daran beteiligt war. Sie flogen gemeinsam Flugzeuge zu Bruch, und er freute sich darüber. Sie brüllten sich an, und Kern fand, das sei »gut für ihre Beziehung«. Für ihn stand am Ende jedes Regenbogens ein riesiger Wahnsinnstopf mit Gold. Seine Überschwenglichkeit ärgerte mich so maßlos, daß ich ihm instinktiv in allem widersprach, selbst wenn er recht hatte, und ich verspürte stets den verzweifelten Drang, auch die trübere und realistischere Seite des Lebens zu betrachten, einfach deshalb, weil er sich weigerte, es zu tun.

Mein Schweigen wurmte ihn, und das wußte ich, deshalb sagte ich zunächst nichts. Als wir am Schuppen ankamen, versuchte er es erneut. Er würde den Jeep nicht verlassen, ehe ich ihm zugestimmt hatte.

»Rink, hörst du mir zu?«

»Klar ... ich hör zu.«

»Ich hab' gerade gesagt: Daddy ist ein klasse Typ.«

»Ach, Kern. Er ist verrückt. Er hat sich heute fast umgebracht in der Cub.«

»Siehst du? Siehst du? Das ist typisch für dich. Immer mußt du Daddy anscheißen?«

»Kern, das heißt doch nicht, daß ich Daddy anscheiße. Ich sage bloß, er ist verrückt.«

»Aber Rink, das ist doch dasselbe! Du sagst verrückt. Ich sage klasse Typ. Es kommt nur darauf an, von welcher Seite man es betrachtet.«

»In Ordnung, Kern, in Ordnung«, sagte ich. »Wenn es dasselbe ist, können wir ihn ja verrückt nennen.«

»Okay, Rink. In Ordnung«, sagte Kern. »Paß auf, ich schlag dir was vor. Ich nenne ihn verrückt, wenn du ihn einen klasse Typ nennst.«

Ach, du liebe Güte. Das war noch so eine Sache, die mein Bruder gern mit mir abzog, die gute alte Tom-Sawyer-Huckleberry-Finn-Nummer. Du kriegst die Murmeln, ich kriege deine tote Katze.

»Gut, Kern. Abgemacht«, sagte ich. »Also bringen wir es hinter uns, okay? Daddy ist ein klasse Typ.«

»Prima! Du hast es gesagt! Jetzt bin ich dran. Daddy ist verrückt. Verrückt! Na, das war doch gar nicht so schwer, Rink, oder?«

»Nein, Kern, überhaupt nicht«, sagte ich. »Es war ganz einfach. Paß auf, noch was.«

»Ja, Rink?«

»Kern, du bist ein Idiot.«

Noch am selben Nachmittag befreiten wir die Cub von ihrer alten Verkleidung. Während unsere Schatten im Lampenlicht über die Wände geisterten, ließen wir unsere Taschenmesser durch die Rumpfbespannung gleiten und zogen die steife Leinwand in langen, rechteckigen Bahnen ab. Als wir zu den Tragflächen kamen, begrüßte uns aus dem Inneren der Rippenfelder der schale Geruch von ranzigem Imprägnierlack. Er war dort eingesickert und jahrelang eingeschlossen gewesen, auch wenn die Cub in der heißen Sonne gebraten hatte. Der Gestank stieg uns scharf in die Nase und erfüllte den ganzen Schuppen, aber ich mochte diesen ersten Hauch von Flugzeuglack im Herbst. Er ließ mich an den langen Winter der Trunkenheit denken, den wir beim Neuimprägnieren des Flugzeugs vor uns hatten.

Das Metall war in besserem Zustand, als wir erwartet hatten. Hier und da waren die Stahlröhren mit Rost gesprenkelt, doch das ließ sich durch Abschmirgeln und durch das Auftragen einer neuen Schicht Rostschutzfarbe leicht beheben. Die Tragflächenkonstruktion bestand aus parallel aufgereihten Aluminiumrippen, die von zwei Metallholmen zusammengehalten wurden. Bis auf eine oder zwei Dellen im Blech der Vorderkante waren die Flügel in hervorragendem Zustand.

Kern und ich verschnürten die alte Verkleidung zu Ballen und trugen sie nach draußen, um sie in einer großen Tonne zu verbrennen. Wir entfachten das Feuer mit Zeitungspapier und Anmachholz, luden die Stoffballen darauf und traten zurück, als sich die äußerst leicht brennbare Leinwand entzündete. Dann wärmten wir uns auf der Heizplatte im Schuppen etwas Apfelwein auf und trugen zwei Stühle hinaus, um das Feuer zu beobachten.

Die Verkleidung eines Flugzeugs abzustreifen und ihr beim Verbrennen zuzusehen, war ein Druidenritual für uns, auf das wir uns jeden Herbst freuten. Milchiger Schnee begann zu fallen, und Flecken gelben Lichts von den Lampen im Schuppen fielen aus den Fenstern. Nachdem die ersten Stoffballen niedergebrannt waren, warfen wir die restlichen aufs Feuer. Riesige orangerote und purpurne Flammen hangelten sich in die Bäume, verdampften den fallenden Schnee zu Dunstfahnen und prasselten bis zu den Ästen über ihnen hoch.

Kern griff nach einem Stock und zeichnete eine grobe Landkarte der Vereinigten Staaten in den Schnee. Wir hatten noch nicht sehr viel über unseren beabsichtigten Flug besprochen, und er war begierig darauf, mich in seine Pläne einzuweihen.

»Rinker«, sagte er, »so will ich es machen.«

Er malte kleine, dreieckige Krakel, die die Allegheny Mountains darstellen sollten, und eine lange Schlangenlinie für den Ohio River. Dann zeichnete er den Mississippi und die Ebenen des Westens ein. Er hatte sich draußen am Flugplatz die große Weltkarte angesehen. Man sollte meinen, um nach Los Angeles zu gelangen, müßten wir nur in New Jersey abfliegen und die Cub nach Westen steuern, sagte er, doch in Wirklichkeit würden wir die meiste Zeit einen Südwestkurs halten und den mittleren Westen und das Tal des Mississippi diagonal überqueren, bevor wir uns den »großen, offenen Weiten« des Westens zuwandten.

Kern freute sich riesig auf die offenen Weiten des Westens, besonders auf Texas. Er sprach über Orte in diesem mythischen Land – Texarkana, Wichita Falls, El Paso –, als wäre er bereits dort gewesen. Das einzige, mit dem er nicht zurechtkam, waren die Rocky Mountains. Sie machten ihn ratlos, sogar ein bißchen ängstlich.

Er hatte schon viel weiter gedacht, als ich angenommen hatte. Trotzdem war mir nicht ganz wohl bei seinem Plan: Ich wußte noch immer nicht, warum die Reise unbedingt sein mußte.

Kern starrte brütend, das Kinn in die Hände gestützt, in die Flammen. Er spürte mein Widerstreben und war enttäuscht davon. Er hätte mir gern genau erklärt, wieso er den Flug durchführen wollte, hatte aber Angst vor meiner Reaktion. Jedesmal wenn mein Bruder aufrichtig zu mir war und mir ein Stück von sich enthüllte, hackte ich darauf herum, und meine verbalen Attacken verletzten ihn weitaus mehr, als mir damals klar war. Es war nicht nur die Demütigung. Er hatte ein bestimmtes Bild davon, wie ein älterer Bruder sein sollte, das teils seinen eigenen Erwartungen entsprach und teils den Erwartungen, die mein Vater ihm eingeimpft hatte. Der Ältere mußte stark sein, unzugänglich für Beleidigungen, eine solche Autorität, daß der jüngere Bruder es nicht wagen durfte, ihm in die Quere zu kommen. Aber so war unser Verhältnis nicht, und das hörte nie auf, Kern zu wurmen.

Ich bewunderte es jedoch sehr, wie er an diesem Abend herausbrachte, was er zu sagen hatte, während wir dort draußen dem Stoff beim Verbrennen zusahen. Er wußte, daß ich ihn wahrscheinlich in Fetzen reißen würde, aber er äußerte seine Gedanken trotzdem.

In den Jahren, in denen wir in Basking Ridge das Fliegen lernten, war der Star der Piste ein junger Kunstflieger, Eddie Mahler. Eddie war nicht nur in den Aerobatikkreisen der Ostküste eine Legende, sondern landesweit der Beste einer neuen, revolutionären Generation von Luftakrobaten. Neben anderen Großtaten wurde Eddie die Erfindung des »Schleifepflückens im Rückenflug« zugeschrieben. Dabei kam er in seinem in der Längsachse um 180 Grad gedrehten offenen Doppeldecker über die Bahn gejagt, pflückte mit dem Fahrwerk eine Schleife von einem Mast und schoß dann wieder hoch über die Menschenmenge. Meistens arbeitete er jedoch in seiner perlweißen T-6 Texan, die mit der meines Vaters praktisch identisch war. Er und mein Vater flogen oft zusammen zu Flugschauen, brummten in ihren Zwillings-Texans im Tiefflug über die Zuschauer hinweg und führten in Formation ihre Kunstfiguren vor. Wenn sie mit ihren Texans angedonnert kamen und vor den Tribünen die Hauben ihrer Flugzeuge hochschlugen, nannten die Ansager sie Big Eddie und Peg-Leg Buck. Kern und ich verehrten Eddie als Helden und waren beeindruckt, daß mein Vater sich mit ihm messen konnte. Für mich war das so eine große Sache nun auch wieder nicht. Es war die Art Verrücktheit, die ich von meinem Vater erwartete. Kern jedoch konnte es kaum fassen. Beide Männer erfüllten ihn mit Ehrfurcht.

Kern schaute von den Flammen auf.

»Rink, du wirst mich deshalb auslachen, aber ich muß es einfach sagen.«

»Ich lache schon nicht, Kern.«

»Quatsch, aber ich will, daß du Bescheid weißt. Paß auf, ich möchte nicht so ein mickriger kleiner Teenager sein, von dem nie jemand was gehört hat, okay? Ich möchte so sein wie Big

Eddie Mahler. Quer über das Land zu fliegen ist das Aufregendste, was wir im Moment mit unserem Leben anstellen können. Die Leute werden auf uns aufmerksam werden. Es wird eine tolle Sache für die ganze Fliegerei. Sogar Typen wie Eddie Mahler müssen uns dann respektieren. Rink, ich will *bekannt* sein, verstehst du? Morgens beim Aufwachen denke ich manchmal an den Trip und frage mich: ›Meine Güte, wer zum Teufel ist auf diese verrückte Idee gekommen?‹ Ich meine, ich hab' Angst davor, Rink, große Angst ab und zu, aber wir müssen es durchziehen. Denn es war das einzige, was mir eingefallen ist, das einzige, auf das ich gekommen bin: mit der Cub von Küste zu Küste zu fliegen.«

Ich versuchte, die richtigen Worte zu finden.

»Kern, ich verstehe dich ja. Ich meine, wirklich. Aber nenn dich nicht mickrig, okay?«

»Aber ich bin mickrig.«

»Scheiß drauf, Kern. Wir sind *beide* mickrig.«

»Aber Rink, das ist es doch gerade. Du hast es leicht. Du bist sportlich. Du bist beliebt in der Schule. Sogar als du der alten Lady den Blanken gezeigt hast, waren alle von dir begeistert. Alles, was ich habe, ist die Fliegerei, und diese eine Sache möchte ich richtig gut machen. Nur eine Sache, Rink. Eine einzige! Ich brauche dich dabei. Du mußt mir helfen, die Cub nach Kalifornien zu fliegen.«

Grundgütiger. Ich hätte losheulen können. Für Kern machten mich alle Dinge, in denen ich gut war, zu einem schrecklichen Bruder. Was hätte ich denn tun sollen? Mir ein Paar Spießershorts anziehen? Mich in einen Sportspasti verwandeln? Ich fühlte mich nicht elend, weil Kern mir meine Erfolge übelnahm. Ich fühlte mich elend, weil ich nicht verstand, wieso er mich nicht einfach ignorierte.

»Ach, Scheiße, Kern ... in Ordnung. Ich will mich nicht mit dir darüber streiten. Aber es gibt noch was, das ich nicht kapiere.«

»Was denn?«

»Na ja«, sagte ich, »wofür brauchst du mich überhaupt? Wenn ich an deiner Stelle wäre, würde ich diesen Flug allein machen. Auf den kleinen Bruder pfeifen, weißt du, und ihn zu Hause sitzenlassen. Dann haust du ab nach Kalifornien und streichst jeden Verdienst dafür selbst ein.«

»Nein, Rink. Du mußt das verstehen. Es ist wichtig. Ich kann den Flug nicht allein machen. Mensch, denk doch mal nach. Wir können in Unwetter geraten. Wir müssen Gebirge überqueren. Und die Wüsten – ich glaube, es gibt achthundert Meilen Wüste zwischen hier und L. A. Ich werde vollauf damit beschäftigt sein, das Flugzeug zu steuern. Aber wir brauchen unbedingt ständigen Bodenkontakt, einen Navigator. Wir dürfen uns nicht verirren. Ich kann nicht beides gleichzeitig machen.«

Das meiste von dem, was er sagte, war richtig –, aber das erkannte ich erst, als wir an Ort und Stelle waren. Mein Problem lag zum Teil darin, daß ich im Fliegen weniger erfahren war und nicht alles überblickte, was dazugehörte. Bei meinem Bruder hatte es immer ganz einfach ausgesehen, und ich nahm eine Menge als selbstverständlich hin. Weitaus mehr schreckte mich jedoch das Zusammenprallen der Charaktere, die bei meinem Bruder und mir von Geburt an so von Grund auf unterschiedlich waren. Alles, was er sagte und tat, geschah mit brennendem Ernst und aus tiefer Überzeugung. Es war wie bei den atmosphärischen Störungen eines Radiosignals: Jetzt, da es wirklich etwas gab, das Ernsthaftigkeit erforderte, konnte ich es nicht hören.

Aber ich wollte mich nicht mehr mit Kern streiten. Mir war schrecklich zumute, weil er immer eifersüchtig auf mich zu sein schien. Ich würde mich wohl aufraffen müssen.

»In Ordnung, Kern. Ich werde das für dich erledigen. Die nächsten sechs Monate gehört mein Arsch dir.«

»Nein, Rink, nein. Wir machen das Ganze gemeinsam und

teilen alles miteinander. Ich will, daß du Navigation paukst, aus deinen Büchern lernst, die Karten studierst. Das ist was, worin du gut bist, und wir werden es auf dem Flug brauchen. Wir sind ein Team, Rink. Wir ziehen das als Team durch.«

Scheiße. Ein Team. Ich wand mich innerlich, wenn mein Bruder so optimistisch und fromm tat, als ob wir uns wirklich bessern und ein Team werden könnten, denn ich befürchtete, wir würden es nicht schaffen. Aber versuchen mußte ich es.

»Okay, Kern«, sagte ich. »Ein Team. Gehen wir es als Team an.«

Der Wind wurde stärker, und der Schnee fing an, heftiger zu fallen, peitschte dicht vor unseren Gesichtern herab und wirbelte in Strudeln um unsere Füße. Kern warf die letzten Stoffballen ins Feuer, und die Flammen schossen wieder hoch, warfen die Schatten der Bäume an die Wand des Schuppens. Als der Schnee unsere Haare immer mehr verklebte, gingen wir hinein und arbeiteten noch ein wenig am Flugzeug.

Am Sonntag nachmittag waren wir mit dem Abschmirgeln des Rumpfes fertig. Nachdem wir unseren alten Farbkompressor von Sears Roebuck entstaubt hatten, sprühten wir die erste Schicht armeegrünen Zinklacks auf. Während Kern mit der Spritzpistole über die Zelle fegte, folgte ich ihm mit einem Lappen, um etwaige Tropfen abzuwischen.

Dank Kern und Louie war der Schuppen auch tontechnisch ausgerüstet. Als mein Vater den alten Niederfrequenz-Empfänger aus seiner Texan ausgebaut und in einer Ecke des Hangars deponiert hatte, hatten sie sich das Ding geschnappt und es in dem Geräteanbau des Schuppens installiert. Es war ein großes, schweres Röhrenmodell aus dem zweiten Weltkrieg mit riesigen, klobigen Knöpfen, so daß es aussah, als gehörte es in ein sowjetisches Raumschiff. Beim Ausschlachten des alten Studebakers meines Großvaters, der verlassen hinter dem Schuppen stand, hatten sie ein Paar Lautsprecher ergattert. Das Resultat war, mit freundlicher Unterstützung von Louie, ein weiteres improvisiertes Monstrum in der Familie Buck, aber für den Schuppen ging es einigermaßen. Die Lautsprecher klangen kratzig und wummerten auf den tiefen Tönen wie ein Fagott, und wir empfingen nur wenige Sender.

Ein Sender kam jedoch laut und deutlich herein, nämlich der ABC in New York, 77 auf der Kurzwellenskala. Er war der bizarrste Top-40-Sender des Landes, und sämtliche Discjockeys waren Irre: Cousin Brucie, »Big Dan« Ingram, Scott Muny, Ron Lundy, Harry Harrison und morgens der unschlagbare Herb Oscar Anderson. Superdoof, supercool, verkörperte ABC das Goldene Zeitalter des Pop, und niemand, den wir kannten, hörte irgend etwas anderes.

Also arbeiteten wir, ABC lauschend, beim beißenden Geruch der Zinkfarbe und dem Zischen der Spritzdüse bis in den späten Sonntagabend hinein. Kern war sehr pingelig, was die Qualität unserer Arbeit anging, und jedesmal, wenn wir einen Teil fertig hatten, überprüfte er alles, indem er von einem Montagewagen aus mit einer Inspektionslampe in jede Ecke und Ritze spähte. Wenn er einen Farbtropfen oder Rostfleck fand, der ihm nicht gefiel, machten wir uns noch einmal ans Schmirgeln und Sprühen. Dabei pfiff er die ganze Zeit, ungeheuer zufrieden, sein Gefährt für den Flug von Küste zu Küste jetzt im Schuppen zu haben. Hin und wieder platzte er mit einem jener vergnügten Gedanken heraus, die ihm gerade durch den Kopf gingen.

»Hey, Rink, weißt du was?«

»Nein, was denn?«

»Wenn wir fertig sind, ist dies die am besten in Schuß gebrachte Piper Cub in ganz Amerika. Ohne Ausnahme.«

Ohne Ausnahme.

Ich war inzwischen ganz schön high vom Verdünner, und ich mochte das stechend prickelnde Gefühl des erstarrenden Zinklacks an meinen Fingern. Das alte Jagdfliegerradio schmetterte, und Kern und ich sangen »Wooly Bully«, »Turn! Turn! Turn!«, »Hang on Sloopy« und unseren Lieblingssong, Barry McGuires »Eve of Destruction«, mit. Die langen Weihnachtsferien standen vor der Tür, und es würde Spaß machen, ohne sonst jemanden hier draußen zu arbeiten. Kern und ich arbeiteten tierisch gut zusammen, und darauf war ich insgeheim stolz.

Wir waren voll dabei. Vom Schmirgeln waren meine Finger voller Blasen und bluteten, und mir tat der Rücken weh. Doch ich fand es schön, bei der Musik mitzuträllern und die Flugzeugzelle zum Glänzen zu bringen wie Kanonenmetall, und ab und zu stieg auch in mir ein eigener vergnüglicher Gedanke auf. Meine Güte, Kern ist richtig glücklich hier draußen, bei der Arbeit an der Cub. Und ich war es ebenfalls.

3

Der Winter, in dem wir uns mit der Cub beschäftigten, war schneereich und kalt. Alle paar Wochen bliesen arktische Winde aus Kanada, die pudrige Wehen in den Ecken des Schuppens und Eis auf dem Dach abluden. Die überfrorene Landschaft draußen schien die Notwendigkeit von vier Mauern gegen den Rest der Welt noch zu erhöhen und uns mit unserem Flugzeug im Schuppen fast einzuschließen. Während der Weihnachtsferien arbeiteten Kern und ich zehn Tage am Stück an der Cub. Danach verbrachten wir fast jeden Abend und jedes Wochenende bei der Maschine.

Kern betrachtete die Schneestürme als Gottesgeschenk. Seit er die Idee mit dem Flug gehabt hatte, waren seine größte Sorge die Kosten gewesen. Mein Vater bot uns für die Instandsetzung des Flugzeugs $ 500 an, doch wir wußten, daß er diese Summe kaum entbehren konnte, und Kern fand, es wäre nicht wirklich »unser Flugzeug« und »unsere Reise«, wenn mein Vater sie finanzierte. Während der Unwetter fiel mehrmals der Unterricht für uns aus, und wir hatten eine Anhängerkupplung und einen Schneepflug für unseren Willys. Kern kam zu dem Schluß, wir sollten mit Schneepflügen unser »Cub-Geld« zusammenkriegen.

Kern ging unsere neue Tätigkeit wie ein kampferprobter junger Forscher an. An unserem ersten Tag, als wir mitten in einem tosenden Schneesturm aus der Einfahrt rumpelten, sprudelte er über vor Ideen über die brillanten »Verkaufstechniken« und »Preisstrategien«, die wir bei unseren Kunden ausprobieren könnten. Sie erwiesen sich jedoch überwiegend als ein Haufen Mist. Unsere, wie sich herausstellte, einzige Verkaufstechnik bestand darin, daß ich in den schneidend kalten Wind hinaustrat, um den Gehweg freizuschaufeln und zu fegen, wenn jemand uns erlaubt hatte, auf seinem Grundstück zu arbeiten – »daran hätte die Konkurrenz nie gedacht«, sagte Kern –, während er von der warmen Fahrerkabine des Jeeps aus die Einfahrt räumte und dabei Cousin Brucie auf ABC hörte.

Der Geschäftsmann Kern verlor völlig den Boden unter den Füßen, wenn es um Kundenkontakte ging. Er war zu schüchtern, um an Türen zu klopfen und dort einen Handel abzuschließen oder Geld zu kassieren. Das wurde ebenfalls meine Aufgabe. Zuerst ärgerte ich mich darüber und fand all meine Besorgnisse hinsichtlich Kern neu bestätigt. Aber im Laufe des Winters lernte ich allmählich zu schätzen, daß Kern und ich ziemlich gut zusammenarbeiteten – eine Erkenntnis, die mich so schockierte, daß ich in ihr eine wichtige Offenbarung über die menschliche Natur sah. So unterschiedliche Persönlichkeiten konnten sich tatsächlich ergänzen, unterstützen und ihre jeweiligen Defizite gegenseitig ausgleichen. Das war eine verblüffende Neuigkeit, ein Durchbruch für mich. Nicht trotz, sondern wegen unserer Unterschiede verbanden wir uns zu einem siegreichen Paar, dem »Team«, das sich mein Bruder so wünschte.

Jedem gefiel die ernste, gewissenhafte Art, mit der Kern sich ans Freipflügen einer Einfahrt machte. Alles mußte perfekt sein. Einen Großteil unserer Kundschaft stellten die reichen, alten protestantischen Damen, die in den großen Häusern am Silver Lake wohnten. Seitdem die Kennedys auf den Plan getreten waren, hatten sie alle angefangen, sich die lächerlichsten Vorstellungen darüber zu machen, wie wundervoll und tugendhaft es in großen irisch-katholischen Familien wie der unsrigen zuging. Wenn ich zum Kassieren an die Tür kam, wartete ich nur darauf, daß die alte Mrs. Babcock oder Mrs. Hart begann, von der »prima« Arbeit zu schwärmen, die wir in ihrer Einfahrt geleistet hatten, und antwortete brav mit »ja, Madam« und mit »nein Madam«, bevor ich dann aufs Ganze ging und das Doppelte, manchmal sogar das Dreifache dessen verlangte, was Kern mir aufgetragen hatte. Bis er sich endlich daran gewöhnt hatte, war Kern jedesmal ganz entrüstet, wenn ich mit dem Geld zum Jeep zurückkam.

»Rink, du hast die alte Dame beschissen! Vierzig Mäuse. Mein Gott. Ich hab dir gesagt, du sollst zwanzig nehmen. Du hast sie *beschissen*.«

»Ach, leck mich, Kern. Die alte Schachtel schwimmt doch im Geld. Ich hätte 50 Dollar verlangen sollen.«

So verlief die Schneesaison. Im Januar gab es einige starke Stürme, die uns 150 Dollar am Tag einbrachten. Und am Ende des Monats hatten wir schon 600 Dollar zusammen. Mit dem Willys verdienten wir mehr als genug für die neue Verkleidung der Cub sowie für neue Bauteile. Wir freuten uns beide unheimlich darüber. Kern bewahrte unser Geld in einer Kaffeedose auf, die er auf einem Bord oben in seinem Zimmer versteckte. Auf die Büchse hatte er ein Stück Klebeband geklatscht und es mit schwarzem Filzschreiber beschriftet: N. Y. nach L. A./1966. Auch nachdem wir angefangen hatten, wie wild neue Teile für die Cub einzukaufen, und damit unser ursprünglich geplantes Budget weit überschritten, war in der Kaffeedose immer noch eine Reserve von $ 250 oder mehr vorhanden. Das bedeutet eine enorme moralische Stärkung für uns. Mein Vater, der die Theorie vertrat, seine Söhne sollten nicht so »kämpfen« müssen wie er als Jugendlicher, hielt uns aktiv davon ab, während der Schulzeit Jobs anzunehmen, so daß wir finanziell nur von ihm abhängig waren. Jetzt bastelten wir nicht nur an unserem eigenen Flugzeug, sondern waren auch noch die ganze Zeit flüssig, und unser Gefühl der Unabhängigkeit brandete lichterloh auf. Kern fing an, mich den grausamen Rinker zu nennen, weil ich unsere Kunden so schröpfte. Und ich nannte ihn wegen der idiotischen Sorgfalt, mit der er das Geld im Auge behielt, es jeden Abend zählte und in ein kleines Kontobuch eintrug, das er in der Tasche mit sich herumtrug, Sparkassen-Kern.

Das nächste große Hindernis, das sich uns in den Weg stellte, waren meine Hausaufgaben, die mir fürchterlich auf den Geist gingen und der Arbeit am Flugzeug entgegenstanden. Delbarton hatte sehr hohe schulische Ansprüche, und es war kaum zu fassen, wieviel die Benediktinermönche uns jeden Tag aufluden. Meine Fächer waren Latein, Biologie, Geometrie, Französisch, Englisch, Geschichte und Religion. Vier Stunden Schularbeiten täglich waren die Norm, und an vielen Abenden war ich erst nach zehn Uhr fertig und in der Lage, Kern mit dem Flugzeug zu helfen.

Kern hatte dieses Problem nicht. Als guter Schüler der letzten Klasse, der von dem College seiner Wahl, Holy Cross, praktisch schon aufgenommen war, wurde von ihm erwartet, daß er nach langer Schultradition mit einem schweren Fall von »Senioritis« geschlagen war und das letzte Jahr nur faulenzte. Die Mönche mochten ihm zwar Schularbeiten aufgeben, hätten ihn aber eher als Arschkriecher betrachtet, wenn er sie tatsächlich erledigt hätte.

Daher hatte Kern reichlich Zeit für das Flugzeug. Bei vielen Reparaturen war es jedoch nötig, daß wir beide gleichzeitig daran arbeiteten, und er war frustriert darüber, daß ich ihm erst so spät abends helfen konnte. Sobald der Unterricht nach den Weihnachtsferien wieder begann, fingen wir an, uns deswegen zu streiten. Einmal beschuldigte Kern mich sogar mangelnden »Engagements für das Projekt«, weil ich zuviel Zeit über meinen Hausaufgaben verbrachte. Eines Abends, als ich vor dem Holzofen im Geräteraum neben dem Schuppen lernte, fiel mir eine Lösung ein.

»Paß auf, Kern«, sagte ich. »Das, was wir machen, ist Blödsinn. Du brauchst mich, damit wir das Flugzeug fertigkriegen. Ich brauche dich für meine Hausaufgaben. Warum teilen wir die Fächer nicht einfach zwischen uns auf, sind in einer Stunde mit allem durch und können dann den ganzen Abend am Flugzeug arbeiten?«

Kern dachte einen Augenblick darüber nach.

»Netter Versuch, Rink. Du beeindruckst mich. Aber das können wir nicht tun. Es wäre Betrug.«

»Kern, das ist kein Betrug«, sagte ich. »Wir schlagen damit bloß zwei Fliegen mit einer Klappe.«

»Es ist Betrug, Rink.«

Ich knallte sehr effektvoll meine Bücher zu, steckte die Hefte dazwischen, klemmte mir den ganzen Stapel unter den Arm und ging auf die Tür zu.

»Leck mich doch, Kern. Ich mache meine Schularbeiten im Haus fertig und komme später wieder zu dir rüber.«

Als ich an der Tür war, rief Kern mir hinterher.

»Rink! Warte.«

Er stand mit schiefgelegtem Kopf und abgewandten Augen neben dem Holzofen und murmelte leise sein Mantra, das er jedesmal, wenn er mit einer moralischen Krise wie dieser konfrontiert war, immer und immer wiederholte: »Du liebe Güte … du liebe Güte … ach, du liebe Güte.«

»Rink«, seufzte er. »Weißt du was?«

»Nein, was denn?«

»Jeder betrügt.«

»Sag ich doch, Kern, genau. Jeder betrügt.«

»Es ist schrecklich«, sagte Kern. »Es ist unrecht. Ich bin immer ganz deprimiert, wenn ich es in der Schule mitkriege. Aber jeder betrügt.«

»Kern«, sagte ich. »Die allgemeine Verdorbenheit macht mir ebenso zu schaffen wie dir. Aber wir können die Probleme der Welt nicht ganz allein lösen. Und bis dahin betrügt jeder.«

»Rink, *jeder* betrügt!«

So schafften wir also auch das. Sobald wir nachmittags nach Hause kamen, machten wir ein Feuer im Holzofen und rasten im Schnelldurchgang durch meine Bücher. Kern war ein Genie in Latein und Bio, also übernahm er diese beiden Fächer. Geometrie war das einzige an der Mathematik, das ich je begriff und mochte, also fiel sie mir zu. Das erste Jahr Französisch war ein Kinderspiel für mich, weil ich Pater Sean angelogen und ihm verheimlicht hatte, daß ich es in der Grundschule schon drei Jahre gehabt hatte. Deshalb dauerte »Franz« gewöhnlich nur etwa fünfzehn Minuten. Im Englisch-Unterricht lasen wir Romane wie *Moby Dick*, aber in »Cliffs Notes« waren die neun Hochseefahrten übersichtlich auf einer Seite zusammengefaßt. Geschichte, ein Fach, das ich liebte, lernte ich morgens im Bus. Religion war totaler Quatsch, den wir ignorierten.

Betrügen war herrlich, ein intellektuelles Nirwana, die einzige Möglichkeit, zu einer anständigen Ausbildung zu kommen. In den beiden Halbjahren, als wir an dem Flugzeug arbeiteten und Kern die meisten meiner Hausaufgaben machte, bekam ich in allen Fächern Einser und in der Klasse einen Platz unter den ersten zehn. Pater Adrian, unser Studienleiter, kam gar nicht darüber hinweg, wie gut ich während der Weihnachtsferien »die Kurve gekriegt« hatte. An den meisten Abenden waren wir in weniger als einer Stunde mit meinen

Schularbeiten fertig und konnten uns schon um sieben fröhlich einer weiteren Flugzeugreparatur zuwenden.

Kern war entschlossen, unser Flugzeug »tip-top« zu restaurieren, und das nicht nur, weil er Kern war, und an jedes Projekt so heranging, mit peinlicher Genauigkeit und frühreifer Aufmerksamkeit für Details. Ihm war außerdem wesentlich klarer als mir, welche Schäden der Maschine unter den brutalen Bedingungen von Wüsten- und Gebirgsflügen zugefügt werden würden, die uns draußen im Westen erwarteten, und er wollte nichts dem Zufall überlassen.

Darüber hinaus liebte Kern Piper Cubs im allgemeinen und unsere Cub im besonderen. Bereits Mitte der sechziger Jahre galten Cubs als Flugzeug-Klassiker, die genauso hoch geschätzt waren wie der ehrwürdige DC-3-Frachter oder der Stearman-Doppeldecker. Cubs waren so ungefähr die letzten Spornradmaschinen, die Piloten wie uns in großer Anzahl zur Verfügung standen, ein letztes noch erhaltenes Bindeglied zu dem romantischen Leben und instinktsicheren Flugstil der frühen Jahre des Fliegens. Unsere Cub war das PA-11-Modell von Piper, bis auf einen etwas größeren Motor identisch mit dem klassischen Schulflugzeug J-3, das noch aus den Dreißigern stammte. Die Zulassungsnummer, in großen, roten Buchstaben seitlich auf den Rumpf gemalt, war N4971H. Auf der Piste von Basking Ridge, wo die Cub seit zehn Jahren ihre Basis hatte, wurde sie liebevoll »71-Hotel« genannt. Die Piloten von Basking Ridge hatten 71-Hotel immer als eine ganz besondere Maschine angesehen, eine, die damals als »heiße Cub« galt. Die Zylinder waren ausgebohrt worden, um zusätzliche Leistung zu gewinnen, die Flügelstreben verstärkt. Eddie Mahler hatte 71-Hotel in den frühen Jahren seiner Karriere in Flugschauen für sogenannte Cub Comedy Acts benutzt, und sie schlug jeden Zweisitzer im Umkreis von Meilen, sogar Super-Cubs mit 150-PS-Motoren. All dies be-

deutete Kern wesentlich mehr als mir. Es sollten keine Kosten
gescheut werden, um aus 71-Hotel »die perfekte Cub« zu
machen.

Im Januar galt eine der ersten Reparaturen, die wir aus-
führten, dem Stoßdämpfersystem am Fahrwerk. Die Stoßdämpfer einer Piper Cub sind einfach konstruiert. Rechtes
und linkes Fahrwerkteil sind durch eine X-förmige Stahlkon-
struktion verbunden, in deren Mitte sich eine flexible Armatur befindet, die straff mit Gummiseilen umwickelt ist. Wenn
das Flugzeug über Bodenerhebungen rollt, dehnen sich die
Seile und ziehen sich wieder zusammen, so daß sie auf holprigen Pisten oder bei harten Landungen genug Spiel ermög-
lichen.

Kein Flieger, den wir kannten, machte sich je die Mühe, die
Gummiseile einer Cub durch neue zu ersetzen. Die Mechaniker draußen in Basking Ridge waren sogar dagegen. Sie
meinten, neue Seile ließen ein Flugzeug nur zu hoch hüpfen,
wenn ein Flugschüler hart landete. Bei den meisten Cubs, die
wir geflogen hatten, waren die Gummistoßdämpfer so abge-
ranzt und schlaff wie eine tote Katze.

Bei 71-Hotel natürlich nicht. An dem Tag, der dem Fahrwerk zugedacht war, schob Kern unsere Hebebühne unter die
Motoraufhängung, so daß sich die Räder der Cub vom Boden
hoben. Unsere Ersatzteilquelle war Van Dusen Aviation
Supply in Teterboro. Aus unserer ersten Van-Dusen-Lieferung
zog Kern ein in Packpapier gewickeltes Päckchen hervor. Es
enthielt einen frischen Satz Gummiseile, glänzend und
schwarz, mit dem beißenden Geruch eines neuen Fußballs.

»Ach du liebe Güte, Kern«, sagte ich. »Neue *Gummiseile*?«

»Hey, sei vorsichtig, ich hab's dir doch gesagt. Dies wird die
am besten in Schuß gebrachte Cub in ganz Amerika. Außerdem könnten diese Gummiseile, wenn wir mal irgendwo in
der Wüste runtermüssen, die Rettung für das Flugzeug sein.

Vielleicht sogar für uns. Ich will, daß das Fahrwerk auch auf unebenem Gelände heil bleibt.«

»Ach, Scheiße, Kern. Wenn wir in der Wüste runtermüssen, fahren wir den Rest der Strecke sowieso mit dem Bus nach Kalifornien. Was sollen wir im Greyhound mit einem neuen Gummiseil?«

»Hey, Rinker, hörst du mir zu?«

»Klar, ich hör zu.«

»Dann paß auf. Wir haben für diese Gummiseile bezahlt. Wir machen sie dran.«

»In Ordnung. In Ordnung. Also neue Gummiseile.«

Mit einem tiefen, schnellen Hieb seines Messers durchtrennte Kern die staubigen und öldurchtränkten alten Seile. Sie gaben mit einem matten Schwirren nach und fielen zu Boden.

Die neuen Gummiseile – hart und straff – waren mörderisch schwer aufzuziehen. Sie fühlten sich an, als seien sie stark genug, um als Stoßdämpfer einer Boeing 707 zu dienen. Wir benutzten ein Stemmeisen, das wir als zusätzlichen Hebel mit einem Stück Klempnerrohr verlängerten. Grunzend und schnaufend, einen frischen Knöchelabdruck auf dem Fahrwerk hinterlassend, hatten wir die Mistdinger schließlich festgezurrt. Als wir die Hebebühne herunterdrehten, hüpfte die Cub auf den Zementfußboden, schmuck und etwas größer als zuvor.

Das war mehr oder weniger unser Winter. Während die Songs aus dem großen Texan-Radio dröhnten, arbeiteten wir wie die Besessenen an 71-Hotel. An der Zelle mußten mehr als fünfzig verschiedene Reparaturen vorgenommen oder Teile ausgetauscht werden – von den Bremsen und den Umlenkblechen der Vergaservorwärmung bis zu einer neuen Trimmklappe im Heck. Das Cockpit rissen wir von den Bodenblechen bis zur Bugstrebe ganz heraus und ersetzten alles durch neue Materialien. Teile, die wir nicht per Katalog bestellen konnten, machten wir selbst. Kern kam zu dem Schluß, das alte Gepäckfach, das aus Sackleinen bestand, sei unzureichend und würde Turbulenzen, wie sie uns draußen im Westen erwarteten, nicht standhalten. Also fabrizierten wir aus schwerem Blech, das wir bei Sears kauften, ein neues.

In technischer Hinsicht war ich Kern immer unterlegen gewesen, was mir ziemlich peinlich war. Es ärgerte mich, daß ich nicht wie er ein Fahrrad reparieren oder einen Automotor frisieren konnte. Ich versuchte allerdings auch nie, mich im Schuppen zu betätigen, denn das hätte mich zu einem Werkzeugfreak wie Kern gemacht. Ich litt unter dem weit verbreiteten Problem von Jungen, die nicht von Natur aus geschickte Mechaniker sind: Ich dachte, der Technik hafte etwas Kompliziertes und Mysteriöses an. Dabei erfordert sie in Wirklichkeit nur eine Menge Geduld. Kern hielt mir das nie vor. Es war einfach etwas, das sich im Laufe unserer langen winterlichen Gefangenschaft im Schuppen herauskristallisierte. Nachdem er mir anfangs eine Reihe simpler Aufgaben zugewiesen hatte, die auch einer der NASA-Affen hätte ausführen können – die Bolzen an den Gummiseilabdeckungen auszuwechseln oder die Schalthebel mit neuen Gummigriffen zu versehen –, stufte er mich allmählich immer höher ein. Am Ende des Winters baute ich schon den Vergaser um und installierte neue Plexiglas-Fenster im Cockpit.

Abends konnte ich es immer gar nicht erwarten, in den Schuppen zu kommen. Überwiegend lag es daran, daß ich so hocherfreut war, mich vor meinen Schulaufgaben drücken zu können, aber außerdem wallten auch unbekannte Gefühle der Kompetenz und technischen Sachkenntnis in mir auf. Kern war ebenfalls zufrieden, weil er sah, daß er mich zu einem eingefleischten Werkzeugfreak bekehrt hatte. Ich wurde immer pedantischer, was »meinen eigenen« Arbeitsplatz anging, und bestand darauf, daß sämtliche Teile und Werkzeuge, die ich für ein bestimmtes Projekt brauchte, fein säuberlich von

Kerns Teilen und Werkzeugen getrennt in einer Ecke des Schuppens lagerten. Mit dem Stolz eines Mentors registrierte Kern diese wachsenden Anzeichen der Zwanghaftigkeit bei mir und entschied sich dafür, sie zu belohnen. Eines Samstag vormittags bei Sears beschloß er, einen Teil unseres Cub-Geldes für eine neue Werkzeugkiste der Marke Craftsmen, Steckschlüssel und einen erstklassigen Satz Schraubenzieher mit Gummigriffen für mich zu verschwenden. Als wir wieder im Schuppen waren, zeigte er mir, wie ich mit einem Lötkolben meine Initialen in jedes Werkzeug brennen konnte. »Rink«, sagte er, »einen guten Mechaniker erkennst du daran, daß er *niemanden* an seinem Werkzeug rumpfuschen läßt.«

Einem Jungen, der solch grundlegende Veränderungen durchmacht, geschehen bizarre Dinge. Eines Morgens Ende Februar wachte ich kurz vor Sonnenaufgang mit einem Ruck auf, hochgeschreckt von einem furchtbaren Alptraum. In diesem Traum wurde ich in einem Raum ohne Türen von einem Mann gejagt, der versuchte, mir mit einem Vergaservorwärmungskabel das Auge auszustechen. Ich wischte mir den Schlaf aus den Augen. Das Kabel hätte meinem Peiniger, so knobelte ich mir aus, nur dann in die Hände fallen können, wenn die Schraube nicht richtig an der Einlaßdüse unterhalb des Vergasers festgesessen hätte. Dies war zufällig genau der Teil, an dem ich gearbeitet hatte, bevor ich an diesem Abend zu Bett ging. Scheiße.

Also warf ich ein paar Sachen über, schlich auf Zehenspitzen am Zimmer meines Bruders vorbei und überquerte im romantisch grauen Licht der Morgendämmerung den verschneiten Rasen. Ich stürzte in den Schuppen und schaltete das Licht an, um die Cub zu inspizieren. Die Schraube unter dem Vergaser saß vorschriftsmäßig an der Einlaßdüse, und auch das Kabel, das vom Schalthebel im Cockpit abging, war sicher befestigt. Aber tatsächlich, ich hatte die Mutter vergessen, die das Ganze zusammenhielt.

Ich fand die Mutter genau da, wo ich sie hingelegt hatte, auf einem der Motorenzylinder und drehte sie mit meinem neuen Steckschlüssel auf.

Das war knapp gewesen. Jeden Abend, nachdem wir meine Hausaufgaben fertig hatten, inspizierte Kern alles, was ich am Abend zuvor getan hatte. Die meisten Fehler, die er entdeckte, waren geringfügig – wenn ich zum Beispiel die falschen Unterlegscheiben oder eine falsche Drahtstärke verwendet hatte –, und Kern hatte viel Geduld mit mir. Doch eine fehlende Mutter an der Vergaservorwärmung war etwas Ernstes. Es hätte mir einen strengen Verweis von Kern eingetragen, denn man braucht diese Heizvorrichtung, um bei Nässe Eisbildung zu verhindern.

»Rink, weißt du, was passiert wäre, wenn wir in Ohio in einen Regenschauer geraten wären und die Vergaservorwärmung nicht anspringen würde?«

»Der Motor setzt aus, und bei einer Notlandung geht das Fahrwerk zu Bruch.«

»Genau. Und dann kommen wir nicht nach Kalifornien.«

Im Spätwinter an einem Samstag abend gönnte Kern sich eine seltene Pause vom Flugzeug und ging mit einem Mädchen zu einer Tanzerei in der Schule. Es war eine jener Verabredungen, die meine Schwester Macky einfädelte, indem sie Kern einen telefonischen Dialog auf einen Kanzleiblock schrieb. Sobald ich Wind von der Geschichte kriegte, ließ ich selbst die Tanzveranstaltung sausen. In Gesellschaft wollte ich nach wie vor nicht zusammen mit meinem Bruder auftreten.

Zu Hause war ich ganz ruhelos. Drei Monate hintereinander jeden Abend an der Cub zu arbeiten, war zur Routine für mich geworden, zur Mission, und ich wußte einfach nicht mehr, was ich in einer Wohnung mit mir anfangen sollte. Ich fühlte mich zu der Maschine draußen im Schuppen hingezogen.

Mit meinem Lesebuch ging ich in Richtung Haustür. Auf dem Flurtisch stand ein Paket von einer Fliegerbedarfsfirma aus dem Mittleren Westen. Es enthielt die Magnetzünder für die Cub, die wir ein paar Wochen zuvor vom Motor abmontiert und zur Überholung eingeschickt hatten. Ich klemmte mir die Kiste unter den Arm und nahm sie mit in den Schuppen.

Die Magnetzünder. Auf diesen Schritt waren Kern und ich sehr stolz. Die meisten Piloten, die wir kannten – so auch mein Vater –, ließen ihre Magnetzünder erst instandsetzen, wenn sie kaputt waren. Aber Kern und ich konnten uns ein erstklassiges Zündsystem leisten, weil wir mit dem Schneepflügen soviel Geld verdient hatten. Das gehörte zu den Vorsichtsmaßnahmen, die wir für unsere Maschine auf ihrem Flug von Küste zu Küste trafen. Nichts durfte ausfallen, nichts war zu gut für 71-Hotel.

Es war ein herrlicher, mondheller Abend, und es gefiel mir, allein draußen zu sein, meine Stiefel knirschten im Schnee, und der frische Wind kühlte mein Gesicht.

Als ich in den Schuppen kam und das Licht anschaltete, stellte ich fest, daß die Motorabdeckung der Cub abgenommen war. Ich konnte die beiden hell glänzenden Stellen sehen, wo die alten Magnetzünder gesessen hatten. Aus lauter Neugier blätterte ich Kerns Piper-Cub-Handbuch durch und fand die Seiten und Diagramme über die Magnetzünder. Eins führte zum anderen, schätze ich. Bevor ich wußte, was ich eigentlich tat, hatte ich die Magnetzünder aus der Kiste geholt und angefangen, sie zu installieren.

Magnetzünder anzubringen ist nicht sehr kompliziert, nicht schwieriger, als bei einem Auto den Ölfilter zu wechseln. Ich habe es seither Dutzende Male gemacht. Aber bei diesem ersten Mal war ich aufgeregt und beeindruckt von der Wichtigkeit der Reparatur. Dies also waren die kleinen Dynamos, die den ganzen Weg bis zum Pazifik Funken in unsere Zylinder abfeuern sollten.

Als ich fertig war, ließ ich die zu den Zündkerzenbügeln führenden Drähte lose hängen. Die elektrischen Anschlüsse waren zu leicht durcheinanderzubringen, und in diesem Punkt nahm Kern es sehr genau.

Ich war zufrieden mit mir und wollte das Flugzeug noch nicht verlassen. Also machte ich im Holzofen des Geräteraums Feuer und setzte mich zum Lesen dorthin, wobei ich die Tür zum Schuppen offen ließ, damit ich hin und wieder einen Blick auf die Cub werfen konnte.

Es war entweder an diesem Abend oder einige Abende später, als ich auf die Passage in Charles Lindberghs *Mein Flug über den Ozean* stieß, die unsere Navigationspläne vereinfachen sollte. Kern und ich hatten immer noch keine Ahnung, an welcher Stelle wir die Rockies überqueren sollten. Deshalb hatte ich zu Lindberghs Buch und den Schriften von Wiley Post gegriffen, weil beide eine Menge transkontinentaler Flüge absolviert hatten, bevor sie ihre berühmten transatlantischen Flüge unternahmen. Auf einem Flug hatte Lindbergh sich wegen Schwierigkeiten mit dem Motor über den Rockies »nach Süden auf die mexikanische Grenze zu (gewandt), wo die Berge niedriger sind«. Post bezeichnete dasselbe Gebiet als »die alte südliche Luftpostroute nach El Paso«. Ich brauchte einige Zeit, bis ich El Paso auf der Landkarte überhaupt *fand,* und wußte nach wie vor nicht, welchen Paß wir nehmen sollten, aber tatsächlich, die Gipfel dort unten waren viel niedriger als oben im Norden. Ich war der Meinung, daß El Paso ein wichtiger Punkt auf unserer Reise sein könnte, das Tor zum Westen, und daß wir unsere Navigationsplanung darauf aufbauen sollten.

Das war mal so ein richtiger Abend für mich, eine Gelegenheit zur Einsicht und für alle möglichen Überlegungen. Am meisten genoß ich es, mit der Cub allein im Schuppen zu sein.

Am nächsten Tag zogen wir unser übliches Sonntagmorgenritual durch. Wir zogen unsere besten Jacken und Schlipse an, verließen das Haus durch die Küche, damit meine Mutter sehen konnte, daß wir so für die Messe gekleidet waren, wie sie es guthieß, und fuhren in unserem Willys los. Sobald wir aus der Einfahrt waren, rissen wir uns die Schlipse ab, bogen an der Kreuzung links ab statt rechts zur Kirche und fuhren nach Morristown, um dort im Lackawanna Diner zu frühstücken.

Beim Essen wurde Kern ganz aufgeregt, als ich ihm von El Paso erzählte, und wir begannen, auf Papierservietten zu kritzeln, Landkarten zu zeichnen und die Vorteile verschiedener Routen zu diskutieren. Die meisten Pläne für unseren Flug entstanden auf diese Weise. Den ganzen Winter über waren Kern und ich mit einer Art sokratischem Dialog über Flugstrecken befaßt – von Ohio nach Indiana, von Indiana nach Illinois und so fort –, bevor wir einen Konsens erreichten, wie der jeweilige Staat zu überqueren sei. In mehreren Schritten kartographierten wir auf Papierservietten von Schnellrestaurants und auf der Rückseite von Lieferzetteln in unserer Werkstatt den gesamten Flug.

Als wir an diesem Tag zum Schuppen zurückkehrten, sah Kern die glänzenden, an der Brandwand des Motors befestigten Magnetzünder.

»Ach, Scheiße, Rink. Du hast doch nicht versucht, die Magnetzünder anzubringen, oder?«

»Kern, ich habe mich an die Diagramme gehalten. Hier. Guck sie dir an.«

Kern studierte die Magnetzünder mit der Genauigkeit eines TÜV-Inspektors. Mit viel Stirnrunzeln blickte er mehrmals von den Zeichnungen auf den Motor und dann wieder auf die Zeichnungen, wobei er sein sorgenvolles Mantra ausstieß: »Meine Güte … meine Güte … ach, du meine Güte.«

Aber ich merkte, daß er zufrieden und überrascht war.

»Mensch, Rink, ich komm gar nicht drüber weg. Die Magnetzünder sind perfekt. Weißt du was?«

»Nein, was denn?«

»Also, ich hab' immer gedacht, du seist aufs Mechanische beschränkt. Aber du kennst dich ja auch mit Motoren aus!«

»Hey, danke, Mann«, sagte ich. »Find' ich wirklich nett, daß du das sagst.«

4

Als Mitte März das Frühlingstauwetter einsetzte, schoben wir den Rumpf hinaus auf die Einfahrt vor dem Schuppen. Es war ein heller, sonniger Samstag, erfüllt vom Duft blühender Narzissen und Krokusse. Mein Bruder hatte recht mit dem Flugzeug. Die überholte Cub sah fabrikneu aus, der mit Zinkfarbe gestrichene Stahlröhrenrumpf glitzerte, und das neue metallene Gepäckfach und die Heckflosse glänzten wie die verchromten Teile eines Cadillacs.

Mein Vater war in dieser Woche krank und zu Hause. Im Laufe des Winters war er mehrmals von Phantomschmerzattacken an seinem Bein befallen worden, und der Arzt hatte Bettruhe verordnet. Das war nicht seine Stärke, und so hatte er die meiste Zeit unten in seiner Bibliothek verbracht und Reden oder die Idee für ein Buch in seine Schreibmaschine gehämmert. Vom Bibliotheksfenster aus sah er uns jetzt die Cub ins Freie rollen. Er hatte den ganzen Winter über sein Versprechen gehalten und uns in Ruhe gelassen, aber nun war er nach mehreren Tagen der Inaktivität rastlos und beschloß, herauszukommen und das Flugzeug zu inspizieren.

Vom Schuppen her beobachteten Kern und ich, wie er hinaus auf die Toreinfahrt trat, die Einfahrt hinunterblickte und dann stehenblieb, um sich eine Pfeife anzuzünden. Behutsam sein schlimmes Bein schonend, was ihm einen komischen, känguruhartigen Gang verlieh, kam er auf uns zu.

»Rink! Da ist Dad«, sagte Kern. »Er kommt sich das Flugzeug angucken.«

Kern rannte in den Geräteraum und holte einen Schaukel-stuhl heraus, den er neben die Cub stellte.

Mein Vater machte in jenem Jahr eine Menge schmerzlicher Veränderungen durch. Über ein Jahrzehnt waren Politik und wohltätige Anliegen – die AA in erster Linie, aber auch Kapitalbeschaffung für katholische Krankenhäuser und Schulen – sein Lebenselixier gewesen, sie definierten seine Identität außerhalb von Arbeit und Familie. Nachdem John F. Kennedy 1963 ermordet worden war, leitete er noch ein paar Wahlkämpfe, doch die Schüsse von Dallas und ihre Folgen hatten seinen Schwung gelähmt, und er verlor allmählich das Vertrauen in die offizielle Politik. Der eskalierende Krieg in Vietnam widerte ihn an, vor allem, nachdem Jerry Kernahan, einer meiner Cousins, gefallen war. Stets war er auf der Suche nach einer neuen Betätigung. Mitte der sechziger Jahre hatte er sich dann den reformistischen Strömungen zugewandt, zunächst der Bürgerrechts- und dann der Anti-Kriegsbewegung, und flog jetzt an den Wochenenden oft irgendwo hin, um bei Demonstrationen mitzumarschieren, oder er schrieb Reden für führende Bürgerrechtler, hielt manche sogar selbst.

Es war ein faszinierendes, ja nobles, mit ganzer Seele betriebenes Unterfangen für einen Mann mit dem Hintergrund und den Leistungen meines Vaters, und innerhalb weniger Jahre sollten buchstäblich Millionen Männer seines Alters wie er durch die berühmten Sechziger ebenso verwandelt werden. Doch das wurde erst im Laufe der Zeit als positiv anerkannt. Für viele seiner engsten Freunde in Politik und Wirtschaft waren Bürgerrechte und der Frieden in Vietnam Themen, zu denen man Lippenbekenntnisse ablegte, die man seinen Kindern nahebrachte und dann prompt vergaß. Von erfolgreichen Geschäftsleuten mit guten Positionen in New York – mein Vater war damals Mitherausgeber der Zeitschrift *Look* – erwartete man nicht, daß sie sich über soziale Ungerechtigkeit entrüsteten und am Wochenende den politischen Aktivisten spielten. Aber genau das tat mein Vater, und er fühlte sich nicht genügend gewürdigt dafür und einsam. Seine fünf ältesten Kinder waren mittlerweile Teenager und dabei, ihr eigenes Leben zu führen – meine älteste Schwester Dempsey ging schon im ersten Jahr aufs College und wohnte nicht mehr zu Hause –, und wir hatten keine Lust, am Samstagnachmittag mit ihm zu Protestmärschen zu gehen. Wir waren alle überrascht von der Intensität seines jetzigen Interesses – so sehr auf die Außenwelt und nicht mehr nach innen auf die Familie gerichtet. Es schien ihn von jedermann zu entfremden. Er hatte immer eine Tendenz zur Unberechenbarkeit und Instabilität gehabt, die jetzt mit voller Kraft ausbrach.

Die Veränderungen waren offenkundig bei dem Mann, der da die Einfahrt entlang auf uns zugehüpft kam. Er wurde fünfzig in jenem Jahr, ein wichtiger Meilenstein für jemanden mit seiner jugendlichen Lebenseinstellung, und als wollte er den Alterungsprozeß absichtlich vorwegnehmen, war er im Laufe des Winters viel gesetzter geworden. Er wirkte nicht mehr flott, sondern nur noch adrett. Seine Kleidung entsprach der eines angesehenen Zeitschriftenverlegers in New York, der in mittleren Jahren als Schriftsteller und politischer Aktivist in Erscheinung tritt. Er trug ein in Dublin geschneidertes Sportjackett, tadellos gebügelte Wollhosen und war mit einem Gehstock, einer Bruyère-Pfeife und einer Tweedkappe gerüstet.

Die Augen meines Vaters wurden weit und tanzten fröhlich, als er humpelnd neben der Cub stehenblieb.

»Meine Güte, Kernahan«, sagte er, meinen Bruder anschauend. »Das ist wirklich prima. Eine sauber in Schuß gebrachte Cub. Ich bin stolz auf dich. Ich bin richtig stolz auf dich.«

Meine alte Zuneigung zu ihm wallte in mir auf. Ich sah, was der Anblick eines hervorragend restaurierten Flugzeugs ihm bedeutete, und es erinnerte mich an die Winter, die wir damit zugebracht hatten, andere Flugzeuge instand zu setzen. Mein Vater atmete ein paarmal tief ein. Es war erfrischend für ihn, sich in Riechweite von frischer Zinkfarbe, Hydrauliköl und neuen Gummiseilen zu befinden.

Ich liebte meinen Vater an diesem Morgen auch dafür, daß er genau das richtige zu Kern sagte. In der Vergangenheit hatten sie sich oft über Flugzeuge gestritten. Kern war bei jeder Reparatur sehr pingelig, mein Vater dagegen, der alte Haudegen, ungeduldig und oberflächlich als Mechaniker – »flieg sie und dann reparier sie wieder« war sein Motto –, und Kern und er hatten im Schuppen monumentale Kämpfe darüber ausgefochten, wie lange ein Projekt dauern dürfte. Dies machte Kern nur noch besorgter, was 71-Hotel betraf; er war schrecklich abhängig von der Meinung meines Vaters über seine Arbeit. Mein Vater schien das zu begreifen, und er wußte, was an diesem Tag seine Aufgabe war. Dies war Kerns Maschine, Kerns Job. Er würde seinen Sohn mit Lob überschütten.

Wir holten uns Limonade aus dem Kühlschrank im Geräteanbau, setzten uns neben das Flugzeug und lieferten einen nachträglichen Bericht über den vergangenen Winter. Mein Vater wollte jedes Detail wissen.

In seinem Schaukelstuhl sitzend, fuhr mein Vater mit den Händen über die zinkfarbenen Röhren und klopfte auf das neue Gepäckfach. Mehrmals gab er einen langen, leisen Pfiff von sich. Es war offenkundig, daß 71-Hotel makellos restauriert worden war.

»Meine Güte, Kern«, sagte er, »du hast dich wirklich angestrengt. Neue Gummiseile.«

Er erinnerte Kern daran, daß er uns immer noch $ 500 für Ersatzteile schuldete. Wie hatten wir es uns leisten können, all das Zeug zu kaufen?

Als Kern ihm berichtete, daß wir vom Schneepflügen noch $ 400 übrig hatten und die Nachnahme für die in der Ecke des Schuppens gestapelte neue Verkleidung und die Eimer Imprägnierlack schon bezahlt war, konnte mein Vater es kaum glauben.

»Kann ich denn gar nichts für euch tun?«

»Wart's ab, Dad«, sagte Kern. »Wenn wir zur Planung der Routen kommen, kannst du uns bei den Navigationskarten helfen.«

»In Ordnung«, sagte mein Vater. »Ihr Jungs, ihr seid mir schon welche. Ich schätze, ich bin nur noch Bodenpersonal.«

Die Augen meines Vaters waren verhangen, als er das sagte, aber nicht, weil er traurig war, ein Alter erreicht zu haben, in dem er »nur noch Bodenpersonal« war. Er war ungeheuer zufrieden mit der tip-top überholten Piper Cub. Er muß dieselbe Art von Melancholie verspürt haben, die Eltern bei Schulabschlußfeiern und Hochzeiten überkommt, ein Gefühl dafür, wie die Zeit unweigerlich verstreicht und Kinder erwachsen werden. Kern und ich brauchten ihn nicht mehr bei der Arbeit an einem Flugzeug.

Mein Vater stand auf, um zu gehen. Er fuhr noch einmal mit den Händen über den Rumpf und klopfte an das neue Gepäckfach.

»Dad«, sagte Kern, »Rinker. Rinker hat auch sehr viel an der Maschine gearbeitet. Fünfzig Prozent. Sogar mehr als fünfzig Prozent.«

Mein Vater erholte sich sehr schlagfertig von diesem Lapsus.

»Klar, Kern, genau«, sagte er. »Das hab' ich doch gesagt: ›Ihr Jungs.‹ Ihr habt es gemeinsam geschafft. Als Brüder. Wißt ihr, wie glücklich mich das macht?«

Ich wünschte, Kern hätte nichts gesagt. Ich stand da mit rotem Kopf und rasendem Herzen, unfähig, etwas von mir zu geben.

In mir war langsam Verständnis für meinen Vater gewachsen, und in diesem Moment hatte er mein volles Mitgefühl. Er war total abgelenkt von den Veränderungen, die ein Mann in den mittleren Jahren durchmacht. (Und später, als ich in einem Anwaltsbüro in Manhattan saß und über seinen medizinischen Unterlagen brütete, damit meine Mutter seine Lebensversicherung kassieren konnte, sollte mir über diese Phase seines Lebens noch viel mehr klarwerden. Einen Großteil der Zeit war er so benebelt von Demerol und anderen Schmerzmitteln, daß es ein Wunder war, wie er überhaupt funktionierte.) Er konnte sich jeweils nur auf eine Sache konzentrieren, und das war an diesem Morgen Kern, Kerns meisterliche Instandsetzung der Cub. Es war ein Augenblick der Freude für ihn, ein Augenblick, in dem er die Befürchtungen und Sorgen um seinen ältesten Sohn hinter sich lassen konnte. Im Vergleich dazu zählte ich ganz einfach nicht. Ich war überhaupt kein Faktor. Dies sollte Kerns großer Moment sein.

Außerdem war ich gar nicht auf Aufmerksamkeit und Komplimente von meinem Vater aus. Es war viel einfacher, wenn er mich ignorierte, denn dann konnte ich ihn ebenfalls ignorieren, eine Strategie, die sich momentan für uns beide anbot. Mein Vater und ich brauchten Urlaub voneinander, und das wußten wir beide. Kern konnte ich das nicht erklären. Er hätte nie begriffen, daß meinen Vater zu lieben für mich bedeutet, soviel Abstand wie möglich zu ihm zu halten. Jetzt hatte Kern mich in Verlegenheit gebracht, er hatte einen Augenblick, der sorglos und angenehm hätte sein sollen, in einen peinlichen verwandelt.

Mein Vater schien nun bemüht, uns als Duo anzusprechen. Als er schon halb die Einfahrt hoch war, drehte er sich auf seinem gesunden Bein um und lehnte sich auf seinen Stock.

»Das ist ein verdammt schönes Flugzeug, Jungs. Ich bin stolz auf euch wie nur was.«

Pfeifend wandte er sich um und lief weiter in dieser humpelnden Gangart, die ihm eigen war, und schwang dabei seinen Stock in der Hand wie Charlie Chaplin.

Anfang April, als wir eben mit der mühseligen, schwindelerregenden Arbeit begonnen hatten, die Verkleidung der Cub mit Butyratlack einzusprühen, steckte meine Schwester Macky eines Abends den Kopf durch die Schuppentür.

»Hallo, Kern! Hallo Rinky! Kann ich euch helfen?«

Das war ein sagenhaftes Ereignis in unserer Familie. Eine Schwester wagte sich nicht nur in unsere Flugzeugwerkstatt vor, sie bot auch noch ihre Hilfe an. Seit der Pubertät hatten wir ein von unseren Schwestern völlig getrenntes Leben geführt, was uns so natürlich und gottgegeben erschien, daß wir es nie hinterfragten. Jungen und Mädchen wohnten in verschiedenen Flügeln des Hauses, besuchten unterschiedliche Schulen, und an den Wochenenden entschwanden mein Vater, Kern und ich regelmäßig zum Flugplatz. Ich hätte nicht sagen können, was meine Schwestern in jenen Jahren mit ihrem Leben anstellten, weil ich sie praktisch nie sah. So ging es in Familien eben zu, dachte ich.

Kern und ich waren zu besessen davon, mit dem Flugzeug fertig zu werden, um lange über die Gründe nachzudenken, warum meine Schwester gekommen war. Sie war sehr lustig, regelrecht arbeitswütig und unsere Rettung in diesem Frühling, da sie sich voll Eifer auf das Flugzeug stürzte und bis zum Mai fast jeden Abend mit uns daran arbeitete.

Macky war sechzehn in jenem Jahr und stand damit altersmäßig genau zwischen Kern und mir. In mancherlei Hinsicht war sie einzigartig in der Familie. Sie hatte den dunklen irischen Teint meines Vaters, eine olivfarbene Haut, die im Sommer fast schwarz wurde, dunkelbraune Augen und eine üppige Mähne widerspenstiger brauner Haare, die wippte und wogte, wenn sie etwas sagte oder lachte. Wißbegierig und aufgeweckt, wie sie war, ständig übersprudelnd von Ideen, erinnerte sie mich an eine Figur aus *Alice im Wunderland*. Die einfachsten Dinge konnten sie glücklich machen. Immer wieder versuchte sie sich mit neuen Menschen und neuen Erfahrungen, und sich auf eine Flugzeuginstandsetzung zu werfen, war genau die Art von Projekt, die ihr lag.

Jahre später erzählte Macky mir, sie sei bitterlich enttäuscht gewesen, weil Kern und ich sie nicht aufgefordert hatten, mit nach Kalifornien zu fliegen. Jeder ging selbstverständlich davon aus, daß es die Jungen in der Familie waren, vor allem Kern und ich, die die Abenteuer erleben durften. Das verwirrte sie zwar, aber die Voreingenommenheit zugunsten der Jungen war in unserer Familie so stark verankert, daß sie nie daran gedacht hätte, sich ihr zu widersetzen oder ihre Situation auch nur ganz klar zu beurteilen. Also akzeptierte sie die zweitbeste Lösung. Sie konnte uns im Schuppen nahe sein, wenn sie uns mit dem Flugzeug half.

Zu der Zeit, als Macky das erste Mal in die Werkstatt kam, hatten Kern und ich den schwierigsten Teil des Zuschneidens und Zusammennähens der irischen Leinwand, Güteklasse A, zu Bezügen, die auf Rumpf und Tragflächen paßten, bereits hinter uns. Diese wurden dann mit einem milchigen, zähen Leim, der sich Nitratlack nannte, aufgeklebt. Wir trugen ihn mit Naturborstenpinseln auf, die wir in mit Nitratlack gefüllte Kaffeedosen tunkten. Nitratlack ist ein schreckliches Zeug, das stark zu Kopf steigt. Als wir unsere ersten drei Flugzeuge restauriert hatten, war unsere Werkstatt noch in einer Scheune direkt über einem Pferdestall gewesen, und sobald wir mit dem Nitrat hantiert hatten, waren sämtliche Pferde krank geworden und in ihren Boxen umgekippt. Das einzig Gute an Nitrat ist vielleicht, daß es die Nebenhöhlen erweitert und die Muskeln entspannt, so daß man die Dünste des milderen, süß riechenden Butyratlacks besser aufnehmen kann, der mit einem Kompressor langsam auf die Leinwand gesprüht wird, um das Gewebe zu straffen und zu versteifen.

Die Butyratlackierung ist keine schwierige Angelegenheit, nur eine wahnsinnige Plackerei. Jedesmal, wenn Kern eine frische Schicht silbriger Grundierung oder später durchsichtigen Lacks aufgesprüht hatte, mußten Flügel und Rumpf ganz mit feinem Sandpapier und Wasser abgeschmirgelt werden. Dadurch wurde die Oberfläche geglättet und überschüssiger Lack entfernt, der nicht in den Stoff eingedrungen war. Danach wurde eine weitere Lackschicht aufgetragen, die über Nacht trocknete und dann erneut abgeschmirgelt wurde. Das mußte auf beiden Seiten der Tragflächen und für den gesamten Rumpf fast zwanzigmal wiederholt werden. Macky und ich übernahmen die alleinige Verantwortung fürs Schmirgeln, und das erlaubte Kern, eine eher managerähnliche Rolle zu spielen. Jeden Abend mischte er den Lack für den nächsten Tag an, schlug in seinen Aufzeichnungen nach, wie viele Schichten er schon auf das jeweilige Teilstück aufgetragen hatte, und sagte Macky und mir dann, welche Fläche wir für das Aufsprühen mit dem Kompressor und der Spritzpistole von Sears präparieren sollten.

Kern war entschlossen, 71-Hotel eine »spitzenmäßige« Verkleidung und Neuimprägnierung zu verpassen. Jedes Teilstück, das Macky und ich abschmirgelten, hatte »glatt wie ein Kinderpo« zu sein, sonst mußten wir das Ganze wiederholen. Lee Weber, der Chefmechaniker draußen in Basking Ridge, hatte Kern gezeigt, wie er den Lack mit zusätzlichem Verdünner »aufpeppen« konnte, so daß er noch gleichmäßiger und tiefer in das Gewebe sickerte und vollkommen absorbiert wurde.

Je mehr Verdünner man benutzt, desto bedröhnter wird man natürlich. Der Verdünner selbst hat schon eine ziemlich starke Wirkung und verdünnter Lack steigt in feineren Partikeln in die Luft, die leichter in die Lunge gelangen.

All dies war eine Offenbarung für Macky. Ihr war nie in den Sinn gekommen, daß man beim Imprägnieren eines Flugzeugs high werden könnte. Das Schmirgeln war eine langweilige Knochenarbeit. Der Staub, der aus dem Stoff hochwirbelte, setzte sich in unseren Nasen und Kehlen fest, und nach einer Stunde taten uns Arme und Schultern weh. Aber gestärkt durch den Butyratlack merkten wir kaum, wie wir schufteten. Außerdem hatte die warme Jahreszeit begonnen, bei Macky und mir war ungestüm das Lenzfieber ausgebrochen, und wir wollten einfach draußen abhängen und high werden. Sobald wir abends in den Schuppen kamen, schrien wir nach Kern, damit er den Kompressor anwarf und uns die erste Dosis verpaßte.

»Hey, Kern!« rief ich. »Gib uns 'ne Dröhnung.«

»Jetzt hör aber auf, Rink«, sagte Kern dann. »Wir restaurieren hier ein Flugzeug. Da legt man es nicht drauf an, high zu werden. Das darf nur aus *Versehen* passieren.«

»Scheiß drauf, Kern«, sagte ich. »Gib uns 'ne Dröhnung, oder wir schmirgeln nicht.«

Angewidert warf Kern den Kompressor an, griff nach der Spritzpistole und schwang sich mit der freien Hand anmutig die Zufuhrschläuche auf den Rücken. Dann hielt er die Spritzdüse hoch über unsere Köpfe und besprühte Macky und mich mit einem langen, beißenden Schwall Butyrat.

Die Lackwolke senkte sich langsam von der Decke und legte sich auf unsere Schultern und Haare. Sie war kühl und feucht, wie die Meeresgischt an einem Strand. Wir atmeten tief ein und fühlten uns sofort besser. Butyrat war super.

»Wow, Rinky«, sagte Macky. »Das macht *wirklich* Spaß. Ich spüre, wie ich high werde. Kern, gib mir noch eine.«

Nach zwanzig Minuten oder so mußten wir Kern nicht mehr um jede einzelne Dröhnung bitten. Er hatte angefangen, die Spritzpistole mit langen, rhythmischen Bewegungen über Rumpf und Tragflächen zu schwenken.

Schmirgeln und Dröhnung, schmirgeln und Dröhnung, weiter, weiter, weiter. Die Werkstatt füllte sich mit Lackdünsten. Selbst an warmen Abenden öffneten wir nie die Fenster. Wir hatten die ganze Zeit das alte Texan-Radio laut aufgedreht, in dem sie damals auf ABC ein paar großartige Schmirgel- und Dröhn-Songs spielten, »Good Vibrations«, und »Wooly Bully«, »Help Me Rhonda«, »You've Lost That Loving Feeling« und »Hanky Panky«. Macky und ich kugelten uns vor Lachen und vergaßen, was wir zueinander gesagt hatten, und schmirgelten dieselbe Tragfläche zweimal, wobei wir ein Flügelteilstück und einen Song lang im Gleichklang mit den Ärschen wackelten.

Alle zwei Stunden genehmigten Macky und ich uns eine Pause von unserer Lasterhöhle. Wir legten uns draußen ins Gras und nahmen den Duft von Flieder und Geißblatt in uns auf, der sich mit der über dem Schuppen hängenden Butyratdunstwolke mischte. Das waren gute Momente für Macky und mich. Obwohl sie nur achtzehn Monate älter war als ich, hatten wir seit Jahren kaum miteinander gesprochen, und unter dem Einfluß des Flugzeuglacks fiel uns das Reden leichter. Macky besaß eine frühreife Intuition für Menschen. Sie war Kern vom Alter her näher als ich und hatte eine Art, unsere Schwierigkeiten zu analysieren, die das Schuldgefühl, das ich ihm gegenüber normalerweise empfand, minderte. Sein Neid auf meinen Erfolg und meine Beliebtheit in der Schule seien »Kerns Macke«, meinte sie. Ich solle mir keine Sorgen darüber machen, weil ich sie sowieso nicht ändern könne. Trotzdem sei ich verpflichtet, das Problem zu entschärfen. Mir blieben nur noch sechs Monate, bis er aufs College ginge, und so lange, sagte Macky, solle ich Kern seinen Willen lassen. Das war mehr oder weniger dasselbe, was mein Vater mir sagte, doch auf ihn hörte ich natürlich nicht. Macky dagegen hörte ich zu.

Nach einer Weile hatte auch Kern von den Lackschwaden genug und gesellte sich zu uns. Wenn er bedröhnt war, war er lustig und locker wie jeder andere in seinem Alter, und wir hatten ihn gern bei uns. Wir machten große Fortschritte mit dem Flugzeug und genossen unseren gemeinsamen Frühling.

Meine Mutter hatte keine Ahnung, was bei uns draußen vor sich ging. Für sie war eine Flugzeugrestauration einfach eine Flugzeugrestauration. Mein Vater hatte sich absichtlich immer nur vage über unsere Wochenendaktivitäten geäußert, und er servierte meiner Mutter eine Menge Platitüden, die sie zu akzeptieren schien. Zum Beispiel erzählte er ihr, obwohl alles auf das Gegenteil hinwies, er sei »ein sehr vorsichtiger Pilot« und bring uns bei, ebenso zu fliegen. Also hatte er ihr auch nie von dem Flugzeuglack erzählt. Den ganzen Winter über an einem Flugzeug zu arbeiten, »stärkt den Charakter der Jungen«, sagte er, und Kern und ich kamen in diesem Jahr soviel besser miteinander aus, daß sie annahm, es müsse stimmen.

Eines Abends Anfang Mai schaute meine Mutter aus dem Küchenfenster und sah drei ihrer vier ältesten Kinder hingestreckt im Gras neben dem Schuppen. Wir waren vollkommen zugedröhnt, aber das merkte sie aus der Entfernung nicht. So hart an unserem Flugzeug zu arbeiten und soviel für unsere Charakterstärkung zu tun, müsse ermüdend sein, dachte sie. Vielleicht bräuchten wir was zu essen.

Also belud sie ihr Korbtablett mit Keksen und Milch und kam leise wie eine Katze über den Rasen auf uns zu. Plötzlich war sie da, und ich sah über mir ihr hübsches, keckes Gesicht durch die Ritzen des Tablettgeflechts.

»Ach, hallo, Mom.«

»Ist alles in Ordnung mit euch?«

»Oh, uns geht's gut«, sagte Kern. »Wir ruhen uns nur ein bißchen vom Flugzeug aus.«

»Warum liegt ihr im Gras?«

»Ach, es ist so ein schöner Abend.«

»Na, vielleicht solltet ihr reinkommen.«

»Mommy«, sagte Macky, »weißt du was?«

»Nein, Liebes, was denn?«

»Karl Kincherf trägt Davy-Crockett-Unterhosen.«

Karl wohnte bei uns im Ort, und wir waren mit ihm zur Grundschule gegangen. Ich hatte nie zuvor von seinen Davy-Crockett-Unterhosen gehört, aber sie klangen ganz nach Karl.

»Wie bitte, Macky«, fragte meine Mutter. »Was hast du eben gesagt?«

»Ich habe gesagt: ›Karl Kincherf trägt Davy-Crockett-Unterhosen.‹«

»Macky, sag das nicht noch mal. Ich habe dich schon beim erstenmal verstanden.«

»Mom , du hast gefragt: ›Was hast du eben gesagt?‹ Und ich hab' gesagt: ›Karl Kincherf trägt Davy-Crockett-Unterhosen.‹«

»Sag das nicht!«

»Was?«

»Das!«

»›Karl Kincherf trägt Davy-Crockett-Unterhosen‹? Was ist schlimm daran?«

»Sag es nicht!«

Kern und ich waren genauso high wie Macky, und wir fanden nichts Schlimmes an dem, was sie gesagt hatte. Uns erschien es vollkommen plausibel. Karls Davy-Crockett-Unterhosen waren die Art Bild, die einem ganz selbstverständlich in den Kopf kommt, und mit der man herausplatzt, wenn man ein Flugzeug imprägniert, und wir waren dankbar für die Information.

Meine Mutter jedoch war verwirrt und begann, nach einem Platz zu suchen, wo sie ihr Tablett abstellen konnte.

»Mom«, sagte Macky, »ich weiß gar nicht, warum du so empfindlich bist. Alles, was ich gesagt habe, war: ›Karl Kincherf trägt Davy-Crockett-Unterhosen.‹«

»Ach du liebe Güte«, sagte meine Mutter, »Macky, du solltest jetzt wirklich reinkommen.«

»Mom«, sagte Kern, »es ist nicht das, was du denkst.«

»Oh, das nicht!« Macky lachte. Sie hatte so ein schallendes, energiegeladenes Lachen. »Karl Kincherf trägt Davy-Crockett-Unterhosen. Ich habe sie in Mrs. Kincherfs Waschmaschine gesehen, als Karl fünf war.«

»Macky, bist du *sicher*, daß mit dir alles in Ordnung ist?«

»Mom, ist ja nicht so wichtig, okay? Lassen wir das Thema. Ich wollte nur, daß du es weißt.«

Meine Mutter ließ das Tablett mit den Keksen und der Milch im Gras stehen und flüchtete ins Haus.

Wir hörten nie wieder von Karl und seiner Davy-Crockett-Unterwäsche. Ich wußte, daß das Gespräch meine Mutter verwirrt und argwöhnisch gemacht hatte, aber sie wollte nicht darüber reden. Dieses Frühjahr, in dem wir das Flugzeug imprägnierten, war eine der Zeiten, in der ich dankbar dafür war, als Katholik aufgewachsen zu sein. An einem bestimmten Punkt gewann immer die Doktrin des Schweigens die Oberhand und bewahrte uns davor, etwas über unser Verhalten sagen zu müssen.

Kern frohlockte. Ende Mai waren wir mit der Neuverkleidung der Cub fertig, so daß wir das dreitägige Memorial-Day-Wochenende für die mühselige Arbeit des Abklebens von Rumpf und Tragflächen mit Klebestreifen und Zeitungspapier für den Anstrich nutzen konnten. In der Woche darauf wäre dann reichlich Zeit für das Aufsprühen des Lacks.

Kern beschloß, die Cub rot-weiß zu lackieren, die Farbkonstellation der 1956er Super Cub, die von allen Cubs sein Lieblingsdesign hatte. Als wir zu den Tragflächen kamen, markierte Kern auf der Oberseite große Dreiecke, die sich, rot ausgemalt, zu »Sonnen« zusammensetzen würden, wie sie die Stunt-Piloten auf ihren Flugzeugen hatten.

»Sonnen, Kern?« fragte ich. »Wieso Sonnen?«

»Ach, los, Rink, denk nach. Denk nach.«

»Kern, ich denke nach. Aber ich komme nicht drauf.«

»Paß auf, wenn wir in der Wüste oder den Bergen runter müssen, werden sie Suchflugzeuge schicken.«

»Richtig, und dann erleichtern es ihnen die Sonnen, uns von der Luft aus zu sehen.«

»Genau. Rink, diese Bemalung könnte uns das Leben retten.«

5

Die Anekdoten, die mein Vater uns erzählte, als wir klein waren, enthielten oft hinreißende Geschichten darüber, wie er nachts neben seinem Flugzeug campiert hatte und eingeschlafen war, während die Sterne einen fernen Präriehimmel erhellt hatten. Auch Kern und ich wollten es »auf die harte Tour« angehen und unter den Tragflächen der Cub übernachten, eine Idee, die uns sowohl romantisch erschien als auch finanziell entgegenkam. Inzwischen hatten wir unser letztes Schneepflügegeld aus dem Winter für Farbe ausgegeben. Eines Abends setzten wir uns hin und kalkulierten unsere Kosten für den geplanten Flug – Treibstoff, Essen, Motelzimmer in regnerischen Nächten –, und kamen auf ein erforderliches Gesamtbudget von 300 Dollar. Sobald die Schule Anfang Juni aufhörte, suchten wir Arbeit, um das Geld zusammenzubringen, und gingen dabei auf die übliche Weise vor.

Ich fand einen ruhigen Job auf einem Trabergestüt jenseits der Felder gegenüber von unserem Haus. Dort vertraute man mir zwei Hengste und ein halbes Dutzend Zuchtstuten an, die alle paar Tage einzeln vor einen Trainingssulky gespannt und um eine breite Aschenbahn geführt werden mußten. Nach dem langen Winter, in dem mich das Flugzeug ganz beansprucht hatte, genoß ich es, draußen an der frischen Luft zu sein und mit Pferden zu arbeiten. Ich wurde schön braun dabei. Und Kern hatte mir eine Halterung gebastelt, mit der ich mein Transistorradio an dem Sulky befestigen und Cousin Brucie auf ABC lauschen konnte, wenn ich die Bahn umkreiste. Die Pferde durften nur laufen, wenn es kühl war, also früh und spät am Tag. Den Rest der Zeit machte ich lange Nickerchen auf der Couch des Geräteraums.

Kern dagegen erging es in seinem Job miserabel. Er hatte Arbeit als Kassierer im Acme-Supermarkt von Bernardsville gefunden. Sein Vorgesetzter war ein dunkelhäutiger, pocken-narbiger Filialleiter, der, durch die Gänge stolzierend, Befehle bellte und seine Angestellten kritisierte. Alle nannten ihn Mussolini. Kern und Mussolini waren sich auf Anhieb un-sympathisch, und fast jede Schicht, die Kern bei Acme absol-vierte, war eine Tragikomödie über Beziehungen in der Welt des Arbeitslebens.

Kern war von Natur aus sensibel und großzügig und hatte ein natürliches Mitgefühl mit den weiblichen Kunden. Er wußte, was meine Mutter durchmachte, wenn sie mehrmals in der Woche für alle ihre Kinder einkaufte. Wenn es nach ihm gegangen wäre, hätte Acme jede Kundin wie eine »Königin für einen Tag« behandeln müssen. Das war seine Philosophie, sein »Standpunkt«, wie er es nannte. Jedesmal, wenn eine alte Dame oder eine Mutter mit heulenden Kindern bei ihm auf-tauchte, hielt Kern die gesamte Schlange an seiner Kasse auf, weil er ihr half, die Lebensmittel in Kartons zu verstauen. Dann entschwand er auf den Parkplatz, um sie ins Auto zu laden. Seine Kundenschlange staute sich bis zu den Back-waren.

Mussolini flippte aus, wenn das passierte. Er kam aus seiner Filialleiterecke gestürzt und rügte Kern, er sei »nicht effizient«. Aber Kern gab nicht nach. Darin war er ein echter Dickschä-del. Der Kunde kam an erster Stelle, basta. Sobald er glaubte, Mussolini sähe nicht mehr hin, half er einer weiteren alten Dame hinaus auf den Parkplatz. Mussolini jedoch besaß un-fehlbare Antennen für Supermarktstaus und kam erneut an-gerast, um Kern herunterzuputzen.

Das Ganze war eine Farce. Mein Bruder war der einzige Teenager in Amerika, dem die Acme-Kunden nicht scheißegal waren. Aber ich bewunderte seine Hartnäckigkeit und hörte zu gern von seinen Gefechten mit Mussolini. Endlich ent-wickelte sich mein älterer Bruder zu dem streitlustigen Vor-kämpfer, den ich mir immer gewünscht hatte. Aber Kern fühlte sich demoralisiert durch seinen Job. Er verabscheute es, täglich vom Chef kritisiert zu werden. Wenn er erschöpft und angewidert von der Arbeit nach Hause kam, wollte er reden.

»Rink, ich gebe dem Kerl nicht nach«, schwor er dann. »Acme sollte dem Wohl der Kunden dienen, nicht des Filialleiters.«

»Richtig«, sagte ich. »Es ist das Prinzip, das zählt.«

»Genau. Weißt du, was ich an dem Typen auch nicht ausstehen kann?«

»Nein, was denn?«

»Seine Akne. Er hat Akne. Ich meine, Mussolini muß mindestens fünfunddreißig sein. Akne bei Erwachsenen ist das Letzte. Auf keinen Fall! *Dem* krieche ich nicht in den Arsch.«

Mussolini rächte sich, indem er Kern für die Nachtschicht einteilte. Das sollte eine schwere Strafe sein, denn die meisten Teenager, die bei Acme beschäftigt waren, arbeiteten nicht gerne nachts. Kern jedoch machte das nichts aus. Mussolini war nachts nicht da, so daß Kern jetzt die schleppendste Kasse im ganzen Supermarktgewerbe betreiben konnte. Außerdem gefiel es ihm, daß er tagsüber frei hatte und an der Cub herumwerkeln konnte.

So verbrachte Kern den restlichen Juni zufrieden damit, 71-Hotel den letzten Schliff zu verpassen, bevor er abends zur Arbeit ging. Er flog auch ziemlich oft, um sich, wie er meinte, von dem im Winter angesetzten Rost zu befreien, bevor wir zur Westküste aufbrachen. Jack Sylvester, ein Freund von uns draußen am Flugplatz, überließ Kern dazu seine 65-PS-Aeronca Champ.

Eines Morgens, als ich auf dem Gestüt arbeitete, wo ich den großen Hengst um die Bahn bewegte und das aus meinem Transistorradio erklingende »You've Lost That Loving Feeling« mitsang, vernahm ich ein plötzliches Dröhnen, und dann sauste ein Flugzeugrad an meinem Gesicht vorbei. Es war Kern, der in Sylvesters Champ an mir vorbeiflog. Ich hatte ihn nicht kommen hören, weil er sich ganz tief und hinter den Bäumen hervor gegen den Wind angeschlichen hatte.

Kern hielt die häßliche gelbe Champ über die ganze Farm hinweg auf Niedrigkurs. Ihr Propeller blies mir einen Schwall Asche ins Gesicht, und er mähte einen breiten Streifen Schilfrohr und Bambus nieder, als er über den Sumpf brauste. Mein Herz raste. Ich hatte es zu gern, wenn Kern so flog. Seine Tiefenwahrnehmnung und sein Timing waren präzise, und er war schon so gut, behende und feurig und selbstsicher, so gut wie mein Vater oder der große Eddie Mahler.

An der Baumgrenze zog Kern die Champ scharf hoch und legte sich in eine Linkskurve.

Es war ein heißer, schwüler Morgen. An einem solchen Tag dehnen sich aufgrund der erhöhten Temperatur und Luftfeuchtigkeit die Luftmoleküle aus, so daß ein Flügel weniger Auftrieb hat. Und die Champ war im Steigen eine berüchtigte Versagerin. Ihr Rumpf ist geformt wie eine Badewanne, und die Tragflächen sind dick und klobig, ungefähr so aerodynamisch wie eine italienische Villa. Selbst an guten Tagen steigen Champs sauschlecht.

Mensch, los, Kern, sagte ich bei mir. Nase runter und Tragflächen in die Horizontale. Sonst kommst du ins Trudeln.

Und genau das geschah auf dem höchsten Punkt der Kurve. Die Nase drehte sich plötzlich nach oben, die obere Tragfläche überzog und kippte nach rechts, und das Flugzeug wurde in eine korkenzieherähnliche Spirale gerissen.

Spiralstürze sind Strömungsabrisse bei höheren Geschwindigkeiten, zu denen es kommt, wenn ein Flugzeug über den Punkt hinaus verlangsamt wird, an dem es noch fliegt, und die Tragflächen sich überschlagen oder das Ruder herausgedrückt ist. Bei einem normalen Strömungsabriß, bei dem die Flügel in der Horizontale sind, fangen sich die meisten Maschinen nach ein paar hundert Fuß wieder. Bei einer Sturzspirale kippt das Flugzeug in die Richtung der Kurve und trudelt in einen unkontrollierten Flug. Wie ein Kreisel rotierend, stürzt es nach unten, die Nase auf den Boden gerichtet, in der Propellerbö jaulend. Die erhöhte Schwerkraft drückt den Piloten in seinen Sitz, und die durch die Windschutzscheibe auf ihn zuwirbelnde Erde nimmt ihm die letzte Orientierung und erschreckt ihn. Im allgemeinen braucht ein Flugzeug tausend Fuß oder mehr, bis es wieder genügend Tempo hat, um abgefangen zu werden. Aber die meisten Piloten schaffen das nicht. Da Sturzspiralen als zu gefährlich erachtet wurden, hatte die FAA das Trudeltraining aus ihrem Schulungsprogramm gestrichen, und die meisten Flugschulen brachten den Piloten bloß noch bei, wie man sie vermied. Mein Vater jedoch hatte darauf bestanden, daß Kern und ich auf die altmodische Art fliegen lernten und uns selbst darin ausgebildet, Sturzspiralen zu meistern.

Trotzdem, bei einer so miesen Konstruktion wie der Champ war nicht viel Hoffnung. Sturzspiralen sind berüchtigte Pilotenmörder, und die von Kern war von der schlimmsten Sorte – unbeabsichtigt und dicht am Boden. Bei ihrem Eintritt blieben ihm noch 800 Fuß, höchstens.

Ich ließ das Pferd anhalten, um zuzusehen, wie mein Bruder starb.

Kern war verloren, doch er besaß einen Vorzug, der die Sache interessant machen würde, dachte ich. Er hatte am Steuer eines Flugzeugs Nerven aus Stahl und würde sich durch den auf ihn zukreiselnden Boden, der versuchte, die Maschine zu schlucken, nicht ängstigen lassen. Ich war bereit zu wetten, daß er die Flügel in die Horizontale brachte, bevor er in die Bäume krachte.

Mein Herz hämmerte. Einen imaginären Knüppel hin und her stoßend, die Fußleisten des Sulkys wie Ruderpedale tretend, begleitete ich meinen Bruder im Geiste durch das Manöver. Nein, eigentlich war es die Stimme meines Vaters, die ihn über den Lärm des wimmernden Propellers und der heulenden Tragflächen hinweg anschrie.

Laß der Spirale ihren Lauf, Junge. Leite sie nicht aus lauter Panik zu schnell aus.

Gut, Kern. Gas wegnehmen und den Steuerknüppel im Schoß behalten. Eine Kurve, anderthalb, jetzt zwei. Gut so. In den Leerlauf und linkes Seitenruder treten gegen die Rotation. Jetzt knall den Knüppel nach vorn, um die Spirale zu beenden.

Meine Güte. Ich konnte hören, wie der Motor ansprang. Er fing sich.

Der Motor röhrte, und die Tragflächen gingen eben in die Horizontale, als das Flugzeug hinter den Bäumen verschwand.

Sie versperrten mir die Sicht. Ich hörte keinen Aufprall, sah keine Absturzwolke, wußte aber trotzdem nicht, woran ich war. Spiralabstürze sind manchmal täuschend lautlos – der Rumpf kann die Wucht des Aufpralls abfedern, abbrechen, und dann überschlägt sich die Maschine und schlittert geräuschlos außer Sichtweite ins hohe Gras. Die Piloten werden nicht durch den Aufprall getötet, sondern dadurch, daß sie durch die Schwerkraft in ihre Sitzgurte gedrückt werden und sich mit siebzig Meilen pro Stunde überschlagen. Das konnte auch jetzt der Fall sein, oder aber Kern hatte es von den Feldern nebenan über die Telefonleitungen an der Straße hinweg geschafft. Ich wußte es einfach nicht. Eine quälende Minute verstrich, dann noch eine. Ich konnte nur auf die Bäume starren und warten.

Auf der anderen Seite der James Street lag ein langes, tiefes Tal mit gemähten Wiesen, das zum Haus des Kongreßabgeordneten Peter Frelinghuysen hin abfiel. Dort hatte Kern zusätzliche 100 Fuß zum Landen, wenn er die Maschine über die Straße gesteuert und über der Bodensenke in Sicherheit gebracht hatte.

Tatsächlich war genau das passiert. Kern flog weiterhin tief, um seine Geschwindigkeit zu steigern, schlängelte sich über die Telefondrähte auf die Heuwiesen zu und ließ die Champ mit voller Kraft über den Vorgarten des Kongreßabgeordneten schießen.

Endlich sah ich die Champ im Dunst über unserem Haus nach oben steigen. Kern schraubte sie auf 1500 Fuß hoch und kam über die Pferdebahn zurückgeflogen. Er wippte mit den Tragflächen, um mir zu zeigen, daß alles in Ordnung war. Ich winkte ihm zu und peitschte das Pferd um die Bahn.

An diesem Vormittag bewegte ich noch ein paar Pferde und tat so, als sei ich nicht aufgebracht. Kern hatte einen klaren Kopf behalten und die Maschine aus einer niedrigen Sturzspirale brillant abgefangen, ein weiterer Beweis für sein außergewöhnliches Flugtalent. Vielleicht hatte er, nur um mich zu erschrecken, in der Spirale verharrt, bis er über den Bäumen war. Vielleicht sollte ich sogar dankbar sein. Das Training meines Vaters hatte Kern gerettet.

Angst ist jedoch sehr hartnäckig und läßt einen nicht so schnell los. Als ich mich am Abend erschöpft und bekümmert nach Hause schleppte, durchzuckten mich kleine Aufwallungen von Ärger. Zehn Tage bevor wir unseren Traumflug von Küste zu Küste antraten, hatte mein Bruder, der Pilot, sich um Haaresbreite fast umgebracht. Alle meine unterdrückten Befürchtungen über den halsbrecherischen Flugstil in meiner Familie kamen wieder in mir hoch. Kerns Furchtlosigkeit in der Luft war nicht der Pluspunkt, für den ich sie gehalten hatte. Eines Tages würde er sich umbringen, wenn er nicht aufpaßte, und mich womöglich dazu. Warum sollte ich mit einem Desperado wie ihm nach Kalifornien fliegen?

Kern arbeitete bei Acme, als ich nach Hause kam, also schmollte ich eine Weile im Schuppen vor mich hin, dann schmollte ich in meinem Zimmer weiter. Als ich ihn spät heimkommen hörte, machte ich bei mir das Licht aus und legte mich ins Bett. Noch wollte ich ihm nicht gegenübertreten.

Kern zog sich in seinem Zimmer leise aus. Er hatte die Tür offen gelassen, so daß ich ihn sein Bußmantra seufzen hören konnte. »Meine Güte… meine Güte… ach du liebe Güte.« Auch er wollte mir nicht ins Gesicht sehen, deshalb sprach er durch die offene Tür.

»Rink, ich weiß, daß du wach bist.«

»Ja.«

»Paß auf. Es tut mir leid. Ich war unglaublich blöde, Rink. Ich habe mich heute fast umgebracht.«

»Was du nicht sagst.«

»Ich weiß, was du denkst.«

»Na prima. Du weißt sogar, was ich denke.«

»Rink, ich verspreche, daß ich mit dir in der Cub niemals trudeln werde.«

»Ach nee, vielen Dank. Das weiß ich wirklich zu schätzen.«

»Rink, hab doch ein bißchen Mitleid, okay? Ich war den ganzen Tag wütend auf mich. Ich hasse mich selbst dafür. Daddy sagt immer, ich soll dir ein Vorbild sein. Ich soll dein Vertrauen gewinnen. Und jetzt das. Meine Güte, ich *hasse* mich.«

Scheiße. Der Schuldtrip. Darin war Kern sehr gut. Jetzt mußte ich mir etwas ausdenken, damit er sich besser fühlte.

»Beruhige dich, Kern. Ich bin drüber weg, okay? Das hätte mir auch passieren können, abzutrudeln. Jeder ist ab und zu mal ein Arschloch, und heute war zufällig dein Tag.«

»In Ordnung, Rink. Danke. Aber hör mal, nenn mich nicht Arschloch. Ja, ich habe 'ne Spirale gedreht. Aber ich wußte, was ich zu tun hatte, und habe das Flugzeug abgefangen. Eigentlich war es ein klassisches Abtrudeln, wie aus dem Lehrbuch. Und das ist der Witz dabei, Rink. Ich war dafür ausgebildet, und ich wußte genau, was ich tun mußte. Das macht mich doch nicht zum Arschloch.«

»Richtig. Wie aus dem Lehrbuch. Tut mir leid. Ich verspreche, daß ich dich nie wieder Arschloch nennen werde.«

»Danke. Paß auf, erzähl Daddy nichts davon, in Ordnung?«

»Mein Gott, Kern. Warum sollte ich Daddy was erzählen? Ich hab' gesagt, du bist ein Arschloch. *Ich* bin kein Arschloch.«

»Meine Güte ... Rink, meine Güte ... okay. Aber weißt du, was ich noch sagen muß?«

»Nein. Sag es.«

»Champs sind das Hinterletzte.«

In gewisser Weise freute ich mich, daß Kern abgetrudelt war. Es war ein grober Schnitzer von ihm, ein großer Schrecken, den wir gemeinsam überwinden würden. Mein Vater erfuhr nie davon, und Kern war mir höchst dankbar, daß ich sein Geheimnis bewahrte. Jetzt vertraute er mir.

Ein paar Tage später machten Kern und ich unsere letzte Nachtschicht im Schuppen. Den ganzen Monat über hatte Kern sich mit geringfügigen Reparaturen am Flugzeug aufgehalten, und ich begann schon den Verdacht zu hegen, daß sich hinter seinem Perfektionismus Muffensausen in letzter Minute verbarg. Wir hatten geplant, am Wochenende des 4. Juli abzufliegen, also in nur zwei Wochen. Jetzt beeilten wir uns, alles in einer Nacht fertigzustellen, damit wir die Maschine am Wochenende auf dem Flugplatz zusammenbauen konnten. Dann sollte ein amtlich geprüfter Mechaniker unser Werk inspizieren und uns ein Lufttauglichkeitszertifikat erteilen.

Auch mein Vater schaute ständig auf den Kalender und hatte schon alle Geduld mit Kern verloren. Dauernd bombardierte er ihn mit Fragen über das Flugzeug und stachelte ihn an, endlich fertig zu werden. Er schien ganz erpicht, fast versessen darauf zu sein, daß wir die Maschine zum Flugplatz schafften, und ich merkte, wie sehr ihn unsere Reise emotional aufwühlte.

An diesem Abend stürmte mein Vater, nachdem er von der

Arbeit nach Hause gekommen war, gleich zu uns in die Werkstatt. Er mußte schon die ganze Woche gekocht haben, denn er fing nicht behutsam an, wie er es bei Kern üblicherweise tat.

»Kern, das Flugzeug ist perfekt!« brüllte er. »Du willst es doch nicht ins Museum hängen. Schaff es hier raus!«

Die Wut meines Vaters lähmte uns beide, aber Kern setzte sie besonders zu. Er wußte, beinahe alles, was er sagen würde, war nutzlos, wenn mein Vater so die Kontrolle über sich verlor. Er konnte nur noch mit einem Schraubenschlüssel und niedergeschlagener Miene dastehen.

»Dad, warte! Wart doch mal! Ich erkläre es dir.«

»Blödsinn! Ich will keine Erklärungen. Ich will die Maschine auf dem Flugplatz sehen.«

Normalerweise ließ ich sie ihre Gefechte allein austragen. Kerns Zurückhaltung bei Konfrontationen mit meinem Vater war sein Problem, fand ich. An diesem Abend aber hatte ich meinen Vater gründlich satt, und ich betrachtete seinen Besuch im Schuppen als eine Invasion unseres Territoriums. Vielleicht konnte ich ihn von Kern ablenken, indem ich seine Aufmerksamkeit auf mich zog.

»Hey, Dad!« schrie ich. »Zufälligerweise wollen wir gerade morgen die Maschine auf den Flugplatz bringen. Also halt die Luft an.«

»Verdammt noch mal, Rinky, du hältst dich da raus. Das geht nur Kern und mich was an.«

»Quatsch. Das geht nur dich was an und sonst niemanden. *Ich* habe den ganzen Winter mit Kern an diesem Flugzeug gearbeitet.«

»Ach so! Ich bin wohl nur so ein alter Knacker, den ihr aus dem Weg haben wollt, was?«

»Hey, Dad, das hast du gesagt. Das hast du selbst gesagt.«

Wütend angelte mein Vater eine Pfeife aus seiner Tasche und zündete sie an. Seine Position war hoffnungslos, und das wußte er. Jahrelang hatte er uns überhäuft mit Ermahnungen zu brüderlicher Liebe, daß Kern und ich zusammenhalten müßten, um etwas zu erreichen, und das gab ich ihm jetzt wie einen Schmetterball zurück. Zu einer Seite gebeugt, stand er da und blickte uns und das Flugzeug mit zweifelnder und saurer Miene an.

»Na gut!« schrie er. »Morgen! Ich will, daß diese Maschine morgen auf dem Flugplatz ist!«

Er dampfte ab und aufs Haus zu. Als er in die Dunkelheit entschwand, beleuchteten die Lampen aus der Werkstatt seine Silhouette von hinten. Wenn er zornig war wie jetzt, zuckte sein schlimmes Bein am Knie, wodurch er gräßlich humpelte, und sein Kopf war mit leerem, verletztem Gesichtsausdruck nach vorn geneigt.

Wir machten uns wieder an die Arbeit. Kern trug mit dem Sears-Kompressor eine letzte Schicht roter Farbe auf die Flügelstreben auf. Als er fertig war, schaute er hoch.

»Rink, weißt du, was mein verdammtes Problem mit Daddy ist?«

»Nein, was denn?«

»Ich mag den Kerl. Ich *mag* ihn einfach. Ich kann nie länger als fünf Minuten wütend auf ihn sein.«

Die Rocky Mountains waren unendlich verlockend für mich, ein ummauertes Labyrinth, das sich der sicheren Passage in einer zerbrechlichen, niedrig fliegenden Cub widersetzte. Aus meinen Büchern und vom Studieren der Karten her wußte ich, daß wir sie irgendwo im Süden der Gebirgskette überqueren mußten, nahe El Paso, doch ich fand den richtigen Paß nicht. Mein Vater machte sich ebenfalls Sorgen deswegen. Er schlug uns vor, den Rat von Alex Yankaskas einzuholen, einem erfahrenen Überland- und Chefpiloten der Ronson Corporation, der der Vater eines unserer Freunde war. Yankaskas flog Ronson-Manager in zweimotorigen Firmenflugzeugen im ganzen

Land herum und kannte den Westen gut. Er besuchte uns an einem Samstag nachmittag Ende Juni.

Yankaskas war ein ruhiger, sanfter Mann vom Range eines fortgeschrittenen Piloten, und er hatte nicht viel im Sinn mit der Art verrückter Fliegerei, die wir betrieben. Den Fragen, die er stellte, konnten wir entnehmen, daß er skeptisch gegenüber zwei Jugendlichen war, die ohne Funk in einer Piper Cub von Küste zu Küste fliegen wollten. Er hielt Kern und mir einen feierlichen Vortrag über die Bedingungen, die wir antreffen würden. Bei den hohen Bodenerhebungen und sengenden Temperaturen, mit denen wir im Westen rechnen müßten, würde die Luft viel weniger Auftrieb liefern und der Motor nicht sehr effizient laufen. Bei großer Dichtehöhe »fühlt sich« eine Maschine, die 6000 Fuß hoch fliegt, so an, als flöge sie auf 8000 Fuß Höhe. Die Start- und Landestrecken können sich verdoppeln und sogar verdreifachen und Flugzeuge im Anstieg schrecklich schwimmen. Wir versprachen Yankaskas, daß wir uns das Prinzip noch einpauken würden, taten es jedoch nie.

Es war Yankaskas, der uns die richtige Route durch die Rocky Mountains bezeichnete. Mein Herz flatterte, als er die Sektorenkarte von El Paso in unserem Wohnzimmer auf dem Kaffeetisch ausbreitete und einen Bleistift aus seiner Tasche fischte, um ihn als Zeigestock zu benutzen.

Der Paß. Er wies den Weg durchs Gebirge, war das Tor zum Pazifik. Für mich war er ein höchst mysteriöser und emotional besetzter Ort. Immer schon war ich gefesselt gewesen von den frühen Luftposttagen der Fliegerei, als tapfere Männer in offenen Maschinen bei jedem Wetter loszogen, um ihre Fracht abzuliefern, und viele dabei starben. Die »Südroute«, die sie als erste durch die Rockies nahmen, war legendär, und alle Fliegerasse – Charles Lindbergh, Amelia Earhart, Wiley Post, Jimmy Doolittle und Ernest Gann – waren sie irgendwann einmal geflogen. Nun würden Kern und ich in einem Flugzeug, nicht besser als die Mailwings und Fairchilds der damaligen

Luftpostpiloten, demselben engen Einschnitt in der großen kontinentalen Mauer folgen.

Noch aus einem anderen Grund war ich Feuer und Flamme bei der Entdeckung des Passes. Mein Vater hatte sich seinen Traum, selbst über die Rockies zu fliegen, nie erfüllen können. Sein einziges transkontinentales Abenteuer hatte 1937 schmählich mit dem Ausfall des Motors geendet, direkt östlich der Berge. Kern wollte aus zahlreichen Gründen von Küste zu Küste fliegen, überwiegend aber, um sich selbst zu finden und eine Möglichkeit, bekannt zu werden. Im Laufe des letzten Jahres hatte ich allmählich etwas Wichtiges über meine eigenen Motive erkannt. Ich wollte meinen Vater in etwas schlagen, und zwar richtig. Er selbst hatte es nie übers Gebirge geschafft. Falls Kern und ich aber durchkämen, wäre das endlich mal etwas, das er nicht anzweifeln oder korrigieren oder uns wiederholen lassen könnte – es wäre Tatsache. Ich war fixiert auf die Berge und den Paß als eine Möglichkeit, mich mit meinem Vater zu messen.

»Der Paß ist genau hier, Jungs, in den Guadalupe Mountains«, sagte Yankaskas.

Er zeigte auf eine enge Schlucht zwischen zwei hohen Gipfeln, den beiden Guadalupe Peaks. Die harten, schwarzgrauen Schraffuren, mit denen sie markiert waren, sahen unheilvoll und herausfordernd aus, und rasch ansteigende Höhenlinien schwangen sich von den Wüsten in West-Texas eine 70 Meilen lange Wand aus zu noch höheren Gipfeln empor. El Paso lag genau 80 Meilen östlich, und 100 Meilen südwärts schlängelte sich der Rio Grande strudelnd an der mexikanischen Grenze entlang. Ansonsten war da nichts außer der endlosen Monotonie der beige eingezeichneten Wüsten. Wir würden uns abmühen müssen, den Paß auch nur zu finden.

Und als nächstes würden wir uns abmühen müssen, ihn zu überqueren. Der Einschnitt war zu eng, und die vorherrschend westlichen Winde, die hier pfiffen, waren zu turbulent, um einfach zwischen den Gipfeln hindurchzuschießen. Wir mußten sie weit über 1000 Fuß *unter* uns lassen, was bedeutete, die Cub auf über 10 000 Fuß Höhe zu bringen. An einem sehr warmen Julitag hieße das, eine Dichtehöhe von 12 000 oder 13 000 Fuß zu erreichen. Das schien unmöglich. Im Handbuch für unsere Cub war eine »Dienstgipfelhöhe« von 10 000 Fuß angegeben, und diese Zahlen waren, wie allgemein bekannt, immer allzu optimistisch. Wir würden die Cub während der ganzen Etappe über das Gebirge weit über ihre Grenzen hinaus beanspruchen.

Aber dies war unser Berg, und es begeisterte mich, auch nur seinen Namen zu kennen. Guadalupe. Er war der Punkt, den wir ansteuern würden. Ich zog mit rotem Fettstift einen Kreis um die beiden Gipfel und inspizierte die Sektorenkarten von El Paso und Albuquerque auf nahegelegene Flugplätze hin. Von wo aus sollten wir den Paß anfliegen? Schon die Namen klangen romantisch – Artesia und Carlsbad in New Mexico und Pecos und Wink in West-Texas.

Yankaskas hielt uns einen weiteren feierlichen Vortrag darüber, wie wir den Paß überfliegen müßten. Wir sollten so hoch wie möglich aufsteigen und uns auf brutale leewärtige Turbulenzen sowie auf steife Rotore und Scherwinde von der anderen Seite gefaßt machen. Falls der Wetterbericht Windstärken über fünfzehn Knoten vorhersagte, sollten wir warten und es am nächsten Tag versuchen. Wir sollten keine Angst davor haben, den Flug abzubrechen, müßten diese Entscheidung jedoch mindestens zwei Meilen vorher treffen. Sobald wir uns in der Nähe der Gipfel befänden, gebe es keine Umkehr. Die heftigen Fallwinde und turbulente »Gebirgswellen« könnten uns umschlagen und auf die Felsen stürzen lassen, wenn wir den Westwind nicht mehr auf der Nase hatten.

Yankaskas legte die Hände auf seine Knie und schaute uns über den Kaffeetisch hinweg an.

»Jungs«, sagte er, »das ist eine sehr ernste Angelegenheit.

Die Rockies sind trügerich. Weitaus erfahrenere Piloten als ihr haben sich dort umgebracht. Seht es nicht als Jux an.«

Kern und ich nickten aufmerksam, aber in Wirklichkeit hörten wir gar nicht zu. Wir waren jung und begierig darauf, uns auf den Weg zu machen, berstend vor jugendlichen Illusionen, unverwundbar zu sein. Eine Windstärke von fünfzehn Knoten klang nicht nach sehr viel.

An dem Tag brachte mein Vater uns noch vor Yankaskas in Verlegenheit. Nachdem wir mit den Karten durch waren, setzten wir uns alle in die Bibliothek und tranken Cola. Mein Vater kam ins Anekdotenerzählen. Mr. Yankaskas spielte mit seinen Fingern und fummelte an seinem Ehering herum. Die Aufschneidereien eines ehemaligen Vagabunden der Lüfte waren keine Belustigung für ihn.

Eine der Lieblingsgeschichten meines Vaters handelte von seinem abgebrochenen Transkontinentalflug. 1937 erhielt er 85 Dollar dafür, eine offene Travelair von Dothan in Alabama nach San Diego zu überführen. In jenen Tagen hatten Piloten, die Maschinen mit den alten wassergekühlten Motoren flogen, einen 38-Liter-Wassersack bei sich, der zwischen die Räder geklemmt wurde, so wie die Wanderarbeiter aus Oklahoma, wenn sie in ihren Klapperkisten nach Westen aufbrachen. Flugzeugradiatoren waren bekannt dafür, daß sie leckten und an heißen Tagen häufig überkochten. Wenn der Propeller ihm zuviel Dampf ins Gesicht blies, suchte sich der Pilot ein Feld oder eine ebene Straße, ging in den Leerlauf und füllte den Radiator aus dem Wassersack neu auf. Eine Zeitlang so gekühlt, flog die Maschine ausgezeichnet weiter.

Am Fuße der Pecos-Berge in New Mexico, direkt östlich der Rockies, brannte nun bei der Travelair eine Dichtung durch, und mein Vater war gezwungen, auf einer verlassenen Landstraße zu landen. Dort wartete er im Schatten der Tragflächen sechs Stunden, bis ein Rancher in seinem Pickup vorbeikam und ihn in den nächsten Ort mitnahm. Durstig und erhitzt, wie er war, hatte mein Vater in der Zwischenzeit aus dem Wassersack getrunken und sich Wasser über den Kopf geschüttet. Was ihn betraf, hatte dieser Wassersack ihm das Leben gerettet, oder zumindest *hätte* er ihm das Leben gerettet, wenn er die ganze Nacht in der Wüste festgesessen hätte statt nur sechs Stunden.

»Und wissen Sie was, Alex?« sagte mein Vater.

»Nein, was denn, Tom?«

»Kern und Rinker, die nehmen auch einen Wassersack für die Wüste mit. Den zurren wir einfach zwischen den Rädern der Cub fest.«

»Tom, ich glaube nicht, daß das notwendig ist«, meinte Yankaskas. »Ein Wassersack verzerrt die Proportionen, so daß die Cub schlechter fliegen wird. Wenn die Jungs sich über der Wüste an die Straßen halten, kriegen sie schon keine Probleme.«

Der Wassersack war eine Neuigkeit für uns. Ich glaube, die Idee kam meinem Vater erst in diesem Moment. Wenn ihn aber einmal ein Gedanke gepackt hatte, wurde man ihn nicht wieder los. Nachdem Alex Yankaskas gegangen war, zuckte mein Vater nur die Achseln und zeigte mit dem Finger auf uns.

»Besorgt euch einen Wassersack, Jungs. Wenn ihr hier keinen findet, probiere ich es in New York. Wir brauchen ein großes Ding – 38 Liter mindestens. Unten Leinwand, oben Metallverschluß. Kümmert euch drum. Er könnte euch das Leben retten.«

6

Der Wassersack. Dieser gottverdammte Wassersack. Der Wassersack war ein Fluch, eine Strafe, meine Sühne dafür, daß ich der alten Dame im Volkswagen den Blanken gezeigt und mich mit meiner Schwester draußen im Schuppen zu oft vollgedröhnt hatte. Mein Vater war besessen von diesem mythischen Wasserbehälter. Kern und ich merkten, daß er eine Art Talisman für ihn war, eine Erinnerung an sein eigenes Herumziehen über die Prärien, als er jung war, denn er bestand darauf, daß wir »genau so einen, wie der, den ich '37 hatte«, fänden. Wir hätten andere, wichtigere Vorbereitungen für die Reise treffen müssen. Aber wir wollten meinem Vater diesen einen, altmodischen Traum nicht verwehren – 71-Hotel überquert die Wüsten von Texas und Arizona mit einem Wassersack aus der Ära der Depression zwischen den Rädern.

In unserem blauen Willys suchten wir jedes Eisenwarengeschäft, jeden Laden für Armee- und Marinebedarf in drei Counties auf, von Dover bis hinunter nach Princeton. Die Eisenwarenverkäufer waren ein besonderer Menschenschlag. Sie trugen Hemdtaschenschützer aus Plastik mit Massen von Stiften und winzigen Metallinealen, schwarz gerahmte Brillen und wurden ärgerlich, wenn man sie bat, in ihre Kataloge sehen zu dürfen, denn sie kannten jede Zündkerze und Sechskantschraube auswendig.

»Ach, Junge, einen Wassersack willst du? Dies ist ein Eisenwarengeschäft und keine Apotheke.«

»Nein, keiner von denen«, sagte Kern dann. »So einen altmodischen Wassersack, wie ihn Henry Fonda in *Früchte des Zorns* in seinem Laster hatte.«

»Der ist nicht im Katalog. So einen haben wir nicht.«

Kern wurde leicht nervös wenn er eine Abfuhr erhielt. Die rauhbeinigen Eisenwarenverkäufer machten ihn unsicher, und er stotterte, bevor er aus dem Laden stolzierte. Ich ärgerte mich darüber, wenn er Unterwürfigkeit ausstrahlte: »Sagen Sie, Sie haben nicht zufällig vielleicht so einen von diesen alten Wassersäcken im Keller rumliegen?« Um ihn von seinem Elend zu erlösen, erbot ich mich, allein in die Geschäfte zu gehen, während er draußen im Willys sitzenblieb.

»Tut mir leid, Junge, keine Wassersäcke. Was hast du vor, willst du 'n Film drehen?«

Es war ein hoffnungsloser Fall. Offensichtlich wurden Wassersäcke seit mindestens fünfundzwanzig Jahren nicht mehr hergestellt. Nach einer Weile machte ich mir nicht einmal mehr die Mühe zu fragen. Während Kern im Jeep wartete, trat ich in den Laden, schaute mir ein paar Minuten die John-Deere-Traktoren an und spazierte wieder hinaus, wobei ich die hölzerne Fliegentür mit einem Knall hinter mir zufallen ließ.

»War's nichts, Rink?«

»Es war nichts.«

In der Fahrerkabine des Jeeps war es heiß, und ich verlor bei der Jagd nach dem Wassersack bald die Geduld. Ich war wütend auf meinen Vater, weil er uns diesen idiotischen Auftrag gegeben hatte, wütend auf Kern, weil er mitmachte, wütend auf mich, weil ich mit den beiden verwandt war. Es war solch ein typischer Rückschlag für uns. Ich hatte das ganze Jahr gearbeitet und eine bessere Beziehung zu Kern zustande gebracht. Aber immer kam so etwas wie der Wassersack dazwischen, das meine Fortschritte zunichte machte und meinen Zorn auf meinen Vater und Kern neu entfachte.

Mittlerweile tat sich mein Vater in Manhattan um. Es ist heute noch eine quälende Vorstellung für mich. Da war dieser arme, von Phantomschmerzen geplagte Mann, ein Opfer seiner eigenen Nostalgie, Spitzenmanager bei einer großen amerikanischen Zeitschrift, der ein schweres Holzbein über den heißen Asphalt von Manhattan schleifte, weil er nach einem Wassersack suchte. Irgendwann machte er sogar zwei Sekretärinnen bei *Look* und den Geschäftsführer des Explorers' Club mit dem Projekt verrückt. Die Gelben Seiten für Manhattan waren schon ganz abgegriffen. Goldberg's Marine unten in der Chambers Street erkundigte sich bei sämtlichen Lieferanten. Aber auch bei Gotham, der berühmt dafür war, von allem zumindest ein Exemplar zu haben, gab es keine Wassersäcke.

Schließlich gab mein Vater auf, doch auf seine Weise. Eines Abends kam er erhitzt und müde mit vom Schweiß zerknittertem Hemd zu uns herein und verkündete, wir dürften ohne Wassersack aus New Jersey abfliegen. Wir sollten aber danach Ausschau halten, sobald wir den Mississippi überquert hätten.

Wieder zeigte er mit dem Finger auf uns. »Kein Flug über Texas ohne Wassersack, hört ihr?«

Er hatte dem Thema zahlreiche Überlegungen gewidmet und das Problem identifiziert.

»Jungs«, sagte er, »diese Eisenwarenheinis hier an der Ostküste haben keinen blassen Schimmer von Wassersäcken. Das ändert sich, wenn ihr nach Arkansas kommt. Merkt euch meine Worte. Jeder verdammte Laden da drüben wird Wassersäcke bis zur Decke gestapelt haben. Und spottbillig! Ihr werdet schon sehen!«

»Dad«, sagte ich, »du hast vollkommen recht. Besorgung Nummer eins, wenn wir in Arkansas sind: der Wassersack.«

Lee Weber, der Mechaniker draußen in Basking Ridge, rief Kern eines Morgens Ende Juni an und sagte ihm, 71-Hotel stehe bereit für einen Probeflug. Lee hatte die erforderliche Jahresinspektion der Cub durchgeführt, uns ein Flugtauglichkeitszertifikat ausgestellt und meinte, die Restaurierung von 71-Hotel sei die gelungenste, die er seit Jahren gesehen habe. Hocherfreut holte Kern mich in der Mittagspause von der Arbeit ab, und wir fuhren hinüber zur Piste.

Lee hatte seit Jahren an unseren Flugzeugen gearbeitet, und er und Kern waren sich stets nahe gewesen. Er war einer der wenigen Leute, die im Winter schon wußten, daß wir 71-Hotel für einen Flug von Küste zu Küste vorbereiteten, und als wir nun zum Flugplatz kamen, zeigte sich ganz offensichtlich, daß er die Maschine richtig verhätschelt hatte. Die Steuerung war perfekt ausbalanciert und eingestellt, und Lee hatte noch etliche andere Feinabstimmungen und Korrekturen vorgenommen – die Gashebel geschmiert und geeicht, den Kompaß genau justiert –, an die Kern und ich nicht gedacht hatten. Die Cub sah makellos aus, praktisch wie neu.

Wir rollten das Flugzeug aus dem Hangar, und Kern war ganz aufgeregt, als Lee ihm bedeutete, er solle den Sitz im Cockpit einnehmen. Normalerweise machte Lee oder ein anderer älterer, erfahrener Pilot die ersten paar Flüge mit einer neu überholten Maschine.

»Ich, Lee? Ich?« fragte Kern. »Sie wollen, daß ich die erste Runde drehe?«

»Meine Güte, Kern«, sagte Lee, »klar, du. Du. Du hast die Cub restauriert, du machst den Testflug.«

Kern hievte sich an den Cockpitstreben hinein und schnallte sich den Sicherheitsgurt um.

Ältere Vorkriegsmodelle wie die Cub wurden von der Fabrik standardmäßig ohne Elektrik ausgeliefert und hatten daher keinen Anlasser. Der Motor wurde durch Anreißen des Propellers gezündet, ganz ähnlich wie bei einem alten Auto, das man mit einer Handkurbel startet. Die dafür festgelegte Anlaßprozedur ging auf die frühen Tage des Fliegens zurück. Der draußen stehende Copilot oder Mechaniker schwang den Propeller und gab dabei eine bestimmte Reihe von Kommandos von sich, auf die der Pilot antwortete, während er die verschiedenen Geräte und Schalter betätigte, die zum Starten erforderlich waren. »Zündung aus« bedeutete, daß die Magnetzünder nicht aktiviert waren und der Propeller daher gefahrlos angeworfen werden konnte, um mit dem Primer, einer ans Instrumentenbrett montierten Kolbenpumpe, Treibstoff in den Motor einzuspritzen und dort zirkulieren zu lassen. Wenn alles bereit war, hieß »Kontakt!«, daß die Zündungen aktiviert werden sollten.

»Okay, Kern!« brüllte Lee. »Zündung aus und dreimal ein-
spritzen.«

»Zündung aus.«

Lee riß den Propeller dreimal im Uhrzeigersinn herum und
verpaßte ihm dann einen kurzen Schwung in die Gegenrich-
tung, um den eingespritzten Treibstoff zurück in den Vergaser
schwappen zu lassen. Ein paar Tropfen davon liefen unten aus
der Motorverkleidung, und auf der Rampe breitete sich der
Geruch von 80-Oktan-Benzin aus.

»Bremsen setzen, Kern.«

»Bremsen gesetzt.«

»Gas.«

»Gas.«

»Kontakt.«

»Kontakt!«

Sie war eine großartige alte Cub, und die Zylinder reagierten schon auf Lees ersten Anlaßversuch. Kern drosselte den
Motor und schaltete in den Leerlauf. Unter der Verkleidung
klickten und schnurrten die Ventile und Kipphebel, und der
Auspuff blubberte zufrieden und hustete weißen Rauch durch
das Rohr. Der Continental klang, als sei er perfekt eingestellt.

Kern kannte den Testflugablauf, und so rollte er mit der
Cub in einer S-Kurve den Grasstreifen hinab zu der kurzen
Nord-Süd-Piste. Er ließ den Motor länger laufen als sonst, um
sich zu vergewissern, daß alles richtig funktionierte, und
schwang sich dann auf die Startbahn, um bei ein paar
»Schnelläufen« die Steuerung und Stabilität des Flugzeugs zu
überprüfen, indem er bei halber Leistung das Heck hochzog,
während er mit dreißig Meilen pro Stunde an uns vorbeisau-
ste, ohne vom Boden abzuheben. Schnelläufe sind tückisch
auf einer holprigen Piste wie Basking Ridge – es ist wesentlich
leichter, auf volle Touren zu gehen und das Flugzeug in die
Luft zu reißen –, aber Kern schien gar nichts zu bemerken und
handhabte die Cub mühelos.

Alles schien in Ordnung, und Kern rollte wieder zum Anfang der Startbahn. Dort gab er Gas, stellte sich auf die rechte Bremse und peitschte das Flugzeug noch auf dem Boden in einem engen 360-Grad-Winkel herum, um nach anderen Maschinen Ausschau zu halten.

Ich habe nie das Bild vergessen, das die Cub an jenem Tag abgab, als sie da auf der Piste um ihre eigene Achse wirbelte. 71-Hotel sah picobello aus. Während die Tragflächen sich im Kreise drehten, fiel das Licht auf die frisch aufgemalten Sonnen, und sie schimmerten und verschwammen zu einem ziegelroten Strudel, die neuen Fenster glitzerten, und die Sonne ließ sogar die ordentliche Reihe der Rippen unter der Stoffverkleidung erkennen. All das war eingehüllt in die Staubschwaden, die der Propeller aufwirbelte. Ich empfand einen Besitzerstolz auf die Cub, der stärker war als alles, was ich den ganzen Winter über verspürt hatte und sich mischte mit der Anerkennung dafür, wie mein Bruder das Flugzeug steuerte, so fließend und anmutig, daß ich das Ende der einen Bewegung, mit der er die Ruder betätigte, nicht vom Beginn der nächsten unterscheiden konnte.

Nun beschleunigte Kern und knallte den Knüppel nach vorn, und die Cub stürzte sich mit bereits angehobenem Heck auf die Startbahn. Bei der ersten Bodenerhebung schoß sie, etwas Staub abschüttelnd, in die Luft. Ich sah sofort, daß wir ein großartiges Flugzeug hatten. Als er am Luftsack vorbei in die Höhe stieg, griff Kern schon mit der linken Hand nach unten, um die Trimmung zu betätigen. Und zugleich nahm er Gas zurück. 71-Hotel wollte nichts wie los. Mit nur einer Person an Bord und wenig Treibstoff war das alles, was mein Bruder tun konnte, um die Maschine davon abzuhalten, beinahe senkrecht aufzusteigen.

Ich war überrascht und sogar ein wenig ärgerlich auf meine Reaktion, als die Cub vorüberzog. Ich hatte mir immer etwas darauf eingebildet, nicht sentimental zu sein. Aber nun wurde mir die Kehle eng, und Tränen quollen mir aus den Augen, während mein Bruder und die Cub den Himmel erklommen. Das hatte eine Menge mit meiner unterdrückten Zuneigung für Kern zu tun, die ich, wie mir inzwischen klar war, nicht leugnen konnte. Und außerdem war ich stolz, weil ich dazu beigetragen hatte, daß er und das Flugzeug diesen Moment erlebten. Den ganzen Winter über hatte ich mir Sorgen gemacht, wir würden die Cub womöglich nicht rechtzeitig fertig kriegen, und Kern wäre darüber enttäuscht, am Boden zerstört gewesen. Jetzt brachte er die Cub direkt über meinem Kopf in Schräglage und wippte mit den Tragflächen, um mir zu zeigen, wie gut sie flog. Die aufgemalten Sonnen glänzten, der Continental brummte, und 71-Hotel wollte einfach nicht aufhören zu steigen. Sie gehörten zusammen, mein Bruder und diese Maschine.

Über dem Flugplatz flog Kern eine Weile geradeaus und in der Horizontalen, um die Trimmung der Cub zu überprüfen, dann zog er sie hoch bis zum Strömungsabriß und flog ein paar enge Kurven. Mit einer weit ausholenden 180-Grad-Kurve senkte er sich in Richtung Landebahn, glitt im Seitwärts-Slip über die Telefonmasten und Bäume, bevor er ausleitete und geschmeidig auf dem Gras aufsetzte. Er rollte zur Rampe und riß den Propeller für Lee an.

»Sie ist perfekt, Lee«, sagte Kern. »Diese Cub fliegt genau richtig. Probier sie selbst aus.«

Für Lee gab es das nicht, die Nase nach unten trimmen und Gas wegnehmen. Am Ende der Startbahn schob er den Gashebel bis zum Anschlag, zog das Heck hoch und schwang sich in die Luft. Als er bei den Zapfsäulen an uns vorbeizog, war er schon auf 500 Fuß. Kern und ich konnten gar nicht glauben, wie diese Cub kletterte. Lees Rat, den Imprägnierlack mit Verdünner zu »strecken«, hatte sich tatsächlich ausgezahlt. Wir hatten jetzt nicht nur eine großartige Neuverkleidung, die eine glatte, effiziente Fläche für den Auftrieb abgab, sondern all das zusätzliche Schmirgeln und der verdünnte Lack hatten das Flugzeug auch ein bißchen leichter gemacht.

Lee neigte sich scharf quer, um einige 360-Grad-Kurven zu fliegen, überzog ein paarmal und paßte erneut die Trimmung an. Dann tauchte er über den Luftsack nach unten, so daß die Nase auf uns zeigte, zog die Cub dann senkrecht zu einem Looping hoch und drehte sie auf den Rücken. Das war genau das richtige, und wir freuten uns, daß Lee die Maschine für uns ein bißchen erprobt hatte. Für niemanden in Basking Ridge war ein Flugzeug klar zum ersten Flug, wenn es nicht mit einem offiziellen Lee-Weber-Looping getauft worden war.

Ich mußte gleich wieder zurück zur Arbeit, und so blieb mir nicht genug Zeit, auch noch eine Runde in der Cub mitzufliegen. Doch das machte nichts, denn Kern war sehr glücklich über 71-Hotel. Auf dem ganzen Weg zum Gestüt frohlockte er, stieß mit der freien Hand einen imaginären Steuerknüppel hin und her und trat neben das Kupplungspedal, während er mir erzählte, wie die Maschine flog. Er schien ungeheuer erleichtert, sorglos, jetzt, da wir ein fertiges Flugzeug hatten. Vielleicht war dies der Mensch, den ich auf unserer Reise kennenlernen würde.

Das Datum vergaßen Kern und ich nie. Er machte den Probeflug mit der Cub am 29. Juni, vier Tage bevor wir aufbrachen.

Alles war nach Plan gelaufen. Am Abend, nachdem Kern die Cub getestet hatte, saßen wir oben auf seinem Bett und zählten unsere Einkünfte, die wir in der Kaffeedose verwahrt hatten. Wir kamen auf 326 Dollar, etwas mehr also als die 300 Dollar, die wir als Budget für unseren Flug errechnet hatten. Mein Vater rief seinen Bruder James bei sich zu Hause im kalifornischen Orange County an, und sie verabredeten, daß wir ein paar Wochen dort bleiben sollten, nachdem wir die Westküste erreicht hätten. Das hatten wir auch beabsichtigt, und

Kern und ich freuten uns sehr darauf. Jimmy war immer unser Lieblingsonkel gewesen; wir fanden ihn »sehr kalifornisch«. Er war ungezwungen und locker, mühelos erfolgreich im Geschäftsleben und bekannt dafür, nachsichtig gegenüber Kindern zu sein und für Neffen und Nichten auf Besuch nicht allzu viele Benimmregeln aufzustellen. Jeder nannte ihn Onkel Wirklich Prima, weil bei Jimmy immer alles »wirklich prima« war. Er hatte Vorbehalte gegen unseren Flug, vor allem, als mein Vater ihm berichtete, wir würden die ganze Strecke nach Kalifornien ohne Funk fliegen, willigte aber ein, in Ruhe abzuwarten, bis wir ankamen. Er freute sich darauf, uns in Kalifornien »wirklich prima« Ferien zu bieten.

Nun mußten wir nur noch unsere Jobs kündigen. Wir hatten unseren Arbeitgebern beide nicht gesagt, daß wir früher aufhören würden, um nach Kalifornien zu fliegen, denn wir wären gar nicht erst angeheuert worden, wenn wir uns nicht für den ganzen Sommer festgelegt hätten. Meine Kündigung war ein Kinderspiel. Der Verwalter des Gestüts schien gar nicht zu verstehen, was ich ihm erzählte, und dachte, mein Bruder und ich flögen in einer Linienmaschine nach L.A., um Disneyland zu besuchen und ein bißchen zu surfen. Aber er war nicht böse. Es gefiel ihm, wie ich mit seinen Zuchtpferden umging, und er meinte, ich könne meinen Job nach unserer Rückkehr wiederhaben.

Kern dagegen hatte schreckliche Angst, Mussolini drüben bei Acme die Neuigkeit mitzuteilen. In der letzten Woche vor unserem Abflug verstrichen Montag und Dienstag, ohne daß Kern mit Mussolini geredet hätte. Wir wollten am Sonnabend gleich bei Tagesanbruch aufbrechen. Als Kern Mittwoch nacht von seiner Schicht nach Hause kam, hatte er wieder nicht den niedergeschlagenen Gesichtsausdruck, der bei ihm immer auf einen satten Streit mit Mussolini folgte. Allmählich machte ich mir Sorgen.

»Hey, Kern«, sagte ich, »würdest du bitte den verdammten

Job kündigen? In weniger als zweiundsiebzig Stunden sind wir unterwegs nach Kalifornien.«

»Rink, ich mache es ja. Morgen«, sagte Kern. »Ich spaziere einfach da rein, knöpfe mir den Rotzkerl vor und erzähl ihm mal was. Er kann sich Acme sonstwohin schieben. Scheiß auf dich, Mussolini! Ich hau ab hier und fliege nach L.A.!«

»Gut, Kern. Das sollte genügen.«

Zwei weitere Abende vergingen, und Kern hatte immer noch nicht mit Mussolini gesprochen. Am Ende der Freitagabendschicht, seiner letzten, machte er einfach seine Kassenabrechnung, hängte die rote Acme-Schürze auf, steckte seine Karte in die Stechuhr, verließ in aller Ruhe den Laden und fuhr im Jeep nach Hause.

Als er hereinkam, fragte ich ihn: »Na, Kern, wie ist es mit Mussolini gelaufen?«

»Ach du meine Güte! Mein Job bei Acme! Der soll mir doch gestohlen bleiben, Rink, ich meine, heiliges Kanonenrohr, so 'ne Scheiße! Mist! Ich habe vergessen, bei Acme Bescheid zu sagen! Wir fliegen morgen früh nach Kalifornien, und mir geht soviel im Kopf rum, daß ich vollkommen vergessen hab', bei Acme Bescheid zu sagen. Ist das nicht ein Witz, Rink?«

»Ja. Zum Totlachen.«

Zum Packen brauchten wir nicht lange. Die Piper Aircraft Company hatte nie damit gerechnet, daß irgend jemand in ihren Cubs besonders weit fliegen würde, und so hatte das Gepäckfach die Größe eines Bierträgers. Nachdem unsere Schlafsäcke darin verstaut waren, blieben noch ungefähr acht Zentimeter. Kern wollte mit leichtem Gepäck reisen – Koffer, sogar Rucksäcke wären zu schwer. Also stopften wir alles, was wir für unseren Flug zur Westküste benötigten – Kämme, Zahnbürsten, Levi's zum Wechseln, frische Unterwäsche und einige Hemden – in unsere Kissenbezüge. Mehrere Navigationskarten, die wir in einer Einkaufstüte von Acme aufbewahrten, machten die Fracht komplett.

Als wir mit dem Packen fertig waren, rief uns mein Vater über die Hintertreppe zu sich in die Bibliothek hinunter. Ich war darauf gefaßt gewesen und erwartete an diesem Abend die volle Breitseite von ihm: keinen Streit, keine Tiefflüge, keine Flüge bei schlechtem Wetter und, Jungs, besorgt euch den Wassersack.

»Oh, Scheiße, Kern«, sagte ich, »jetzt geht's los. Der große Vortrag.«

Aber so war es ganz und gar nicht. Mein Vater war sehr sanft und entspannt. Er hatte so ein onkelhaftes, verträumt wirkendes Benehmen, eindringlich und zugleich entrückt, wie die Pater an unserer Schule, wenn sie sich von einem Lieblingsschüler verabschiedeten. Es gab nichts mehr, das er uns hätte beibringen oder noch einmal mit uns durchgehen können, und das wußte er. Kern und ich hatten unsere Karten und Routen Dutzende Male studiert. Alles, was mechanisch an einem Flugzeug zu bewerkstelligen war, hatte Kern bei 71-Hotel bewerkstelligt. Mein Vater hatte eine Menge Vertrauen zu uns, und das zeigte er. Noch Jahre später sollte ich mich an sein Verhalten an diesem Abend erinnern und ihn vermissen.

Kern und ich saßen auf der Couch meinem Vater in seinem Schaukelstuhl gegenüber und tranken Cola. Wir redeten eine Weile, und er verzapfte wieder reichlich Anekdoten über die Orte, die wir sehen würden, größtenteils die Ozarks und Texas. Dann hielt er inne, zündete sich die Pfeife an und zog hinter seiner Schreibmaschine eine braune Papiertüte hervor.

Er hatte uns Geschenke für die Reise gekauft. Er hatte sich sogar die Mühe gemacht, sie in Geschenkpapier zu wickeln – das heißt, an der Art und Weise, wie sie verpackt waren, erkannte ich, daß eine Frau es getan hatte, wahrscheinlich seine Sekretärin in New York.

»Jungs«, sagte er, »ich habe euch ein paar Sachen besorgt.

Ihr wißt schon. Zeug, das ihr auf eurem Flug gebrauchen könnt.«

Kern und ich bekamen beide eine neue Ray-Ban-Sonnenbrille. Es waren die allerneuesten Aviator-Special-Modelle mit den besten getönten Gläsern und dem perlweißen Nasensteg. Ray-Ban stellte sie nur in Größen für Erwachsene her, so daß sie uns viel zu groß waren, aber mein Vater zeigte uns, wie wir das Gestell an den Ohren mit einer Zange zurückbiegen konnten, damit sie gut paßten. Wir setzten sie auf und schauten uns im Spiegel über dem Ofen an. Wir sahen lächerlich aus mit den riesigen, dunklen Gläsern, wie Waschbären. Aber das Sonnenlicht sollte im Westen sehr grell sein, und so waren wir froh über den neuen Augenschutz.

Beide Ray-Bans steckten in glatten Lederetuis, wie sie im Zweiten Weltkrieg bei den Kadetten der Air Force üblich gewesen waren. Die Etuis waren hinten perforiert, so daß man sie an einem Gürtel befestigen und wie beim Militär an der Taille tragen konnte. Mir gefiel der Gedanke nicht, es so zu machen, weil ich mir damit vorkam wie ein Pfadfindertrottel, der bei einem Gruppentreffen mit dem Fahrtenmesser an der Hüfte herumläuft, doch ich wollte Kern oder meinen Vater nicht enttäuschen, deshalb schnallte ich das Etui um. Während Kern dasselbe tat, bemerkte ich, daß er seinen entsetzlichen lila Gürtel mit Paisley-Muster trug, und ich hoffte nur, daß Kern das Ding nicht auch morgen tragen würde. Aber dann bewunderte er sich im Spiegel, zurrte seinen Taillenbund hoch, wirbelte herum und blickte uns mit einem so stolzen Lächeln an, daß ich wußte, ich würde am nächsten Morgen Pech haben mit meinem Flugkumpel. Ray-Bans an einem lila Gürtel mit Paisley-Muster. Für Kern war das eine picobello Pilotenkluft, die Reisemontur schlechthin.

Dann zog mein Vater für Kern eines seiner höchstgeschätzten Besitztümer aus der Tüte – seine alte Hamilton-Pilotenarmbanduhr. Die Hamilton war ein wunderschöner, teurer

Zeitmesser mit extra Zentralsekundenzeigern und Knöpfen, um einzelne Flugstrecken zu stoppen, den Treibstoffverbrauch zu berechnen und dergleichen. Sie hatte meinem Vater seit seinen Air-Corps-Tagen im Zweiten Weltkrieg gehört, und er bewahrte sie seit Jahren in der obersten Schublade seiner Kommode auf. Jetzt hatte er sie bei einem New Yorker Juwelier tadellos restaurieren lassen. Mit ihrem neuen Lederarmband, dem beigen Zifferblatt und den leuchtend grünen Zeigern sah die Uhr funkelnagelneu aus. Kern war begeistert. Er legte sie um, und sie sah an seinem gebräunten Arm großartig aus.

»Mensch Dad, danke. Ich hätte nie erwartet, daß du dich von der trennst.«

»Ach, das ist doch nichts, Junge«, sagte mein Vater. »Wenn du diesen Flug hinter dir hast, wirst du ein großes Tier sein. Ich will, daß du auch so aussiehst.«

Für mich hatte mein Vater auch noch ein Geschenk. Ich erkannte schon auf den ersten Blick – der Gegenstand war in aller Eile in Zeitungspapier gewickelt worden –, was passiert war. Meinem Vater war in letzter Minute klargeworden, daß es ein schreckliches Zeichen von Begünstigung wäre, wenn er nur Kern eine Uhr schenken würde, also hatte er auf dem Heimweg von der Arbeit an einem Ramschladen angehalten und ein totales Stück Müll für mich erstanden. Mit großer Geste zog er es aus der Tüte.

»Und, Rinker, alter Kumpel, *das* hier ist für dich.«

Es war eine Timex für $ 3.95. Das Plastikarmband war aus imitiertem Alligatorleder, das klobige, runde Gehäuse aus unechtem Gold, und die Zahlen auf dem Zifferblatt wirkten riesig und albern wie Figuren aus einem Kinderbuch.

In jenen Tagen galt Timex bei uns als sogenannte »Blödmannmarke«. Sie stand sozial auf einer Stufe mit Thom-McAn-Schuhen, Anzügen von Robert Hall und dem Plymouth Valiant. Männer, die Geburtstagsgeschenke für ihre Frauen bei Woolworth kauften oder Krawatten im Billiggroßmarkt an der Route 46, trugen Timex-Uhren.

Eigentlich war alles, was mit Timex assoziiert wurde, zutiefst peinlich. Der Grundtenor war vorgegeben durch die idiotischen Werbesendungen mit dem Sprecher John Cameron Swayze, die Timex landesweit im Fernsehen laufen ließ. In diesen Spots strapazierten Taucher in Acapulco oder Wahnsinnige in Motorbooten ihre Timex absichtlich bis zum Gehtnichtmehr und übergaben sie dann Swayze zur Inspektion. Natürlich war sie nie kaputtgegangen, und Swayze beendete den Spot immer mit derselben Pointe.

»Timex. Sie kriegt was auf den Hut und tickt trotzdem gut.«

Das war das Modell, das ich bekam. Es war die häßlichste Uhr, die ich je gesehen hatte. Ich schnallte sie um, und sie sah auf meinem gebräunten Arm beschissen aus.

»Mensch, Dad, danke«, sagte ich. »Ich hätte nie erwartet, daß du dich von der trennst.«

»Bitte, Rinky«, lachte Kern. »Das ist nicht fair! Daddy hat doch nur versucht, zu uns beiden nett zu sein. Ich meine, er hatte dich vergessen, aber dann hat er dran gedacht und dir auch gleich eine Uhr besorgt.«

»Ach, halt den Mund, Kern«, sagte mein Vater, Tränen der Heiterkeit in den Augen. »Du hast meinen Hamilton-Chronographen gekriegt. Und Rinkers Uhr hier, die ist Mist.«

Die Unterschiedlichkeit der Geschenke war rührend komisch, so daß wir alle drei anfingen zu lachen, und dann konnten wir gar nicht mehr aufhören. Jedesmal, wenn wir uns gerade eingekriegt hatten, hielt ich mein Handgelenk mit der Timex hoch, und wir brachen erneut in wildes Gelächter aus. Während mein Vater vor Lachen brüllte, wurden ihm die Augen feucht, und er versuchte immer wieder, sich die Pfeife anzuzünden, schaffte es jedoch nicht. In solchen Momenten konnte er sich wunderbar über sich selbst lustig machen.

»Ach was, Rinker«, sagte er. »Tut mir leid. Paß auf, tu mir

morgen einen Gefallen und versenk das Ding im Delaware River.«

Ich ärgerte mich nicht über die Geschichte und würde auch nicht lange darüber nachgrübeln. So war es eben zwischen meinem Vater, meinem Bruder und mir; wir wußten das und konnten uns sogar darüber amüsieren, und ich mußte sowieso zu sehr lachen, als daß es mich hätte kränken können.

Morgen würde ich mit meinem Bruder Amerika überfliegen. Ich war fünfzehn Jahre alt, brannte auf Erfahrungen und war wütend auf mich selbst, daß ich das Leben nur aus Büchern kannte. Das würde sich jetzt ändern. Ich war niemals westlich der Alleghenies gewesen, und ein ganzer Kontinent erwartete mich. Die Nacht draußen war herrlich, die Grillen zirpten, Wind wirbelte durch die Bäume, und der Duft von Flieder wehte durch die Ritzen der Fensterläden herein, während wir in der Bibliothek meines Vaters lachten und redeten. Eine Weile saßen wir noch still zusammen da; die Gefühle zwischen meinem Vater und meinem Bruder strömten über, und das war für mich genug Liebe in einer Familie. Ich wollte nur noch morgen früh aufwachen und in Richtung Rockies abheben.

7

Die bewundernswerte Zurückhaltung, die mein Vater den ganzen Winter über gezeigt hatte, indem er uns in Ruhe allein an unserem Flugzeug hatte basteln und die Reise hatte planen lassen, war nach und nach verflogen, je näher unser Abflug heranrückte. Am Tag des Aufbruchs war sie ganz verschwunden. Noch als Erwachsener sollte mir dieser Morgen wie meine gesamte Kindheit, verabreicht in konzentrierter Form, vor Augen stehen. Alle Ambitionen, die mein Vater für uns hatte, und das unvermeidliche Chaos, das entstand, wenn man in dieser großen Familie etwas zustande bringen wollte, loderten gleichzeitig auf. Erst einmal begann der Tag mit Verzögerungen, die uns rasend machten. Kern und ich hatten beschlossen, so früh wie möglich aufzubrechen, doch dieser vernünftige Plan war das erste, was wir auf unserer Reise opfern mußten. Wir sollten noch am selben Nachmittag teuer dafür bezahlen.

Eines Abends im Mai, als wir draußen im Schuppen das Flugzeug lackiert hatten, hatte Kern zu mir gesagt: »Rick, an Tag eins schaffen wir es bis Indiana. Ich spüre Indiana schon in den Knochen.«

Indiana. Normalerweise hätte ich mich einer derart unrealistischen Vorstellung widersetzt. Sie war typisch für Kerns Tendenz, sich aus blauem Dunst heraus willkürliche Ziele zu stecken und dann wie ein Besessener auf sie zuzuleben. Aber sobald er es ausgesprochen hatte, spürte ich Indiana ebenfalls in den Knochen. Indiana war uns immer vage geheimnisvoll erschienen, vermutlich, weil wir noch nicht einmal gewußt hatten, wo es lag, bevor wir mit der Planung unseres Fluges begannen. Als wir auf unseren Karten nachschauten, sahen wir, daß sich die Staatsgrenze zu Indiana knapp außerhalb dessen befand, was sich an einem Tag bequem in einer Cub schaffen ließ – Columbus in Ohio, hundert Meilen diesseits von Indiana, war ein wesentlich realistischeres Ziel, und somit war Indiana genau deshalb verlockend, weil es eigentlich unerreichbar war. Mehr als alles andere gefiel mir die Art und Weise, wie der Name dieses alten Pionierstaates mit romantischem, exotischem Klang von der Zunge rollte. Wir versprachen uns gegenseitig, unsere Absicht geheimzuhalten. Kern freute sich schon darauf, zu Hause anzurufen, sobald wir da waren, und meinen Vater mit der Nachricht zu überraschen, daß wir bereits am ersten Tag »Indiana geschafft« hätten.

An unserem großen Tag waren Kern und ich beide im Morgengrauen wach, und Kern ging sofort hinunter in die Küche, um sich beim FAA-Flugservice in Teterboro telefonisch nach den Wetteraussichten zu erkundigen. Sie standen nicht günstig für uns. Ein typisches sommerliches Tief hing über einem Großteil der Ostküste und des mittleren Westens, und wir hatten auf unserer Route überwiegend mit schlechter Sicht, Turbulenzen und Stratokumulusformationen zu rechnen, wenn sich der Konvektionseffekt verstärkte. Schlimmer noch, die Ausläufer eines Unwetters an der Golfküste, die durch das Tal des Ohio River nach Norden drangen, würden am Spätnachmittag auf eine trockenere, stationäre Wetterfront über den Großen Seen treffen, mit ihr nahe Pittsburgh entlang der Westgrenze von Pennsylvania kollidieren, in Richtung Osten explodieren und direkt auf unserer Strecke eine undurchdringliche Wand aus Gewittern und schweren Regenfällen erzeugen. Einen möglichen Vorteil hatte die Sache. Die Sturmfronten würden die schwülen Tiefdrucksysteme hinaus aufs Meer drängen, und wenn sie erst einmal vorbeigerumpelt wären, würde es sich nach Westen zu aufklären. Um Indiana bis zum Anbruch der Nacht zu erreichen, würden wir bis Mittag etliche Flugstunden hinter uns bringen müssen, um schneller im westlichen Pennsylvania zu sein als die Unwetter, und sie dann eine Stunde oder zwei aussitzen, bevor wir durch den mittleren Westen weiterflögen.

Ernüchtert, aber entschlossen stiegen Kern und ich die Treppe hoch, um unsere Eltern zu wecken.

Meine Mutter hat die Szene an jenem Morgen in ihrem Schlafzimmer nie vergessen. »Ihr seid einfach bei Sonnenaufgang am Fußende unseres Bettes aufgetaucht, du und Kern«, erinnert sie sich. »Ihr standet ganz ruhig da mit einem entschlossenen Lächeln im Gesicht, und die Kissenbezüge mit euren Kleidern hattet ihr euch über die Schulter geworfen. Ihr trugt beide diese albernen kleinen Sonnenbrillenetuis am Gürtel. Ich rüttelte euren Vater wach. ›Daddy‹, sagte ich, ›die Jungs sind soweit.‹«

Mein Vater jedoch wollte von einem Aufbruch im Morgengrauen nichts wissen. Er zog seinen Bademantel über und
hüpfte auf einem Bein hinüber zum Fenster.

»Macht mal ein bißchen halblang, Jungs. Schaut her – das
ist Bodennebel da draußen. Ihr müßt warten, bis er aufsteigt.
Außerdem habe ich mich mit ein paar Piloten von der Piste zu
eurem Start verabredet. Von denen kommt keiner vor halb
zehn oder zehn. Mom, wie wär's mit einem Frühstück für die
Jungs?«

»Nein, Dad«, sagte Kern. »Wir sind abflugbereit. Jetzt.«

»Kern, jetzt rede ich«, sagte mein Vater. »Mutter will euch
füttern. Dann fahren wir.«

Kern und ich waren wütend auf meinen Vater, weil er uns
aufhielt; unsere Mägen flatterten, und das Letzte, was wir
brauchten, war was zu essen. Aber uns war klar, daß wir meinem Vater seinen Willen lassen und einen Streit vermeiden
mußten. Das ganze Jahr schon war Kerns größte Angst gewesen, mein Vater würde in letzter Minute irgend etwas Absur-
des zum Vorwand nehmen, um unsere Reise zu verzögern
oder abzublasen, und nun hatte er den besten aller Gründe –
schlechtes Wetter. Wir befürchteten den ganzen Morgen über,
daß er danach fragen würde, doch das kam ihm nicht in den
Sinn.

Das Frühstück war qualvoll. Meine Mutter hatte bisher
nicht den mindesten Zweifel daran geäußert, daß es vernünftig und ungefährlich war, zwei Jugendliche in einer Piper Cub
auf die Rocky Mountains loszulassen, aber um unsere
Ernährung machte sie sich große Sorgen. Als sie sich ein paar
Wochen vor unserem Abflug bei meinem Vater danach erkundigt hatte, war sie entsetzt gewesen, als sie erfuhr, daß wir
bis nach Kalifornien vielleicht eine ganze Woche unterwegs
wären. Sie wußte genau, was wir in diesen sieben Tagen tun
würden: das Frühstück auslassen, mittags Crackers und Limo
hinunterstürzen, uns nach Einbruch der Dunkelheit in ir-

gendeinem schrecklichen Barbecue-Schuppen in Tennessee verköstigen. Wie viele Frauen aus dem Norden hegte meine Mutter tiefe, irrationale Befürchtungen, was das Ernährungsniveau in anderen Teilen des Landes anging. Es war zum Beispiel eine allseits bekannte Tatsache, daß südlich der Mason-Dixie-Linie an Halbwüchsige Kaffee ausgeschenkt wurde.

Also lud sie uns an diesem Morgen die Teller richtig voll. Dieses Frühstück mußte schließlich für sieben Tage reichen, bis wir sicher in den Essen bereithaltenden Fängen von Tante Joan in Kalifornien angelangt wären. Sie reichte uns die mit Rührei, Speck, Kartoffeln und Hüttenkäse überhäuften Teller, goß sich eine Tasse Tee ein und setzte sich, um uns zuzuschauen. Kern und ich waren jedoch zu aufgeregt, um viel zu uns zu nehmen, und stocherten ziellos im Essen herum.

Mein Vater hatte die gegenteilige Angewohnheit, wenn er aufgeregt war. Er schlang wie ein Wolf. Gierig seine übliche Samstagmorgenmahlzeit konsumierend – Kaffee, verbrannten Toast und eine Riesenschüssel Haferflocken –, schwadronierte er drauflos.

»Mein Gott, findet ihr das nicht prima, Jungs? Ihr stopft euch den Bauch voll, tankt euer Schiff auf und fliegt das Ding bis zum Gehtnichtmehr, bis abends die Sonne untergeht. Dann schlaft ihr unter den Tragflächen ein und guckt in die Sterne. Meine Güte, als ich in eurem Alter war, hätte ich jemanden umgebracht für eine solche Reise.«

In Wirklichkeit brachte mein Vater *uns* um, denn er hatte an diesem Morgen noch etwas auf Lager. Bei wichtigen familiären Anlässen – Taufen, Firmungen, ersten Soloflügen – liebte er es, mit unserem ganzen Clan eine große Show abzuziehen. Ganz Amerika war damals mit dem Kennedy-Bazillus infiziert. Die Leute bekamen gar nicht genug von den großen Schwarzweißfotos der Kennedy-Familie in *Life* und *Look*. Die amerikanische Musterfamilie war jetzt ein Clan, der alles gemeinsam unternahm. Uns hätte dieser Bazillus mit oder ohne Kennedys erwischt, aber die Kennedys legitimierten unsere Auftritte. Mein Vater beschloß jedenfalls, unseren Abflug nach Kalifornien als ein offizielles Familie-Buck-Ereignis zu behandeln. Alle unsere Geschwister, so verkündete er beim Frühstück, würden mit zum Flugplatz hinausfahren, uns zum Abschied zuwinken und »moralischen Beistand« leisten.

Scheiße, dachte ich. Kern und ich wollten ihren moralischen Beistand nicht. Wahrscheinlich hatten sogar die Kennedy-Kinder all den moralischen Beistand inzwischen gründlich satt. Aber so etwas ließ sich mein Vater nicht ausreden, wenn ihm nach Chaos zumute war, und Kern und ich bemühten uns sehr, eine Auseinandersetzung zu vermeiden, damit er keinen Vorwand hatte, unseren Flug abzublasen.

Nach dem Frühstück fing mein Vater an, meinen älteren Schwestern durch das Treppenhaus zuzubrüllen, sie sollten ihre besten Kleider anziehen und meiner Mutter dabei helfen, die Kleineren für den Tag fertig zu machen. Alles, was wir vom oberen Treppenabsatz hören konnten, war Türenschlagen und die verschiedenen Radios, die meine Schwestern laut angestellt hatten.

Es war eine Katastrophe. Meinen Schwestern war die Angelegenheit piepegal, und sie ließen sich an einem Samstag morgen um halb neun – dem Beginn des langen Wochenendes zum 4. Juli noch dazu – nicht gern mit einem offiziellen Familie-Buck-Ereignis überfallen. Dempsey war das ganze Jahr auf dem College gewesen und hatte nicht mal gewußt, daß Kern und ich planten, von Küste zu Küste zu fliegen. Macky war deprimiert, weil Kern und ich sie nicht mitnahmen, und hatte keine Lust aufzustehen. Bridget verbrachte das Wochenende mit Reiten und verabscheute Flugzeuge, und sie hatte nicht vor, ihre Pläne zu ändern.

In der Tat scheint es unvorstellbar, daß mein Vater nicht sensibler für die ungeheure Kluft war, die sich wegen unserer Fliegerei schon in der Familie gebildet hatte. In den letzten fünf Jahren hatte er seine ganze Freizeit und praktisch alles Geld, das er erübrigen konnte, dem Fliegen, Kern und mir und unseren Flugzeugen gewidmet. Meine Schwestern empörten sich nicht offen darüber – sie waren Teenager und froh, wenn sie in Ruhe gelassen wurden –, aber sie fühlten sich ausgeschlossen, ignoriert. Nie erbot sich mein Vater, sein Geld für sie auszugeben. Eigentlich hatten sich Dempsey und Macky, sobald unsere Reise feststand, sehr unterstützend verhalten, und sie freuten sich aufrichtig für uns, doch sie wollten sich nicht zwingen lassen, zu dem »dreckigen, stinkigen alten Flugplatz«, wie Dempsey ihn nannte, mitzukommen, um uns die Kennedy-Show zu liefern. Sie mußten nicht schon wieder daran erinnert werden, wie bevorzugt die beiden ältesten Söhne in der Familie waren.

Dempsey war sowieso in besonders gereizter Stimmung. Ihr erstes Jahr im College, wo sie das Rauchen und Kaffeetrinken gelernt hatte und sich nicht mit den lärmenden Gören zu Hause abplagen mußte, hatte ihr wunderbar gefallen, und sie fand es elend deprimierend, wieder am Busen der Familie zu sein. Jetzt brüllte mein Vater die Treppe hoch, sie solle sich in Schale werfen und dem familiären Gemetzel am Flugplatz anschließen. Als er das dritte Mal nach ihr rief, stürmte sie hinaus ans Treppengeländer und schrie zurück: »Hey, Daddy! Flugplatz-Schlugplatz! Ich komme nicht mit!«

»Ach, los, Dempsey«, brüllte mein Vater. »Du willst doch die Jungs nicht enttäuschen.«

»Laß mich in Ruhe, Daddy«, schrie Dempsey zurück. »Die sind enttäuscht, wenn ich *mitkomme*.«

»Jetzt hör mal zu, junge Dame!«

»Daddy, komm mir nicht mit dem Jetzt-hör-mal-zu-junge-Dame-Quatsch. *Ich* fliege nicht nach Kalifornien. Kern und Rinky fliegen nach Kalifornien. Was soll ich da draußen? Ihnen die Gummibänder für ihren kleinen Motor aufwickeln?«

Mein Vater konnte nichts gegen meine Schwestern ausrichten, wenn meine Mutter ihm keine Rückendeckung gab, und sie wollte hiermit auch nichts zu tun haben. Offizielle Familie-Buck-Ereignisse waren eine harte Prüfung für sie, die stundenlange Vorbereitung erforderte, und dieses Ereignis war unangekündigt. Außerdem sah sie, daß Kern und ich unbedingt aufbrechen wollten und es uns Stunden kosten würde, wenn wir meine Schwestern mitschleppten.

»Schatz«, sagte meine Mutter zu meinem Vater, »laß die Mädchen in Ruhe. Sie mögen den Flugplatz nicht.«

Mein Vater hatte eine brillante Rückzugstaktik, indem er sich sofort zum Opfer machte. Wenn er meiner Mutter unterlag, zuckte er die Achseln und zog eine beleidigte Miene, die besagte: Keiner hat mich lieb, alle hassen mich, ich sollte am besten Würmer essen.

»Jungs«, seufzte er, »wir sind erledigt. Ihr reißt euch den ganzen Winter den Arsch damit auf, an dieser Maschine zu arbeiten, und eure eigene Familie will nicht mal beobachten, wie ihr sie fliegt. Da könnt ihr mal sehen, was Dankbarkeit ist.«

Mit niedergeschlagenen Gesichtern flehten Kern und ich ihn stumm an, uns zum Flugplatz zu bringen.

Irgendwie schafften wir es, an diesem Vormittag das Haus zu verlassen und in offizieller Familie-Buck-Formation abzufahren. Mein Vater setzte sich in seinem Oldsmobile mit den kleineren Jungen an die Spitze, meine Mutter folgte mit den jüngeren Mädchen in ihrem Volkswagen-Combi, und Kern und ich bildeten im Willys die Nachhut. An der Ampel oben im Dorf scherten Kern und ich links aus der Kolonne aus und nahmen die Nebenstraßen durch das Große Moor. Wir wollten auf keinen Fall mit diesen Leuten zusammen gesehen werden.

Draußen am Flugplatz war der Teufel los. Mein Vater hatte etliche Freunde eingeladen, uns beim Abflug zuzuschauen, und einige der Piloten von Basking Ridge hatten sogar ihre Frauen mitgebracht, um uns zu verabschieden, doch sie waren keine Fliegerinnen und hatten nicht den blassesten Schimmer von der Sache. Während Kern und ich versuchten, das Flugzeug startklar zu machen, wimmelte eine Menschenmenge um die Cub herum; manche knallten immer wieder mit dem Kopf an die Flügelstreben, nervten uns mit idiotischen Fragen und wechselten hinten auf dem Heck ihren Babies die Windeln. Alle staunten über die einfache Ausstattung von 71-Hotel. Sie steckten ihre Köpfe ins Cockpit, ruckelten ein paarmal am Steuerknüppel, starrten uns dann ungläubig an und fragten einen der anderen Piloten, ob dies wirklich die Maschine sei, mit der die Brüder Buck nach Kalifornien fliegen wollten, oder bloß ein Spielzeug. Überdies hatte mein Vater dafür gesorgt, daß der Getränkeautomat zur Verfügung stand, und meine kleinen Geschwister verschütteten mehrmals Limo und Cola über dem von Kern frisch aufgetragenen Lack.

Während Kern die Flugvorbereitungen traf und auftankte, verstaute ich unsere Sachen. Als einzige Möglichkeit, alles in dem Gepäckfach unterzubringen, blieb mir nur, so stellte ich fest, die Kopfkissenbezüge mit unserer Kleidung ganz unten hineinzuquetschen, die Tüte mit unseren Karten darüberzulegen und obenauf die Schlafsäcke. Trotzdem war nicht genug Platz. Die Schlafsäcke reichten bis über die Fenster hinauf und würden mir die Sicht nach hinten versperren, und wir hatten Angst, daß das Gepäck bei schweren Turbulenzen oben gegen die Verkleidung schlagen und sie beschädigen könnte. Also nahmen wir in letzter Minute alles wieder heraus und fingen an, uns mehrerer Dinge in den Kissenbezügen zu entledigen – doppelte Zahnpastatuben, Taschenbücher, Hosen und Turnschuhe. Ich reichte meiner Mutter die aussortierten Stücke in einem großen Haufen und stopfte den Rest wieder in das Gepäckfach. Alles, was wir jetzt noch anzuziehen hatten, waren mehr oder weniger die Collegeschuhe und die Levi's, die wir trugen.

Die Sektorenkarten, die wir am selben Tag noch brauchen würden, und meinen Block, in dem ich mir Flugnotizen machen wollte, klemmte ich in die Ledertasche hinter Kerns Vordersitz.

Der nicht existierende Wassersack sorgte für zusätzliches Generve. Mein Vater hatte allen davon erzählt, aber natürlich vergessen, sie zu informieren, als wir keinen hatten finden können. Immer wieder kamen Neugierige zum Flugzeug herüber, beugten sich zu den Rädern hinab, zwischen denen der Wassersack hatte stecken sollen, und blickten enttäuscht zu uns auf. Zu den ersten sieben oder acht Leuten, die danach fragten, war ich noch höflich – vielleicht waren es sogar ein Dutzend. Dann verlor ich die Geduld.

»Hey, Rinker, Kern!« brüllte mein kleiner Bruder Nicky. »Wo ist der Wassersack? Daddy hat gesagt, ihr könnt nicht ohne Wassersack fliegen.«

»Halt die Klappe, Nicky«, sagte ich. »Das geht dich gar nichts an.«

»Tut es doch! Daddy sagt, ihr müßt einen Wassersack mitnehmen.«

»Nicky, wir haben noch keinen. Aber ich sag dir was. Wenn ich wirklich einen Wassersack finde, schiebe ich ihn dir geradewegs in den Hintern. Und jetzt hau ab!«

Nicky rannte los, um meinem Vater zu berichten, daß ich gedroht hatte, ihm einen Wassersack in den Hintern zu schieben.

»Scheiß drauf, Kern«, sagte ich. »Laß uns fliegen.«

»Genau. Das ist ja hier wie bei einem Zugunglück. Wo ist Dad?«

Endlich kam mein Vater mit erzürntem Gesicht, als sei das alles unsere Schuld, zum Flugzeug herübergehüpft.

»Hey, Jungs, nun aber los! Ihr kommt nie nach Kalifornien, wenn ihr hier auf der Rampe hängenbleibt. Springt rein. Ich reiße den Propeller an.«

Kern schnallte sich im vorderen Sitz an, ich nahm den hinteren ein. Mit erhobener Hand und einem Knurren verscheuchte mein Vater die Kinder. Dann beugte er sich auf ein letztes Schwätzchen ins Cockpit.

»Also, Jungs«, sagte er. »Ich will euch jetzt keinen großen Vortrag halten. Bloß eines: Laßt euch Zeit. Sieben oder acht Stunden fliegen am Tag reicht völlig. Es interessiert keinen, wie lange ihr bis zur Küste braucht.«

Kern war ungeduldig.

»Kapiert, Dad.«

»Noch was«, sagte mein Vater. »Wir haben 'ne ganz nette Menschenmenge hier. Die sind alle gekommen, um euch abfliegen zu sehen. Wenn ihr in der Luft seid, dreht eine Platzrunde und kommt dann zur Piste zurück auf einen Vorbeiflug. Einen Vorbeiflug, habe ich gesagt, keinen Tiefflug. Das ist ein Unterschied. Fliegt nicht zu niedrig. Und dann wippt ein bißchen mit den Tragflächen für Mutter. Okay?«

Kern hörte gar nicht zu.

»Dad, ich glaube, ich kriege das Flugzeug schon von der Piste, okay? Die Zündung ist aus, und ich spritze den Motor ein.«

Ich sah es immer gern, wie mein Vater einen Propeller anriß. Er hatte so eine anmutige, kraftvolle Art, ihn zu schwingen, mit einer Sicherheit, aus der jahrelange Erfahrung sprach. Obwohl es mir peinlich war, umgeben von einer Zuschauermenge dazusitzen, genoß ich es, ihn beim Anwerfen der Propellerblätter zu beobachten.

»In Ordnung, Jungs«, rief mein Vater. »Macht uns stolz auf euch, und eine schöne Reise. Bremsen, Gas, Kontakt!«

»Kontakt!«

Die Zylinder reagierten auf den ersten Schwung meines Vaters, ließen den Auspuff, der eine aromatische Rauchwolke von sich gab, blubbern und husten. Wir winkten meiner Mutter zum Abschied, rollten ans Ende von Startbahn 28, brachten den Motor auf Touren und machten die Steuerung start-klar.

Sobald Kern losrollte und Vollgas gab, begeisterte mich die Cub. Trotz zweier Passagiere, Gepäcks und eines vollen Tanks brauchte 71-Hotel nur ungefähr hundert Fuß, um vom Boden abzuheben und sich in die Luft zu schwingen. Sofort trimmte Kern das Höhenruder, um die Nase weiter nach unten zu ziehen.

Er und Lee hatten das Flugzeug gut aufgerüstet. Als wir den Luftsack passierten, rüttelte ich am Knüppel, um Kern zu signalisieren, daß ich die Steuerung übernehmen wollte, und er rüttelte ebenfalls und übergab mir die Maschine. Ich drehte das Querruder leicht in beide Richtungen und trat vorsichtig in die Seitenruder. Die Steuerung war stabil und reaktions-schnell, ganz und gar nicht wie bei all den anderen alten Käh-nen, die wir geflogen hatten, wo man die Ruder betätigte und dann eine Sekunde oder zwei auf eine Reaktion warten mußte. Es gab keinen Zweifel. 71-Hotel war unsere bisher be-ste Instandsetzung.

Wir gingen im Gegenanflug auf Horizontalkurs, dann legte Kern die Cub in die Kurve und ließ sie wieder auf die Men-schenmenge zutauchen. Über das Dröhnen des Motors hin-weg schrie er: »Hey, Rink, hat er Vorbeiflug gesagt oder Tief-flug?«

»Tiefflug!«

Das war gelogen, aber in diesem Augenblick hatte ich ge-nug von meinem Vater. Wir waren hier oben, er war da unten, und in den nächsten paar Wochen würden bis zu 2400 Mei-len zwischen uns liegen. Scheiß auf ihn. Tiefflug, und damit basta.

Kern rasierte fast die Piste. Er tauchte aus 800 Fuß Höhe ab, schob den Gashebel bis zum Anschlag und jagte mit 120 Meilen pro Stunde an der Menge bei den Zapfsäulen vorbei. Als wir den Luftsack passierten, guckte ich zum Seitenfenster hinaus. Mein Vater hoppelte in seinem Holzbeingang wie ein Känguruh quer über die Rampe zum Rand der Startbahn.

Wir flogen an den Zapfsäulen vorüber, und Kern neigte die rechte Tragfläche, riß uns die Steuerknüppel in den Schoß, zog die Maschine hoch und rollte im Eddie-Mahler-Stil über die Menge hinweg. Alle Hälse unter uns waren nach oben gereckt. Wir flogen mit annäherndem Rückenwind, als Kern die Tragflächen wieder in die Horizontale brachte und 71-Hotel an ihren Propeller hängte.

Wir stiegen nahezu senkrecht über die Menge. Während wir 700 Fuß durchmaßen, öffnete ich das rechte Fenster, beugte mich in die Propellerbö und schaute über das Heck zurück auf meinen Vater. Als er mich sah, begann er, beide Arme über dem Kopf zu schwenken. Ich nahm den Steuerknüppel und wippte als Antwort mit den Tragflächen, trat wechselseitig in die Seitenruder, und mein Vater winkte wieder. Er winkte weiter, schwenkte die Arme über dem Kopf und wurde dabei kleiner und kleiner, während wir aufstiegen, und winkte immer noch, als wir hinter den Hügeln verschwanden.

Ich blickte mehrmals auf meinen winkenden Vater zurück und wippte für ihn noch ein paarmal mit den Tragflächen. Hinter und unter mir war er vom Heckteil des Flugzeugs gerahmt wie ein Bild. Ich entsinne mich, wie das Sonnenlicht das Gras um ihn herum intensiv grün färbte, und wie er in der Propellerbö, die mir das Haar ins Gesicht fegte und Tränen in die Augenwinkel trieb, immer wieder verschwamm oder doppelt zu sehen war. Ich war von einer ungeheuren Trauer um ihn erfüllt und zugleich von Glück, und auch später verstand ich nie, wieso gerade dieser Anblick von ihm mich so bewegte, oder warum er so oft in meinen Träumen wiederkehrte. Nach einer Weile akzeptierte ich ihn als Ausdruck der Zufriedenheit. Vielleicht würden wir es so nie sagen, doch die Wahrheit war, daß wir am glücklichsten waren, wenn wir einander in die Ferne entschwinden sahen.

Im Moment war keine Zeit, lange darüber nachzugrübeln. Während wir auf 3000 Fuß kletterten, konnte ich durch den Dunst eben unseren ersten Navigationspunkt ausmachen, den großen Stausee bei Clinton. Die Luft war bereits böig, ein schlechtes Zeichen so früh am Tag, denn die Turbulenzen würden mit dem weiteren Steigen der Sonne nur noch stärker werden. Kern stieg mehrere Male auf und ab, bis auf über 5000 Fuß und dann zurück auf 2500, weil er versuchte, eine Höhe zu finden, in der es weniger dunstig war. Aber es nützte nichts. Überall stießen wir auf dasselbe blendend weiße Licht, hatten dieselbe schlechte Sicht, und die in der Sonne bernsteingelb glühende Nase flammte durch die Windschutzscheibe.

Für einen Augenblick wollte ich in eine alte Gewohnheit verfallen, normalerweise meine erste Handlung als Navigator, wenn wir nach Westen flogen, und den Flugservice-Sender von Allentown in Pennsylvania anstellen, um Auskunft über das vor uns liegende Wetter einzuholen. Dann mußte ich über mich selbst lachen. Es gab keinen FSS Allentown für uns, und es würde den ganzen Weg über das Land hinweg keinen FSS für uns geben. In diesem Flugzeug hatten wir kein Radio.

Ich schnallte mich gegen die Turbulenzen fester an und blinzelte in das grelle Licht. Der alte Continental dröhnte, das Cockpit roch nach verbranntem Öl, und die durch das offene Fenster eindringende Propellerbö zerrte an meinem Hemd und meinen Haaren. Ich war froh, daß wir endlich gestartet waren. Im Sitz vor mir schaute Kern sich um, lächelte und hielt den Daumen hoch. Ich wußte, er würde sich mächtig anstrengen, um es mit dem Unwetter vor uns aufzunehmen, das mir angst machte. Wir waren jedoch noch etliche Stunden entfernt davon, und es hatte nicht viel Sinn, sich über etwas zu sorgen, das noch weit vor einem lag. Wir würden sowieso wie der Teufel fliegen müssen, um Indiana bis zum Anbruch der Nacht zu erreichen.

8

Sobald wir uns über dem Delaware River befanden, kaum fünfzig Meilen weg von zu Hause, erkannten wir, welche Schwierigkeiten uns erwarteten. Drohende, schwarze Amboßwolken, deren obere Ränder in der Sonne silbern leuchteten, türmten sich zu unserer Rechten auf und versperrten die geplante Route in nordwestliche Richtung. Im Süden fielen dunstige Regenschleier auf die grünen Felder. Dazwischen lag noch ein offener Flecken Himmel. Kern beugte sich tief über das Instrumentenbrett und spähte angestrengt durch die Windschutzscheibe. Seitenruder und Knüppel bearbeitend, steuerte er das Flugzeug nach Südwesten über das pittoreske Farmland von Bucks County in Pennsylvania.

Wir hatten nicht damit gerechnet, daß sich das Unwetter so schnell entwickeln würde. Das Flugwetterbüro in Teterboro hatte diese Bedingungen für einen späteren Zeitpunkt und wesentlich weiter westlich vorhergesagt. Aber Wetter ist Wetter, und offenkundig schoben sich die sich bekriegenden Luftmassen sich rascher ostwärts, als erwartet.

Ich beugte mich in meinem Sitz vor und schaute meinen Bruder an. Seine Mundwinkel waren zu einem grimmigen halben Lächeln hochgezogen. Ich war noch nie bei schlechtem Wetter mit ihm allein geflogen, wußte aber, was diese Miene bedeutete. Wir machten ein Wettrennen. Er war entschlossen, die vorrückenden Ausläufer des Unwetters zu überholen und die Front bis Pittsburgh hinter sich zu lassen.

Ich war überrascht von Kerns Entscheidung, bei solch frühen Anzeichen ungünstigen Wetters so schnell zu fliegen, und mußte meine aufkommende Panik bewußt verdrängen. Kern und ich kannten uns in der Luft immer noch nicht sehr gut. Sein unerschrockenes, selbstsicheres Verhalten in einem Flugzeug, das sich so sehr von seiner sonstigen eher schüchternen Art unterschied, war mir ein Rätsel. Ich verstand nicht, wo es herkam, oder wie sich ein Mensch durch sein Umfeld so drastisch verändern konnte. Kern hingegen hatte keine Ahnung, wie sehr ich mich vor Turbulenzen und schlechter Sicht fürchtete. Angst in der Luft duldete mein Vater nämlich einfach nicht, und so hatte ich im Laufe der Jahre eine Vielzahl körperlicher und psychischer Strategien entwickelt, um diese Schwäche zu verbergen – beim Trudeln die Augen zu schließen, Überlandflüge bei mäßigem Wetter in zehnminütige Segmente zu unterteilen, um sie erträglicher zu machen. Das war der Preis, den ich gezahlt hatte, um bei den Wochenendexkursionen im Flugzeug dabei zu sein, und nun würde ich bei Kern dasselbe tun müssen. Ich wollte ihn nicht schon zu Beginn unserer Reise enttäuschen und schwor mir, mich nicht zu beklagen oder meine Ängste zu offenbaren, egal, wie nervös mich diese Etappe über Pennsylvania machte.

Ich schnallte meinen Sitzgurt um ein Loch enger, steckte den Kopf hinaus in die Propellerbö, um frische Luft zu kriegen, schloß eine Weile die Augen und tat so, als wären wir nicht von zornig drohenden, gezackten Wolkenbänken und Regen umgeben, der in mehrere Richtungen fiel.

Hinter Quakertown wurde es stürmisch, und die Sichtverhältnisse änderten sich ständig. Manchmal senkten sich die Wolken auf beiden Seiten plötzlich, schoben sich an uns heran und zwangen uns in die Tiefe auf Getreidespeicher und Leitungsmasten zu, und dann lagen hinter den gazefeinen Ecken der Wolke wieder offener Himmel, der uns mit Regenbögen blendete, naß glitzernde Äcker und die schmucken, für Pennsylvania typischen weißgetünchten Gehöfte. Wir spielten »Wolkenjagen«, indem wir versuchten, unter und zwischen den Wolken durchzutauchen, und ich konnte kaum glauben, daß wir in der buchstäblich ersten Stunde unseres Fluges schon alle Regeln unserer Ausbildung verletzten.

Kern schaute aufmerksam von einer Seite zur anderen, während er die Maschine flog, und zeigte mir auf der Karte das magentarote Symbol für einen Flugplatz. Ich wußte, was er damit meinte. Er hatte vor, uns von Flugplatz zu Flugplatz zu steuern, falls uns das Wetter zum Landen zwingen sollte. Hinter Pottstown jedoch gab es eine ganze Weile keine Flugplätze mehr. Als die Turbulenzen stärker wurden, drehte sich der Kompaß wie wild, und das Flugzeug hüpfte auf und nieder wie ein Korken auf dem Wasser. Kern warf mir die Karte zu und schrie: »Rink, ich muß mich jetzt ganz aufs Fliegen konzentrieren! Bring mich nach Harrisburg.«

Harrisburg. Ich fixierte meinen Blick auf die Karte, entschlossen, Kern seinen Wunsch zu erfüllen. Ich war eigentlich ganz gut vorbereitet auf diese Aufgabe, was mir aber noch gar nicht so klar war. Im Sommer zuvor hatte mein Vater fast zwei Monate darauf verwendet, mir Unterricht im Überlandfliegen zu geben. Ich war in dem Jahr erst vierzehn und hatte noch nicht oft in Flugzeugen gesessen, die mit modernen Funkgeräten und Instrumenten ausgestattet waren. Mein Vater merkte bald, daß ich mich nur bei der konventionellen Bodennavigation wohl fühlte, bei der mit Bezugnahme auf einzelne Geländepunkte geflogen wurde. Aber das machte einem alten Vagabunden der Lüfte wie ihm nichts aus, eigentlich gefiel es ihm sogar besser. Jeder konnte sich in einer teuren Bonanza aufspielen, die mit den neuesten Funk-Navigationshilfen vollgestopft war. Aber was, wenn der Empfänger kaputtging oder die Elektrik ausfiel? Es gab zu viele Piloten, die mit bloßer Bodennavigation nicht fliegen konnten. Also hatte ich mehrere Samstage und Sonntage hintereinander gelernt, anhand von auf Sektorenkarten verzeichneten Flüssen, Straßen und Steinbrüchen zu navigieren, einen Kurs vom Kompaß abzulesen und entsprechend der Abdrift zu korrigieren, wenn Geländepunkte fehlten. Kartenlesen und Navigieren auf die altmodische Art waren das Geschenk meines

Vaters an mich, ein sehr schlichtes Geschenk. Aber es war alles, was Kern und ich in 71-Hotel benötigten. Schlichtheit war der einzige Vorzug, den wir hatten.

Nach unserem ursprünglichen Plan hätten wir am nördlichen Rand der Allegheny Mountains, wo die Gipfel niedriger sind und es weniger Turbulenzen geben würde, entlangfliegen und den sanft geschwungenen Tälern des zentralen Pennsylvania bis nach Youngstown in Ohio folgen müssen. Aber dieser Kurs war uns jetzt durch Wolken versperrt, und die Unwetterfront hatte einen schmalen, unregelmäßig geformten Tunnel gebildet, der uns zwang, nach Süden über Harrisburg und das untere Susquehanna-Tal auszuweichen. Das bedeutete, daß wir in turbulenter Luft geradewegs auf die Alleghenies würden zufliegen müssen, doch darüber konnten wir uns Sorgen machen, wenn es soweit war.

Auf der Karte fand ich eine Bahnlinie direkt südlich von Pottstown, die sich durch Reading und Hershey nach Westen zum Susquehanna schlängelte. Falls Wolken unsere Route blockierten, gab es noch mehrere sie kreuzende Stromleitungen, an die wir uns halten konnten. Am Knüppel rüttelnd, um Kern ein Signal zu geben, steuerte ich die Gleise an und zeigte sie ihm auf der Karte. Ich öffnete das Seitenfenster und hielt meinen Kopf hinaus in die Propellerbö, um nach Geländepunkten zu suchen. Die Wolkendecke senkte sich wieder, und auf der vor uns liegenden Strecke gab es nicht viele Flugplätze. Ich konnte mir nicht den Luxus erlauben zu raten, wo wir uns befanden, deshalb fixierte ich meinen Blick wie ein Kobold auf den Boden und dann wieder auf die Karte.

So flogen wir die erste Etappe wie zwei alte Postflieger. Während Kern vom Führersitz aus das Flugzeug lenkte und uns horizontal und auf Geradeauskurs hielt, hing ich hinten über der Bordwand, dem Regen und der Propellerbö ausgesetzt, und konzentrierte mich auf das Terrain. Wir paßten uns beide mühelos dieser Flugweise an und tauschten kaum ein

Wort darüber aus. Wenn die Cub von der Bahnlinie abkam, schaute ich nach vorn, um sie wiederzufinden und trat dann ins Ruder, um uns hinzusteuern, während Kern die Maschine mit dem Knüppel in stabiler Lage hielt. Wenn es turbulenter wurde, flogen wir so jeweils drei oder vier Minuten, indem wir uns die Steuerung teilten und durch sie miteinander kommunizierten. Das war ungeheuer wohltuend für mich, denn ich hatte festgestellt, daß meine Angst vor Turbulenzen sich legte, wenn ich das Flugzeug selbst unter Kontrolle hatte. Gelegentlich fegte der Wind, der durch die Fenster hereinwehte, mir die Karte vom Schoß, und es war schwierig, sie festzuhalten, weil sie vom Schweiß meiner Hände ganz schlüpfrig war. Trotzdem konnte ich dieses Abenteuer mittlerweile fast genießen, wie ich da so über der Bordwand hing und uns, stetig nach vorn spähend, an der Bahnlinie entlangsteuerte.

Während wir über die Äcker von Pennsylvania hoppelten, hatten wir manchmal eine Sichtweite von gut sieben oder acht, manchmal aber auch nur von einer oder zwei Meilen. Doch der Continental dröhnte, die Bodenbleche vibrierten, und das Cockpit war erfüllt von dem beruhigenden Äther verbrannten Öls. Ich mochte die donnernde Enge der zweisitzigen Cub, in der ich mit meinem Bruder durch dieses schwarze Fegefeuer flog. Genau hier, auf der ersten Etappe unserer Reise, entdeckte ich etwas Wichtiges. Kerns Entschlossenheit und Selbstsicherheit waren ansteckend. Ich mußte nur nach vorn in sein Gesicht schauen. Er grinste, hatte Spaß an diesem Wettrennen mit dem Unwetter. Er handhabe die Steuerung gekonnt, betätigte den Knüppel sanft mit nur zwei Fingern, und seine linke Hand lag entspannt auf dem Gashebel, nicht verkrampft wie bei den meisten Piloten in turbulenter Luft. Hier oben fühlte ich mich ihm sehr verbunden und wollte nichts weiter, als ihn zufriedenzustellen. Kern war als Pilot übernatürlich begabt und so erpicht darauf, diese Wolken zu überlisten, daß ich seine Geschicklichkeit fast körperlich spüren konnte, und es hätte mich am Boden zerstört, ihn enttäuschen zu müssen.

Und so folgten wir unter zunehmend unfreundlichem Himmel den Bahnschienen nach Hershey, überquerten den Susquehanna südlich von Harrisburg und flogen weiter auf die kurze Graspiste von Carlisle, Pennsylvania, zu. Es war der letzte Flugplatz, wo wir auftanken konnten, bevor wir die Alleghenies erreichten. Immer wieder schloß sich die Wetterfront hinter uns. Als wir zum Beispiel eine Reihe von Farmen oder die großen Hochöfen von Bethlehem Steel am Susquehanna überflogen hatten, sah ich, wenn ich ein paar Minuten später zurückblickte, daß es dort, wo wir eben gewesen waren, jetzt regnete.

Aber bisher hatten wir das Unwetter knapp geschlagen. Als wir in die Kontrollzone des Flugplatzes von Carlisle einkurvten, rückten von allen Seiten her Wolken auf uns zu und verwirbelten und verengten das offene Stück Himmel vor uns wie zu einem Wassertrichter, der in einen Wannenabfluß gesogen wird. Um den Wolken auszuweichen, tauchte Kern mit der Cub in einen Sturzflug ab, schnitt den Rand der Kontrollzone und steuerte dann rasch dagegen, wodurch wir in einen steilen, rüttelnden Seitwärts-Slip verfielen, um es bis zur Piste zu schaffen. Als wir auf der schwammigen Grasbahn ausrollten, fing ein leichter Regen an, auf Windschutzscheibe und Tragflächen zu prasseln.

Wir nannten sie »Opas«, Flugplatzopas. Jeder kleine Flugplatz in Amerika hatte und hat einen oder zwei davon. Es sind die Altgedienten in den Dickie-Hosen, dem dazu passenden Dickie-Hemd und dem breiten Ledergürtel, die auf der Bank neben der Zapfsäule sitzen. Sie sind vielleicht siebzig oder fünfundsiebzig und fliegen nicht mehr oft, aber Opas sind nicht neidisch auf die jüngeren Piloten, nur besorgt um sie. Opas schütten eine Menge Öl in erhitzte Motoren und wissen, wie man Insekten von der Windschutzscheibe entfernt, ohne Reinigungsmittel dafür zu verschwenden. Flugschüler auf ihren ersten Überland-Soloflügen lernen diese Opas recht gut kennen. Es ist der Opa, der ihnen mitteilt, daß sie gerade auf dem falschen Flugplatz gelandet sind, der eine Weile mit ihnen darüber redet, wie leicht so ein Irrtum passieren kann – all diese kleinen Flugplätze sehen sich aus der Luft ja so ähnlich –, und den jungen Piloten zur richtigen Piste lotst. Dann nimmt der Opa das Logbuch des Schülers, trägt den Flug ein und setzt seine Unterschrift darunter. Ihm zufolge ist der Junge auf der richtigen Piste gelandet.

Der Flugplatzopa in Carlisle war ein schmerbäuchiger Kerl namens Wilbur – mehr als den Vornamen erfährt man nie – mit Hängebacken. Als er uns mit der Cub anrollen sah, zog er einen Regenmantel über, setzte sich eine Baseballkappe auf und kam auf uns zugelaufen. Neben den Zapfsäulen war ein leerer Hangar. Wir stellten den Motor ab, und Wilbur half uns, 71-Hotel aus dem Regen zu schieben.

Er war überrascht, daß wir bei diesem Wetter flogen, noch dazu in einer Cub ohne Funk. Aber Opas werden Opas, weil sie selbst eine Menge Fehler überlebt haben, und sie sind auch im Alter nicht dogmatisch. Während wir in der Halle standen, verfiel Wilbur jedoch langsam und in sanftem Ton in einen Standardvortrag über die Gefahren der »Fliegeritis«, als es plötzlich zu regnen aufhörte und der Himmel um Carlisle sich aufklärte. Er fragte uns nach unserem Reiseziel. Kern und ich waren noch nicht bereit, einem Fremden anzuvertrauen, daß wir in einer Piper Cub ganz bis nach Kalifornien wollten, also sagten wir statt dessen Pittsburgh.

Der Flugplatzverwalter kam anspaziert und meinte, er wolle mal eben los, einen Hamburger essen. Ich hatte plötzlich großen Hunger und fuhr mit ihm. Kern und Wilbur gingen in die Fliegerklause, um das FAA-Flugwetterbüro in Allentown anzurufen.

Als ich zurückkam, waren beide über einen Tisch gebeugt und studierten die Sektorenkarte von Detroit. Die Wetterlage war immer noch kompliziert und ungünstig für uns. Die Front, die uns Sorgen machte, sollte erst nachmittags um halb vier oder vier Pittsburgh erreichen, und wir würden wahrscheinlich schneller sein als sie. Aber davor, direkt entlang unserer Strecke, sollte es den Berichten zufolge mäßige bis starke Turbulenzen und vereinzelte Schauer geben. Wir waren gerade durch die Vorausläufer dieses Tiefs geflogen. Es klärte sich jetzt um Carlisle herum auf, doch das hieß nicht viel. Die Berge waren nur wenige Kilometer entfernt, und hinter ihnen würden wir jede Menge Stratokumulusknaller vorfinden.

Wilbur merkte sehr wohl, woran er mit uns war. Er sah, daß Kern entschlossen war, nach Pittsburgh zu gelangen, ich dagegen zögerlicher war, vielleicht sogar Angst hatte. Ein guter Flugplatzopa sagte einem Piloten auf der Durchreise nie, was er tun soll, vor allem keinem jungen, denn der würde ganz sicher gerade das Gegenteil davon tun. Der Opa weiß das im voraus und macht ihm statt dessen ein Hilfsangebot. Wilbur schlug vor, wir sollten starten, fünfzehn Minuten nach Westen fliegen und gucken, was Sache war. Mit fester Stimme forderte er Kern auf, umzukehren, falls die Sicht zu schlecht, die Luft zu böig sei. Carlisle laufe schließlich nicht weg.

Angesichts der Wetterbedingungen – viele tiefhängende Wolken und schlechte Sicht – war es unrealistisch, nach Kompaß zu fliegen. Wilbur meinte, wir sollten uns an die Pennsylvania Turnpike halten, eine Autobahn, die gleich neben dem Flugplatz verlief. Das sei zwar nicht die kürzeste Route übers Gebirge, aber wenigstens könnten wir uns so nicht verirren. Die luvwärtigen Turbulenzen auf der Westseite der Gipfel dürften ziemlich schlimm werden. Hinter Shippensburg fingen die Straßentunnel durch die Berge an, und wir würden die Autobahn zeitweilig aus den Augen verlieren, sollten uns dann aber irgendeinen Geländepunkt oder eine Felsformation oben auf dem Gebirgskamm suchen, sie anfliegen und uns auf der anderen Seite wieder an die Turnpike halten.

Wilbur riet uns, hinter Latrobe in südwestlicher Richtung zu fliegen. Bei diesem Wetter und der Luftverschmutzung durch die Stahlwerke in und um Pittsburgh würden wir sowieso nichts sehen können. Gleich hinter dem Ort Mount Pleasant ging die Route 70 von der Turnpike ab. Wilbur empfahl uns, den Smog und dichten Luftverkehr um Pittsburgh zu meiden und der Route 70 bis zum Flugplatz von Washington, Pennsylvania, zu folgen.

Als wir aus der Klause traten, war es draußen strahlend hell und klar. Die gemähte Graspiste leuchtete wäßriggrün. Der Flugplatz lag auf einem hohen, breiten Plateau, das eine atemberaubende Sicht auf Cumberland County bot. Aber es war eine trügerische, mörderische Schönheit. Während ich meinen zweiten Hamburger verputzte, fühlte ich mich wie ein zum Tode Verurteilter bei seiner Henkersmahlzeit. Es würde ein Höllenflug über die Berge werden.

Wilbur half uns beim Auftanken der Cub, checkte das Öl und riß den Propeller an. Er tat so, als erwartete er, uns in zwanzig Minuten wieder in Carlisle zu sehen, und bot uns sogar für die Nacht ein Zimmer in seinem Haus an. »Die Missis« würde uns ein richtig gutes Abendessen machen. Als wir über den Zapfsäulen aufgestiegen waren, wippte Kern mit den Tragflächen, und Wilbur winkte.

Es war der teuflischste Korridor aus Turbulenzen, den ich je erlebt habe. In den nächsten anderthalb Stunden verabscheute ich meinen Bruder. Ich haßte ihn dafür, daß er uns so angestrengt über die Berge katapultierte, haßte meinen Vater dafür, daß er uns diese Reise hatte antreten lassen, haßte jene Gemeinschaft harter, zynischer Piloten, in die wir hineingeboren waren und die mich jetzt mehr oder weniger dazu verpflichtete, mir meine Mannesehre zu verdienen, indem ich bewies, daß ich diese Zumutung aushielt. Nach einer Stunde schmerzten meine Knie und Schienbeine, auf die Turbulenzen und der gegen die Kabinenwände rüttelnde Steuerknüppel einhämmerten, als hätte ich kein Fleisch mehr auf den Knochen.

Rums, rums, rums, rums, schleppten wir uns über die unseligen Waschbrettgipfel der Alleghenies. Kern spähte durch die Windschutzscheibe, das Kinn knapp über dem Instrumentenbrett, und blickte sich dann um, lächelnd, mich tatsächlich anlächelnd, während unsere Hintern und Mägen von den Auf- und Abwinden durchgewalkt wurden. Es war zum Verrücktwerden, wie er mich immer wieder auf diese harmlos-naive Weise angrinste. Damit wollte er sich bei mir dafür entschuldigen, daß ich all diese Turbulenzen aussitzen mußte, und mir zugleich bedeuten, daß es nichts gab, wovor ich mich zu ängstigen brauchte. Es sollte wohl als eine Art dreiundzwanzigster Psalm wirken. Wahrhaftig, obgleich wir den Schatten des Todes durchflogen, sollte dieses trügerische Lächeln auf dem Gesicht meines Bruders mich trösten.

Er war ein zu guter Pilot, um jedesmal, wenn wir in eine Turbulenz gerieten, die abgekippte Tragfläche aufzurichten. Drei Sekunden später erwischte uns sowieso die Rückseite der Bö und ließ uns auf die andere Seite kippen. Ich hatte nichts zu tun, keine Aufgabe zu erledigen, nichts, um mich abzulenken, denn alles, was wir taten, war, der Pennsylvania Turnpike zu folgen. Wir konnten nicht höher steigen, um uns von den schlimmsten Bodeneffekten fernzuhalten, weil eine Wolkendecke angefangen hatte, sich zu senken. Wir konnten auch nicht durch die Täler fliegen, um den Gebirgswellen nahe der Gipfel weniger ausgesetzt zu sein, denn dann hätten wir den Kontakt zur Turnpike verloren. Wie die Dinge lagen, holperten wir in nur ein paar Hundert Fuß Entfernung über die Spitzen der Gebirgskämme, und jeder dieser verdammten Kämme verpaßte uns einen ungestümen Schlag.

Turnpike, Tunnel, Turnpike, Tunnel, rums-bums-rums. Die Alleghenies sind ein rauhes, eintöniges Terrain, und es gab keine einzige Farm oder Ortschaft, die ihre Monotonie unterbrochen hätte. Die Berge waren steinig und öde, grau und schwarz trafen sie sich an engen Horizonten, oben mit endlosen Streifen aus Hartholzpflanzen und dürren Kiefern bewachsen. Vielleicht sieben oder acht Sekunden vergingen zwischen den einzelnen Stößen der Turbulenzen, und es waren sehr schwere Turbulenzen, so daß der Gashebel rüttelte und Kern gezwungen war, ihn ständig zu justieren. Ich zitterte am ganzen Körper; die kalten Windschwälle, die durch die Fenster drangen, ließen meine verschwitzten Hände und meine Brust erschauern. Aber Kern wollte kein Gas wegnehmen und die Maschine verlangsamen, um uns den Flug ein wenig zu erleichtern. Er war entschlossen, es bis zum Flugplatz von Washington County zu schaffen und aufzutanken, bevor das Unwetter dort war. Indiana. Wenn dies der Preis war, den ich bezahlen mußte, um dorthin zu gelangen, war er mir zu hoch. Es war die schlimmste Etappe meines Lebens.

Hinter dem Ort Ligonier lichteten sich die Berge, und die Turbulenzen wurden schwächer. Doch das Unwetter schien uns unser Fortkommen übers Gebirge zu verübeln und entsandte neue Artillerie. Überall tauchten häßliche, fauchende schwarze Wolken auf, und wir flogen wie in einem Labyrinth, in dem wir uns zu den noch vorhandenen weißen Flecken Himmels vortasteten. Der Gegenwind war noch stärker als zuvor, in gewisser Weise ein gutes Zeichen. Wir näherten uns dem Zentrum des Unwetters, das offenkundig ziemlich heftig dahinfegte und nicht zum Stillstand kommen würde. Dahinter würden dann über Ohio und Indiana klarer Himmel und schönes Wetter kommen.

Aber wie sollten wir fliegen? Wir konnten nicht bei Latrobe nach Südwesten abdrehen, wie Wilbur uns geraten hatte, da Regen auf die Stadt peitschte. Als wir uns statt dessen nach

Norden wandten, verloren wir die Pike für eine Weile aus den Augen und fanden sie später wieder. Allerdings hatten wir die Abzweigung zur Route 70 verpaßt. Jetzt waren wir schon fast bei Pittsburgh. Bei diesem Wetter gab es weder von den Vorschriften noch von den Sicherheitsaspekten her eine Möglichkeit, die Stadt in westlicher Richtung zu überfliegen. Unser Flugziel in Washington lag immer noch fünfzig Meilen südwestlich von uns hinter einer massiven Mauer aus grauen und schwarzen Wolken.

Da kamen mir glücklicherweise meine Erinnerung und die Karte zur Hilfe.

Die Anekdoten meines Vaters. Ich hatte das Alter erreicht, in dem ich des sagenhaften Geredes meines Vaters überdrüssig war. Er war ein Aufschneider von olympischem Rang, und jeder liebte ihn dafür, nur ich nicht. Schon als ich zehn gewesen war, hatte ich alle seine Geschichten auswendig gekannt, und wenn sie dann immer noch zum vierten oder fünften Mal wiederholt wurden, trieben sie mich in den Wahnsinn. Mir war jedoch nie in den Sinn gekommen, daß diese Anekdoten sich eines Tages als nützlich für mich erweisen könnten, daß sie eigentlich eine Belehrung waren, ein Kurs in Geographie und über Fluchtwege in der Luft, ein weiteres kryptisches Geschenk meines Vaters an mich.

In diesem Moment fielen sie mir ein, denn jetzt saßen wir über Pittsburgh in der Klemme. Mein Vater hatte stets liebevoll von dieser Stadt an der Westgrenze von Pennsylvania gesprochen, die ihm gefiel, grobschlächtig und laut, voll muskulöser, immer zum Spaß aufgelegter Stahlarbeiter und verrückter Millionäre. Gegen Ende des Zweiten Weltkriegs, vor seinem großen Absturz, hatte mein Vater einen Freund gehabt, der vom North Philadelphia Airport aus in zweimotorigen Lockheeds Militärfracht beförderte. Mein Vater hatte damals für *Life* gearbeitet, war aber an den Wochenenden gern in der Lockheed als Copilot mitgeflogen, um gratis ein paar

Flugstunden zu schinden. In Pittsburgh waren sie oft auf dem alten Flugplatz von Allegheny County am Westufer des Monongahela River gelandet und hatten sich abends gern in den Kneipen am Hafen vollaufen lassen. Pittsburgh war bei Piloten immer schon wegen seines erbärmlichen Wetters berüchtigt gewesen. Die Wetterfronten, die von den Großen Seen her einbrachen, vereinigten sich nahe dem Zusammenfluß von Ohio und Monongahela mit dem Rauch der riesigen Werke von U.S. Steel und erstickten das gesamte Gebiet bis West Virginia mit einer dichten Smogdecke.

»Pittsburgh«, hatte mein Vater immer zu uns gesagt. »Wißt ihr, wie sie das nennen? ›Hölle mit abgeschraubtem Deckel.‹ Es ist grauenhaft da, aber wir sind jedesmal durchgekommen. Wir haben uns nämlich außerhalb gehalten, über den Flüssen, also zwischen den Stahlwerken, und die dann von Schornstein zu Schornstein angeflogen.«

Von Schornstein zu Schornstein. Vor uns blitzte im Dunst rosarot das Leuchtfeuer eines hohen Hindernisses auf. Ich starrte auf die Karte. Im Moment wußten wir zwar nicht so recht, wo wir waren, doch ich hakte schnell alle Möglichkeiten ab und eliminierte im Geiste andere nahegelegene Hindernisse, indem ich meinen Kopf aus dem Fenster steckte und blinzelnd die offenkundigen Geländepunkte wie Eisenbahnknoten und Straßen taxierte. Der Turm vor uns war das erste hohe Gebäude östlich des Monongahela und mußte daher der große Hochofen von U.S. Steel in Braddock sein, der auf der Sektorenkarte deutlich als »Schornstein« mit blinkendem rotem Warnlicht markiert war.

Ich wollte ganz sicher sein – wir konnten uns jetzt keinen Navigationsfehler leisten, denn die Wetterfront hinter uns war bereits geschlossen. Ich gestattete mir zusätzliche fünfzehn Sekunden, in denen ich nach weiteren Leuchtfeuern Ausschau hielt, und überprüfte dann den Standort des Schornsteins auf dem Hintergrund der Stadt unter mir. Ich war so sicher, wie ich nur sein konnte. Dieser Schornstein gehörte zu Braddock.

»Kern!«

»Ja.«

»Ich will das Flugzeug über dem Schornstein da vorn haben.«

»Gebongt. Weißt du auch genau, was du tust, Rink?«

»Ich weiß, was ich tue.«

Wupps! Fahrstuhl nach oben! Aus dem Schornstein kam ein ziemlich starker Aufwind geschossen. Wir hatten beide nicht daran gedacht, daß die Abgase eines Hochofens, die durch einen Schornstein von U.S. Steel austraten, so ungefähr die stärkste Warmluftströmung war, die man finden konnte. Wir jagten mit einem Satz auf die Wolken zu, und der Höhenmesser drehte sich wie ein Sekundenzeiger.

Während der Geruch von Schwefel und geschmolzenem Stahl durch das Cockpit waberte, nahm Kern das Gas weg, neigte die linke Tragfläche, steuerte dagegen, ging in einen Seitwärts-Slip, um Höhe zu verlieren, und richtete die Nase nach unten. Es war erschreckend und gespenstisch schön, dieser Seitengleitflug in 45-Grad-Schräglage in den Ausdünstungen eines Stahlwerks.

Aber ich frohlockte, und die Brust schwoll mir vor Stolz, als wir durch die Abgase des Hochofens glitten. Dort, auf dem riesigen Dach des Werks, konnte ich in weißer Blockschrift BRADDOCK lesen.

Von Schornstein zu Schornstein, so steuerten wir. Hinter Braddock überquerten wir den Monongahela in Richtung Duquesne, von Duquesne ging es nach McKeesport, von McKeesport nach Clairton, und dann flogen wir über die prachtvolle, gigantische Krümmung des mächtigen Mon und südwärts auf Monessen zu.

Sie war herrlich, diese Strecke über dem amerikanischen Ruhrgebiet. Hin und wieder öffnete sich der Himmel und die

Sonne kam durch, glitzerte auf dem Fluß und den Keramikfliesen der Schornsteine. Unter uns breitete sich eine geschäftige Industrielandschaft aus. Die Stahlwerke zu beiden Seiten des Stroms spien Rauch aus, die Eisenbahnschienen waren voller Waggons, und Lastkähne glitten unter malerischen Stahlbrücken hindurch, die im Dunst sanft schimmerten. Die Gebäude und Fabriken an den Ufern waren aus Ziegelstein und hartem Granit. Oben auf den Gebirgskämmen schmiegte sich Reihe um Reihe weißer Holzhäuser an die Hänge, deren terrassierte Gärten in alle Richtungen verliefen. Und dann die Kirchen. Es gab so viele Kirchen im Mon-Tal. Jede an den Fluß grenzende Ortschaft – McKeesport und Duquesne, Clairton, Dravosburg, Donora und Charleroi – wies in der Mitte eine deutliche Ansammlung von Kathedralen und Backsteinkirchen auf, makellos gepflegt und von weiten, grünen Rasenflächen umgeben. Glänzende Zwiebelkuppeln und kyrillische Kreuze griffen von den Türmen herauf nach uns in unserem Flugzeug, Juwelen in dem Halsband, das der breite Strom des Flusses formte.

Ich war mir unserer Position inzwischen ganz sicher und hätte diese industriellen Geländepunkte ewig weiter ansteuern können. Nach der trostlosen, turbulenten Ödnis der Berge war es eine Freude, das Mon-Tal zu überfliegen. Jetzt näherten wir uns der letzten Krümmung des Flusses, danach würde unser erster vollständig überquerter Staat – Pennsylvania – hinter uns liegen. Mein Herz hatte immer schon Pennsylvania gehört, denn dorther stammte die Familie meines Vaters, und die Geschichten darüber liebte ich am meisten. Nun hatten Kern und ich ihn ganz überflogen und seinen magischen westlichen Rand erreicht.

Aber es blieb nicht viel Zeit, die Schönheit der Gegend zu bewundern, nachdem wir bei Monessen auf die Route 70 gestoßen waren. Das von Ohio her wütende Unwetter wollte uns immer noch kleinkriegen. Das Gebiet westlich des Mon-

Tals ist bewaldet und einsam, und wir flogen fünfzehn Minuten durch gräßliche Turbulenzen und strömenden Regen. Endlich konnten wir die Hangare des Flugplatzes von Washington County ausmachen. Der Himmel über ihnen verwirbelte zu einem Drachenschwanz aus drohenden grauen und schwarzen Wolken. Als wir auf die Piste zujagten, verwandelte sich vor uns alles in eine undurchdringliche schwarze Wand. Wir konnten das Unwetter nicht mehr überholen. Wir waren darauf getroffen.

Kern hielt die Cub hoch, um etwaige Hindernisse unter uns zu meiden und stieß durch ein paar gelbliche, höckerige Wolken weiter vor. Die Landebahn vor uns verschwamm im Regen. Als ich die Seitentür öffnete, um nachzuschauen, wo wir waren, bespritzte die Wirbelschleppe des Propellers mir Gesicht und Schultern mit Regen. Ich sah aber, daß wir uns über dem Highway befanden und zog mich wieder ins Cockpit zurück, um die Karte zu studieren. Die Piste verlief in einem leichten Winkel zum Highway in ost-westlicher Richtung.

»Kern! Flieg jetzt 270 Grad! Setz zum Landeanflug an.«

»Rink, woher kommt der Wind? Wir kennen die Windrichtung nicht.«

»Scheiß auf den Wind, Kern! Wir haben jede Menge Platz. Das ist eine 5000 Fuß lange asphaltierte Piste.«

Der Wind war sowieso nicht konsistent. Als ich direkt unter mich auf die Zweige der Bäume blickte, merkte ich, daß er mit schweren Böen über das Gelände fegte und uns von links und rechts mit einem 25-Grad-Seitenwind konfrontierte. Aber das war das Großartige an Kern – ich wußte, er brachte die Maschine im Seitwärts-Slip oder mit Vorhaltewinkel durch alles hindurch, einen Orkan, wenn es sein mußte. Wir schwankten die ganze Zeit wie eine Wetterfahne, als wir zur Landung ansetzten, doch Kern behielt meine 270 Grad ziemlich genau bei.

Schließlich konnten wir durch die Regen- und Wolkenwirbel vor uns die weiße Mittellinie der Piste erkennen. Kern drosselte den Motor und slippte abrupt, um auf dem Asphalt aufzusetzen.

Wir waren schnell und wurden aus allen möglichen Richtungen von Böen angeschoben, die sich nicht entscheiden konnten, ob sie nun Seiten- oder Rückenwinde waren. Die Cub hatte eine lange Landestrecke und schlitterte wie verrückt über den nassen Teer. Wenn Kern dachte, die Flügel hätten keine Strömung mehr, schleuderte uns jedesmal eine Bö wieder in die Höhe, und er mußte erneut slippen und überziehen. Die Räder flatterten über die Wasserfläche auf der Piste, und wegen des Aquaplaning wagte Kern nicht, die Bremsen zu betätigen. Endlich aber standen wir, die Räder in Pfützen, doch stabil, und das Heck blieb unten.

Während Kern auf eine Rollbahn abbog, langte er nach hinten und drückte mein Knie, was ich nie vergaß, weil das Knie sehr empfindlich gegen Berührungen war, nachdem es in den Turbulenzen ständig gegen die Kabinenwand geknallt war.

»Meine Güte, Rink. Große Klasse. Das war Spitze – der ganze Tag.«

Ich war glücklich über dieses Kompliment von meinem Bruder und erleichtert, am Boden zu sein. Jetzt konnten uns die rasenden Wolken nichts mehr anhaben. Das Unwetter war genau über dem Flugplatz, und wir mußten nur ein, zwei Stunden abwarten, bis es den Himmel vor uns leergefegt hatte, dann würden wir 71-Hotel die Sporen geben, um am Abend in Indiana zu sein.

Ich freute mich jedoch nicht nur, weil wir das Unwetter besiegt hatten. Inzwischen war ich begeistert von dieser Reise, von meinem Bruder und mir selbst. Alles, was in uns steckte, hatte zu diesem Moment geführt. Kerns Mut und Geschicklichkeit im Umgang mit dem Flugzeug waren herausragend gewesen. Ich hatte in mich hineingehorcht und eine Verwendung für Fliegeranekdoten entdeckt. Das Navigieren zu beherrschen und Spaß daran zu haben, erschien mir nun als ein Gottesgeschenk. Und ich mußte einräumen, daß sogar der Hauruck-Flugstil meines Vaters und meine lange Übung darin, beim Fliegen Angst zu haben, mir über die Alleghenies hinweggeholfen hatten. Diese Kräfte waren miteinander verschmolzen und hatten uns durch das Unwetter gebracht. Von Fluß zu Fluß hatten wir beim schlechtesten Wetter, das man sich vorstellen konnte, Pennsylvania überflogen, und ich vertraute darauf, daß der Rest des Landes nichts Schlimmeres mehr für uns bereithalten konnte.

Die Tragflächen hallten wie Kesselpauken, als wir auf den Platz rollten. Der Regen fiel mittlerweile wolkenbruchartig. Wasser sickerte durch die Abdichtung der Windschutzscheibe, sammelte sich in Perlen an der Decke und tropfte uns auf die Köpfe. Durchweicht, unsere Collegeschuhe und Socken bis zu den Knöcheln durchnäßt, verankerten wir die Cub und rannten im Regen über den Asphalt auf die Pilotenklause zu. Wir lachten und waren gehobener Stimmung, als wir durch die Tür stürzten.

Ich war erschöpft. Nachdem ich mich in der Klause auf die Couch geworfen hatte, schlief ich zwei Stunden tief und fest. Kern weckte mich, als die Wetterfront vorbeigezogen war. Als ich aufstand und sah, daß es draußen schön war, fühlte ich mich erfrischt und voller Erwartung. Das hatten wir uns verdient – einen weiten, offenen Himmel über Ohio und bis nach Indiana. Der Schlummer hatte mir einen klaren Kopf beschert. Schon jetzt lag der längste Überlandflug unseres Lebens hinter uns, und die verhaßte Überquerung der Alleghenys schien ein Jahr her zu sein.

Ich weiß nicht mehr, was ich auf jener Couch träumte, und ich erinnere mich nicht, groß darüber nachgedacht zu haben, aber weder auf dieser Reise noch später in meinem Leben hatte ich je wieder Angst davor, mit meinem Bruder zu fliegen.

9

Um halb sieben am selben Abend überquerten Kern und ich die Grenze nach Ohio, wobei die Cub ihre Nase einer orange-roten Sonnenscheibe entgegenreckte. Nun jagten wir über einen weiteren Staat, diesmal, um vor Anbruch der Nacht Indiana zu erreichen. Im Kielwasser des Unwetters war der Abend klar und kühl, und unsere Tragflächen ruhten auf unbewegter Luft. Vor uns öffnete sich die grüne Weite Ohios; ein feuchter, glitzernder Korridor aus Teichen, aufgefrischt vom Regen, und Silos mit silbernen Kuppeln zog uns nach Westen.

Kern tauchte tief ab mit der Cub, schoß auf die Autobahn zu und flog weit ausholende S-Kurven, während die großen, mit Urlauberfamilien beladenen Caravans und Combis unter uns dahinkrochen. Wir machten die Fenster auf, gaben Vollgas und begannen mit einer abendlichen Insektenjagd, indem wir jeden Teich auf unserer Route anflogen. Am ersten Teich scheuchten wir einen Schwarm Wildgänse auf und sausten dann hoch über ihre Köpfe, um einigen Hochspannungsleitungen auszuweichen. In dem milchigen Licht vor uns spielten zwei Jungen an einem sich dahinschlängelnden Bach mit einem Softball Fangen. Der Wind muß gegen uns gestanden haben, als wir auf sie zuhielten, denn sie hörten uns nicht kommen. Einer von ihnen warf den Ball mit einem graziösen Schwung so hoch, daß er unsere Räder streifte. Der Fänger langte nach oben, sah uns – verblüfft – in der letzten Sekunde, verlor seinen Halt und fiel stolpernd, mit dem Arsch zuerst, in den Bach. Platsch.

Ein Stück weiter, östlich von Columbus, war ein Farmer mit seinem Traktor über die Felder zum Damm eines Abfluß-kanals gefahren. Er hatte eine Pumpe an seinen Verteiler angeschlossen, mit der er sein Vieh tränkte. Nun saß er auf seinem Traktorsitz, rauchte eine Zigarette und schaute über seine Felder in das verdämmernde Licht. Seine zwei Söhne räkelten sich ohne Hemd auf den orangefarbigen Kotflügeln. Sie trugen rote Baseballkappen. Als wir vorbeibrummten, reckten sie ganz ruhig die Arme hoch und winkten das weit ausholende, gutnachbarliche Winken der Farmer im Mittleren Westen. Sie hatten uns erwartet, so schien es, als ob wir hier jeden Abend durchkämen.

Mir gefiel der Mittlere Westen. Die Straßen, leicht zu verfolgen, verliefen geradeaus bis zum Horizont, kurvten nur hier und da um Bachbetten oder kleine Gehölze. Die Ortschaften mit ihren weißen Kirchen, den makellosen Fassaden im Stil des Greek Revival entlang der Hauptstraße und den Staubwolken, die träge von den Parkplätzen der Supermärkte an den Ausfallstraßen aufwirbelten, wirkten ordentlich und kompakt. Jeder Ort auf unserer Route kündigte sich in großen Blockbuchstaben an, die oben auf einen Wasserturm oder ein Getreidesilo gemalt waren. HEBRON. Gut. Nur noch vierzig Meilen bis nach Columbus. Wer brauchte in einer Gegend, wo die Leute so vernünftig waren, schon Funk oder einen Kreiselkompaß?

Allerdings sahen wir uns nur in aller Eile um. Kern hatte den Motor auf 2400 Touren hochgeschraubt, um mehr Tempo zu gewinnen, aber dadurch verbrauchten wir auch mehr Benzin. Ohio ist über zweihundert Meilen breit, was in etwa der Reichweite unserer Cub entsprach, und wir würden zwischendurch landen müssen, um aufzutanken. Als wir Newark passierten, maß ich die ab Pittsburgh geflogene Distanz mit meinem Kursdreieck nach und beugte mich zu meinem Bruder vor, um ihm meine Berechnungen zu zeigen. Columbus, fast exakt in der Mitte des Staates gelegen, schien die logische Auftankstation, und der kleinere Flugplatz südwestlich der Stadt hatte keinen Kontrollturm, so daß wir ihn ohne Funk anfliegen konnten.

Sobald wir Columbus Southwest gesichtet hatten, gab Kern

Vollgas und legte die Cub in eine steile Kurve, um zu landen. Mit erhobenem Heck setzte er auf der Piste auf, rollte schnell auf die Zapfsäulen zu und rief, während er die Zündung wegnahm: »Rink, es ist beinahe acht. Dies ist nur ein Boxenstop.«

»Gebongt.«

Ich rannte los, um die Leiter zu holen, er stürzte sich auf den Benzinschlauch. Wir brauchten nur knapp vierzig Liter, um es bis nach Indiana zu schaffen. Ein Flugplatzopa kam an und erbot sich, das Öl zu checken und die Windschutzscheibe zu säubern, aber wir lehnten dankend ab. Wir pumpten den Treibstoff so schnell in den Tank, wie wir konnten, und sollten 3.96 Dollar zahlen. Tut uns leid, Opa, heute abend haben wir keine Zeit für dich, hier sind fünf Dollar für das Benzin, behalte das Wechselgeld. »Bremsen setzen! Gas! Kontakt!« gerattert und den Propeller angerissen. Ich warf mich im Laufen auf den hinteren Sitz, während Kern schon auf die Startbahn zuhielt.

Der Flugplatzopa, der ein netter Kerl zu sein schien, tat mir leid. Wir ließen ihn in einer von unserem Propeller aufgewirbelten Staubwolke stehen, wo er sich am Kopf kratzte und sich ziemlich nutzlos vorkam. Schon dreißig Fuß vor der Startbahn gab Kern Gas. Wir schlitterten auf die Mittellinie, stiegen auf und wandten uns in 200 Fuß Höhe nach Westen, um in Richtung Indiana abzudüsen. Es war die schnellste Flugzeugbetankung in der Geschichte. Innerhalb von acht Minuten waren wir in Columbus gelandet und wieder weggeflogen.

Wir gingen relativ hoch, bei 5000 Fuß, auf Horizontalkurs, um das Land unter uns so lange sehen zu können, wie es in dem abnehmenden Licht möglich war. Vielleicht würden wir es gerade eben bis nach Indiana schaffen.

Indiana. Eigentlich war es ein künstliches und ziemlich sinnloses Ziel, wenn man alles in Betracht zog, besonders das

Wetter, gegen das wir den ganzen Tag ankämpfen mußten. Wir hatten an diesem einen Tag bereits eine eindrucksvolle Strecke bewältigt, und unser ursprünglicher Zielort Columbus lag hinter uns. Für Kern aber war ein einmal ins Auge gefaßtes Ziel Gesetz, und ich wußte, daß er nicht ein Quentchen an Pferdestärken nachlassen würde, bevor wir auf der Scholle von Indiana aufgesetzt hatten. Mir blieb nur, darüber zu lachen, und so kicherte ich in mich hinein, während ich die hübschen Ortschaften von Ohio vorbeihuschen sah.

Vom Führersitz drehte sich Kern, der immer noch die gewaltige Sonnenbrille trug, mit seinem aufrichtigen Grinsen zu mir um. Beaver Cleaver mit Ray-Bans. Ihm war klar, worüber ich lachte.

»Rink, du kannst mich verkackeiern, soviel du willst, aber wir kommen heute noch nach Indiana.«

»Kern, wieso landen wir nicht einfach auf dem nächsten Flugplatz, rufen zu Hause an und *erzählen* ihnen, wir seien in Indiana? Das merkt doch keiner.«

»Auf keinen Fall. Es muß Indiana sein. In dem Punkt lüge ich nicht.«

Ich amüsierte mich zu gut, um mir Sorgen darum zu machen. Ohio mit seinen Graspisten, die ungefähr alle zwanzig Meilen neben beinahe jedem Ort zu finden sind, ist ein Paradies für Flieger. Manche waren nur lange Bahnen, die sich der Flugplatzverwalter mit dem örtlichen Golfplatz teilte, doch wir hatten schon wesentlich Schlimmeres gesehen, und Kern konnte uns fast überall hinunterbringen.

Also waren wir entspannt und lachten in unserem kleinen Cockpit, das in ein pastellenes Zwielicht getaucht war. Ich lockerte meinen Gurt, beugte mich auf dem Rücksitz nach vorn und breitete die Karte auf den Knien meines Bruders aus. Falls wir noch eine halbe Stunde Tageslicht hätten, wenn wir auf einer Höhe mit dem großen Luftstützpunkt Dayton waren, sagte ich ihm, so gehöre Indiana uns. Der betonierte städtische Flugplatz in Richmond kurz hinter der Grenze zu Indiana lag vermutlich schon außer Reichweite, aber ich hatte auf der Karte bei East Richmond eine fünfzehn Meilen nähere kleine Graspiste entdeckt.

In der Dämmerung flogen wir entlang dem bewaldeten westlichen Rand von Preble County und verließen Ohio kurz hinter dem Dorf New Paris. Der Himmel war schiefergrau, als wir die Staatsgrenze zu Indiana überquerten. Wir konnten jedoch im Süden das rotierende Leuchtfeuer von Richmond ausmachen und fanden, indem wir bei der Navigation davon ausgingen, die kleine Piste von East Richmond. Während Kern zum Landeanflug einkurvte, versank das letzte Stückchen Sonne hinter dem Horizont, und es wurde fast pechschwarz. Aber es war eine Vollmondnacht; genau dort, wo wir sie brauchten, hatte sich eine prachtvolle Scheibe Licht gnädigerweise mitten über den Horizont gepflanzt. Kern steuerte die Cub sanft und geschickt durch das Dunkel auf das Gras zu.

Als wir über den gefurchten Rasen rollten, fiel uns eine lange Reihe schäbiger gelber Doppeldecker auf, die neben dem Hangar geparkt waren.

»Rink!« rief Kern mir zu. »Das sind Stearmans. Wir sind auf einer Cropduster-Piste.«

Wir freuten uns und konnten gar nicht fassen, daß wir bei der Wahl unseres Übernachtungsplatzes solches Glück gehabt hatten. Mein Vater und all die alten Vagabunden der Lüfte, die wir in Basking Ridge kannten, hatten diesen Teil des Landes immer als Stearman-Terrain bezeichnet. Sie hegten sehr sentimentale Gefühle dafür, und von den Piloten ihrer Generation wurde die Region westlich des Ohio River, in der die fliegenden Schädlingsbekämpfer tätig waren, als ein Nirwana für Flieger verehrt. Im Zweiten Weltkrieg waren über zehntausend offene Boeing Stearmans für die Trainingspisten des Air Corps im Westen produziert worden, und Piloten von Sporn-

160

radflugzeugen wie wir hielten die Stearman für die maje-
stätischste, edelste Maschine, die je hergestellt wurde. Nach
dem Krieg hatten sich ehemalige Militärpiloten oder auch Farmer, die die Fliegerei liebten, bei Auktionen der Regierung die
sogenannten Yellow Perils geschnappt und sie für die Schädlingsbekämpfung aus der Luft umgebaut, indem sie riesige
450-PS- oder sogar 600-PS-Sternmotoren von Pratt & Whitney installierten, das Cockpit so ausweideten, daß die Hüpfer
nur noch eine Tonne wogen, und Gestänge mit Spritzdüsen an
die Tragflächen schweißten. Zahlreiche Piloten der Nach-
kriegsgeneration hatten sich ihre notwendige Stundenzahl als
Cropdusters zusammengeflogen, bevor sie beim Militär oder
einer Airline anfingen. Nach wie vor durchstreiften riesige
Flotten gelber Stearmans den Westen, wo sie den Sommer
über den reifenden Feldfrüchten folgten, ebenso, wie die
Mannschaften mit den großen Weizenmähdreschern im
Rhythmus der landesweiten Getreideernte über die Ebenen
nach Norden zogen.

Die Stearman-Legende vom wilden Fliegen und freien
Leben, dessen die jungen Duster-Crews sich erfreuten, hatte
damals auf Piloten eine starke Wirkung. Alle Flieger sind tief
im Herzen Vagabunden und haben eskapistische Tagträume.
Wenn sie sich nur ihres Jobs und des Daseins, das sie kannten, hätten entledigen können, hätten sie den heimatlichen
Flugplatz weit hinter sich gelassen und eine Saison als Busch-
flieger in Alaska verbracht oder entlang der Schaffarmenrou-
ten in Queensland und New South Wales die Post abgewor-
fen. Natürlich taten sie das nie, doch das machte den Traum
nur noch verlockender. Am meisten aber schwärmten sie von
einer langen Sommertour über die Cropduster-Pisten des
amerikanischen Westens. Dort war das Vagabundentum noch
lebendig. Mein Vater war schwer begeistert über diesen
Aspekt unserer Reise und meinte, wir wären genau zur rechten Zeit da – Anfang Juli ist der Höhepunkt der Schädlings-

bekämpfungssaison. Wir würden die »Stearman-Flieger des Westens« lieben, sagte er, und sie sehr gastfreundlich und unterhaltsam finden. In Arkansas oder Oklahoma, wo es an der Zeit sei, sich nach einem Wassersack umzutun, bräuchten wir nur einen guten, alten Stearman-Piloten danach zu fragen.

Als wir auf den Platz rollten, war dort noch Betrieb. Der Hangar war erleuchtet, und drinnen schweißte ein Mechaniker mit einem Helm, den ein Heiligenschein aus orangeroten und blauen Funken umsprühte. Mit dem Gestank der Insektizide und Düngemittel, der über den Rollbahnen hing, und den rostenden Dreihundertachtzig-Liter-Tonnen, die die Fliegerklause abstützten, wirkte das hier wie die typische amerikanische Müllhalde. Es schien kein Flugplatz mit viel Durchgangsverkehr zu sein, und keiner kam heraus und wies uns einen Ankerplatz zu. Also rollten wir einfach hinter eine große Ansammlung geparkter Stearmans und stellten den Motor ab.

Ein paar von den Schädlingsbekämpfern waren noch spät damit beschäftigt gewesen, ihre Ladungen für den nächsten Tag vorzubereiten. Sie kamen anspaziert, als wir aus der Cub kletterten. Sie waren herrliche Exemplare ihrer Gattung, massige, große, ungeschlachte Kerle mit braunen Zahnstümpfen, Western-Akzent und sonnenverbrannten Narben auf Armen und Händen. Gewiß waren sie keine Flugplatzopas, aber trotzdem hilfsbereit. Sie hatten uns im Dunkeln landen sehen und meinten, wir seien jetzt Dusters ehrenhalber, junge Scheißer, die dem Schlund eines Absturzes gerade noch eine Landung hatten entreißen können. Sie halfen uns, die Cub zu verankern und aufzutanken, und sagten, wir sollten bei Tagesanbruch mit ihnen starten.

Auf der anderen Seite der Landstraße, hinter einer Eisenbahntrasse, war eine Cafeteria im Pullman-Stil. Wir mußten auf beiden Seiten der Schienen über einen Drahtzaun steigen, um dorthin zu kommen. Bevor wir in das Restaurant gingen, meldeten wir von der Telefonzelle vor der Tür ein R-Gespräch mit meinem Vater an und legten beide die Ohren an den Hörer. Auf keinen Fall, da waren wir uns einig, würden wir ihm von dem Unwetter in Pennsylvania erzählen oder von unserer Landung auf einer unbeleuchteten Piste bei Dunkelheit.

Mein Vater muß den ganzen Abend mit dem Telefon im Schoß dagesessen haben. Das erste Freizeichen war noch nicht verklungen, als er schon abnahm. Als er merkte, daß wir es waren, konnten wir die Anspannung und Sorge in seiner Stimme hören.

»Jungs! Wie geht's euch?«

»Prima, Dad. Ganz prima.«

»Wo seid ihr?«

»In Indiana. East Richmond, Indiana.«

»Ach du meine Güte, Jungs, das ist ja großartig. Meine Güte, Indiana. Mom, sie haben es bis Indiana geschafft.«

Meine älteren Schwestern waren auch da. Ich konnte sie im Hintergrund reden hören. Sie waren inzwischen wohl ebenfalls aufgeregt wegen unserer Reise. Jahre später sprachen sie noch über diese Juliwoche, in der alle jeden Abend in dem großen Wohnzimmer neben der Küche saßen und auf unseren Anruf warteten.

»Indiana! Mann! Ist das nicht sehr weit weg? Dad, wie viele Meilen sind das?«

Meine jüngeren Geschwister waren bei all der Aufregung auch noch wach. Jetzt, während wir mit meinem Vater redeten, marschierten sie in ihren Pyjamas zusammen um den Küchentisch, stießen laute Hurrarufe aus und sangen im Chor: »Indiana, Indiana, Indiana.« Meine Mutter kam ans Telefon, und wir logen ihr vor, was für ein großartiger Tag und welch wunderschönes Wetter es gewesen sei, was für ein klasse Land Amerika sei, und wie gut unsere Maschine fliege. Bevor wir aufhängten, versprachen wir, am nächsten Abend wieder anzurufen.

Ich war erstaunt darüber, wie entspannt mein Vater bei diesem ersten Telefonat war. Wir sprachen an diesem Abend kein Wort mehr mit ihm. Monatelang war er insgeheim besessen gewesen von unserer Reise, hatte peinlichst genau die Karten überprüft, die schwierigen Wüsten- und Gebirgsüberquerungen erörtert, uns angestachelt, das Flugzeug rechtzeitig fertig zu kriegen und uns mit dem Wassersack tyrannisiert. Jetzt schienen ihn die Details unseres Fluges überhaupt nicht zu interessieren. Ich nehme an, er glaubte, daß er uns all die Jahre hindurch gut geschult hatte, und nun waren wir am ersten Abend auf sicherem Boden in Indiana, und das bewies allen Skeptikern, seinen Freunden, die sich gewundert hatten, daß er uns diese Reise antreten ließ, daß seine Söhne es schafften. Die Einzelheiten lagen jetzt nicht mehr in seiner Hand.

Jahre später, als mein Vater eine schwere Phantomschmerzattacke erlitt, fuhr ich ihn ins Krankenhaus, damit man ihm Demerol spritzen konnte. Auf dem Rückweg im Auto redete er, bevor er einschlief, unaufhörlich über den Abend, an dem Kern und ich aus Indiana angerufen hatten. Er sei damals so glücklich gewesen, sagte er, glücklich und erleichtert, daß er, nachdem wir aufgelegt hatten, die Treppe zu seinem Zimmer hochgeklettert sei, sein Holzbein abgenommen und geweint habe.

Die Kellnerinnen in der Cafeteria waren munter und aufgeweckt. Sie hatten lange, schimmernde Beine und trugen Haarnetze und Spitzen-BHs unter den transparenten Uniformen, die in jenen Tagen bei Bedienungen üblich waren. Es war nicht viel los, und wir mußten gerade zur rechten Zeit gekommen sein, um die Tristesse an der Theke zu mildern. Die Kellnerinnen trödelten herum und flirteten mit uns, und sie gefielen mir sehr. Sie waren stärker geschminkt als die Mädchen im Osten, bewegten sich mit träger Sinnlichkeit zwischen den Tischen und der Küche hin und her und waren ganz und gar nicht großspurig. Das Angebot des Tages war soviel auf Südstaatenart gebratenes Hühnchen, wie man essen konnte, für 1.99 Dollar. Wir schlangen es mit Kartoffelpüree, grünen Bohnen und Eistee herunter. Während wir unseren Nachtisch verspeisten, fragten die Kellnerinnen uns, woher wir kämen, und wir sagten New Jersey. Mensch, meinten sie, ganz schön weit geflogen an einem Tag. Bei ihnen klang das so, als wäre New Jersey einen ganzen Kontinent entfernt, und tatsächlich kam es mir selbst auch so vor. Ich hatte bereits das Gefühl, wir seien schon seit Wochen unterwegs. Wir stolzierten einen halben Meter größer aus dem Raum; Zahnstocher baumelten uns am Mundwinkel, und unsere Ray-Bans guckten oben aus unseren Brusttaschen, wie wir es zu Hause bei den Kunstfliegerassen gesehen hatten.

Es war eine kühle, klare Nacht mit einem immensen Sternenpanorama über unseren Köpfen, und wir konnten gar nicht glauben, wie weit der Himmel hier draußen war. Wir nahmen den Umweg zum Flugplatz, um nicht wieder über die Zäune steigen zu müssen. Die Luft roch nach frisch gemähtem Heu und dem Dünger, der auf die Felder gestreut war. Wir sprachen nicht viel beim Gehen, aber Kern dankte mir doch für eines.

»Rink, es war wirklich wichtig, daß du heute dabei warst. Echt, allein hätte ich es nie bis Indiana geschafft.«

»Ja. Danke. Das Komische ist, ich stimme dir zu.«

Es war ein Moment des puren Wissens und der puren Zufriedenheit. Was mir so gut gefiel, war nicht, daß ich eine so wichtige Rolle gespielt hatte – sondern daß ich einfach wußte, daß es so war. Ich wußte zugleich, daß ich das nie geglaubt hätte, bevor wir von zu Hause aufgebrochen waren – ich hatte nicht erwartet, soviel zum Fliegen beisteuern zu können. Während unseres Spaziergangs im Dunkeln begann ein ganz neues Durcheinander von Gefühlen, das sich im Lauf der Reise noch verstärken sollte, in mir aufzusteigen. Zunächst einmal schien sich die Zeit unglaublich auszudehnen – aus

Stunden wurden Tage, aus Tagen Wochen, sogar Monate. Auch die Entfernung kam mir unwahrscheinlich und auf romantische Weise grandios vor. Hier in Indiana waren wir immer noch nahe genug an Ohio, um über die Staatsgrenze zu spucken, doch die kurze Distanz, die wir zurückgelegt hatten, um wirklich in Indiana zu landen, erschien mir ozeanisch, als seien wir bis nach Montana geflogen. Mit der Ausdehnung der Zeit und mit meiner wachsenden Zufriedenheit entspannte sich auch jeder Muskel, jede Pore meines Körpers. Plötzlich kam es mir so einfach vor, mit Kern in Frieden zu leben. Wir mußten nur noch von Augenblick zu Augenblick für diesen Flug leben, den wir gemeinsam unternahmen.

Am Flugplatz angekommen, rollten wir unsere Schlafsäcke unter der Tragfläche aus. Die Sitzkissen der Cub benutzten wir als Kopfkissen. Wir lagen eine Weile da, faul und erschöpft vom Essen, berauscht von der Stickstoffwolke, die von der Duster-Piste herüberwehte, schwatzten und schauten in die Sterne. Kern war zufrieden mit sich und unserem schweren Tag in der Luft, und darüber freute ich mich. Bis auf das entfernte Summen von der Autobahn kam mir Indiana sehr still vor. Kurz vor elf dröhnte eine einsame Lokomotive auf den Schienen vorbei, und dann dösten wir ein, innerlich immer noch lachend über die Kleinen zu Hause, die »Indiana« singend um den Tisch marschiert waren.

10

Das Husten von vier Stearman-Motoren weckte uns am nächsten Morgen bei Tagesanbruch. Der Himmel war noch kieselgrau mit einem Band aus Kobaltblau und Rosa, das am östlichen Horizont glühte. Die Dusters von East Richmond waren zu ihren ersten Flügen eingetroffen und hatten die vor uns geparkten gelben Doppeldecker angelassen, um die Motoren aufzuwärmen, bevor sie abflogen. Kern und ich waren kalt und steif vom Schlafen auf der Erde und unsere Schlafsäcke naß vom Tau. Sand und Schotter, von den Propellern aufgewirbelt, schrammte uns über die Gesichter, und nur unser Auspuffrohr verströmte ein bißchen samtige Wärme.

Es war ein Ritual, an das wir uns gewöhnten, während wir den Cropduster-Pisten nach Westen folgten. Wenn die ersten Sonnenstrahlen die Luft aufheizten, wachten die Stearman-Piloten auf. Die stillen Stunden gleich nach der Morgendämmerung sind die beste Tageszeit für die Schädlingsbekämpfung. Bevor es noch hell war, hörten Kern und ich dann das Knirschen von Stiefeln auf Kies, das Rasseln von Ankerketten, das verräterische Winseln anspringender Anlasserkupplungen. Die Piloten ließen die Doppeldecker auf der Rampe leerlaufen, während sie zum Kaffeetrinken in die Fliegerklause gingen. Kern und ich rollten unsere Schlafsäcke zusammen und folgten ihnen. Im Zwielicht hinter uns spielten die großen Sternmotoren von Pratt & Whitney ihre Morgenhymne. Die Triebwerke klickten, die Verteiler summten heiser, die Luft von den Propellern pfiff durch die Spritzgestänge. Der Klang schien uns nach Westen treiben zu wollen. In seinem Baritondröhnen hörte ich das Crescendo von hundert weiteren Stearman-Motoren, die sich durch Arkansas und Texas hindurch wachhusteten, eine gewaltige amerikanische Symphonie auf den Spuren der Sonne über die Rockies hinweg nach Bakersfield und Salinas.

Wir wälzten uns aus unseren Schlafsäcken und verstauten sie im Gepäckfach. Einer der Piloten, die wir am Abend zuvor kennengelernt hatten, sprang von seiner Tragfläche und kam zur Cub herübergeschlendert. Er war älter als die anderen, fünfundvierzig vielleicht, groß und knochig, in einem verblichenen Overall und mit einem Gesicht, das von der Sonne so verbrannt und rissig war, daß es wie Treibholz aussah. Er zündete sich eine Zigarette an, nahm einen tiefen Zug und schaute lächelnd zu, wie wir uns in unsere Hosen schlängelten und die Schuhe anzogen.

Sein Name war Hank, Hank, der Stearman-Flieger. Hank war Chefpilot und Eigentümer des Duster-Betriebes hier in East Richmond. Er stellte sich vor und schien neugierig zu sein, was uns betraf, belustigt, daß wir am Abend zuvor so hereingeschneit waren und dann unter der Tragfläche campiert hatten. Schmuddelige Duster-Pisten wie East Richmond erleben nicht viel Durchgangsverkehr, schon gar nicht von zwei mickrigen Knaben in Levi's und Collegeschuhen, die unter der Tragfläche ihres Flugzeugs übernachten.

Hank wischte sich den Schlaf aus dem Gesicht, reckte die Arme, ließ seine Knöchel knacken und fuhr sich dann mit der angezündeten Zigarette in der Hand durchs Haar.

»Wo seid ihr her?« fragte er.

»New Jersey!« quiekte Kern.

»New Jersey. Hmm. Aus New Jersey. Wie lange habt ihr hierher gebraucht?«

»Einen Tag. Wir sind gestern losgeflogen.«

»Herrje. Nicht schlecht. Von New Jersey in einem Tag. Wohin wollt ihr denn so eilig?«

Ich betete innerlich, daß Kern irgendwas Harmloses sagen würde wie Indianapolis, damit wir den Propeller anreißen und uns ohne großes Aufheben und Getue vom Acker machen konnten. Aber Kern ließ sein schönstes naives Lächeln aufblitzen und verpaßte Hank die ganze Wahrheit.

»Hm, Hank, wir fliegen die Cub nach Kalifornien«, sagte er.

Hank machte oft Pausen zwischen seinen Worten und zeigte nie große Überraschung, was ich für die typische Sprechweise des Mittleren Westens hielt.

»Kalifornien. Sagt bloß … hmmmm … okay. Gucken wir uns die Sache mal an. Was habt ihr da überhaupt, die mit den 85 PS?«

»Ja. Es ist 'ne PA-11.«

»Alles klar … Beleuchtung. Ich meine, habt ihr Beleuchtung? Ihr seid gestern abend im Dunklen gelandet.«

»Also, Hank, wissen Sie, wir haben bloß versucht …«

»Nee, nee, nee, schon gut. Ich sag ja gar nichts, versteht ihr? Beleuchtung? Wer braucht schon Beleuchtung? Zum Teufel, in dieser Gegend landen wir mit unseren Stearmans immer im Dunklen. Wer hat schon Beleuchtung? Ich hab' keine Beleuchtung.«

»Ja«, sagte Kern. »Wir tun das aber nicht immer, Hank.«

»Wer hat das gesagt? Hab ich das gesagt? … Genau. Nur, wenn ihr dazu gezwungen seid, oder? Und – was ist mit Funk? Ihr fliegt doch ganz bis zur Westküste. Ich wette, da habt ihr euch was richtig Schönes eingebaut.«

»Es ist die Standard-Cub, Hank«, sagte Kern. »Ohne Funk.«

»Ohne Funk! Hey, wer hat schon Funk? Ich habe letztes Jahr 'ne 450 Stearman bis zum Panhandle in Texas überführt. Ohne Funk.«

Kern breitete die Arme aus und hob sie, die Handflächen nach oben, bis auf Schulterhöhe.

»Man braucht keinen!«

»Genau! Man braucht keinen!« sagte Hank. »Ist doch drauf geschissen. Die ganzen Typen, die da in ihren Bonanzas und solchem Mist rumfliegen. Die kommen doch nur so groß raus, weil sie ihr Cockpit voller Funkgeräte haben. Und dann stürzen sie ab, und die Inspektoren von der FAA kommen. Und alle stehen um das Wrack rum und kratzen sich am Kopf. Wie konnten sie bloß abstürzen mit all den Funkgeräten im Cockpit? Keiner kapiert das. Man braucht keinen Funk.«

»Ja. Also, was uns angeht, wir konnten uns einfach keinen Funk leisten, das ist alles.«

»Okay … prima. Laßt mich noch mal alles durchgehen, damit ich sicher bin, daß ich es richtig verstanden habe, okay?«

»Klar, Hank.«

»Wir haben zwei Jungs aus New Jersey.«

»Ja.«

»Namen? Ihr habt Namen?«

»Ja. Ich bin Kern«, sagte mein Bruder und streckte die Hand aus, um sie Hank zu schütteln.

»*Kern?*«

Mein Bruder lächelte schüchtern. Es machte ihn immer verlegen, wenn die Leute bei seinem Namen stutzten.

»Ja, Kern«, sagte er. »Das ist die Abkürzung von Kernahan.«

»Fernahan. Du meine Güte.«

»Nein, Kernahan. Das ist der Name, den meine Eltern mir gegeben haben.«

»Was für Eltern. Ferdinand. Na ja. Und was ist mit dem Kumpel hier? Ist das dein Bruder?«

»Genau«, sagte ich und trat vor, um Hank die Hand zu schütteln, die so wettergegerbt und rauh war, daß sie sich wie ein Zaunpfosten aus Zedernholz anfühlte. »Ich bin Rinker.«

»Rinker?« fragte Hank. »So heißt du? Rinker?«

»So heiße ich.«

»Sag bloß. Okay... gibt's auch einen Nachnamen? Los, macht mich fertig. Ich bin bereit. Verpaßt mir einen mit dem Nachnamen.«

Kern und ich sagten ihn gleichzeitig.

»Buck.«

»Buck! Holla! Buck! Gut. Gut-gut-gut. Plötzlich ganz normal, die Situation. Also, die Sache gefällt mir. Ferdinand und Rinkle – wie war das noch mal?«

»Rinker. R-I-N-K-E-R. Und Kern. Buck.«

»Das merk ich mir. Romeo-India-November-Kilo-Echo-Romeo. Rinker. Gefällt mir. Klingt gut.«

»Ja. Danke, Hank.«

»Also, alles klar. Los geht's. Wir haben die Standard-Piper-Cub mit nichts dran – nur Sitze, zwei Steuerknüppel und den 85-PS-Continental. Keine Beleuchtung, keinen Funk, kein gar nichts. Und wir haben Ferdinand und Rinker Buck. Und dieser ganze verdammte Witz fliegt von Küste zu Küste.«

»Genau, Hank«, sagte Kern.

»Hey, was soll's? Ich sag ja nichts, oder? Ich meine, wenn man lange genug mit der Fliegerei zu tun hat, sieht man alles mögliche.«

Kern gefiel die Anspielung nicht. Er war sowieso sehr empfindlich gegen Kritik, und für ihn war das, was wir taten, nicht im mindesten anormal.

»Wissen Sie, Hank, ich habe gerade erst meine Fluglizenz und etwas über hundert Stunden drauf«, sagte Kern. »Aber für die Berufspilotenlizenz brauche ich Überlanderfahrung. Und die kriege ich hier. Man muß eben die Ausrüstung nutzen, die man hat.«

»Genau«, sagte Hank. »Guckt euch doch diese lausigen Stearmans an. Mit so 'ner Ausrüstung fliege ich. Aber hört mal, wie wollt ihr die Cub über die Rockies kriegen?«

»Naja, Hank, wir wollen über den Guadalupe-Paß bei El Paso. Der ist nur etwas über 9000 Fuß hoch.«

»Welche Dienstgipfelhöhe hat eure Cub?«

»10 000.«

»Scheiße. Okay, ich sag ja nichts, klar? Aber an einem heißen Tag erreicht ihr eure Gipfelhöhe nicht. Keiner erreicht dann seine Gipfelhöhe.«

»Nein, Hank. Das steht in den Büchern. Aber wir haben einen Spezialpropeller, und die Zylinder sind ausgebohrt. Unsere Mechaniker zu Hause sagen, diese Cub bringt über 100 PS, ist so gut wie der Continental 108.«

Hank kratzte sich am Kopf und drückte mit seinem abgetragenen Stiefel die Zigarette auf der Rampe aus.

»Einen Spezialpropeller, aha. Ich muß schon sagen. Vielleicht könnt ihr es damit probieren, ich weiß nicht. Ich selbst hab' in Flugzeugen auch schon allen möglichen Scheiß fertiggekriegt.«

»Jeder kriegt in Flugzeugen alles mögliche fertig.«

»Genau! Das meine ich doch... versucht es. Es könnte klappen.«

»Okay«, sagte Kern. »Aber passen Sie auf, wir schulden Ihnen noch Geld für das Benzin gestern abend. Wir haben aufgetankt.«

»Nein, das tut ihr nicht! Auf keinen Fall«, sagte Hank. »Der Treibstoff geht auf mich, Jungs. Ich bin jetzt mit von der Partie, okay? Von Küste zu Küste in 'ner ganz normalen Cub? Scheiße. Da bin ich dabei. Ihr seid in Ordnung. Also, hört zu, ich überführe dauernd Stearmans nach Texas. Kommt mit in die Fliegerklause, laßt uns das Wetterbüro anrufen, und dann zeige ich dir, Ferdinand, die Strecken, die du nehmen mußt.«

»Kern.«

»Kern! Klar doch. Wie auch immer, Kern, Fern, Schmern, du hast einfach einen schwierigen Namen. Aber laßt uns loslegen.«

Jetzt lächelte Kern. Zum Fliegen war es sowieso noch nicht hell genug, und wir konnten Hilfe gebrauchen.

»Danke«, sagte er. »Prima.«

Ich zog unsere Tüte mit den Navigationskarten aus dem Gepäckfach.

Hank wies mit dem ausgestreckten Arm auf seine heruntergekommene Baracke.

»Wir haben auch Kaffee für euch. Mögt ihr Kaffee?«

»Sicher. Wir trinken gern Kaffee.«

»Wißt ihr, ich meine, für Rinker, vielleicht heiße Schokolade oder so was für Rinker. Was wir eben da haben.«

Die Fliegerklause war schäbig und unordentlich; aus den Regalen quollen alte Flugzeugteile und Schweißmaschinen, und der mittlere Teil einer Stearman klemmte zwischen den Dachsparren. Die anderen Piloten und Mitglieder der Duster-Crew, die hier zusammensaßen, rauchten und wärmten sich die Hände an einem Kerosinofen. Eine Gaslaterne zischte von der Decke.

Hank reichte uns Blechbecher mit Kaffee, einem dunklen, öligen Gebräu, angereichert mit einem dicken Bodensatz. Es war der erste Kaffee unseres Lebens und wahrscheinlich auch der schlechteste. Wir standen da in dem qualmerfüllten Raum, taten so, als ob er uns schmeckte, und schlürften ihn tapfer, nachdem wir ihn, so gut wir konnten, mit Zucker und Milchpulver gezähmt hatten.

Hank und Kern traten ans Telefon und riefen das FAA-Flug-wetterbüro in Indianapolis an. Die Situation war ähnlich wie am Tag zuvor. Eine weitere ausgedehnte, feuchte Warmluft-front, der Ausläufer eines Gewitters an der Golfküste, rückte durch das Mississippi-Tal nach Norden vor und würde über dem Cumberland-Plateau von Kentucky und Tennessee und den Ozarks im Westen tiefhängende Wolken vor sich her trei-ben. Über Indiana und dem Süden von Illinois würde es noch klar sein, aber gegen Mittag würden wir, nachdem wir uns wie geplant südwärts nach Arkansas und Oklahoma gewendet hätten, um nach Texas zu gelangen, vermutlich auf schlechtes Wetter stoßen, und zwar wahrscheinlich in der Nähe von Cairo in Illinois.

Hank nahm Kern den Hörer weg und befragte den Wetter-berater peinlich genau nach den Vorhersagen für das west-liche Kentucky und Tennessee. Er zündete sich noch eine Zigarette an und nahm einen langen, gedankenvollen Zug.

Dann fegte er Ölkannen und Schraubenschlüssel von einer Werkbank und breitete unsere Karten darauf aus. Er zeigte uns die beste Route über Indianapolis und südwärts nach Vin-cennes, in deren Anschluß wir den großen Flußtälern folgen konnten, die sich nach Süden hin öffneten – dem sich dahin-schlängelnden Wabash bis zum Ohio, danach dem Ohio bis zum Mississippi. Dort würden wir Ärger bekommen, doch Hank war in dieser Gegend dutzende Male gegen Golffronten angeflogen und überzeugt, daß eine Strecke offen bleiben würde.

Die Wetterfront, so erklärte er, würde sich vermutlich in großer Höhe entlang den Ozarks und den Cumberlands zu beiden Seiten des nördlichen Mississippi-Tals zusammenballen. Die Höhenzüge am äußeren Rand des Tals wären dann von Wolken verdeckt. Er hatte aber festgestellt, daß er meistens durchkam, wenn er sich im mittleren Teil tief hielt und über etwas flog, das er Kentucky-Senke nannte. Es handelte sich dabei um tiefliegende, miteinander verbundene Schluchten westlich des Cumberland-Plateaus, ein natürliches Becken, bestehend aus Bachbetten und auf den Mississippi zulaufenden Nebenflüssen. Diese Senke begann gleich südlich des Zusammenflusses von Wabash und Ohio und erstreckte sich bis hinunter nach Paducah in Kentucky. An Tagen wie diesem gab es unten über der Senke gewöhnlich einen klaren Luftkorridor.

»Sie ist genau hier«, sagte Hank und zeigte mit dem Finger auf eine Stelle fast in der Mitte der Sektorenkarte von St. Louis, nahe Morganfield, Kentucky. »Das ist die Kentucky-Senke.«

Er wies auf eine Eisenbahnlinie, der wir ab Paducah südwärts bis Dyersburg, Tennessee, würden folgen können, und markierte sie mit meinem roten Fettstift.

»Außerdem ist die Landschaft sehr schön«, sagte Hank. »Die Hügel im Osten könnt ihr eventuell nicht sehen, aber haltet euch einfach unten in der Senke über der Bahnlinie, dann kommt ihr durch. In Richtung Mississippi könnt ihr euch wenden, wenn es im Westen aufklart, entweder bei Blytheville oder Memphis.«

Wir würden ziemlich tief fliegen, und Hank meinte, wir hätten mit starken Turbulenzen und Bodeneffekten zu rechnen, bevor wir auf den Fluß träfen. Das Unwetter dürfte jedoch im Laufe des Nachmittags abziehen, und unsere Belohnung wäre dann ein angenehmer abendlicher Flug durch die Kiefern-einöden von Arkansas. Das Navigieren über dem eintönigen Waldgelände war schwierig, und Hank schlug vor, wir sollten einer Güterzugtrasse folgen, die in Osceola, Arkansas, begann und uns nach Brinkley führen würde. Er markierte sie ebenfalls auf der Karte. In Brinkley gab es einen großen Stearman-Flugplatz, wo er oft übernachtet hatte. Die Duster-Crews dort würden uns gefallen, meinte Hank. Die Regierung erteile den ganzen Sommer über Aufträge zum Spritzen der Forsten von Brinkley aus, und auf der Piste wimmele es nur so von durchziehenden Cropdusters. Es sei ein wahnsinniger Ort.

Am Horizont stieg eine ziegelfarbene Sonne auf. Die Piloten fingen an, hintereinander zu ihren rumpelnden Stearmans zu marschieren, und zogen dabei ihre weißen Sturzhelme und Schutzbrillen über. Sie ärgerten sich über Hank, weil er in der Klause mit uns herumgetrödelt hatte, und begannen, ihre Motoren auf Touren zu bringen und sich zentimeterweise auf die Rampe zu schieben. Auch wir waren, da wir jetzt eine Route durch das Unwetter und über den Mississippi kannten, erpicht darauf loszufliegen.

Hank jedoch schien noch warten zu wollen, und so verbummelten wir noch eine Weile mit ihm in der Baracke. Schließlich setzte er seinen Sturzhelm auf und stellte sich an die Tür. Wir falteten unsere Karten zusammen, dankten ihm und wandten uns zum Gehen.

»Ach sag mal, Ferdinand«, fragte Hank. »Bist du mit der Cub schon mal in Formation geflogen?«

»Na klar, Hank«, log Kern.

»Gut.«

Hank und seine Piloten wollten an jenem Morgen drüben bei Spring Grove spritzen. Das lag auf unserer Strecke. Er sagte, Kern solle einfach hinausrollen und sich auf der Startbahn hinter der Stearman Nummer drei einreihen. Wenn er sähe, daß der Propeller vor ihm sich mit voller Kraft drehte, sollte Kern sich an dieses Flugzeug halten. Hank würde sich hinter uns als Nummer vier einordnen. Wir könnten so lange in der Stearman-Formation mitfliegen, wie wir wollten, und Hank meinte, es würde uns vielleicht Spaß machen, ihnen beim Besprühen der Felder zuzusehen.

Wir liefen hinaus zur Cub, rissen den Propeller an und reihten uns hinter der Nummer drei ein. Hank schnallte sich in seiner Stearman an und kreuzte hinter uns auf die Rampe. Wir holperten mit je einer lärmenden Stearman vor und hinter uns auf die Rollbahn, indem wir unseren Motor im Gleichklang mit der Formation über die Bodenhöcker jagten.

Niemand sonst benutzte den Platz, so daß wir auf der Graspiste geradewegs in Formation bremsten und unsere Motoren auf Touren brachten. Als der Pilot der ersten Maschine Gas gab, röhrten die vibrierenden Pratt & Whitneys, und wir rasten die Startbahn hinab.

Wahhh-wahhh-wahhh-wahhh-wahhh! Es war ein herrlicher Aufstieg inmitten der riesigen Propeller und gelben Flügel, ein Sturm aus tosendem Lärm und Wind. Zweitausend Pferdestärken donnerten um uns her. Kern machte seine Sache gut, verstellte beim Start den Gashebel immer wieder, um mit den schwer beladenen Doppeldeckern in Reih und Glied zu bleiben, und sorgte durch wechselseitige Ruderbetätigung dafür, daß er nicht in ihre starken Wirbelschleppen geriet. Und er schloß auch sehr dicht an, hielt sich, leicht nach links versetzt, eben 30 Fuß hinter dem Ruder von Nummer drei, während Hank sich neben uns in die entsprechende Position schob.

Beim Aufstieg stießen wir auf einige kleine frühmorgendliche Turbulenzen – keine heftigen, nur ein paar Luftblasen, wo die ersten Sonnenstrahlen auf die kühle Luft über den Teichen trafen –, und die Tragflächen der Stearmans um uns herum schaukelten und schwankten so, daß ich zunächst Angst hatte, wir würden eine anstoßen. Aber der Formationsflug war ein weiterer Trick, den Kern anscheinend schon beim er-

sten Mal gut beherrschte. Wir waren schon früher mit den Piloten von Basking Ridge bei uns zu Hause auf dem Weg zu
Flugschauen in engen Formationen geflogen, doch normalerweise hatte dann mein Vater unsere Maschine gesteuert. Viele
Flieger auf unserer heimatlichen Piste waren Verrückte, vollführten Loopings und Rollen direkt neben uns, woraufhin
mein Vater sich ihren Kunststückchen anschloß und ich die
meiste Zeit schlotterte, was mich argwöhnisch gegenüber
dem Formationsflug gemacht hatte. Aber an diesem Morgen,
umtost von dem stetigen, heiseren Dröhnen, das die Stearmans von sich gaben, mit Hank an unserer Seite, der uns aus
seinem offenen Cockpit zugrinste und den Daumen hochhielt,
fühlte ich mich gut. Alles, was ich am Tag zuvor mit Kern
durchgemacht hatte, schien mich darauf vorbereitet zu haben.
Wir waren einfach dazu bestimmt, hier zu sein, mit all diesen
Stearmans aufzusteigen.

In 400 Fuß Höhe ging die Formation auf Horizontalkurs
und nahm Gas weg. Unberührte Wiesen, auf denen der Tau
schimmerte, erstreckten sich unter uns. Die Luft war frisch
und kühl, und der Bodennebel wirbelte in watteartigen
Flocken von den Teichen und Bächen hoch. Wir flogen tief
über einige Baumreihen und Getreidefelder hinweg und kreisten in weiten Bögen um die Gehöfte. Aber alles hörte sich an
und sah aus wie in einem Traum. Die donnernde Stearman-
Formation umhüllte uns mit weißem Rauschen.

Zu unserer Rechten glitt Hank näher heran und grinste
breit hinter seiner Schutzbrille. Immer dichter drängte er uns
an das Flugzeug Nummer drei links von uns und gab Kern mit
Kopf und Daumen ermutigende Zeichen. Ältere, erfahrene
Flieger erkennen sofort, was es mit einem anderen Piloten auf
sich hat. Kern hielt sich gut in der Formation. Hank drängte
uns erneut.

Bei Spring Grove löste sich Flugzeug Nummer eins aus der
Formation und tauchte auf ein Sojabohnenfeld ab. Das Feld

war lang und auf der einen Seite von Telefonmasten, auf der anderen von Bäumen begrenzt. Die Piloten würden alle Hände voll zu tun haben, um auch die Enden zu erreichen. Nummer zwei wartete etwa zehn Sekunden und begann mit dem Anflug, dann Nummer drei. Wir schauten zu Hank hinüber. Er zeigte nach unten, bedeutete Kern, Nummer drei zu folgen. Kern nahm Gas weg und legte sich so scharf in die Kurve, daß wir in unsere Sitze gepreßt wurden.

Mit über hundert Meilen folgte Kern der Formation hinunter aufs Feld und sauste über die Telefondrähte. Vor uns verteilten sich drei Stearmans diagonal über den Reihen der Sojabohnen, Tragfläche an Tragfläche, so tief fliegend, daß ihre Propeller einen saftiggrünen Sprühregen von den Blättern der Pflanzen aufwirbelten. Aus den Spritzdüsen schäumte eine kreidige Insektizidwolke. Es war ein wundervolles Gefühl, mit drei vor uns her dröhnenden Stearmans so dahinzusausen, die Räder in den Ackerfurchen. Hank hinter uns, das Feld, der Himmel und die Baumreihe vor uns – verschwommen sichtbar durch die nebligen, faulig riechenden Strudel des Pflanzenschutzmittels.

Bei den Bäumen angekommen, zogen die vorderen Flugzeuge steil nach oben. Im Hammerkopf schwangen sie sich herum und setzten aus entgegengesetzter Richtung erneut zum Anflug auf das Feld an. Kern steuerte nach rechts, um ihnen auszuweichen, gab Vollgas und schoß in die Höhe. Wir wendeten, kreuzten schräg über das Feld und beobachteten die Formation bei ihrem nächsten Anflug.

Kern lenkte die Cub westwärts in Richtung Indianapolis. Hank löste sich von den anderen Stearmans und flog ein paar Meilen mit uns, wobei er sich eng an unsere linke Tragfläche heftete. Wieder grinste er, beide Arme über dem Kopf wie ein Boxer, der die Menge grüßt, ein fröhlicher, gutgelaunter Stearman-Pilot, der in seinem offenen Cockpit den Clown spielte. Er ließ uns nur ungern fort.

Dann winkte er noch einmal, wandte sich ab und wippte mit den Flügeln, als er sich wieder auf seine Felder stürzte.

Noch die nächsten zehn Meilen weit konnten wir die Dunstschwaden sehen, die Hank und seine Piloten bei der Arbeit erzeugten. Eine weitere Duster-Crew operierte gleich südlich von ihnen, und tatsächlich, den ganzen Vormittag, bis wir die landwirtschaftlich genutzten Flächen hinter uns gelassen hatten und auf die engen Schluchten von Kentucky zuflogen, sahen wir unter uns in jeder Richtung weiße Insektizidwolken aufsteigen, solange die großen, gelben Stearmans und weißen Piper Pawnees über den Feldern tätig waren.

Während wir uns Indianapolis näherten, ergriffen mich seltsame Empfindungen. Früh morgens in der Luft, vor allem, wenn es klar war wie heute und das Navigieren einfach, wurde ich oft von Einsamkeitsgefühlen überwältigt. Selbst wenn man die Flugzeit hinzunahm, hatten wir nicht mehr als eine Stunde mit Hank verbracht, aber ich mochte ihn und vermißte ihn jetzt schon. Ich dachte mir, dies würde sicher eine Reise der Augenblicksfreundschaften und schnellen Abschiede werden. Noch wußte ich nicht, welches Glück wir gehabt hatten, ihm begegnet zu sein. Gegen Mittag sollten wir auf das nächste Unwetter stoßen, stand uns eine weitere schwierige Etappe bevor. Ohne Hanks Hilfe hätten wir es nie über den Wabash hinaus geschafft.

11

»Zwei Jungs, die in einer Piper Cub nach Kalifornien fliegen?« fragte der Tankwart in Indianapolis. »Alles klar. Das ist eine Story, wißt ihr, eine *Story*. Ich bin doch nicht blöd, hab' einen Riecher für 'nen heißen Tip.«

Nachdem wir vorhin in East Richmond Hank die Einzelheiten unseres Fluges mitgeteilt und von ihm, einem echten

Stearman-Piloten, so übergroße Ermutigung erhalten hatten, dachte Kern, wir könnten sie eigentlich jedem erzählen. Als wir an jenem Morgen kurz nach sieben auf dem Sky Harbor Airport in Indianapolis landeten, um aufzutanken, und sich der Tankwart, der oben auf der Tragfläche Treibstoff pumpte, erkundigte, wohin wir unterwegs seien, posaunte Kern in bester Naivlingsmanier alles heraus. Der Mann fiel vor Aufregung beinahe von der Leiter. Mir wurde allmählich klar, daß eine Menge Leute Dinge an diesem Flug sahen, die wir selbst nicht gesehen hatten.

Wir mochten den blöden Tankwart beide nicht besonders. Er war ein kleiner, aufgeblasener Kerl mit bleistiftdünnem Schnurrbart und einer gestärkten Texaco-Uniform. An seinem Gürtel hatte er eins dieser lächerlichen Drei-in-Eins-Werkzeuge befestigt. Am Flugplatz von Indiana Benzin zu pumpen, war ein sehr wichtiger Job, vielleicht sogar einer der wichtigsten Jobs in ganz Indiana, gab er uns zu verstehen. Früher oder später müsse jeder auf einem Flugplatz landen, und man sollte nicht glauben, was für Leute man da traf, sagte er. Rockstars und Filmschauspielerinnen, Politiker, die zu Besuch kamen, berühmte Rechtsanwälte, die ihre eigenen Maschinen flogen – immer statteten sie »Indy« unangekündigt eine Stippvisite ab, und er war der erste, der davon erfuhr. Zeitungsreporter, die, wie der Tankwart anscheinend fand, den zweitwichtigsten Job in Indiana hatten, waren auf ihn und seinen stetigen Strom »heißer Tips« geradezu angewiesen. Jetzt waren *wir* der heiße Tip.

Der Tankwart bat uns, einige Minuten am Boden zu warten, damit er einen seiner »besten Freunde«, einen Reporter vom *Indianapolis Star,* anrufen konnte. Im Austausch dafür wollte er uns das Benzin spendieren.

Kern war zunächst nicht einverstanden. Er wollte sofort weiter nach Süden, um eher am Mississippi zu sein als das Unwetter. Durch die Presse bekannt zu werden, war nie geplant gewesen, und Kern wollte so früh auf unserer Reise keine Verzögerung. Allerdings begegnete er Fremden nicht gern mit Ablehnung und wenn doch, versuchte er, sie höflich zu äußern.

»Das ist ein sehr großzügiges Angebot, Sir«, sagte er. »Ein Zeitungsinterview würde uns wirklich Spaß machen. Aber wir müssen weiter.«

Der Tankwart hielt einen Fünf-Dollar-Schein hoch.

»Paßt auf, laßt mich eben meinen Freund anrufen«, bat er. »Frühstück? Wollt ihr Frühstück? Das gebe ich auch noch aus. Gleich auf der anderen Seite der Rampe ist ein Café.«

Nun hatten wir ein echtes Problem, denn ich starb fast vor Hunger. Unsere sehr unterschiedlichen Stoffwechsel waren ein wiederkehrender Grund für Zwietracht zwischen Kern und mir. Mit fünfzehn brauchte ich fünf ordentliche Mahlzeiten am Tag, davon mindestens zwei mit Steaks, und trotzdem ging ich jeden Abend mit knurrendem Magen schlafen. Kern aß wie ein Kamel und kam von Sonnenaufgang bis zur Dämmerung mit einem einzigen Schokoriegel aus. Ich fing sofort an zu drängeln. Ich war also hungrig, und außerdem waren wir erst kurz unterwegs und wußten noch nicht, ob wir es mit unseren 300 Dollar wirklich bis nach Kalifornien und zurück schaffen würden. In dieser Hinsicht schienen wir eine Glückssträhne zu haben, und ich wurde richtig gierig. In East Richmond hatte Hank uns einen Tank Treibstoff spendiert, jetzt waren wir nahe an unserem zweiten, und dazu noch Frühstück. Unter diesen Umständen würden wir praktisch umsonst durch den ganzen Staat Indiana kommen. Wenn man das alles bedachte, wäre es geradezu unverantwortlich, ja gefährlich, das vor uns liegende Unwetter mit leerem Magen in Angriff zu nehmen.

»Du, Kern«, meinte ich. »Kann ich mal was sagen? Denk an unsere Kasse. Der Typ hier redet von einem Gratis-Frühstück.«

»Meine Güte, Rink. Es ist erst sieben Uhr morgens. Wie kannst du da schon Hunger haben?«

»Kern, ich habe keinen Hunger. Wer sagt, daß ich Hunger habe? Aber für fünf Dollar kriegen wir beide Steak.«

»Siehst du?« sagte der Tankwart und wedelte mit seiner Fünfdollarnote. »Dein Bruder hat Hunger. Hab ich mir doch gedacht. Es geht ja bloß um zwanzig Minuten. Mein Freund kommt gleich angedüst.«

»Ach, meine Güte, Rink«, sagte Kern.

Ich ließ meine neue Timex mit den großen, albernen Kinderbuchzahlen auf dem Zifferblatt vor Kerns Gesicht aufblitzen.

»Kern, es ist halb acht Uhr morgens. Wir haben jede Menge Zeit.«

»Siehst du? Dein Bruder möchte frühstücken«, sagte der Tankwart.

Kern war inzwischen verärgert, und das machte ihn gewöhnlich selbstbewußter.

»In Ordnung«, schnauzte er, nahm die fünf Dollar und zeigte mit dem Finger auf den Tankwart. »Aber das Gratisbenzin und das Frühstück gehören uns auf jeden Fall. Wenn der Reporter nicht in zwanzig Minuten hier ist, nachdem wir aufgegessen haben, hauen wir ab.«

»Abgemacht! Ich rufe ihn gleich an.«

Prima. Ich würde also doch zu meinem Frühstück kommen, aber das beste an der Sache war, zu hören, wie Kern diesem idiotischen Tankwart die Sporen gab. Nachdem wir es in einem Tag bis nach Indiana geschafft hatten und mit den Stearmans in Formation geflogen waren, hatte sein angeschlagenes Ego ein bißchen Auftrieb gekriegt.

Als der Reporter mit einem Fotografen vom *Indianapolis Star* im Schlepptau eintraf, waren wir schon entspannter. Wir hatten beim Frühstück unsere Karten durchgesehen und erkannt, daß wir mit vier oder fünf Stunden Flugzeit leicht über den Mississippi gelangen konnten, auch wenn wir gegen Mittag einige Unwetter würden aussitzen müssen. Der Mississippi war ein wichtiger Meilenstein für uns, und uns war nicht klar gewesen, daß der Fluß dem südlichen Teil von Indiana so nahe war. Es kümmerte uns nicht, ob wir es an diesem Abend bis nach Brinkley auf die Stearman-Piste schaffen würden. Irgendein Ort in Arkansas wäre schon gut, weil er jenseits des Mississippi läge. Am ersten Tag bis nach Indiana gekommen zu sein, hatte eine tiefe psychologische Wirkung auf uns gehabt. Wir beurteilten Entfernungen nicht mehr nach Meilen, sondern nach dem Klang der Namen – danach, wie sich ein Staat aussprach. An unserem zweiten Tag von Indiana nach Arkansas zu fliegen, hörte sich nach einer großen Entfernung an, einer eindrucksvollen Menge Terrains, über die wir zu berichten hätten.

»Rink, wenn wir heute abend zu Hause anrufen, scheißt sich Daddy in die Hosen«, sagte Kern. »›Hey, Dad, wir sind schon über den Mississippi.‹ Er wird es bestimmt gar nicht fassen können.«

Der Reporter vom *Star* war ein rundlicher Mann mit gebügeltem, blauem Hemd, dessen Kragen offenstand, zerzaustem, grauem Haar und einer ungezwungenen, vertraulichen Art. Wie die meisten Reporter, denen wir im Laufe der Jahre begegnet waren, hatte er vom Fliegen keine Ahnung, und er begriff gar nicht, wie wir uns ohne Funk und Autopilot zurechtfinden konnten. Er schien jedoch echtes Interesse an uns zu haben und gab uns das Gefühl, wichtig zu sein. Sein Gesicht leuchtete auf, und er fing an, sich hektisch Notizen zu machen, als Kern seine Frage beantwortete, was mein Vater denn von dieser Reise halte.

»Mein Vater?« sagte Kern. »Naja, er hat uns das Fliegen beigebracht. Als er in unserem Alter war, hat er dasselbe getan, ist im Land rumgeflogen und hat sich als Pilot durch die Depression geschlagen. Mein Vater weiß also, wie das ist. Er freut sich für uns.«

»Mit anderen Worten, ihr durchlebt noch mal die Jugend eures Vaters«, sagte der Reporter.

Kern zuckte die Achseln und sagte ja.

Dieser Teil unserer Geschichte, meinte der Reporter, sei »sehr anrührend«. Jeder würde gern etwas über zwei Jungen lesen, die durchs Land flogen, um die Jugend ihres Vaters in der Zeit der Depression wiederaufleben zu lassen.

Diesen Aspekt hatten wir beide bisher nicht in Betracht gezogen. Was uns betraf, so flogen wir nach Kalifornien, um meinem Vater für ein paar Wochen zu entkommen. Aber als der Reporter es nun aussprach, merkten wir, daß ein Körnchen Wahrheit daran war, vielleicht mehr, als wir uns selbst eingestehen wollten. Das Ironische an der Situation überraschte uns beide. Jahrelang waren wir nachts aufgeblieben, um den sagenhaften Anekdoten meines Vaters zu lauschen, und das hatte unser Bild von ihm wesentlich geprägt. Es war uns nie in den Sinn gekommen, daß diese Geschichten auch unsere eigenen Erwartungen an uns selbst geformt hatten, doch das schien klar auf der Hand zu liegen, sobald der Reporter es äußerte. Jetzt, da wir alt genug waren, uns von meinem Vater zu lösen, hatten wir für uns ein identisches Abenteuer konstruiert. Aber natürlich hatten wir das zuvor nicht an uns wahrgenommen, denn der Einfluß eines Vaters wird als selbstverständlich hingenommen, braucht Jahre, bis er offen zutage tritt, und außerdem würde kein Teenager gern zugeben, daß er einem Elternteil nacheifert.

Wir verschwendeten jedoch keinen weiteren Gedanken an das Interview mit dem *Star*. Wahrscheinlich würde die Zeitung den Artikel unter den gemischten Nachrichten begraben, wo er nichts als eine blöde Leute-von-heute-Geschichte unter vielen für die Leser von Indianapolis wäre. Wen kümmerten schon zwei Jungs aus New Jersey, die in einer Piper Cub von Küste zu Küste flogen?

Wir beendeten das Interview mit dem Reporter draußen

beim Flugzeug, und der Fotograf ließ uns für seine Aufnahmen neben dem Propeller posieren. Der Tankwart kam zu uns heraus und schien sehr zufrieden mit sich und stolz auf seine Beziehungen zu dem Reporter. Er machte eine große Show daraus, die Cub für uns anzuwerfen, damit der Reporter sah, wieviel Erfahrung er mit Flugzeugen hatte.

Fröhlich winkten wir zum Abschied und dröhnten die Schotterdecke der Piste von Indianapolis hinunter, flogen südwärts über die leuchtend grünen Wiesen von Zentral-Indiana, vorbei an Martinsville, Bloomfield und Vincennes. Zwei Stunden später waren wir in Süd-Illinois und trafen auf den Wabash. Im Süden ballten sich Unwetterwolken zusammen, und wir schnallten unsere Sicherheitsgurte zum Schutz gegen die ersten Turbulenzen der näherrückenden Front enger.

Ich war etwas schwermütig, als ich Indiana hinter dem linken Flügel verschwinden sah. Wochenlang hatten wir von diesem Staat geträumt, und jetzt, noch vor dem Mittag des zweiten Tages, lag Indiana, das romantische, weit entfernte Indiana, bereits hinter uns.

Aber ich hegte nicht nur sentimentale Gefühle. Während wir den gewundenen, schlammigen Krümmungen des Wabash ins südliche Illinois folgten, blätterte ich in dem Heft, in dem ich unsere Kosten für Benzin und Essen notierte. Obwohl wir in Indiana beides im Wert von fast zwanzig Dollar konsumiert hatten, fand sich für den ganzen Staat nur ein Eintrag – 4.02 Dollar für das gestrige Abendessen in East Richmond. Und den dämlichen Tankwart hatten wir dazu noch richtig aufs Kreuz gelegt. Der Reporter vom *Star* hatte nämlich unser Frühstück bezahlt, und wir hatten die fünf Dollar, die der Tankwart uns gegeben hatte, einfach behalten, ohne ihm etwas davon zu sagen. So hatten wir beim Überqueren von Indiana einen *Profit* von 98 Cents gemacht.

Die Leute dort waren schon erstaunlich. Man brauchte nur irgendwo zu landen und ihnen einen Haufen Quatsch über einen Flug von Küste zu Küste zu verpassen, dann bezahlten sie einen doch tatsächlich dafür, daß man ihren Staat überflog.

Hank hatte uns ein magisches Terrain eröffnet.

Nahe dem unteren Ende von Illinois entleerte sich der Wabash in den Ohio, dem wir eine Stunde lang folgten, bis wir Paducah, Kentucky, erreichten, wo wir seine Ufer südwärts kreuzten. Die Eisenbahnlinie, die Hank mit rotem Fettstift markiert hatte, war leicht zu finden, und nachdem wir auf sie gestoßen waren, veränderte sich die Landschaft schlagartig. In den nächsten anderthalb Stunden zogen uns die beiden Schienenstränge, die abwechselnd in der Sonne schimmerten oder in tiefe Schatten gebadet waren, hypnotisch an und lockten uns in die zerklüfteten Hügel des westlichen Kentucky und Tennessee.

Die Schlechtwetterfront, die vom Golf her anrückte, hatte sich mehr oder weniger wie vorausgesagt entwickelt. Im Osten verhüllte eine dicke, graue Wolkenwand das Vorgebirge der Cumberlands, und der Himmel über dem Mississippi-Tal im Westen war von einem undurchdringlichen Schwarz. Aber hier in Hanks Senke war es noch klar unter der tiefhängenden Wolkendecke, die uns auf die eisernen Bergkämme drückte. Wir staunten, daß er nur aufgrund des frühmorgendlichen Wetterberichts diesen engen Tunnel guter Sicht – in jeder Richtung über hundert Meilen weit der einzige – hatte voraussagen können. Allerdings waren wir gezwungen, ziemlich niedrig zu fliegen, und nach den offenen, grünen Weiten des mittleren Westens war der Mangel an Farbe und räumlicher Distanz desorientierend. Die Landschaft, die sich unter unseren Rädern dahinzog, war von rauher Schönheit, einsam und wild; nur gelegentlich lockerten Blockhütten und kleine Felder die schmalen Plateaus auf. In den schattigen Schluchten blitzten Wildwasserbäche auf.

Immer wieder drängten uns tiefhängende Wolken auf nur ein paar hundert Fuß über den Bergkämmen herab. Mein Blickfeld im Rücksitz war beschränkt, und oft konnte ich nur direkt nach unten schauen. Diese Senkrecht-Perspektive hatte etwas Beunruhigendes à la *Alice im Wunderland*, als ob ich Hals über Kopf auf das Land hinunterstürzte, statt darüber hinwegzufliegen. Während Kern dem serpentinenförmigen Verlauf des Geländes folgte, verschwammen Eisenbahnlinie, Stromschnellen und die beiden Wände der Schlucht ineinander und sausten als ein einziges Bild am Grunde eines Trichters unter uns dahin. Gleise, Wasser und Schlucht wirbelten schwindelerregend seitwärts, wenn Kern den Eisenbahnschienen um die nächste Kurve folgte.

Manchmal fand er über uns ein Stück klaren Himmel und stieg hoch, wobei er fast die Gipfel streifte. Oben auf den Bergen wurden dann plötzlich Spuren menschlicher Behausungen sichtbar. Neben baufälligen Blockhütten und Schuppen lehnten sich Frauen mit bunten Kopftüchern und Männer mit Strohhüten im Garten auf ihre Hacken oder saßen in Gruppen auf ihren zusammengebrochenen Veranden und glotzten uns nach, wenn wir über ihre Köpfen hinwegfegten. Sie waren die einzigen Lebewesen, die wir in über zwei Flugstunden sahen. Die unheimliche, ursprüngliche Landschaft verstärkte meine romantische Erregung über unsere Schnelligkeit und die Entfernung, die wir bereits zurückgelegt hatten.

Nördlich von Wingo, Kentucky, verschwanden die Gleise in einem Gebirgstunnel. Wir kletterten über den Gipfel und zwängten uns wieder unter die Wolken. Während wir auf der anderen Seite des Berges in Turbulenzen tauchten und die Schienen erneut sichtbar wurden, kam eine Diesellokomotive silbrig gleißend aus dem südlichen Tunnelende. Eine lange Kette von Güterwagen schlängelte sich hinter ihr aus dem Tunnel.

Bis zur Staatsgrenze bei Fulton lieferten wir uns mit dem Zug ein Wettrennen. Während wir oben gegen steife Winde ankämpften, legten Lokomotive und Waggons bergab Fahrt zu und ließen uns langsam hinter sich. Kern gab Gas und schoß so rasch wie möglich auf die von einem Geländer umschlossene Plattform auf dem hinteren Teil des Bremswagens zu.

In den weiten Kurven, in denen der Zug abbremsen mußte, holten wir ihn dann wieder ein, schwankten 500 Fuß über dem Bremswagen im heftigen Gegenwind. Ein Eisenbahner in Latzhosen trat auf die Plattform, zündete sich seine Pfeife an und schaute hoch, nahm seine Kappe ab und winkte. Zwei weitere Bahnleute gesellten sich zu ihm und schwenkten herausfordernd ihre Mützen. Wenn die Schluchten sich öffneten und wir ohne Gefahr tief fliegen konnten, tauchten wir unter dem Gegenwind hindurch weit die Bergwände hinab und dröhnten mit voller Kraft tief über unser winkendes Publikum auf dem Bremswagen hinweg. Die Eisenbahner lachten und stießen sich mit den Ellbogen an, während sie nach oben schauten. Dann verengte sich die Schlucht erneut, und wir waren gezwungen, aufzusteigen und reglos wie ein Ballon im Gegenwind zu hängen. Wieder hängte uns der Zug ab.

Das Wettrennen mit dem Zug war verrückt und lustig zugleich. Wir waren bereits tief nach Kentucky vorgedrungen und hüpften, einen Steinwurf vom Mississippi entfernt, in Hanks düsterer Appalachen-Senke auf und ab. Wir lagen sehr gut in der Zeit, waren gegen Mitte des zweiten Tages schon viel weiter, als wir erwartet hatten. Das Pulsieren des Motors und der Geruch nach verbranntem Öl wirkten merkwürdig beruhigend, während die exotische, karstige Schönheit Kentuckys unter uns dahinsauste. Ich fühlte mich inzwischen sehr weit weg von zu Hause. Trotzdem, das Wettrennen mit einem Zug, einem langen Güterzug mit fünfzig Waggons dazu, verloren wir.

Bei Fulton verliefen die Gleise in einer langen, geraden Strecke bergab. Kern gab Vollgas und drosch den Knüppel nach vorn, um aus der Cub alles herauszuholen. Der Fahrtmesser war fast auf die rote Linie bei 120 Meilen pro Stunde geklettert, aber wir waren immer noch nicht schnell genug, um die Bahn einzuholen – so heftig war der Gegenwind. Die Flügel bockten in der Turbulenz und schlugen seitwärts aus, und selbst bei fast senkrecht nach unten gehaltener Nase trieb uns der Wind in die Höhe und veranlaßte die Cub zum Klettern. Kern mußte schließlich Gas wegnehmen, um zu verhindern, daß wir in die Wolken aufstiegen.

»Rink, das ist prima!« schrie Kern.

Ich fragte mich, was so prima daran sein sollte. Mein Magen würde jeden Moment das Steak und die Eier von sich geben, die ich zum Frühstück gegessen hatte.

»Findest du?«

»Klar! Das ist eine Böenlinie. Wir haben das Zentrum der Front hinter uns.«

Vor uns flitzte der Bremswagen dahin und verschwand allmählich. Einer der Eisenbahner holte von drinnen eine Signallaterne, richtete sie von der Plattform aus auf uns und ließ sie zum Abschied aufleuchten. BLINK. BLINK. BLINK. Kern wippte als Antwort mit den Tragflächen.

Nach diesem Achterbahnwettrennen mit dem Zug wünschte ich mir verzweifelt, die Steuerung zu übernehmen. Der Bodeneffekt hier in der Kentucky-Senke war beinahe so schlimm wie die Turbulenzen über den Alleghenies, und ich wollte mich einfach nicht noch einmal so unbehaglich fühlen wie dort. Mittlerweile war es mir egal, was Kern von mir dachte. Ich verspürte den unwiderstehlichen Drang, die Maschine ein Stück weit selbst zu fliegen.

Erst fast zwanzig Jahre später las ich in einem Buch über die Probleme des Instrumentenflugs; bis dahin wußte ich nicht, daß ich den ganzen Flug über an etwas litt, das man Copiloten-Vertigo oder Drehschwindel nennt. Dieses Phänomen tritt besonders in Flugzeugen mit Tandemsitzen wie der Cub auf, wo die Sicht über den Piloten hinweg begrenzt ist. Von Böen geschüttelt, wegen der Wolken nicht imstande, einen klaren Horizont auszumachen, kann der Flieger im hinteren Sitz die Bewegung seiner Augen nicht mehr mit der des Flugzeugs über dem Gelände koordinieren. Das panische Gefühl räumlicher Desorientiertheit macht sich manchmal schon nach wenigen Minuten des Fliegens bemerkbar, und der Co-pilot sehnt sich danach, selbst gegen die Turbulenz anzukämpfen, um das Gefühl der Kontrolle wiederzuerlangen.

Ich war in Panik. Die qualvolle, übelkeiterregende Wirkung des Schwindels überwältigte mich. Die Abdeckung der Nase und die Instrumente auf dem Brett vor Kern drehten sich vor meinen Augen wild im Kreis, und ich zitterte am ganzen Leib. Die Augen zu schließen half auch nicht. Sobald ich sie wieder öffnete, schien das Flugzeug auf dem Kopf zu stehen. Schließlich hielt ich es nicht mehr aus, warf meine Navigationskarte nach vorn und rüttelte an meinem hinteren Steuerknüppel.

»Kern! Ich kotze gleich, wenn du mir das Flugzeug nicht überläßt. Ich will fliegen!«

Sofort warf Kern die Hände in die Höhe.

»Die Maschine gehört dir, Rink. Warum hast du nicht früher was gesagt?«

Die Erleichterung kam fast augenblicklich. Ich spürte, wie ich das Gleichgewicht zurückgewann; links und rechts und unten waren da, wo sie sein sollten, sobald ich die Maschine durch den Knüppel hindurch spüren konnte.

Gleich darauf traf uns ein harter Windstoß von rechts, und ich trat das Ruder bis zum Anschlag, steuerte mit dem Knüppel heftig dagegen und gab sogar noch etwas mehr Gas, um mich durch die Bö zu kämpfen. So machte man es eigentlich nicht – ich übersteuerte das Flugzeug –, aber es war mir egal, wie sehr ich beschleunigen mußte, um die Cub geradeaus und auf Horizontalkurs zu halten. Die körperliche Bewegung und der Adrenalinstoß durch das Herumwerfen der Maschine am Himmel halfen mir, wieder zur Besinnung zu kommen.

Kern packte den Haltegriff über seinem Kopf mit einer Hand und langte mit der anderen herüber, um etwas Gas wegzunehmen. Wenn man in einer Turbulenz so schnell fliegt, riskiert man, die Maschine zu sehr zu strapazieren, deshalb wollte er unsere Geschwindigkeit reduzieren. Trotzdem lachte er, als er sich umwandte und mir zuschrie:

»Rink! Mein Gott! Du übersteuerst das Flugzeug. Mach mal halblang.«

»Ich kann diese beschissene Turbulenz nicht ausstehen, Kern. Jetzt bleib *du* mal sitzen und laß mich machen.«

»In Ordnung! Ich versteh schon. Achte bloß auf den Fahrtmesser.«

Ich war froh, daß ich diesen Punkt erreicht hatte. Nun mußte ich nicht mehr verbergen, welchen Bammel ich vor Turbulenzen hatte. Meine Angst schien Kern nicht zu bekümmern. Es war dumm von mir gewesen, mir deswegen überhaupt Sorgen zu machen.

Auf dieser Etappe dachte ich mir einen weiteren kleinen Trick aus, der meine Position im hinteren Sitz wesentlich erleichterte. Ich griff mir aus dem Gepäckfach einen Schlafsack, faltete ihn und legte ihn auf mein Sitzkissen, so daß ich über Kerns Schulter hinweg durch die Windschutzscheibe sehen konnte. So war mein Blickfeld nach vorn erheblich erweitert, und das dickere Polster schützte mich besser gegen die unaufhörlichen Turbulenzen. Wegen der Haltegriffe über dem Vordersitz war für Kern nicht genug Platz, um dasselbe zu tun, und am Ende der Reise tat ihm der Arsch vom Fliegen in Turbulenzen so weh, daß er ganz steif ging und nachts auf dem Bauch schlafen mußte.

Wir verbrachten den Rest des Tages damit, uns mit Navigieren und Steuern abzuwechseln, und ich merkte, daß es

Kern Spaß machte. Ab und zu rüttelte er am Knüppel oder langte nach hinten und drückte mein Knie, um zu signalisieren, daß ich etwas anders steuern sollte. Die meiste Zeit jedoch saß er zufrieden da, folgte der Strecke auf der Karte, schaute in den Himmel hinaus und grübelte darüber nach, wie wir die Unwetterfront überholen könnten, um schneller voranzukommen.

An diese Etappe durch Kentucky habe ich mich noch aus einem anderen Grund immer erinnert. Kern war sehr zufrieden damit, wie ich flog, und beeindruckt davon, wie verbissen ich meine Höhe und meinen Kurs beibehielt, von dem ich nur abwich, wenn vor uns Wolken oder ein Hindernis auftauchten. Das war für mich sehr befriedigend, und ich wußte auch genau, woher ich diese Disziplin hatte. Während meines Überlandflugtrainings hatte mein Vater mir gnadenlos eingepaukt, Höhe und Kurs beizubehalten. Selbst in Turbulenzen mußte ich streng nach Air-Corps-Normen fliegen – plus oder minus 50 Fuß auf dem Höhenmesser, nicht mehr als drei oder vier Grad Abweichung auf dem Kompaß, und wenn ich meinen Kopf zu lange in der Karte vergrub und die Maschine abdriften ließ, war die Hölle los. »Höhe, verdammt noch mal!« bellte mein Vater mir dann ins Ohr. Ich war nicht verbittert deswegen und genoß die harte Arbeit sogar, bedauerte aber doch, daß wir nicht einfach mal alle viere gerade sein lassen und dort oben unseren Spaß haben konnten. Es gab auch keine Gesten der Zuneigung zwischen uns. Das Problem setzte sich am Boden fort. Nachdem ich einen Nachmittag mit meinem Vater geflogen war, fühlte ich mich in seiner Gegenwart so befangen und angespannt, daß ich eine Woche lang kaum mit ihm reden konnte.

Mit Kern dagegen genoß ich das Fliegen. Ihm ging es nicht darum, Air-Corps-Regeln durchzusetzen, obgleich ich ihm zuliebe nach ihnen flog. Er äußerte seine Empfindungen sehr offen und sagte, was ihm gerade in den Sinn kam.

»Rink, du machst das prima!« schrie er mir über den Motorenlärm hinweg zu. »Ich kann gar nicht glauben, wie gut du mit der Cub fertig wirst.«

Die Turbulenz, gegen die ich ankämpfte, die Gefühle, die ich durchlebte, verursachten in meinem Inneren ihre eigene Wirkung. Wenn Kern solche Dinge sagte, erlitt ich vorübergehend heftige Anfälle von Sorge und Sehnsucht nach meinem Vater. Ich begriff es nicht. Den ganzen Winter über hatte ich mich darauf gefreut, von ihm wegzukommen. Jedesmal, wenn er mir einfiel, dachte ich an Schinderei und harte Arbeit, an einen Mann, der mich behandelte, als sei er immer noch der bärbeißige Stearman-Ausbilder, der Fliegerkadetten auf den Krieg vorbereitete. Jetzt, da wir endlich hier waren und Vergnügen an unserem Abenteuer hatten, vermißte ich ihn – wehmütig, manchmal sogar leidenschaftlich. Natürlich verstand ich damals noch nicht, daß Emotionen, den Gesetzen der Assoziation gehorchend, paarweise auftreten. Ich liebte den Mann, den ich haßte, dafür, daß er mich so fliegen ließ, wie er selbst flog, aber das war verwirrend, und die Turbulenzen waren so schlimm, daß ich meine Gedanken nicht richtig sortieren konnte.

Meist nach etwa ungefähr zwanzig Minuten, wenn ich diese Überlegungen satt hatte und meine Arme steif waren vom Kampf gegen die Böen, rüttelte ich an meinem Knüppel und übergab das Flugzeug wieder an Kern.

So holperten wir also durch Hanks Senke. Die Luft war turbulent und das Land unter uns verlassen und fremd, aber jedesmal, wenn ich mit Navigieren an der Reihe war, sah ich, daß wir gute Fortschritte machten. Die Etappe durch Kentucky war brutal. Dennoch machte es mir Spaß, mich mit Kern beim Steuern abzuwechseln, und ich wußte, daß ich mich als viel wertvoller für ihn erwies, als wir beide erwartet hatten.

Als wir uns dem Mississippi näherten, führte ich Kern ein wenig an der Nase herum. Er flog gerade durch die letzten Schluchten aus der Senke heraus und hatte schon eine Weile nicht mehr auf die Karte geschaut. Ich rief ihm zu, vor uns läge ein großes Hindernis; er solle nach Westen kurven und auf 3000 Fuß ansteigen. In der Kurve entdeckte ich unter uns den Deer Creek. Über die nächsten zehn Meilen, die er dem Fluß entgegenströmte, ging das felsige, hartholzbewachsene Vorgebirge von Tennessee allmählich in die sumpfige Flutungsebene des Mississippi über.

Ich sagte Kern, er solle den Aufstieg beschleunigen, so daß er nicht mehr über die Nase hinwegsehen konnte. Geistesabwesend starrte er über den Propeller in den Himmel, dankbar dafür, daß es vor uns endlich klar genug war, um auf Höhe zu gehen. Ich aber sah durch die Seitenfenster schon den Fluß, der, gewaltig und braun schimmernd, eine Schlangenlinie von Horizont zu Horizont aus seiner Umgebung hervortrat.

Bei 3000 Fuß ging Kern auf Horizontalkurs, nahm Gas weg, checkte seine Instrumente und schaute ziellos nach vorn. Dann hob er die linke Hand und rief mir etwas zu. Die Tragflächen schaukelten sacht, und die Ruderpedale tanzten. Kerns plötzliche Erregung übertrug sich durch die Steuerung erst auf das Flugzeug und dann auf mich.

»Rink! Da ist er! Guck doch! Der Mississippi.«

Der Fluß bot das herrlichste, eindrucksvollste Bild einer Landschaft, das ich mir je erträumt hatte.

Er füllte den ganzen Himmel aus. Im Norden wanden sich seine Krümmungen zu Schleifen, einer Masse von braunen Wasserbögen und Sandbänken, die bis nach Missouri hineinreichte. Nach Süden zu begradigte sich der Strom, wurde breit wie ein See und entleerte sich in die weiten Auen jenseits seiner Ufer. Der Mississippi war ein ganzer Kontinent aus Wasser, ein Binnenmeer, das das Land unter uns in zwei Hälften teilte. Wir konnten gar nicht fassen, wieviel Wasser unter uns hinfloß, und wie breit der Strom war. Die Ufer waren gewaltige Sandanschwemmungen, für sich genommen schon so mächtig wie die Flüsse, die wir von zu Hause kannten. Sie weiteten sich an den Biegungen des Flusses zu ungeheuren, offenen Wüsten, die unter der Sonne blendeten. Nichts, was ich über den Mississippi gelesen oder gehört hatte, hatte mich auf eine solche Wassermenge vorbereitet. Der Anblick von dreißig oder vierzig Meilen Fluß aus 3000 Fuß Höhe bei klarer Sicht war überwältigend. Die Majestät des Gewässers und seiner Ufer hatte etwas Unwirkliches, zu großartig, um es zu erfassen.

Wir berauschten uns regelrecht an diesem Strom. Tatsächlich kreuzten wir seine Ufer dreimal, als wir die riesige Schleife bei Blytheville, Arkansas, diagonal überquerten. An der ersten Biegung des Flusses tauchten wir tief auf seine sandigen Ränder zu und schossen dann geradeaus über das Wasser. Der Wind wirbelte es zu Gischtkronen auf. Wir staunten über das Treibgut, das stromabwärts mitgeführt wurde. Auf den Sandbänken waren riesige Bäume und Baumteile gestrandet. Die Sprossen ihrer Wurzeln und Äste ragten aus dem Wasser, tangartige, sandig verfilzte Pflanzen baumelten an ihnen herab. Auf Baumwipfelhöhe richteten wir unsere Nase auf einen Schleppdampfer, der eine Kette von Kähnen durch die schlammigen Untiefen der Flußkrümmung zog. Als wir ihn fast erreicht hatten, zog Kern den Steuerknüppel hart zurück, und wir stiegen senkrecht auf. Kurz bevor wir überzogen, drehte er das linke Querruder bis zum Anschlag, trat ins Seitenruder, und wir drehten uns in einen »Hammerkopf«-Looping. Anschließend pfiffen wir wieder hinab auf den rauchenden Schornstein des Dampfers zu und erstickten dabei fast an den trüben Dieselabgasen. Ein paar Besatzungsmitglieder kamen an Deck und sahen uns vom Heck aus zu, und auch der Koch, der eine von diesen lächerlichen weißen Mützen trug, steckte seinen Kopf aus der Kombüse und winkte.

Kern neigte die Tragflächen direkt über ihren Köpfen, dann flogen wir auf das Ufer zu. Wir ließen den Fluß nur ungern hinter uns, aber der Treibstoff wurde knapp, so daß wir gezwungen waren, uns wieder nach Westen zu wenden, um auf der großen Asphaltpiste von Blytheville in Arkansas zu landen.

Kern kurvte in die Kontrollzone ein und nahm Gas weg zum Anschweben. Während wir unter den Kiefernhorizont absanken, schauten wir uns beide noch einmal nach dem Fluß um.

»Rink, ich komme gar nicht drüber weg. Es ist erst zwei Uhr an unserem zweiten Tag, und wir sind schon auf der anderen Seite des Mississippi!«

Aus irgendeinem verrückten Grund saß auf dem Flughafenparkplatz ein Bestattungsunternehmer in seinem Leichenwagen, einem Cadillac, und sah lethargisch zu, wie die Flugschüler in ihren abgewrackten gelben Champs starteten und landeten. Er kam herüberspaziert und hielt ein Schwätzchen mit dem Flugplatzopa, während wir die Maschine auftankten. Es war sengend heiß hier in Arkansas, aber er trug einen schweren, dunklen Anzug, ein gestärktes Hemd mit Krawatte und einen schwarzen Stetson. Er wirkte bekümmert und freundlich zugleich wie alle Leichenbestatter.

Ich hatte schon wieder Hunger, was Kern diesmal nichts ausmachte. Wir hatten bereits den Mississippi überquert, und es war ihm egal, ob wir an diesem Tag noch eine weitere Etappe flogen oder nicht. Der Bestattungsunternehmer bot an, uns zum Mittagessen in die Stadt mitzunehmen, und wir drängten uns zu dritt auf die Vordersitze des Leichenwagens. Er sprach einen ausgeprägten Südstaatendialekt, den wir kaum verstanden, und schwafelte unterwegs über dies und das, hauptsächlich die ortsansässige Industrie und die Sehenswürdigkeiten. Es war heiß dort vorn in dem Leichenwagen; ich war erschöpft vom Fliegen, und mir dröhnten noch die Ohren vom Pochen des Flugzeugmotors. Auf halbem Wege in die Stadt schlief ich ein, eingelullt von dem zucker-süßen, unverständlichen Sermon des Bestattungsunterneh-mers, an die Beifahrertür gelehnt – was ein merkwürdiges Ge-fühl war, weil ich mich in einem Leichenwagen befand, und es kam mir vor, als seien wir den ganzen Tag nur deshalb so schnell geflogen, damit ich in Arkansas sterben und in den Himmel kommen konnte.

Die Einwohner dieses Staates erstaunten uns in einem Punkt: Sie waren besessen von den Kennedys. Jeder versi-cherte uns, wir sähen »egal wie« die Brüder Kennedy aus. Der Flugplatzopa hatte es gesagt, und jetzt sagte der Bestattungs-unternehmer, als er uns im Ort absetzte, dasselbe.

»Gottchen«, meinte er. »Ihr seid aber ech' Doppelgängers von den Ken'dee-Heinis. Kennt ihr das Bild vom jungen Jack als Marineoffizier? Also, du da, du siehst egal aus wie er.«

Dabei stieß er Kern mit dem Ellbogen an.

»Hör mal, Rink«, sagte Kern, als wir aus dem Leichenwa-gen stiegen. »Findest du, daß das stimmt?«

»Was?«

»Das mit mir. Daß ich aussehe wie Jack Kennedy.«

»Ach, Kern, ist doch scheißegal. Laß uns was essen.«

Der Bestattungsunternehmer setzte uns an einem höhlen-artigen Café im ländlichen Stil ab, das unter die Tribüne einer Pferdebahn in Blytheville eingebaut war und von einer sonn-tagnachmittäglichen Menschenmenge überquoll. Wir wun-derten uns über die aufgedonnert frisierten und extravagant geschminkten Kellnerinnen und darüber, wieviel Brathähn-chen man in Arkansas für einen Dollar kriegte. Ich konnte gar nicht fassen, wie voll sie die Teller häuften – die Leute hier schienen den Weltrekord im Essen zu halten. Außer dem wun-derbar mürben, aber gar nicht trockenen Hähnchen nach Süd-staatenart bekamen wir Grünkohl, mit Beinfleisch gekocht, Mais, Okra, alle möglichen Gelees und Soßen, Kartoffelpüree und Nudeln mit Bratentunke, selbstgebackenes Brot und zum Nachtisch Pekan-Pie.

Die Kellnerinnen kamen immer wieder vorbei und füllten unsere Gläser mit Eistee auf, ob wir darum baten oder nicht. Und ablehnen durfte man auch nicht.

»Mehr? Klar doch, Schätzchen.«

Als sie unseren Akzent hörten, wollte jedermann im Café wissen, wo wir herkämen.

»Nu Jersa! Mann, Nu Jersa! Hört mal alle her, die Jungs hier kommen ganz aus Nu Jersa!«

Und das verdammte Kennedy-Ding. Ganz Arkansas stand Kopf wegen der Kennedys. Jeder im Restaurant staunte uns ehrfürchtig an wegen unserer Ähnlichkeit mit den Ken'dee-Brüdern. Man kratzte sich am Kopf, guckte zu uns herüber und brach dann in wieherndes Gelächter aus. »Werklich wah'«, diese Jungs aus Nu Jersa waren die leibhaftigen Ebenbilder von Jack und Klein-Bobby.

Es sei »abselut komisch«, sagte eine der Kellnerinnen.

»Je'er veflixte Yankee, den ich treff, sieht aus wie diese Ken'dees. Er hier zum Beispiel mit den großen Augen, is' er nich' ganz un' gar JFK? Un' du? Kuck dich doch an mit dei'm Lockenschopf. Du bis' Bobby! Ein rich'iger kleiner Bobby-Schatz, werklich wah'.«

Kern genoß die Aufmerksamkeit und lächelte und errötete jedesmal, wenn ihm jemand sagte, er sähe aus wie Jack, wodurch er Jack noch ähnlicher wurde.

»Siehst du, Rink?« meinte er. »Jack. Jack Kennedy. Jeder findet, daß ich aussehe wie JFK.«

Mir selbst machte es nicht besonders viel aus, Bobby zu sein. Ich gewöhnte mich daran. Überall in Arkansas, in Oklahoma und bis nach Ost-Texas hinein ging bei jeder Landung wieder die Ken'dee-Leier los. »Herrgottchen, du da, ich wer' verrückt, is' das nich' Jack? Und Bobby! Kuck doch bloß ma', Klein-Bobby!« Vielleicht zogen sie uns auch nur auf und behandelten jeden Yankee in Collegeschuhen und Paisley-Hemd so, aber irgendwie kam es uns auch ganz selbstverständlich vor. Nicht nur, weil mein Vater für den Kennedy-Wahlkampf tätig gewesen war, sondern weil jeder von den Kennedys besessen schien, auch wir, als wir noch kleiner gewesen waren. Wir hatten Pferde und Hunde nach verschiedenen Mitgliedern des Clans benannt, und im Frühjahr 1961, als John F. Kennedy schon eine Weile im Amt war, waren Kern und ich mit Bildern des Präsidenten in der Tasche in die Stadt gefahren, damit der Friseur uns denselben »Princeton«-Haarschnitt verpassen konnte, den Jack trug. Als wir älter wurden, waren wir uns immer schmerzlich bewußt gewesen, daß wir als eine seltsame Familie galten, diese große, verrückte irische Sippe, die viel Krach machte und Aufsehen erregte, wohin sie auch ging. Außerdem waren wir in einem streng republikanischen Wahlbezirk Demokraten gewesen. Dann waren die Kennedys auf der Bildfläche erschienen und hatten uns gesellschaftlich das Leben gerettet. Selbst daß mein Vater uns von früh bis spät zu Leistung und Zusammengehörigkeit anhielt, erschien jetzt legitim.

Davon abgesehen, waren die Leute dort unten im Süden immer zu Späßen aufgelegt und gastfreundlich, und mir gefiel die lautstarke Redseligkeit in den Cafés des Südens und Westens. Eigentlich waren sie ein regelrechtes Nirwana, weil das Essen so unerhört preiswert und gut war. In Arkansas entdeckte ich die köstlichste Form der Proteindarbietung, die der Menschheit bisher eingefallen ist, nämlich als fritiertes Steak, und danach bestellte ich mir fast jeden Abend eins. Wer mir davon eins servierte mit einem mächtigen Berg Okra und Kartoffelpüree als Beilage, konnte mich von mir aus Bobby nennen, so lange er wollte.

Als wir aus dem Café traten, war der Bestattungsunternehmer mit seinem Leichenwagen wieder da, um uns zum Flugplatz zurückzubringen.

Dort war es immer noch ziemlich heiß, und wir waren zu müde und beduselt, um zu fliegen. Arkansas und vor allem das Essen, das es hier gab, wirkten wie eine Droge, die uns langsamer machte. Hinter dem Wartungsgebäude fanden wir einen hohen, schattigen Baum, rollten unsere Schlafsäcke darunter aus und schliefen uns nach dem Mittagessen erst einmal aus. Als wir aufwachten, gegen sechs, stand die Sonne niedrig, der Himmel war kristallklar, und vom Fluß wehte eine leichte, erfrischende Brise. Wir fühlten uns neu belebt, flugbereit, gierten danach, weitere Meilen hinter uns zu bringen.

Wir warfen die Cub an, rollten auf die Startbahn und hoben nach Südwesten in Richtung der großen Stearman-Piste von Brinkley ab, von der Hank uns erzählt hatte. Allmählich kristallisierte sich ein regelmäßiger Tagesablauf heraus. Jeden Morgen brachen wir bei Sonnenaufgang auf, flogen sieben oder acht Stunden am Stück, pausierten in irgendeinem kleinen Ort, wo wir ein spätes Mittagessen einnahmen und uns ein wenig umschauten, und jagten dann weitere 250 Meilen der Sonne hinterher, bevor wir abends landeten.

Wir flogen den Biegungen des Mississippi bis Osceola nach und stießen auf die nach Südwesten verlaufende Eisenbahnlinie. Ich wollte den Fluß noch nicht verlassen, also verstaute ich die Karte, rüttelte am Steuerknüppel und schrie Kern zu:

»Hey, Jack! Was dagegen, wenn ich das Steuer übernehme?«

»Das Flugzeug gehört dir, Bobby.«

Ich kurvte mit reichlich Gas auf den Strom zu, entdeckte einen Schleppdampfer, der eine Kette Lastkähne zog, und flog schön tief über ihn weg. Dann stieg ich wieder auf und ging ein paarmal im Sturzflug auf das Führerhaus nieder, bis die Besatzung herauskam und winkte.

Was für ein Land das doch war, dachte ich, was für eine Reise. Morgens Hank, nachmittags Südstaatenakzente und eine Fahrt im Leichenwagen. Es schien gar nicht möglich, daß ein einziger Tag derartige Unterschiede in Terrain und Sprache enthalten konnte. Die schattigen, trostlosen Schluchten West-Kentuckys hatten Morgen und Nachmittag voneinander getrennt, Entfernung und Zeit verzerrt. Es kam mir vor, als wären wir seit einem Jahr unterwegs.

So schwangen wir uns, träge und zufrieden und mit einem seltsamen Gefühl der Losgelöstheit, ein letztesmal auf den Fluß zu. Dann folgten wir den Gleisen und erlebten einen angenehmen abendlichen Flug über die eintönig flachen und grünen Kieferneinöden von Zentral-Arkansas. Der Wald schien sich ewig hinzustrecken, und außer den Schienen gab es unten nichts zu sehen. Im Westen sank eine rosa umflorte Sonne und badete unsere Gesichter in ihrer Wärme, die Luft war still, und wieder einmal konnten wir die Höllentour des verklingenden Tages vergessen und das Wohlgefühl genießen, in das pastellene Licht zu fliegen.

12

Am Himmel wimmelte es von Stearmans, als wir Brinkley erreichten. Es war ein außergewöhnlich klarer Abend, und wir konnten über die riesigen Kieferngehölze hinweg weit sehen. Aus mehreren Richtungen kamen Gruppen schäbiger, gelber Cropduster-Maschinen, die von ihren Abendflügen zurückkehrten, über die Baumwipfel geschossen. Wenn sie nahe genug über der Piste waren, tauchten sie alle gleichzeitig auf die Landebahn ab, schlängelten und wanden sich dabei umeinander und landeten zu zweit oder dritt auf einmal. Es war ein regelrechter Kurvenkampf da unten.

Unerfahren, wie wir waren, ordneten wir uns höflich und den Regeln entsprechend in die Kontrollzone ein, indem wir uns im Gegenanflug in den wahnsinnigen Strom der Flugzeuge fädelten. Während Kern damit beschäftigt war, ein paar

Dusters auszuweichen und ich ihm den Verkehr von links und rechts ansagte, pflügte ein einsamer Draufgänger in einer großen orangegelben Stearman von hinten in einer engen Kurve praktisch auf dem Kopf stehend, über uns hinweg. Wir spürten seine Wirbelschleppen, als er an unserer Nase vorbeidonnerte.

Also gaben wir Gas, flogen einmal um den Platz und versuchten es erneut. Doch es war sinnlos. Immer wieder schnitten Doppeldecker uns den Weg ab. Kern warf die Hände hoch.

»Das können wir vergessen, Rink! Jetzt fliege ich auch so wie die.«

Ich war froh darüber. Die lange Strecke über den Kieferneinöden war so einschläfernd, daß ich in der letzten Dreiviertelstunde dauernd gegen das Einnicken hatte ankämpfen müssen. Ich haßte es, in einem Flugzeug wegzudösen. Nun war ich hellwach. Die riesigen Monster-Doppeldecker dröhnten um uns her, und ich versuchte, mir von dieser verrückten Stearman-Piste namens Brinkley ein Bild zu machen. Es sah aufregend aus dort am Boden mit all den gelben Maschinen, die wie Raupenschlepper umherkrochen und mit dem Heck Staub aufwirbelten. Dies war unser zweiter Abend hintereinander auf einer Stearman-Piste, und wahrscheinlich würde es auch hier lustig werden.

Überdies gefiel es mir immer, wenn Kern so ärgerlich wurde wie jetzt, sich behauptete und in einer Situation die Initiative ergriff. Das war der Bruder, den ich mir wünschte, und außerdem wußte ich, daß er mir gleich ein nettes Kunststück bieten würde.

Kern schob die Schultern vor, biß die Zähne zusammen, gab Vollgas und warf die Cub um 180 Grad herum. Direkt unter uns flogen zwei abgehalfterte Stearmans Tragfläche an Tragfläche auf die Landebahn zu. Kern trat das rechte Seitenruder bis zum Anschlag, steuerte mit dem Knüppel sehr hart dagegen und ließ die Nase nach vorn und in einem steilen Seitengleitflug auf die Stearmans zu fallen. Etwa 30 Fuß hinter ihnen stoppte er und trat energisch in die Ruder, um die Maschine stabil zu halten und gegen die Wirbelschleppen der anderen anzukämpfen. So folgten wir der Turbulenz in ihrem Kielwasser bis zum Boden.

Es war richtig bizarr, dieses Brinkley. Selbst als wir schon im Gleitflug waren und Kern sich anstrengen mußte, um die Cub in den Wirbelschleppen der großen Stearmans vor uns ruhig zu halten, setzte ein weiteres gelbes Ungeheuer hinter uns auf der Piste auf, und der Mistkerl rollte einfach auf uns zu, ohne zu bremsen. Wenn Kern nicht ausgewichen wäre, hätte er uns glatt niedergemäht. Das war keine Landung auf einem Flugplatz. Es war das Wagenrennen aus *Ben Hur*.

Außerdem war Brinkley ein Dreckloch. Die Kadaver von Flugzeugwracks und ausgedienten Motoren, umrankt von Reben und Unkraut, lagen in Haufen neben den Lande- und Rollbahnen. Hinter der Hauptdurchgangszone für die Duster-Crews verlief eine Reihe schäbiger Hallen und Unterstände, alle bedeckt mit einem grauen, übelriechenden Film aus Insektiziden und Staub. Niemand kam, um uns zu einer Wartungshalle oder Zapfsäule zu dirigieren, deshalb folgten wir einfach den beiden Flugzeugen vor uns an den Hangars vorbei. Inzwischen landeten weitere Stearmans auf der Piste und stauten sich in einer Reihe hinter uns. Die Piloten ließen ihre Motoren aufheulen und bedeuteten uns mit fuchtelnden Armen, wir sollten ihnen aus dem Weg gehen.

Ich erkannte sofort, daß wir am falschen Ort gelandet waren. Wir rollten an Dusters vorbei, die in Grüppchen beisammenstanden, an ihren Tragflächen lehnten und in den Staub traten. Entweder sie ignorierten uns oder sie winkten uns barsch zur Seite. Mit zwei Jungs in einer glänzenden Piper Cub wollten sie nichts zu tun haben. Uns blieb nur, so lange auf diesem einspurigen Halteplatz weiterzurollen, bis keine Duster-Crews oder anderen Piloten mehr da waren, die uns wegscheuchten. Schließlich blockierte ein von Furchen durchzogener Hügel den Weg. Kern brachte die Cub auf Touren, ließ sie hinaufklettern und mit einer Drehung zum Stehen kommen.

Nun saßen wir da, allein auf einem Hügel über dem ganzen Krempel. Das Durcheinander aus gelben Doppeldeckern, die kreuz und quer geparkt waren, Scharen von Männern und der wahllosen Ansammlung von Sprühtanks, Schläuchen und orangeroten Traktoren sah aus wie die armselige Luftwaffe irgendeiner Guerillastreitmacht. Hinter den Bäumen ging die Sonne unter, und es war zu spät, um zum nächsten Flugplatz weiterzufliegen.

In Gedanken waren wir noch in Indiana. Hier würde es auch einen Hank geben, der die Sache für uns regelte. Während ich unser Zeug aus der Maschine holte, ging Kern den Hügel hinab, um sich nach Benzin und einem Platz zum Verankern zu erkundigen. Als ich unten bei den Flugzeugen Gelächter und Kerns erhobene Stimme hörte, rannte ich hinterher.

Kern redete mit einem rauhbeinig wirkenden Kerl, der aus einer der Duster-Crews vorgetreten war. Er versuchte, ihm zu erklären, daß wir den ganzen Tag von Indiana hergeflogen waren, daß wir nach Kalifornien wollten und hier lediglich etwas Treibstoff und eine Möglichkeit zum Verankern unserer Cub brauchten. Danach würden wir unter den Tragflächen schlafen und niemandem mehr im Wege sein.

Als ich mir den Mann näher anguckte, wußte ich, daß Kern mit dem Falschen sprach. Auf seinen Jeans und seinem Hemd lag eine Schmutzschicht, die aussah wie der Dreck einer ganzen Woche, und er hatte sich mehrere Tage nicht rasiert. Ein Klumpen Tabak beulte seine Wange aus. Er verhöhnte Kern, als wäre dieser der größte Blödmann, den er je gesehen hatte.

»Na bravo!« sagte der Mann. »Unser Süßer hier fliegt seine kleine Piper Cub ganz bis nach Kalifornien. Und ich? Ich rotte in M'nroe County die Schwammspinner aus.«

Brüllendes Gelächter um uns her im schwindenden Licht. Aus irgendeinem Grund hielten die Dusters dies für das Komischste, das sie in diesem Jahr gehört hatten.

So standen sie da im Zwielicht, rissen grobe Witze, lachten über unsere Collegeschuhe und Paisley-Hemden, fragten, ob unsere Mama denn wisse, daß wir nach Einbruch der Dunkelheit noch draußen seien, ob wir gleich hier in Brinkley eine Nummer schieben oder damit warten wollten, bis wir die Küste erreichten und eine »kalifornische Schnalle« fänden. Wenn wir so schlau seien, daß wir eine kleine Cub allein bis nach Kalifornien fliegen könnten, warum zum Teufel, so wollten sie wissen, waren wir dann in einem miefigen Loch wie Brinkley gelandet? Es sah allmählich so aus, als hätte uns der alte Hank in diesem Fall keinen guten Tip gegeben.

Wir wandten uns wieder der Cub zu. Als wir den Hügel hochstiegen, schrie uns die Duster-Crew immer noch Beleidigungen nach. Wir waren beide verstört. Wir wußten nicht, ob wir wirklich Schwierigkeiten kriegen würden oder ob wir sie dazu bringen konnten, uns zu ignorieren, indem wir einfach hinter unserem Flugzeug verschwanden. Dunkle, furchterregende Szenen kamen mir in Erinnerung. Unser Bild vom tiefen Süden war damals geprägt von den Fernsehberichten in Schwarzweiß, die wir über Bürgerrechtsdemonstrationen und die Mißhandlung und Ermordung der Freiheitskämpfer in Mississippi und Alabama gesehen hatten. Diese Cowboys hier in Brinkley konnten uns verprügeln und halbtot irgendwo unter einer Tragfläche liegenlassen, und es würde niemanden interessieren. Niemand würde uns auch nur finden. Wir setzten uns neben die Cub und überlegten, was wir tun sollten.

Allmählich zerstreuten sich die Männer da unten, um mit ihren Pickups in die Stadt zu fahren. In den hingeklecksten

Pfützen Licht, das von laufenden Traktoren geliefert wurde, arbeiteten Mechaniker und ein paar Cropdusters an den Flugzeugen.

Kern und ich beschlossen, den Rabauken noch einmal die Stirn zu bieten und spazierten wieder den Hügel hinab.

Nachdem wir von einer Gruppe zur anderen gegangen waren, stießen wir schließlich auf einen Mann, der sich als Verwalter der Piste zu erkennen gab. Widerwillig fand er sich bereit, seinen Benzinlaster auf den Hügel zu fahren und uns zu betanken. Erfreut war er aber nicht über unsere Gegenwart, und er meinte, es sei ein Fehler von uns gewesen, in Brinkley zu landen. Dies sei eine Duster-Piste, sagte er, »nur für Schädlingsbekämpfer«, wo man Durchreisende nicht gern sähe. Er wollte auch nicht, daß wir auf dem Flugplatz schliefen. Wenn die Duster-Crews aus der Stadt zurückkämen, wären sie betrunken und pöbelten herum, und er wollte nicht für das »verantwortlich« sein, was uns eventuell passierte.

Ein bißchen Herz hatte der Mann aber doch, und er sah, daß wir empört darüber waren, wie man uns behandelt hatte. Er sagte, wir sollten uns nichts daraus machen. Die meisten Piloten hier, so erklärte er, seien »Lebenslängliche«, Veteranen, die jeden Sommer als Schädlingsbekämpfer auf den Feldern und in den Wäldern tätig seien und sich im Winter kümmerlich mit Arbeitslosengeld durchschlügen. Sie mochten keine Außenseiter, vor allem keine »Sonntagspiloten«, für die das Fliegen nur ein Hobby war. Viele von ihnen, sagte der Mann, seien außerdem »Abgelehnte«, eine Kategorie von Piloten, von denen wir auch schon gehört hatten. Entweder wegen häufiger Unfälle, Übertretung ihrer Lizenzen oder aus medizinischen Gründen würde das Militär oder die Airlines sie niemals anheuern. Und kein Flugplatz, der etwas auf sich hielt, würde sie als Fluglehrer einstellen, Also blieb ihnen nichts anderes, als sich als Duster ihren Lebensunterhalt zu verdienen, weil das der einzige Beruf war, in dem sie fliegen konnten. Soviel also zur Brüderschaft der Cropdusters, zu meines Vaters gepriesenen »Stearman-Fliegern des Westens«.

Kern wollte 71-Hotel nur ungern über Nacht auf der Piste lassen, doch der Mann meinte, wir sollten uns keine Sorgen machen. Es war eine klare Nacht, sehr windig würde es nicht werden, und er schob uns noch ein paar Bremskeile unter die Räder. Er versprach, das Flugzeug persönlich im Auge zu behalten, aber nicht, weil er so wild darauf war, uns einen Gefallen zu tun. Er wollte uns über Nacht einfach von der Piste und am nächsten Morgen möglichst früh in der Luft haben, damit er sich keine Gedanken mehr über uns machen mußte.

Wir dankten ihm und gingen, unsere Kissenbezüge und Schlafsäcke unter dem Arm, zur Landstraße. Dort flackerte, eine halbe Meile entfernt, ein Neonschild. BILLIG-MOTEL.

Es war staubig und stockfinster auf der Schotterböschung der Landstraße. Erdklümpchen und leere Zigarettenschachteln, aufgewirbelt von den vorbeifahrenden Autos, fegten uns um die Beine. Wenn das Scheinwerferlicht auf die Kiefern am Rande der Straße traf, sprangen gespenstische, häßliche Schatten aus den Ästen.

Diesen Gang zum BILLIG-MOTEL mit meinem Bruder habe ich immer als ein Abbild unserer unterschiedlichen Persönlichkeiten gesehen. Die Abende in Indiana und dann auch in Blytheville waren so ein Erfolg gewesen. Im Mississippi-Delta hatte jeder mit uns gescherzt und die Arkansas-Ken'-dees aus uns gemacht. Hier, in der Dunkelheit des Herzens von Arkansas, waren wir nichts als der letzte Dreck, auf den man treten konnte. Kern war vertrauensvoll und leicht zu begeistern, was von seiner Umwelt im allgemeinen wohlwollend aufgenommen und mehr als liebevoll erwidert wurde. Wenn sich aber Ereignisse oder andere Menschen gegen ihn wandten, verlor er sich in einem innerlichen Labyrinth, in dem er nur noch herumstolpern und sich, ganz gefangen in seiner

Verwirrung und Wut, in allen möglichen Dingen, überwiegend in sich selbst verstricken konnte.

Ich hingegen marschierte, nachdem wir der Stearman-Piste nun entkommen waren, innerlich pfeifend durch die Finsternis. Ich kam mir vor wie ein Erwachsener, reif und erfahren, erfüllt vom dunklen Melodram des Lebens. Ich liebte die geisterhaften Schatten und das Fieber des Bösen, das in dieser Ödnis von Arkansas lauerte. Ich war reichlich wortgewandt damals, und hatte meinen guten Noten in Englisch und Aufsatzschreiben eine gewisse Anmaßung zu verdanken. Stets war ich auf der Suche nach dem großen Hundertdollarwort, das meine jeweilige Situation mit, wie ich meinte, angemessener Gelehrsamkeit beschrieb. Zufällig war in jenem Jahr »Häme« gerade eines meiner Lieblingswörter. Ich mochte es; mir gefiel, wie es klang und was es bedeutete. Die Welt war einfach voller Häme, dachte ich und nur ein eingeschworener Häme-Bekämpfer wie ich konnte in dieser grausamen Umgebung überleben. Ich, erschreckt von ein bißchen Häme? Niemals. Wenn man es sich genau überlegte, gab es noch eine Menge anderer Wörter mit H, die unsere gegenwärtige Lage beschrieben. Irgendwann würde ich meine eigenen Anekdoten über Zentral-Arkansas spinnen, voller Alliterationen natürlich. Ich konnte es gar nicht abwarten, nach Hause zu kommen und mit meiner edlen Nachsicht gegen die häßlichen, hinterlistigen, hirnrissigen, halsstarrigen, heimtückischen, heuchlerischen, hartherzigen und hämischen Halbaffen des hinterwäldlerischen Arkansas zu prahlen. Und außerdem stanken sie alle hundsgemein!

Im Moment jedoch konnte ich mich nicht mit meinen Wortspielen befassen, denn ich mußte meinen Bruder aufheitern. Es gefiel mir nicht, wenn Kern so verstört war wie jetzt, weil er dann die ganze Nacht vor sich hin brüten würde. In solchen Augenblicken fühlte ich mich für ihn verantwortlich. Außer meiner Mutter verstand keiner sein sensibles Wesen so gut wie ich, und ich genoß es, ihn aus einer düsteren Stimmung zu reißen. Das war etwas, das ich bei Kern immer schaffte. Ich konnte ihn stets zum Lachen bringen.

Auf dem Weg zum BILLIG-MOTEL ließ ich ihn erst seinen Tiefpunkt erreichen, bevor ich ihn ansprach.

»Hey, Kern.«

»Ja?«

»Die Stearman-Flieger des Westens.«

»Meine Güte, Rink. Fang bloß nicht damit an.«

Ich ließ meine Sachen auf den Boden fallen und streckte die Hand nach dem imaginären Steuerknüppel aus, womit ich die hochtrabende Erzählerpose meines Vaters einnahm.

»Die *großartigen* Stearman-Flieger des Westens.«

Jetzt lachte Kern. Er schob seine Last unter einen Arm und hielt sich den Bauch.

»Meine Güte, Rink. Es ist nicht zu glauben. Das sind *Arschlöcher* da unten. Weißes Gesocks in einem Cockpit.«

»Jungs«, fuhr ich fort, mit dem Arm emphatisch ausholend, »ihr werdet nie bessere Piloten kennenlernen als die Stearman-Flieger des Westens.«

Kern brüllte und krümmte sich vor Lachen.

»Oh Gott, Rink«, sagte er. »Die Stearman-Flieger des Westens. Was für eine Kacke. Manchmal erzählt Daddy solchen Scheiß, daß ich schreien könnte.«

Erfolg auf der ganzen Linie. Das war gut, sehr gut, fand ich. Wenn Kern sich zynisch über meinen Vater äußerte, ihn so sah wie ich, hielt ich das immer für einen Fortschritt. Auf jeden Fall ging es ihm jetzt besser. Unsere Situation war erbärmlich, und wir hatten mit der Landung in Brinkley wirklich danebengehauen. Aber man durfte nicht zulassen, daß diese hämischen Halbaffen einem die Stimmung vermiesten. Wir waren wild entschlossen, die Sache mit Humor zu betrachten.

Im Trödelschritt und über unsere eigenen Witze lachend, gingen wir auf das Motel zu.

Das BILLIG-MOTEL entsprach so ziemlich seiner Reklame. Es war ein grauer Schlackensteinbau mit wackligen Türen, einem kaputten Eisautomaten und Polyesterbettdecken, die in der Mitte so verschlissen waren, daß wir durch sie die halbweißen Laken sehen konnten. Wir meldeten uns an dem ranzigen Empfangstresen an und waren entzückt, als wir hörten, daß ein Zimmer mit zwei Betten nur drei Dollar kostete. Aus irgendeinem Grund, der uns nicht klar war, wunderte sich der Angestellte, daß wir das Zimmer die ganze Nacht behalten wollten. Dort angekommen, fanden wir in der Nachttischschublade eine Gideon-Bibel und einen Sechserpack Kondome vor. Die ganze Nacht über wurden draußen auf dem Flur Türen geöffnet und geschlossen, und durch die dünnen Wände drangen betrunkenes Gejohle und lautes, wollüstiges Stöhnen. Diese Geräusche waren uns noch nicht vertraut, und ich dachte, die Leute hier in der Gegend müßten einfach viel reden und sich körperlich betätigen, bevor sie einschlafen konnten. Es dauerte eine Weile, bis ich begriff, was es mit dem BILLIG-MOTEL auf sich hatte, aber schließlich dämmerte mir die Wahrheit. Die jüngsten Piloten, die in Amerika je von Küste zu Küste geflogen waren, verbrachten ihre zweite Nacht in der Fremde in einem Stundenhotel in Arkansas.

Auf der anderen Seite der Landstraße war eine LKW-Raststätte mit Cafeteria. Bevor wir zum Abendessen hineingingen, marschierten wir an den Dieselzapfsäulen vorbei zu einem Telefon, das an einem Aluminiumpfosten hing.

Wir waren guter Stimmung, als wir unsere heimatliche Nummer wählten, um aus Arkansas Bericht zu erstatten. Daß wir uns von den Rabauken auf dem Flugplatz erholt hatten, belebte uns mit neuem Mut und stärkte unsere Kameradschaft. Wir hatten jetzt das fast trotzige Gefühl, alles in Angriff nehmen zu können.

Mein Vater würde begeistert sein, wenn er erfuhr, daß wir bereits jenseits des Mississippi waren, einen Steinwurf entfernt von Texas. Zu Hause neben dem Telefon in seiner Bibliothek verfolgte er unsere Etappen auf einer großen Karte der Vereinigten Staaten, auf der er mit Rotstift präzise die Routen eintrug, die wir ihm jeden Abend beschrieben. Er hatte sie kurz vor unserem Abflug in einem Geschäft im New Yorker Rockefeller Center gekauft. Dieses »Mitfliegen« machte ihm riesigen Spaß. Er hatte die Karte, seine Stifte und einen Navigationsrechner immer neben dem Apparat liegen, damit alles bereit war, wenn wir anriefen.

»Über den Mississippi!« bellte mein Vater ins Telefon. »Auf der *anderen* Seite des Mississippi! Jungs, das ist prima, einfach prima. Jetzt laßt mal sehen. Brinkley. Brinkley, Arkansas. Zum Teufel, ich erinnere mich an Brinkley.«

Das war vermutlich Blödsinn, aber was machte das schon? Langsam entwickelten wir eine wirkungsvolle Strategie des Umgangs mit ihm aus der Ferne. Auf jede Menge Anekdoten gefaßt und immer gut drauf sein. Die einzigen Neuigkeiten, die er hören wollte, waren positive Neuigkeiten.

Kern präsentierte sie ihm in den richtigen Häppchen. Er erzählte meinem Vater, daß der ganze Tag wunderbar gelaufen sei, daß die Flugplatzopas uns immer wieder Essen und Benzin spendierten, und daß wir viele großartige Stearman-Flieger kennengelernt hätten. 71-Hotel schlüge sich tapfer. Kern gab ihm unsere Etappen durch – von East Richmond bis Indy, vom Wabash zum Ohio, die Eisenbahnlinie ab Paducah, dann von Blytheville nach Brinkley. Er zeigte mit dem Daumen nach oben. Mein Vater schluckte alles und war überaus zufrieden.

Er freute sich noch über eine weitere Entwicklung, die er uns allerdings erst zwei Tage später mitteilte. Reporter aus dem ganzen Land hatten anzurufen begonnen. Die Story aus dem *Indianapolis Star* war noch am selben Nachmittag zu Associated Press durchgegeben worden und hatte damit einen wilden Medienrummel ausgelöst sowie zahlreiche Versuche, uns zu lokalisieren. Von Little Rock bis nach Oklahoma City lasen Zeitungsverleger die AP-Meldung, schauten auf die Landkarte und waren begeistert darüber, daß wir in den nächsten vierundzwanzig Stunden womöglich bei ihnen durchkommen würden – eine großartige Lokalnachricht für ihre Wochenendausgabe zum Unabhängigkeitstag. Diesen Aspekt hatten wir nie in Betracht gezogen, wir waren ganz zufällig hineingestolpert. Aber zwei Teenager, die über das Wochenende zum 4. Juli in einer Piper Cub von Küste zu Küste flogen, waren für eine Menge Zeitungen unwiderstehlich, und jetzt suchten sie hektisch nach uns, um einen Artikel darüber zu schreiben. Alle nahmen selbstverständlich an, daß mein Vater wüßte, wo wir waren, und daß sie uns durch ihn auf die Spur kommen konnten.

Bis wir jedoch an diesem Abend zu Hause anriefen, hatte mein Vater ebenso wenig Ahnung wie jeder andere, wo wir uns aufhielten. Er hatte einen großen Teil des Tages damit verbracht, über seiner Karte zu brüten und die FAA-Wetterdienststation anzurufen, überzeugt davon, daß er so unseren Flug genau nachvollziehen könnte. Allerdings konnte er nicht wissen, daß Hank uns geraten hatte, durch die Kentucky-Senke zu fliegen, und das führte ihn völlig in die Irre. Bei den Flugwetterbüros sagte man ihm, es sei praktisch unmöglich, daß wir an diesem Tag das Mississippi-Tal überquerten. Daraus folgerte er, daß wir uns entweder nordwärts nach Missouri oder Oklahoma wenden oder auf der Ostseite der Cumberlands über Lexington und Nashville fliegen würden.

Also hatte mein Vater den Reportern gesagt, sie sollten entlang diesen hypothetischen Routen Ausschau halten, die Hunderte von Meilen nördlich beziehungsweise östlich unserer tatsächlichen Position verliefen. Alle kamen unverrichteter Dinge zurück. Jede kleine Graspiste im weiten Umkreis von St. Louis und Tulsa sowie in Zentral-Kentucky und Tennessee war den ganzen Abend von aufgebrachten Reportern bestürmt worden. Mittlerweile waren ihre Abgabetermine verstrichen, und sie waren enttäuscht und sauer auf meinen Vater. Die Hälfte aller Zeitungen im Süden und mittleren Westen hatte sich vergeblich bemüht.

Meinem Vater war es peinlich, an diesem Abend uns gegenüber die Reporter zu erwähnen. Außerdem wollte er Kern nicht nervös machen und mit einem zusätzlichen Problem belasten. Er hatte schon beschlossen, daß er seinen Propagandafeldzug erst starten würde, wenn wir die Rockies sicher überquert hätten.

Aber Kern spürte, daß etwas nicht stimmte. Mein Vater reagierte nicht richtig auf das, was er ihm erzählte. Als Kern ihm am Telefon unsere einzelnen Etappen schilderte, seufzte mein Vater dauernd und gab immer wieder kleine, glucksende Geräusche von sich.

»Oh!« sagte mein Vater. »So seid ihr also geflogen. Gut. Gut!... Ach, Scheiße.«

»Hey, Dad, mach mal halblang«, meinte Kern. »Wir sind heute prima vorangekommen. Wir sind schon ein ganzes Stück hinter dem Mississippi.«

»Weiß ich doch, Junge. Ich weiß! Es ist bloß... na ja, ich kann mir nicht vorstellen, wie ihr bei dem Wetter durch Kentucky geflogen seid.«

Kern ließ sich nicht aus der Ruhe bringen.

»Ach, Dad, vergiß es. Eine Sache habe ich auf dieser Reise gelernt. Auch Wettervorhersagen können falsch sein.«

»Genau«, sagte mein Vater. »Genau. Das werde ich mir merken.«

Gott, das lief großartig, viel besser, als ich erwartet hatte. Kern war wirklich dabei, das Flunkern zu lernen.

Sie wechselten das Thema. Auf einmal runzelte Kern die Stirn und fing an, ins Telefon zu stottern. Er schien nicht mehr zu wissen, was er tun sollte. Er griff sich den Stift aus meiner Hemdtasche und schrieb in großen Blockbuchstaben etwas auf die Rückseite des Telefonbuchs.

RINK. DER WASSERSACK.

Mist. Der Wassersack. Da war das blöde Ding wieder. Kern und ich hatten angenommen, mein Vater hätte es inzwischen vergessen – so wie wir.

Diese Sache wollte ich nicht Kern überlassen. Er konnte meinem Vater an einem Abend vielleicht einmal Scheiße erzählen, aber nicht zweimal. Aus Sympathie und Loyalität ließe er sich womöglich zu dem Versprechen verleiten, einen Wassersack aufzutreiben. Bloß nicht, dachte ich. Wir würden Kalifornien nie erreichen, wenn wir uns damit aufhielten, das verdammte Ding zu suchen. Wir würden ihn abblocken müssen. Ich hatte im Laufe der Jahre festgestellt, daß mir das immer gelang, wenn ich ihn mit einem Haufen Details und sinnlosem Gequatsche überschüttete, und natürlich schadete es auch nie, ihm bis zum Gehtnichtmehr in den Arsch zu kriechen.

Ich nahm Kern den Hörer weg.

»Hey, Dad!« sagte ich. »Schön, deine Stimme zu hören.«

»Rinker! Gleichfalls. Kern hat mir erzählt, du erledigst das ganze Navigieren. Das ist prima! Ich kann gar nicht fassen, wie gut ihr in der Zeit liegt.«

»Dad, die Landschaft ist wunderschön. Genau, wie du gesagt hast.«

»Gut. Jetzt paß mal auf«, meinte mein Vater. »Anscheinend glaubt Kern nicht, daß ihr einen Wassersack auftreiben könnt.«

»Nee, nee, Dad. Keine Sorge. Kern war heute abend zu sehr mit dem Auftanken beschäftigt, und ich hab' vergessen, es ihm zu erzählen. Ich habe hier in Brinkley nämlich einen prima Stearman-Flieger kennengelernt.«

»Ja? Was fliegt er denn?«

»Meine Güte, Daddy, das solltest du sehen. Es ist die Monster-Stearman. Sie hat den großen 600er P & W, genau wie deine Texan, den Ham-Standard-Dreiblattpropeller, Querruder mit Fernbedienung und riesige Spoiler an den Vorderkanten der Flügel. Was für eine Maschine!«

»Mann, ich wünschte, ich könnte sie sehen. Ihr trefft da ja bestimmt all die großartigen Stearman-Flieger. Gute Kumpel, was?«

»Erste Sahne, Dad, erste Sahne. Prima Typen. Genau, wie du gesagt hast, Die Stearman-Flieger des Westens.«

»Na großartig. Das ist großartig. Jetzt hör mal zu. Was den Wassersack betrifft…«

»Dad, das geht in Ordnung! Wir sind bestens versorgt. Es ist genau so, wie du gesagt hast. Dieser Stearman-Typ, weißt du, der sagt, jedes Eisenwarengeschäft hier unten hat tonnenweise Wassersäcke. Sie sind bis zur Decke voll damit.«

»Siehst du? Siehst du? Was hab' ich dir gesagt?«

»Ja, klar, Dad. Du hattest recht. Das ist die reinste Wassersackgegend hier unten.«

»Prima. Sag Kern Bescheid. Paß auf…«

»Das, reg dich nicht auf. Ich hab alles im Griff. Gleich morgen früh nimmt dieser alte Stearman-Flieger uns mit in die Stadt zum Frühstück und zeigt uns das Geschäft mit den Wassersäcken. Er will uns sogar helfen, das Ding zwischen die Räder zu klemmen.«

»Gut gemacht, Rink«, sagte mein Vater. »Herrje, die Sache läuft ja wie geschmiert. Heute habt ihr den Mississippi überquert. Morgen besorgt ihr euch den Wassersack.«

Als er auflegte, klang er richtig aufgekratzt. Über tausend Meilen hinweg konnte ich fast hören, wie er am Telefon vor sich hin pfiff.

Ich fand mich immer großartig, den perfekten Sohn, wenn ich meinen Vater so austricksen konnte. Die Wahrheit zählte in diesen Fällen nicht. In einer solchen Situation hatte Wahrheit nichts zu suchen. Ich war mir inzwischen ziemlich sicher, daß es in ganz Amerika keinen Wassersack gab, wie also konnte ich aufrichtig versprechen, einen aufzutreiben? Zum

Teufel mit der Aufrichtigkeit. Meine Aufgabe war es, den Alten zu Hause zufriedenzustellen, damit Kern und ich nicht nach einem Wassersack suchen mußten, sondern nach Kalifornien kamen. Mein Vater würde es sowieso nie erfahren.

Drinnen in der Cafeteria, wo wir unsere fritierten Steaks aßen, war Kern sich nicht mehr so sicher. Er hatte noch ein bißchen an seinem Gewissen zu knabbern. Ich wußte, daß er meinem Vater den Gefallen mit dem Wassersack gern tun wollte, zugleich aber auch erbittert war von dessen Aufdringlichkeit, dessen halsstarriger, ganz persönlicher Besessenheit. Schließlich stach Kern mit der Gabel in seinen Berg Kartoffelpüree und platzte mit dem Resultat seiner Überlegungen heraus.

»Rink, weißt du, was ich finde? Weißt du, was ich wirklich denke?«

»Nein, was denn?«

»Scheiß auf den Wassersack! Scheiß auf das dämliche Ding. Wir haben uns zwei Tage den Arsch abgeflogen, und zwar richtig gut. Wir haben zu Hause schon danach gesucht. Daddy ist eine echte Nervensäge, und wir brauchen keinen Wassersack.«

Oh-oh. Wenn Kern so starke Gefühle äußerte, zweifelte er sie hinterher oft an. Ich würde ihn austricksen müssen. Ich mußte etwas zögerlich erscheinen, ein bißchen Widerstreben zeigen, damit aus seinem Ärger ein fester Entschluß wurde. Außerdem würde er, wenn ich zu schnell zustimmte, befürchten, daß wir uns gegen meinen Vater verbündeten.

»Na ja, Kern, ich weiß nicht so recht«, sagte ich. »So ein Wassersack könnte wichtig sein, weißt du?«

»Nein, Blödsinn, Rink. Ich bin im Moment total sauer auf Daddy. Das hier ist mein Trip – tut mir leid, unser Trip. Er hat kein Recht, uns zu sagen, daß wir einen Wassersack brauchen, um die Wüsten zu überqueren. Ich bin der kommandierende Pilot, und es ist *meine* Entscheidung.«

»Genau. Und ich bin der Copilot. Meine Aufgabe ist es, Anweisungen zu befolgen. Wenn du also wirklich findest, daß es das richtige ist ...«

»Hör auf, Rink! Ich will nicht mehr darüber reden. Ich habe mich entschlossen. Scheiß auf den Wassersack. Hast du kapiert?«

»Roger. Laut und deutlich. Sierra-Charlie-Hotel-Echo-India-Sierra-Sierra auf den Wassersack.«

Bei Tagesanbruch standen wir auf und trotteten die kieferngesäumte Landstraße entlang zu der Cropduster-Piste. Eine Menge Maschinen liefen schon; ihre großen Pratt & Whitneys rumpelten, während die hohen Fahrwerke der Stearmans sich zitternd gegen hölzerne Bremsklötze stemmten. Die Mannschaften lehnten in Gruppen an den Tragflächen, grinsten wie die Hyänen und rauchten. Ein weiterer Trupp saß kaffeetrinkend um einen glänzenden Kantinenwagen herum. Mit steinernen Gesichtern marschierten wir an den hämischen Halbaffen und der brummenden Reihe Flugzeuge vorbei. So früh am Morgen schien uns niemand belästigen zu wollen. Wir erledigten schnell die Vorflugkontrolle, warfen die Cub an, rollten den Hügel hinab und gaben Vollgas, sobald wir auf der Startbahn waren. Wir schauten nicht mehr zurück und wollten auch nie mehr etwas von Brinkley, Arkansas, hören.

Vor uns erstreckte sich eine einsame Gegend. Nach Südwesten zu waren immer noch sechzig bis siebzig Meilen Kieferneinöde zu überwinden, monoton und weit wie ein Ozean, mit kaum der Spur einer Behausung oder eines Orientierungspunktes. Gelegentlich erzeugte die kalte, von einem See aufsteigende Feuchtigkeit eine Luftblase, und durch die weißen Fetzen Bodennebel waren die Konturen von Bächen und Sümpfen zu erkennen. Aber meistens konnten wir nur den Eisenbahnschienen nach Arkadelphia folgen. Kern und ich brummten in der pulsierenden Maschine dahin, ohne miteinander zu sprechen. Schließlich lichteten sich die Kiefernwälder und wurden unterbrochen von schimmernden Mooren, die wiederum härterem, ockergelbem Boden und roten Steppen Platz machten.

Hinter Arkadelphia begann die hübsche, hügelige, von Farmen besiedelte Landschaft entlang dem Little River. Den Anblick bäuerlicher Geschäftigkeit aus der Luft habe ich immer geliebt. Unter uns zogen Männer auf Traktoren riesige Spritzanlagen und mit Bewässerungsrohren beladene Wagen auf die Felder. Herden von Hereford- und Whiteface-Rindern sammelten sich auf den braun-grünen Wiesen um Futtertröge. Im weichen Morgenlicht, in dem die Seen oben bei Hot Springs wie blankes Silber glitzerten und die Ouachita Mountains im Nordwesten lila und schwarz glühten, sah der Little River aus wie aus einem Märchen. Dieser äußerste Winkel von Arkansas wirkt sauber und gepflegt, aber doch eher wie ein Teil des Westens als des Südens, da er an die offene Prärie erinnert. Er gehörte zum Schönsten, was wir auf unserer Reise sahen.

Über dem Little River, in der Cub dahinrumpelnd, kam mir plötzlich ein ganz simpler Gedanke. Ich wünschte mir, mein Vater könnte diese herrliche Landschaft zusammen mit mir betrachten. Ich bedauerte, das Erlebnis nicht mit ihm teilen zu können.

Frühmorgens in der Luft neigte ich oft zu derartigen Anfällen von Einsamkeit. Dabei verstand ich gar nicht, warum ich meinen Vater so vermißte. Sicher kochte ich innerlich noch wegen des Wassersacks, und jetzt, bei hellem Tageslicht, verspürte ich Schuldgefühle, daß ich meinen Vater deshalb angelogen hatte. Aber meine Beziehung zu ihm war komplexer und gründete sich zutiefst auf ein medizinisches Trauma. Im selben Frühjahr hatte ich ganz zufällig angefangen, mir das bewußt zu machen. Auf dem ganzen Flug von Küste zu Küste brütete ich ein Gefühl der Vorahnung aus, ohne es richtig zu bemerken.

Ende Mai, kurz bevor Kern und ich mit der Cub fertig wurden, hatte ich mich beim Laufen ziemlich schlimm verletzt. Es war auf der alten Aschenbahn oben in Morristown passiert, als ein Läufer vor mir strauchelte und dabei etliche andere mitriß. Als ich über die verknäuelte, fluchende Masse von Körpern vor mir sprang, spürte ich einen scharfen, stechenden Schmerz im linken Knie, dann stürzte ich hart auf den Schotter. Ein anderer Läufer hatte mich mit seinen Spikes erwischt, so daß eine fünf Zentimeter lange Wunde in meinem Knie klaffte.

Während ich von der Bahn stolperte, flossen Blut und Asche an meinem Bein hinab. Als ich näher hinguckte, konnte ich am Grund der Wunde den Knochen sehen, und mein ganzes Knie war mit Schlackestückchen gespickt wie ein Rosinenkuchen.

Ich wurde sofort ins Krankenhaus gebracht. Es war ein Samstag, man benachrichtigte meinen Vater, und er kam gleich herüber. Ich hatte starke Schmerzen und war wütend auf mich selbst, weil ich das Rennen verpatzt hatte. Natürlich war ich froh, daß mein Vater bei mir in der Notaufnahme war, doch aus Gründen, die mir sogar damals schon seltsam vorkamen.

Wegen der häufigen Phantomschmerzattacken meines Vaters waren die Notaufnahmen von Krankenhäusern ein fester Bestandteil meiner Kindheit. Die Anfälle traten oft spät nachts auf, und meistens begleiteten Kern und ich ihn mit meiner Mutter, um ihm ins Auto und wieder hinaus zu helfen. Ich hatte immer Schuldgefühle, daß ich während dieser qualvollen, mysteriösen Attacken nicht mehr für meinen Vater tun konnte. In der Notaufnahme fragte er oft, ob er meine Hand halten dürfe, damit er sie, wenn ein besonders schlimmer Krampf einsetzte, drücken und sich so von seinen Schmerzen ablenken konnte. So wurde es ein geteilter Schmerz, weil mein Vater recht stark war und mir unweigerlich weh tat, wenn er meine Hand drückte. Aber sonst ging er sehr stoisch mit diesen schrecklichen Phantomen um, und das schüchterte mich ein, weil ich wußte, daß ich es einem so tapferen Mann wie ihm niemals gleichtun und Schmerzen nie so gut ertragen würde wie er.

Sobald diese Krankenhausbesuche vorüber waren, fiel es mir jedoch stets leicht, sie wieder zu vergessen. Die Anfälle meines Vaters schwächten sich sofort ab, nachdem er seine Demerol-Spritze bekommen hatte, und auf der Heimfahrt döste er zufrieden in seinem Autositz. Am nächsten Tag humpelte er dann schon behutsam auf Krücken umher oder auf einem speziellen, ganz leichten Holzbein, das er für derartige Genesungsperioden gekauft hatte. Wir brauchten uns keine großen Sorgen mehr zu machen, bis der nächste Anfall auftrat, und das konnte Wochen, manchmal Monate dauern.

Allerdings konnte ich, sosehr ich es auch versuchte, nie die erste Phantomschmerzattacke vergessen, die in meiner Gegenwart geschah, als ich acht war. Mein Vater, Kern und ich waren an jenem Tag gerade dabei gewesen, am unteren Teil unseres Grundstücks mit Hilfe eines Pferdegespanns Baumstümpfe aus einem Stück soeben abgeholzter Wiese zu entfernen. Als mein Vater sich dabei überanstrengte, kippte er um und begann, sich vor Schmerzen zu krümmen, wobei sein schlimmes Bein zuckte und ruckartig in die Luft stieß. Meine Mutter rief die Polizei an, und der eintreffende Beamte beschloß, nicht auf die Ambulanz zu warten, sondern meinen Vater gleich in seinem Streifenwagen ins Krankenhaus zu fahren. Zu dritt hievten wir meinen Vater auf den Rücksitz des Autos, wozu wir nur zehn oder zwölf Meter zurücklegen mußten, die mir danach aber kilometerlang vorkamen. Wir zählten bis drei, und Kern und der Polizeibeamte packten meinen Vater unter den Achselhöhlen, während ich seine Beine anhob. Sobald ich sie über meine Schultern gelegt hatte und aufstand, um ihn zu tragen, fing sein krankes Bein an, zu zucken und sprunghaft an meine Schulter zu schlagen, was das andere hochschnellen ließ, so daß ich von der Kraft dieser beiden gewaltigen Gliedmaßen abwechselnd zu Boden gedrückt und hochgerissen wurde, aber mein Vater rief mir zu, ich *müsse* durchhalten und ihn zum Auto bringen. Ich schlang meine Arme enger um seine Beine, um sie ruhigzustellen, was ihm erheblich stärkere Schmerzen verursachte. Doch ich hatte keine Wahl, als auf Teufel komm raus bei der Stange zu bleiben und weiterzustolpern, bis wir ihn ins Auto geladen hatten.

Mein Vater gratulierte mir herzlich zu meiner Leistung, aber trotzdem ging es mir nicht besser. Zusammengesunken hockte er auf dem Rücksitz, die Schultern an die Tür gelehnt, zuckte immer noch am ganzen Leib, und sein Gesicht mit den aus ihren Höhlen tretenden Augen war weiß wie Marmor. Jahrelang wurde ich von diesem Anblick und dieser Erinnerung an ihn verfolgt. Ein älterer oder vielleicht auch nur stärkerer Junge, dachte ich, hätte seine Beine sanfter umschlingen und ihn so tragen können, daß es ihm weniger weh tat. Um meinen Vater sicher ins Auto und damit ins Krankenhaus zu befördern, hatte ich ihm unermeßliche Schmerzen zugefügt.

Diese Dramen im wirklichen Leben hatten eine Parallele in meinen Träumen. Nicht nur träumte ich häufig davon, daß mein Vater starb, sondern oft auch davon, selbst Opfer zu werden. Immer wieder wachte ich in meinen Träumen nach spektakulären Flugzeug- und Autounfällen in Genesungsräumen auf, wo ich gewöhnlich meinen Vater an meiner Seite sitzend vorfand, der mir Komplimente über meine Gelassenheit machte. Vermutlich sollte ich daraus schließen, daß ich mit Verletzungen ebenso gut umgehen konnte wie er. Ich hielt mich wegen dieser Träume für verrückt und besessen und erzählte nie jemandem davon.

An meinem Besuch in der Notaufnahme, nachdem mich die Spikes erwischt hatten, war nun aber ganz und gar nichts

Traumhaftes. Während ein plastischer Chirurg die Wunde an meinem Knie untersuchte, hielt ich die Hand meines Vaters oder zumindest die drei Finger, die ich umschlingen konnte, um gegen den Schmerz anzudrücken. Der Arzt erklärte, es gäbe keine Möglichkeit, alle Schlackestückchen aus meinem Knie herauszuholen. Sie würden sich mit der Zeit von selbst an die Oberfläche hocharbeiten. Zwei Nähte waren notwendig, um die Wunde zu schließen. Wegen all der Schlacke in meinem Knie erreichte das lokale Betäubungsmittel die Nervenenden jedoch nicht und war daher nicht sehr effektiv.

Der Chirurg beschäftigte sich etwa fünfundvierzig Minuten mit mir, und ich litt höllische Schmerzen, da ich jeden Millimeter von Nadel und Faden spürte, wenn sie sich an der Asche rieben. Ich zuckte häufig zusammen, preßte die Finger meines Vaters, und Tränen stiegen mir in die Augenwinkel. Gegen Ende zitterte ich, in kaltem Schweiß gebadet, und mein Vater streichelte mir den Rücken.

Trotzdem war ich zufrieden mit mir, weil ich all die Stiche ohne Klagen ausgehalten hatte. Mein Vater beobachtete mich und machte mir Komplimente, was an sich schon wichtig für mich war, aber außerdem hatte ich das Gefühl, mir selbst etwas bewiesen zu haben. Das Ertragen körperlicher Schmerzen war jetzt nichts besonders Rätselhaftes mehr für mich. Wenn es sein mußte, tat man es einfach.

In emotionsgeladenen Momenten wie diesen war das erzählerische Talent meines Vaters von Vorteil. Aus seinem riesigen Anekdotenschatz konnte er immer die richtige Geschichte hervorzuzaubern. Bewegt von dem, was er mich an diesem Tag hatte durchmachen sehen, nehme ich an, beschloß er, mir die Einzelheiten seines Absturzes im Jahr 1946 zu erzählen. Statt direkt nach Hause zurückzukehren, lud er mich in einem Restaurant in Bernardsville zu einem späten Mittagessen ein. Sobald wir uns gesetzt hatten, fing er an, mir von dem Unfall zu berichten. Ich war ungeheuer erleichtert und neugierig, denn diesem Ereignis hatte stets etwas Mysteriöses angehaftet – es war das einzige Flugabenteuer, von dem er davor nie erzählt hatte. Endlich würde ich über den Absturz, der immer noch unser aller Leben beeinträchtigte, die ganze Wahrheit erfahren.

Er hatte sich im Juni 1946 in der Nähe von Wilmington, Delaware, ereignet, als sich mein Vater mit einem jungen Verkäufer, den er für Time Inc. ausbildete, auf einer Geschäftsreise befand. Der große Fehler, den er an diesem Tag machte, war der, daß er seinem Begleiter erlaubte, die Steuerung der Maschine zu übernehmen. Dieser hatte im Zweiten Weltkrieg bei der Navy fliegen gelernt und war nicht vertraut mit der höchst ungewöhnlichen Konstruktion der Maschine, die mein Vater flog, einer Experimental-Skyfarer, die neben anderen Extravaganzen unorthodoxe Ruder hatte. Als der Motor beim Start aussetzte, versuchte der junge Mann, das Flugzeug zu einer Notlandung auf eine schmale Wiese zu quetschen. Dabei streiften sie einen Baum, die rechte Tragfläche wurde beschädigt. Kurz bevor sie am Boden aufkamen, erwachte der Motor dröhnend wieder zum Leben. Mein Vater übernahm die Steuerung und schaffte es, auf 2000 Fuß zu steigen. Während er versuchte, zum Flugplatz in Wilmington umzukehren, brach die beschädigte Tragfläche an der Wurzel und knickte seitlich weg. In einer grauenerregenden Spirale trudelten sie auf die Bäume zu.

Mein Vater wußte nicht genau, was nach dem Aufprall passiert war, und verbrachte den Rest seines Lebens damit, zwei Versionen des Ereignisses, an das er sich nur dunkel erinnerte, zu verfolgen. Entweder wurde er gleich beim Aufprall aus dem Wrack geschleudert und ging dann zum Flugzeug zurück, um seinen Freund zu retten, oder er bemühte sich, sie beide aus den Sitzen zu befreien, nachdem die Maschine Feuer gefangen hatte. In jedem Fall breiteten sich die Flammen rasch aus und erreichten die vollen Tanks. Die Explosion schleuderte meinen Vater ein Stück weit weg. Der Motor flog in dieselbe Richtung, landete auf seinem Bein und preßte ihn gegen einen Baum. Sein Rücken war verletzt, er konnte sich nicht bewegen, sein Bein stand in Flammen, und so mußte er hilflos daliegen, während sein Flugzeug und sein Passagier verbrannten.

Es war eine junge Krankenschwester, die meinem Vater das Leben rettete. Wegen der nachkriegsbedingten Wohnungsknappheit lebte sie in einer Hütte am See nahe der entlegenen Stelle, wo die Maschine heruntergekommen war. Sie eilte durch den Wald, schaffte es irgendwie, das zerfetzte Bein meines Vaters unter dem zischenden Motor hervorzuziehen und ihn vor dem brennenden Flugzeug in Sicherheit zu bringen. Das ausgetrocknete Kieferngehölz hatte sich an dem flammenden Wrack entzündet, das Feuer auf mehrere Morgen übergegriffen. Ein Trupp Holzfäller, die in der Nähe des Brandes gearbeitet hatten, brauchte fast drei Stunden, um eine Schneise zu meinem Vater zu schlagen, damit er von einer Ambulanz herausgeholt werden konnte. Während mein Vater in Sichtweite seines qualmenden Flugzeugs wartete, kam eine aus Sanitätern und Krankenschwestern bestehende Rettungsmannschaft zu Fuß durch den Wald, um seine Behandlung aufzunehmen.

Mit besonderer Leidenschaft verweilte mein Vater bei einem Detail, von dem er mir an diesem Tag zum ersten Mal erzählte. Noch nie hatte ich ihn so aufgewühlt gesehen.

Während er noch im Wald zwischen verkohlten Bäumen auf einer Trage lag, war schon offenkundig, daß er eine gewaltige Menge Blut verloren hatte. Ein großer, schwarzer Sanitäter kniete sich neben meinem Vater auf die Kiefernnadeln, hielt einen Plastikbehälter mit sterilem Blutplasma in die Höhe und suchte in Vaters Arm nach einer Vene für die Kanüle. Während an seiner einen hochgereckten Hand das Gefäß baumelte, aus dem das Plasma tröpfelte, wischte der

Sanitäter meinem Vater mit einem sauberen Verband die Stirn ab und streichelte seine Wange.

Es war komisch, fand mein Vater, an welche Empfindungen er sich erinnern konnte. Er war sicher gewesen, daß er sterben würde. Der Wald hatte nach verbrannten Kiefernnadeln und Rinde gerochen, um ihn her sangen Vögel in den Bäumen. Er konnte das Grunzen und Ächzen der näherrückenden Holzfäller hören, die eine provisorische Straße für den Krankenwagen schlugen. Die ganze Zeit über streichelte der Sanitäter seine Wange und sprach im Dialekt des tiefsten Südens mit ihm.

»Nun passen Sie mal auf, Mister Pilot«, sagte er, »Gott will Sie noch nicht. Ich bin jetzt für Sie verantwortlich, und ich erlaube Ihnen nicht zu sterben, hören Sie?«

Mein Vater war den Sommer über im Krankenhaus von Wilmington geblieben, um zu genesen, und wurde erst im September entlassen. Außer der angebrochenen Wirbelsäule und dem zerquetschten Bein hatte er an sämtlichen Rippen Frakturen erlitten sowie schwere innere Verletzungen. Mehrmals war sein Zustand so kritisch gewesen, daß man ihm die Letzte Ölung verpaßt hatte. »Ich hatte den verdammten Priester so satt«, sagte mein Vater, »daß ich ihn irgendwann aus dem Zimmer warf.«

Viele der Krankenschwestern und Pfleger waren ebenfalls schwarz gewesen, und mein Vater war der Meinung, daß sie ihm das Leben gerettet hatten. Es war eine spirituelle Erfahrung für ihn, vielleicht die intensivste seines Lebens. Als er sie mir beschrieb, hatte er jenen träumerischen, entrückten Gesichtsausdruck, den er immer bekam, wenn ihm etwas viel bedeutete.

»Rinker, als ich in meiner Skyfarer abstürzte, war ich ein Rassist wie jeder andere Trottel aus Scranton, Pennsylvania. Meine Eltern hatten mich nicht vorsätzlich dazu erzogen, Schwarze zu hassen. Mir wurde lediglich beigebracht, sie zu meiden und für minderwertig zu halten. Aber nach meinem Unfall konnte ich das nicht mehr. Alle diese Schwarzen im Krankenhaus waren so nett und freundlich zu mir. Sie taten Dinge für mich, die sie gar nicht tun mußten. Es ist armselig und sagt eine Menge über die menschliche Natur aus, aber ich mußte erst so eine Erfahrung durchmachen, soviel Schmerz erleiden, ein Bein verlieren, einen Absturz erleben, der mein Leben und meine Karriere praktisch zerstörte, um die richtige Einstellung zu Menschen zu entwickeln, die ich sowieso nicht hätte geringschätzen dürfen. Ich habe das nie vergessen. Es ist etwas, das mich von meinen Brüdern trennt. Sie haben kein Verständnis dafür. Aber es ist ganz einfach. Ich *liebe* die Schwarzen. Sie sind die besten Menschen auf der Welt.«

Dies von meinem Vater zu hören, war eine Offenbarung für mich. Sein wachsender Radikalismus in Sachen Bürgerrechte hatte mich damals verwirrt, war mir sogar peinlich gewesen. Verzweifelt hatte ich mir ein normales Leben und einen normalen Vater gewünscht – ich hätte mich viel leichter mit ihm getan, wenn er ein Nullachtfünfzehn-Vorortspießer gewesen wäre, der sonntags nachmittags Golf spielte. Es war eine Qual, ihn seine Kreuzzüge führen zu sehen. Die meiste Zeit schien er von blinder Wut auf die ganze Welt erfüllt – auf die römisch-katholische Kirche, weil sie keine gemischtrassigen Schulen einrichtete und die Bürgerrechtsbewegung nicht aus vollem Herzen unterstützte, auf die Kollegen, die immer noch rassistische Witze rissen –, und ich verstand diesen Zorn nicht, da doch sein Leben nach außen hin so erfolgreich zu verlaufen schien und so unbeschwert hätte sein können. Kern und ich hatten beide bemerkt, daß mein Vater sich verändert hatte, doch nicht gewußt, warum. Jetzt wurde mir klar, daß der Aktivismus meines Vaters einen ganz persönlichen Grund hatte.

Ich war erschöpft, als wir dort im Restaurant saßen, und mein Knie pochte, aber wir redeten noch eine Zeitlang, und ich genoß das Gespräch. Eigentlich redete mein Vater, und ich hörte zu. Nachdem er einmal angefangen hatte, sich mir zu offenbaren, schien er nicht mehr an sich halten zu können. Vielleicht hatte das etwas zu tun mit seinem AA-Hintergrund. Das ausführliche, monologisierende Beichten war ihm mittlerweile zur Gewohnheit geworden. Er sagte an jenem Tag noch etwas, das mir jahrelang im Gedächtnis blieb.

»Weißt du, ich dachte immer, ich wäre zufrieden, wenn ich bloß Kerns ersten Soloflug erleben dürfte. Dann erwarb er seine Fluglizenz. Jetzt habt ihr diesen Flug von Küste zu Küste geplant. Für mich ist das eine große Sache. Nachdem Kern geboren war, habe ich viel Zeit im Krankenhaus verbracht, und dann hatte ich die Amputation durchzustehen. Ich habe bis kurz vor deiner Geburt getrunken, Rinker. Es gab Zeiten, unzählige Male, da dachte ich nicht, daß ich euch Jungs als Erwachsene erleben würde.«

Danach war mir langsam die Erkenntnis gedämmert, daß mein Vater nicht ewig bei uns sein würde. Vielleicht waren seine Jahre schon gezählt. Aber damit wollte ich mich noch nicht auseinandersetzen, deshalb versuchte ich, an etwas anderes zu denken.

Während Kern die Maschine über den Little River flog, genoß ich die unter mir dahinziehende bäuerliche Szenerie. Wo das Vieh weidete, war das Grün braun und schwarz getupft, die Sonne glitzerte auf metallenen Scheunendächern, und Mehrfacheggen, gezogen von Mammuttraktoren, wirbelten Erde auf. Und ich vermißte meinen Vater. Mit Arkansas assoziiere ich vieles, aber hieran erinnere ich mich am deutlichsten.

Mittags erreichten wir den Red River und sausten über die kargen, ockerfarbenen Ebenen der südöstlichen Ecke von Oklahoma.

Es war unsere erste Begegnung mit dem »wahren Westen«.

Kern und ich staunten über die Abwesenheit von Bäumen und Zäunen und die endlose, atemberaubende Weite der Prärie. Auch die Farben waren hier ganz anders. Der Himmel spannte sich in grellem Azurblau von Horizont zu Horizont, und die jüngsten Regenfälle hatten die Feldblumen und Heidekrautbüsche zum Blühen gebracht. Wir tankten in Durant auf, schlangen unser Mittagessen hinunter und stiegen mit 71-Hotel wieder in südwestlicher Richtung in die sengende Hitze auf. Vom Prärieboden wallten die ersten Turbulenzen hoch, doch wir waren froh, daß wir bereits eine so lange Strecke hinter uns gebracht hatten und in dieses unbekannte Land vorgestoßen waren.

Texas, das Paradies der Fliegeranekdoten, war nur noch eine Stunde entfernt. Kern vor mir grinste, denn er dachte sich wieder mal etwas aus.

»Rink!«

»Ja?«

»Weißt du, was wir in Texas als erstes machen?«

»Nein, was denn?«

»Hüte. Heute abend kaufen wir uns Cowboyhüte.«

13

Über dem Lake Texoma, einem großen Inlandgewässer entlang der Grenze von Oklahoma, wo der Red River gleich nördlich von Denison zu einem Stausee eingedämmt war, traten wir in den Luftraum von Texas ein. Auf der Sektorenkarte Dallas-Fort Worth sah ich, daß wir die Staatsgrenze in der Mitte des Sees überqueren würden. Ich beugte mich nach vorn und schrie über das Dröhnen des Motors hinweg: »Kern! Wir sind da! Das ist Texas!«

»Meine Güte, Rink! Wir sind in Texas.«

Vom südlichen Rand des Sees erstreckte sich die Prärie mit

ihren Tafelbergen vor uns. Die Ebenen waren ein ungleichmäßig zusammengesetztes Flickwerk aus gelbem und rotem Lehm mit gelegentlichen Einsprengseln von Grün, wo sich an Wasserstellen Gras und Pappeln sammelten. Nach Westen zu schlängelte sich der Red River durch ein Labyrinth tiefer Canyons auf Wichita Falls zu. Die Flüsse hier waren unnatürlich blau für Inlandgewässer, von einem leuchtenden Türkis, intensiver, als ein Künstler je ein Gewässer malen würde. Diese Farbe kam dadurch zustande, daß das Wasser durch Felsen floß, die ein Mosaik aus strahlendem Ocker, Grau und Ziegelrot bildeten, so daß der Fluß hart mit seinen Ufern kontrastierte. Die Weite der Prärie und die noch dramatischere Canyonlandschaft im Westen wurden betont durch tiefhängende Wolken. Kumuluswolken streiften in einzelnen Knäueln die Unterseite unserer Tragflächen, nicht mehr als 2000 Fuß über dem Boden, und waren über die Prärie verstreut, so weit wir sehen konnten.

Kern ließ die Cub unter die Wolken sinken, und jetzt war die Sicht in jeder Richtung makellos. Die niedrige Wolkendecke zwang das Auge, immense Ausdehnungen in sich aufzunehmen, ebenso, wie eine lange, niedrige Verandadecke beim Blick aus dem Fenster die Tiefenwirkung verstärkt. Wir hatten schon von dieser Art der Wolkenformation gehört, und zwar in den Anekdoten meines Vaters. Es handelte sich um den legendären Texas-Himmel. Die Wolken bildeten sich durch den konzentrischen Zustrom feuchter Luft, die vom Golf von Mexiko hochstieg und dann an Auftrieb verlor, wenn sich gegen Mittag die Winde abschwächten. Die Hitze, die von der Prärie nach oben flammte, verdichtete die zum Stillstand gekommene Feuchtigkeit zu niedrig hängenden Wattebäuschen.

Die Geographie bekam etwas Spirituelles. Das Panorama aus Wolken, Prärie und Fluß war erhaben, und mir schien, als herrschte hier ein völlig anderes Licht. So weite Horizonte wie dieser waren für einen Jungen von der Ostküste eine visuelle

Offenbarung, etwas ganz Neues. Noch eindringlicher als zuvor spürte ich die Entfernung, die wir zurückgelegt hatten, und für mich war Texas die wahre Kontinentalscheide. Texas *war* anders. Ohne die Fesseln der Zäune und engen Horizonte des Ostens waren wir jetzt frei, vollkommen frei, für immer vereint mit und beseelt von einer Sphäre des Himmels, die sich in alle Ewigkeit erstreckte.

Hier draußen über der Prärie wollte Kern auf »Wattejagd« gehen, ein alter Fliegerbegriff, den wir gehört hatten und jetzt natürlich, da wir in Texas waren, ausprobieren mußten. Er suchte sich eine schmale Lücke zwischen zwei Wolken und riß den Steuerknüppel nach hinten. Wir stiegen senkrecht auf durch die ausgefransten Wolkenränder, über sie hinweg, und wurden dann schwerelos. Kern kippte einen Flügel zu einem Hammerkopf an, und wir sausten durch dasselbe Loch zurück nach unten. Er fand eine weitere Lücke und dann noch eine.

Johlend und schreiend vollführten wir noch ein paar Hammerköpfe. Das war unsere Ankunft in Texas. Prärie, Wolke, das schwerelose Ächzen der Tragflächen und dann wieder die auf uns zurasende Prärie, wenn wir durch die Wolkenlöcher in einem vollkommenen texanischen Himmel tauchten.

Mir gefiel die Menschenleere in Texas. Hinter Denison sahen wir über eine Stunde keine Ortschaft; das Terrain unter uns war eine einzige langgestreckte, mit Gestrüpp bewachsene Steppe, Meile um Meile, und neben unserem rechten Flügel ragten schattige, öde, von Schluchten durchzogene Berge auf. Wir waren noch nicht in der eigentlichen Wüste, so daß es keinen Grund gab, sich an Landstraßen zu halten, und außerdem führten sowieso keine Straßen in unsere Richtung. Wir flogen also südwestwärts über offenes Land.

Sobald Denison hinter uns lag, wurde mir klar, daß mich eine neue navigatorische Herausforderung erwartete. Ohne Geländepunkte, die wir ansteuern konnten, mit Hunderten von Quadratkilometern eintöniger Weite zwischen den einzelnen Orten, konnten wir unseren Zielflugplatz mit einem Kompaßfehler von nur ein paar Grad leicht verfehlen. Unser einziger Benzintank ließ uns zu wenig Spielraum, um nach Alternativen zu suchen. Ich würde aufs i-Tüpfelchen genau rechnen und unsere jeweilige Position ermitteln müssen, indem ich für die einzelnen Etappen einen präzisen Zeitplan festlegte und unser angepeiltes Ziel mit dem Kompaß exakt im Auge behielt. Ich nahm Stift und Schreibblock zur Hand und ging an die Arbeit. Alle zehn Minuten vermerkte ich den Kompaßstand und wagte dann mit Hilfe meines Navigationsrechners eine ungefähre Bestimmung unseres Standorts.

Mindestens einmal pro Stunde überquerten wir eine zweispurige Straße oder einen besonders dramatischen Canyon, der auf der Karte verzeichnet war; manchmal hatten wir das Glück, eine Stromleitung oder einen Bach vorzufinden, die an derselben Stelle kreuzten, so daß wir einen zuverlässigen Anhaltspunkt hatten, als Ergänzung meiner Berechnungen. Aber auf dem größten Teil der Strecke über Texas folgten wir nur einem Kompaßkurs und meinen zeitlichen Berechnungen. Die Präriewinde waren launisch und wechselten ständig ihre Richtung, und ich mußte wegen Abdrift häufig den Kurs korrigieren. Alle ein, zwei Stunden sahen wir am Horizont die Sonne auf Dächern glitzern, peilten sie an und hofften, daß das auch wirklich Sweetwater oder Lamesa war. Manchmal hatte ich mich um einen oder zwei Orte verschätzt, meistens aber hatte ich richtig gelegen, wir kamen nie mehr als zwanzig bis dreißig Kilometer vom Kurs ab.

Wenn wir in der Ferne über unseren Flügelholm hinweg eine Windmühle und Zäune sahen, die uns, von der Sonne angestrahlt, zuwinkten, flogen wir hin. Es waren Farmen, wo das Vieh zu dieser Jahreszeit mit Brandmalen versehen wurde. Wir kreisten tief über den Cowboys mit ihren Pferden und winkten ihnen zu.

Diese Brandkoppeln waren ein erfreulicher Anblick für uns, besonders für Kern. Im Winter, als wir im Schuppen an der Cub gearbeitet hatten, hatte er mit atemloser Stimme davon gesprochen, wie es im weiten, offenen Westen sein würde.

»Warte, bis wir in Texas sind, Rink. Da draußen gibt es immer noch echte Cowboys. Sie haben Viehtriebe und alles, was dazu gehört, genau wie in *Bonanza*.«

»Jetzt mach aber mal halblang, Kern«, sagte ich dann. »Wieso glaubst du diesen Scheiß im Fernsehen? Heute treiben sie das Vieh mit Hubschraubern und Pickups zusammen.«

»Auf keine Fall, Rink. Ich sag's dir. Sie benutzen immer noch Pferde. Quarter Horses. Reinrassige Sprinter mit ein bißchen Mustangblut in den Adern.«

Das war auch so ein Problem mit Kern, fand ich. Er war ganz verrückt nach Quarter Horses und Reiten im Western-Stil. Als wir klein gewesen waren, hatte mein Vater uns auf dem unteren Teil unseres Grundstücks einen Rodeo-Korral gebaut, der sogar mit Zuschauertribüne, einer Schleuse für den Stier und einem Tonnenparcours ausgestattet war. Dann kaufte er uns noch ein Quarter Horse, einen Wallach, der auf Lassowerfer trainiert war. Am Sonntagnachmittag gingen wir dann alle hinüber zum »Buck-Korral«, mein Vater zerrte die räudigen Black-Angus-Kälber, die er züchtete, aus der Scheune, peitschte sie durch die Schleuse, und Kern und ich jagten abwechselnd auf dem Wallach durch den Korral, fingen die Kälber mit Lassos ein und sprangen dann ab, um die brüllenden, furzenden Zwergochsen zu Boden zu ringen. Es war ein ziemlicher Scheiß, fand ich. Meistens brauchten wir zehn Minuten, bis wir ein Kalb eingefangen hatten, und bis dahin war das arme kleine Tier so erschöpft, daß es sich von selbst hinlegte und praktisch darum bettelte, von uns gefesselt zu werden. Kern aber war ganz wild darauf. An unseren »Rodeo-Tagen« trug er den ganzen Nachmittag einen Cowboyhut und Chaps aus Lederimitat. Unser Wallach hieß obendrein noch Texas. Was mich betraf, so lebte Kern in der Vergangenheit und erwartete viel zu viel von unserer Reise.

Scheiße. Bei irgendwas hatte ich mich ja irren müssen. Wir waren beide ganz aufgeregt, als wir die Koppeln in der Cub umkreisten. Richtige Cowboys jagten live auf Pferden Hereford- und Longhorn-Kreuzungen durch ein staubiges Gehege. Meine Knie wurden schon beim Zuschauen weich, und ich summte »Home on the Range.«

»Rink! Guck dir bloß mal den Typen da an! Sieht er nicht genauso aus wie Michael Landon aus *Bonanza*?«

Tatsächlich, es war Little Joe. Sein geflecktes Pony mit den silbernen Sattelschnallen und dem weich gepolsterten Kummet galoppierte den anderen voran. Der Reiter, stattlich und schlank, trug braune Lederchaps, eine passende Weste, Sporen und einen Stetson mit hochgerolltem Rand.

»Meine Güte, Kern. Guck dir das an. Glaubst du, das könnte eine Attrappe sein? 'ne Touristenranch oder so was?«

»Nee, nee, nee, Rink. Die stehen in Montana. Diese hier ist echt! Das sind Cowboys. Kriegst du das vielleicht mal in deinen Dickschädel? Wir sind in Texas!«

Wir kamen gar nicht darüber hinweg. Wirklich echte Cowboys im wirklich echten Texas. Das Leben war uns nie so unmittelbar und romantisch erschienen wie hier.

Aus 500 Fuß Höhe wirkte das Ganze wie eine Aufführung zu Ehren der Reitkunst. Die Pferde, die die Kälber von ihren Müttern trennen sollten, drängten sich mit schräggelegtem Körper, die Hinterhand in den Boden gestemmt, in die Rinderherde. Wenn es dann so ein hübscher Brauner oder ein Falbe mit schwarzer Mähne geschafft hatte, warf der Reiter sein Lasso. Das Kalb flog in einer Staubwolke hoch. Die Pferde waren hervorragend trainiert. Während das Kalb noch in der Luft war, sprang das Pferd nach hinten, um das Seil zu straffen, vergewisserte sich aber vorher durch einen Blick, daß der Cowboy auf seinen Ausfall vorbereitet war. Der Cowboy zwirbelte das Seil am Sattelknauf fest, gab dem Pony die Sporen, und galoppierte, das Kalb an Bein oder Hals hinter sich her ziehend, davon. Am Feuer, wo dem Stier das heiße Brandeisen aufgedrückt wurde, stieg von dem zischenden Fleisch ein Rauchkringel in die Höhe.

Konnte das Land wirklich so sein, wie mein Bruder es sich ausgemalt hatte? Manchmal kam es uns vor, als ob wir gar nicht flögen oder navigierten oder uns Sorgen um den Treibstoff machten. Wir durchquerten die Szenerie eines Traumes. Wenn wir vor uns eine weitere Staubwolke sahen, die eine weitere Brandkoppel ankündigte, hielten wir darauf zu. So kreuzten wir von Koppel zu Koppel über die Prärie.

Denton zog unter uns vorbei, dann Decatur, Paradise und Perrin. Wir beschlossen, daß wir versuchen wollten, heute noch Abilene zu erreichen. Abilene, das wußten wir, war eine legendäre Rinderstadt – genau der Ort, an den wir im Moment gehörten. In *Tausend Meilen Staub* feuerte Clint Eastwood seine Jungs immer an, damit sie es bis nach Abilene schafften, bevor die Flußbetten austrockneten. Country and Western war an der Ostküste damals nicht populär, aber einen Hit gab es, den auch wir kannten, »Abilene«. »Abilene, oh Abilene«, wimmerte der Sänger. Also würden wir nach Abilene fliegen und dort übernachten.

Es war allerdings nicht alles eitel Freude und Sonnenschein. In unserer federleichten Cub spürten wir die Turbulenzen mit brutaler Gewalt. Hier draußen machten sie sich anders und sehr stark bemerkbar. Die Stöße kamen in langen, mächtigen Böen, die das Flugzeug auf und ab warfen, unserem Variometer zufolge manchmal mit mehr als 1000 Fuß pro Minute. Oft trafen sie uns aus heiterem Himmel; sie gingen nicht mit gebirgigem Terrain oder Wolken einher. Irgendwann wurde es uns zuviel. Kern drosselte den Motor auf unter 2000 Umdrehungen pro Minute, damit die Maschine in den Turbulenzen langsamer flog, und legte durch leichtes Abtauchen wieder Tempo zu, wenn ein Aufwind sich schließlich abschwächte und uns schwerelos unter eine Wolke sinken ließ. Meistens aber warteten wir nur darauf, daß das nächste Monster zuschlug.

Die Schwierigkeiten, die wir über Texas hatten – im Grunde sogar überall im Westen – waren eigentlich Ergebnis unserer eigenen Naivität und Unerfahrenheit. Kern und ich hatten beide die Fliegerbibel studiert, William K. Kershners *The Private Pilot's Flight Manual*, uns jedoch nie die Mühe gemacht, auch Kershners *Instrument Flight Manual* zu lesen oder die vielen Bücher, die es über Flugwetter und das Fliegen über Wüsten und Gebirge gab. Dann wäre uns nämlich die Grundregel des Fliegens im Westen bekannt gewesen: Niemals in der Mittagshitze starten. Während die Sonne sich ihrem höchsten Punkt nähert, erzeugt sie direkt über dem Prärieboden gewaltige Warmluftströmungen, die bis vier oder fünf Uhr nachmittags wirksam bleiben. Uns das zu erzählen, war niemandem eingefallen, und kein Pilot, den wir kannten, hätte je daran gedacht, denn wir waren von Romantikern und nicht von Naturwissenschaftlern umgeben.

Kern und ich schafften es beide, die höllischen Turbulenzen des Westens zu überstehen, und das aus ganz unterschiedlichen Gründen, die wiederum beispielhaft für unsere divergenten Persönlichkeiten waren. Kern war praktisch immun gegen Unwohlsein in der Luft und sowieso zu fest entschlossen, Kalifornien schnell zu erreichen, um die böige Luft am Boden auszusitzen. Ich fühlte mich oft erbärmlich, jedoch intellektuell verpflichtet, die Turbulenzen zu ertragen.

Ich war Büchern wesentlich mehr zugetan als Kern und hatte immer wieder sämtliche Fliegerasse gelesen – Antoine de Saint-Exupéry, Ernest K. Gann, Nevil Shute. Anne Morrow Lindberghs *North to the Orient* gefiel mir von allen Pilotenmemoiren am besten. Dieses Studium der Fliegerliteratur hatte mich für unsere Reise gestählt. Für Abenteurer wie St. Ex und Gann waren körperliches Unbehagen und Gefahr kein unseliges Nebenprodukt des Fliegens, sondern eine existentielle Herausforderung, eigentlich genau das, worum es ging. Mein Lieblingsessay, den ich praktisch auswendig konnte, war Exupérys brillante Ode an die Turbulenz in *Wind, Sand und Sterne*, die Schilderung seiner Begegnung mit dem Ausläufer eines Taifuns während seiner Zeit als Postflieger in Patagonien. In *Fate is the Hunter* kämpft Gann von Presque Isle bis Natal gegen Turbulenzen an. Beide schrieben über die Hölle des Fliegens in rauher Luft, wie Joseph Conrad oder Herman Melville über aufgewühlte Meere schrieben. Es waren gefahrvolle Situationen, über die sie später nachdachten, Erlebnisse, die sie in herrlich gestaltete Ausführungen über Mut, Ausdauer und Zuversicht verwandelten. Sie gaben nie vor, furchtlos zu sein, ließen sich von nichts abschrecken. Immer noch gab es einen anderen Gebirgszug, einen nächsten Anden- oder Himalaja-Gipfel zu überwinden. So war das Fliegen eben, dachte ich. Der Sicherheitsgurt saß schon so eng wie möglich, und trotzdem zurrte man ihn wegen der mörderischen Stöße noch ein Loch enger und flog weiter. Endlich wußte ich all die Lektüre zu schätzen, als wir dort draußen über Texas waren und am Präriehimmel umhergeschleudert wurden. St. Ex und Gann hatten mir Stärke verliehen. Ich hörte nie auf, Turbulenzen zu hassen, und fürchtete sie, doch ich fand eine Möglichkeit, sie einfach zu ertragen.

Im weiteren Verlauf des Tages wurde ich körperlich abgehärteter. Eigentlich hatten auch schon die letzten Tage dazu beigetragen. Am Abend zuvor waren Kern und ich beim Auskleiden im BILLIG-MOTEL beide überrascht gewesen von den schwarzen und blauen Flecken auf unseren Bäuchen und Hüften. Auf dem Flug durch die Turbulenzen von Kentucky hatten die dauernden Stöße unserer Körper gegen die Gurte unsere Blutgefäße gequetscht und verletzt. Je weiter wir in

Richtung Westen durch Böen flogen, desto stärker verschmolzen diese blaue Flecken zu einem Ring um unsere Taillen, so daß wir in Badehosen schließlich aussahen wie Zebras mit nur einem Streifen. Die Blutergüsse taten nicht besonders weh, lediglich früh morgens und abends, und wir stellten fest, daß wir die Schmerzen lindern konnten, indem wir heiß duschten oder in einen Motel-Pool sprangen.

Kern schienen seine eigenen Striemen nicht soviel auszumachen, aber er war ganz bestürzt gewesen, als er meine gesehen hatte. Er wußte, wie sehr ich das Fliegen in Turbulenzen verabscheute. Sobald es also in Texas zum erstenmal richtig schlimm geworden war, hatte er am Steuerknüppel gerüttelt, um mir zu bedeuten, daß ich eine Weile selbst steuern solle, und außerdem wählten wir kürzere Etappen. Das half nur ein bißchen, doch Kerns Mitgefühl erleichterte es mir, die nächsten Stunden zu ertragen, bis die Turbulenzen sich am Spätnachmittag abschwächten. Auch über Präriehunde hatte uns keiner etwas erzählt. Wir wußten zuerst noch nicht einmal, daß es welche waren, und mußten am nächsten Flugplatz nachfragen. Der ersten Kolonie begegneten wir etwa fünfzehn Minuten hinter Decatur. Ich navigierte und hielt aus dem offenen Fenster nach Geländepunkten Ausschau. Dort, unter unserem linken Flügelholm, lag ein geradliniges Stück Mondlandschaft, markiert von ordentlich hintereinander aufgereihten Kratern.

»Hey, Kern, was zum Teufel ist das?«

Fachmännisch ließ Kern mich wissen, daß wir uns jetzt im Herzen der »Stearman Alley« befänden, und erinnerte mich daran, daß wir ein paar große, verlassene militärische Trainingspisten aus dem Zweiten Weltkrieg passiert hatten. Die Krater da vor uns, sagte er, seien die Überbleibsel einer Übung der Air Force.

Das glaubte ich nicht. Niemand konnte Bomben in so säuberlichen Reihen abwerfen. Ich hatte meine eigene Theorie.

»Auf keinen Fall, Kern«, rief ich nach vorn. »Das ist ein Öl-feld.«

»Ein Ölfeld?«

»Na klar, Kern. Wir sind in Texas! Das sind Probebohrungen für ein großes Ölfeld.«

Wir flogen hin, um einen Blick darauf zu werfen.

Als wir uns näherten, hasteten Hunderte von pelzigen Kreaturen wie wahnsinnig in alle Richtungen, um sich Hals über Kopf in ihre Löcher zu stürzen. Wir kratzten uns am Kopf. Nerze vielleicht? Oder Chinchillas – klar, wilde texanische Chinchillas. Quatsch. Chinchillas und Nerze wären hier riesig, so groß wie Schäferhunde bei uns zu Hause. Vermutlich handelte es sich um eine Art Murmeltiere, die es nur im Westen gab. Was auch immer. Jedenfalls legten diese Geschöpfe anscheinend viel Wert auf ihre Privatsphäre und reagierten empfindlich auf Flugzeuge. In den paar Sekunden, die wir brauchten, um ihr kraterübersätes Gemeinwesen zu überqueren, war es auch schon verlassen, leer wie eine Geisterstadt, da alle in ihre Löcher abgetaucht waren. Außer einigen Nachzüglern, die blindlings aus der Prärie angerast kamen, und etwas Gestrüpp, das über die Kraterränder wehte, bewegte sich nichts mehr.

Es gab Dutzende solcher Kolonien in Texas, bis hinüber nach Midland, wo die Wüste beginnt. Wir lernten, unsere Spielchen mit ihnen zu machen. Wenn wir uns ihnen mit Wind und Sonne auf der Nase näherten, so daß die Tierchen nicht von unserem Motorenlärm oder Schatten aufgescheucht wurden, konnten wir uns mit sachten Kurven allmählich anschleichen und sie beobachten. Es waren liebenswerte kleine Teufel, die umhertollten und zu Pelzknäueln kollidierten, geschäftig aus ihren Löchern auftauchten, hochgereckt stehenblieben und, ihre Babypfoten an die Backen gedrückt, neugierig zu uns aufschauten.

Tiere zu beobachten wird jedoch mit der Zeit langweilig,

und es machte viel mehr Spaß, die Viecher zu terrorisieren. Kern entwickelte unsere Präriehund-Überfalltaktik, aber nach ein paar Kolonien übernahm ich selbst das Steuer und perfektionierte die Technik.

Wir näherten uns mit der Sonne im Rücken, drosselten den Motor und glitten dann geräuschlos über die Mitte der Kolonie. Der Trick bestand darin, ungefähr fünfzig Präriehunde auf einem Fleck zu haben und plötzlich das Ruder so zu treten, daß der Schatten der Cub schlagartig auf die Menge fiel. Er erreichte sie im allgemeinen etwa drei Sekunden vor uns. Sofort stürzten sie sich alle auf die nächsten Löcher. In dem Moment gaben wir dann Vollgas, um den Pelzkugeln mit dem Lärm eine zusätzliche Ladung Adrenalin zu verpassen. Es war besser, als in einem Kino »Feuer!« zu schreien. Wenn wir über sie wegflogen und hinunterguckten, steckte in jedem Loch, mit den Köpfen voran, ein Dutzend oder mehr der Tiere, den Hals in der Klemme, die hektisch zappelnden Hinterbeine einen Staubring aufwirbelnd. Es klappte jedesmal so gut, als hätte man eine Blendgranate geworfen. Erschrick fünfzig dicht zusammengedrängte Präriehunde zu Tode, und sie stürzen sich alle gleichzeitig auf dasselbe Loch.

Bei der dritten oder vierten Kolonie fielen mir die Moon Pies ein, die wir in Oklahoma gekauft hatten. Da wir von der Ostküste kamen, kannten wir dieses Gebäck nicht, aber hier im Westen war es offensichtlich ein beliebtes Nahrungsmittel. Moon Pies bestanden aus zwei riesigen Scheiben Schokoladenkeks, zwischen denen ein kalorienreicher Klacks weißer, süßer Creme klebte. Sie sahen sättigend aus, und da wir einen langen Flug vor uns gehabt hatten, hatte ich ein paar gekauft und sie ins Gepäckfach gestopft. Jetzt wollte ich wissen, wie Präriehunde auf einen in ihrer Mitte abgeworfenen Moon Pie reagieren würden.

Als die nächste Kolonie in Sicht war, holte ich den ersten Moon Pie heraus, wickelte ihn aus, widerstand der Versuchung, einen Bissen zu probieren, und öffnete die Seitentür. Ich rüttelte am Steuerknüppel und übernahm die Maschine von Kern.

Im sachten Gleitflug, mit der Sonne im Rücken, schwebten wir auf die Kolonie zu. Ich schätzte, daß der Moon Pie mit dem Schwung des Flugzeugs hinter sich ungefähr dort auftreffen würde, wo unser Schatten war. Also würde ich ihn genau dann abwerfen, wenn die Präriehunde in Deckung gingen. Nachdem wir über sie weggeflogen wären, würden sie sich wieder aus ihren Löchern herauswühlen, den verrenkten Nacken ausschütteln und den Moon Pie entdecken.

Es sah nach einem guten Abwurf aus. Ich gab mehr Gas, aber nicht zuviel, damit ich in einer engeren Kurve wenden konnte, und flog zurück über die Kolonie.

Der texanische Präriehund, so kann ich berichten, steht definitiv auf Moon Pies. Es war, als hätte man vor fünfzig heißhungrigen Schweinen einen einzigen Eimer Abfälle ausgeschüttet.

In einem wahnsinnigen Gewimmel von Pelz, Gestrüppfetzen und umgetrampelten Jungtieren erklärte die ganze verdammte Kolonie sich selbst den Krieg. Bei all den Kratern, die es gab, hätte es theoretisch schwierig sein müssen zu erkennen, welcher von ihnen das Abwurfgebiet für meinen Moon Pie gewesen war. In der Praxis jedoch war das einfach. Man sah dort unten eine sich windende, rutschende, kreiselnde Pyramide aus sechzig oder siebzig wildgewordenen kleinen Biestern, die übereinanderpurzelten, sich gegenseitig die Augen auskratzten und ihre blanken Zähne fletschten, um an den Hauptgewinn heranzukommen, den Moon Pie am Grunde des zuckenden Haufens.

Der Präriehund muß mit dem Lemming verwandt sein. Je höher das Gedränge sich türmte, desto mehr Tiere kamen aus den Vororten angerannt und sprangen auf, einfach nur, weil alle anderen es auch taten. Wie viele Präriehunde passen auf einen Moon Pie? Mindestens hundert. Und mittlerweile war es sowieso nur noch eine Hobbes'sche Farce, denn irgendein großes, altes, dominantes Männchen hatte sich, ganz unten vergraben, den Moon Pie vermutlich schon mit sechs wütenden Bissen geschnappt. Aber das war nur ein Teilsieg für ihn. Das Gewicht der gesamten Kolonie tat dem Trottel bestimmt weh; hinzu kamen sicher Erstickungsanfälle.

Ich kreiste ein paarmal über der Kolonie, um zu sehen, was als nächstes passierte. Nach einer Weile hatten die Präriehunde das Übereinanderherfallen satt, ließen sich nach und nach von dem Haufen herunterrutschen und wankten ihren heimatlichen Kratern zu. Mir taten diejenigen leid, die ganz unten gelegen hatten. Offensichtlich waren sie ziemlich mitgenommen. Nachdem die anderen weg waren, blieben sie einfach eine Zeitlang liegen, schützengrabengeschädigt und träge unter der heißen Sonne, und schrammten dann auf dem Bauch davon. Ich betete für ihr Überleben. Über den Kolonien kreisten ständig eine Menge imposanter Geier und Habichte, und wenn eines dieser plattgedrückten Geschöpfe auf dem Heimweg zu sehr trödelte, würde es über kurz oder lang jemandem als Abendessen dienen.

Danach hatte ich immer einen Vorrat an Leckereien an Bord, und das Füttern der Präriehunde war eines der großen Vergnügen auf unserem Flug von Küste zu Küste. Falls es auf einem Flugplatz keinen Automaten mit Moon Pies gab, kaufte ich Krapfen oder Erdnußbutterkekse. Wir konnten sogar eine ungeöffnete Tüte Kartoffelchips abwerfen, und die Präriehunde rissen das Papier auf und verschlangen die Chips gierig innerhalb von Sekunden. Die Viecher da unten waren echt am Verhungern. Das Riesengedränge um den Moon Pie war den Tieren am Grunde des Haufens gegenüber nicht fair, deshalb änderte ich meine Technik, um Leben zu retten. Statt nur einen einzigen Moon Pie oder Keks abzuwerfen, warf ich gleich mehrere hinunter, und zwar bei hoher Geschwindigkeit, so daß das Gebäck durch unsere Propellerbö über ein weites Gebiet verstreut wurde. Das war viel besser, denn auf diese Weise fielen nur jeweils zehn oder zwölf Tiere übereinander her, und keins wurde verletzt.

Der Gegenwind hatte sich im Lauf des Nachmittags verstärkt, und das Kreisen bei der Fütterung der Präriehunde hatte zusätzliches Benzin gekostet, so daß wir noch einmal tanken mußten, bevor wir Abilene erreichten. Während wir Breckenridge, mitten in der Prärie gelegen, passierten, berechnete ich unsere Flugzeit und unseren Treibstoffverbrauch und kam zu dem Schluß, daß wir so bald wie möglich landen sollten. Der einzige Flugplatz, der dafür in Frage kam, lag bei Albany, einem Viehzüchterdorf dreißig Meilen vor uns. Er lag genau am nördlichen Ortsrand, so daß die Landebahn aussah wie eine Verlängerung des Straßenrasters, und wir pfiffen beim Anflug über die Dächer hinweg.

Aus der Luft wirkte Albany wie eine typische altmodische Western-Stadt, ein schlichtes Kuhkaff. Beim Anschweben sahen wir eine breite, staubige Hauptstraße, hölzerne Bürgersteige, Veranden und Blendgiebel. Es gab sogar Anleinpfosten und einen Wassertrog für Pferde. Das Wochenende um den Unabhängigkeitstag ging zu Ende, und die alljährlichen Wettspiele in der Arena der Gemeinde hatten gerade aufgehört. Mehrere Gruppen Reiter auf ihren Pferden trabten durch die Stadt, jeweils zu viert und fünft nebeneinander, Mähnen und Schweife wehten im Wind.

Eine bestimmte Szene habe ich nie vergessen: Ein Cowgirl auf einem großen Appaloosa galoppierte die Straße entlang, um die anderen Reiter einzuholen. Als wir auf den Flugplatz zukurvten, direkt über ihrem Kopf, riß sie das Pferd am Zügel herum, und ich guckte genau auf sie hinab. Das Pferd tänzelte und drehte sich im Kreise, das blonde Haar des Mädchens und die Fransen an ihren Hemdärmeln wirbelten wie ein Derwisch und sie winkte zu uns hoch und lächelte, ein hübsches Bild aus der Luft.

Die anderen Reiter nahmen ihre Hüte ab und winkten ebenfalls.

»Kern! Guck dir das bloß mal an! Die Leute reiten mit ihren Pferden direkt in die Stadt.«

»Verflixt noch mal, Rink! Das will ich dir doch schon den ganzen Tag klarmachen. Hier reitet jeder auf seinem Pferd in die Stadt. Das ist Texas!«

Trotzdem konnte ich es nicht fassen. Es war mir nie in den Sinn gekommen, daß Texas so altmodisch sein könnte, seinen Wurzeln als Pionierstaat so sehr verhaftet.

Es war erst vier Uhr nachmittags, und wir hätten noch ein bißchen fliegen können. Aber uns gefielen Albany und die Atmosphäre dort so gut, daß wir beschlossen, Abilene sausenzulassen und hier zu übernachten. Der Flugplatzbesitzer nahm uns in seinem Pickup mit in die Stadt.

Das Hotel von Albany war ein prächtiger, altmodischer Bau mit einer weißgetünchten Adobe-Fassade, mexikanischen Fliesenböden und einem großen Empfangstresen aus dekorativ geschnitztem Holz. Unser Zimmer im oberen Stock war groß und hoch und enthielt einen Deckenventilator sowie gewaltige, freudenhaustaugliche Betten. Eine Reihe hoher, schmaler Fenster öffnete sich auf einen Balkon mit Geländer. Der Blick ging nach Norden hinaus über die hölzernen Bürgersteige und Blendgiebel. Die Prärie dahinter, gesprenkelt mit Salbeibüschen, glühte in der späten Nachmittagssonne rosa.

Wir waren hungrig, als wir ankamen, und die Cafeteria des Hotels hatte ein Sonderangebot – zwei Hamburger »in Texas-Format« und eine große Cola für neunundneunzig Cents. Wir nahmen die Burger mit aufs Zimmer, aber sie waren nicht genießbar. Es ist schändlich, was die Texaner mit einem Stück Fleisch anstellen. Auf beide Seiten des Burgers war eine Sauce geklatscht, dick wie Schlamm, die aus Senf, Chilischoten, gehackten Zwiebeln, Tabasco und einer weiteren Zutat zu bestehen schien, bei der ich nur raten konnte, die aber wochenaltem Bohnenmus entsetzlich ähnlich sah. Wir spülten die Burger in der Toilette hinunter und beschlossen, einen Spaziergang durch den Ort zu machen.

Die Luft roch süß nach blühendem Salbei und dem Pferdemist, der sich neben den Anleinpfosten häufte. Pferde selbst waren jetzt nicht mehr zu sehen, aber immer noch fuhren Cowboys in ihren Pickups die Hauptstraße auf und ab. Hübsche Mädchen mit weichem texanischem Akzent waren zu sehen und im Friseurladen Männer, die sich um sechs Uhr abends die Haare schneiden und rasieren ließen. Im Schaufenster des Drugstores lag ein Stapel glänzender Cowboyhüte aus Stroh mit dünnen, schwarzen Schnürbändern und Metallösen als Luftlöchern, Kopfbedeckungen in echtem Western-Stil. Kern lief das Wasser im Munde zusammen. Einen von diesen schweren Stetsons wollte er sowieso nicht – der wäre im Flugzeug zu heiß gewesen. Die Strohdinger dagegen sahen genau richtig aus, und wir gingen hinein.

Kern kaufte sich einen riesigen Zehn-Gallonen-Apparat, mit dem er vollkommen lächerlich aussah, aber er freute sich wie ein Schneekönig über seinen großen Cowboyhut, so daß ich beschloß, nicht verlegen zu sein, wenn ich neben ihm stand. Ich entschied mich für eine schwarze Baseballkappe, die mit einer Karte des Staates geschmückt war, in Gelb die Aufschrift DEEP IN THE HEART OF TEXAS trug und, wie ich fand, gut zu meiner Ray-Ban paßte. Derartig für den Wilden Westen ausstaffiert, stolzierten wir hinaus auf die Straße.

Nebenan war ein altes Café im Western-Stil, und wir nahmen dort Platz, um ein fritiertes Steak zu essen.

Von unseren Kopfbedeckungen ließ sich niemand täuschen. An unseren Collegeschuhen und Paisley-Hemden, die für die Leute ein regelrechter Blickfang waren, erkannten sie, daß wir ortsfremd waren, sehr ortsfremd. Aber die Texaner waren äußerst gutmütig und freundlich, ganz und gar nicht wie die Cropduster-Rowdies in Arkansas. Alle trugen breitkrempige Stetsons, spitze Stiefel und reich verzierte Gürtelschnallen, traten wiederholt an unseren Tisch und stellten sich vor. Nu Jersa! Ich hätte ihren nasalen Stimmen die ganze Nacht zuhören können. Alles war ein »Deng«, jeder war ein »alter Junge« oder ein »Mädel«, und wenn den Einwohnern von Albany, Texas, etwas besonders gefiel, war es ein »Mordsdeng« oder ein »dickes Ei«. Sie kamen gar nicht darüber hinweg, daß wir den ganzen Weg von der Ostküste geflogen waren, nur um in ihrem kleinen, alten Albany zu landen.

»Piper Cub, hm? Is' das nich' so was wie 'n Model T oder so? Heiße Sache, verdammt. Ihr seid ja schwer auf Draht.«

Als wir wieder auf dem Zimmer waren und zum erstenmal aus Texas unsere heimatliche Nummer wählten, kamen wir uns wie echte Cowboys vor. Wir trugen das Telefon und zwei Stühle auf den Balkon, und Kern behielt seinen Cowboyhut auf, als er mit meinem Vater sprach. Über der Prärie ging der Mond auf, während sie miteinander redeten. Kern erzählte ihm die Ereignisse des Tages und beschrieb ihm unsere Strecken. Mein Vater befürchtete, wir flögen zu angestrengt, und fand, wir sollten eine Pause einlegen, wenn wir erst einmal die Rockies überquert hatten. Er wollte, daß wir einen Tag in El Paso blieben, was Kern abwehrte, indem er sich unverbindlich äußerte.

Als ich an der Reihe war, setzte mein Vater zu einem langen Monolog über Texas an, und ich mußte mir sein lächerlich ausführliches Geschwafel über all die großartigen Stearman-Flieger anhören, die er hier gekannt, die Farmen, die er aus der Luft gesehen hatte, ein Lone-Star-Klischee nach dem anderen. Ich war nicht in Stimmung dafür.

»Hey, Dad«, fuhr ich ihn an. »Danke, daß du mir alles über

Texas erzählst. Aber ich *bin* momentan in Texas. Du brauchst mir nichts über Texas beizubringen.«

Mein Vater klang verletzt, und ich bedauerte sofort, was ich gesagt hatte. Ich verstand mich selbst nicht. Am Morgen noch, als wir den Little River überquert hatten, hatte ich ihn vermißt. Jetzt, da ich ein, zwei Augenblicke mit ihm teilen konnte, wurde ich grob zu ihm. Es war fast so, als könnte ich ihn nur theoretisch ertragen, aber nicht persönlich. Kern war in dieser Hinsicht viel geduldiger und hielt das Gequatsche aus – ein großer Unterschied zwischen uns, doch ich hatte nicht lange Zeit, bei dem Gedanken zu verweilen, denn mein Vater wechselte bereits das Thema.

»Hör mal«, sagte er. »Wie macht sich der Wassersack?«

Scheiße. Jetzt mußte ich darauf einsteigen.

»Dad, der Wassersack ist einfach prima. Einer von den alten Stearman-Typen in Arkansas hat uns gezeigt, wie man den Sack ganz flach aufs Fahrwerk klemmt, damit der Luftwiderstand möglichst gering ist, und zwar mit dem Verschluß nach hinten.«

»Gut. Gut. Irgendwelche Probleme?«

»Also, da ist nur eins, Dad. Der Sack verliert Wasser beim Fliegen. Jedesmal, wenn ich nachsehe, fehlen mehrere Liter.«

»Klar. Kein Wunder. Dasselbe ist mir auch passiert. Nun, um ein Problem zu beheben, Junge, muß man es verstehen. Also sag mir, was los ist.«

»Hm, mal seh'n. Motorvibrationen. Durch die Vibrationen dringt Wasser aus dem Verschluß.«

»Nein. Denk nach, Junge, denk nach.«

»Okay. Die Nähte sind porös. Das Wasser leckt durch die unteren Nähte.«

»Nein. Versuch's noch mal.«

»Dad, bitte. Ich bin den ganzen Tag geflogen. Ich bin müde. Kannst du es mir nicht einfach sagen?«

»In Ordnung. Paß auf, es verdunstet. Der Wassersack liegt

da den ganzen Tag in der Sonne, und außerdem blasen noch die Abgase vom Motor über ihn hin. Die viele Hitze läßt das Wasser durch die Leinwand verdunsten. Früher habe ich in diesen Säcken einen Liter pro Stunde verloren.«

Verdunstung. Natürlich. Wie konnte ich ein so fundamentales Phänomen übersehen? Ich log so schnell, daß ich mit den naturwissenschaftlichen Details nicht mehr hinterherkam.

»Klar, Dad. Verdunstung. Was soll ich also tun?«

»Also, weißt du, Junge, das ist doch ganz einfach. Jedesmal, wenn ihr landet, um aufzutanken ...?

»Ja?«

»Füllst du auch den Wassersack auf.«

14

Fünfhundert Meilen östlich der Kontinentalscheide steigen die Hochebenen von Texas und New Mexico allmählich und kaum wahrnehmbar an, bis sie am Ende steil aufragen, wenn das imposante Massiv der Rockies in Sicht kommt. Zwischen unserem Abflug bei Tagesanbruch in Albany und unserer nachmittäglichen Ankunft in Carlsbad, New Mexico, von wo wir den Guadalupe-Paß in Angriff nehmen wollten, wurde das Terrain unter uns nach und nach mehr als 2000 Fuß höher und lag schließlich fast 4000 Fuß über dem Meeresspiegel. Wir nahmen den Weg nach Westen über Sweetwater, Lamesa und Seminole, die berühmte »Südroute« der frühen Postflieger, aber ein Pilot muß diese Strecke zumindest einmal selbst geflogen sein, um zu wissen, welche Wirkung sie auf ihn hat. Meistens hatten wir nach vorn nur eine Sicht von fünf bis zehn Meilen, nicht genug, um ein Gespür für die Höhenkorrekturen zu entwickeln, die wir hätten vornehmen müssen. Den ganzen Vormittag schien der Boden sich heimlich anzuheben und zu versuchen, unser Flugzeug zu schlucken. Ungefähr jede Stunde bemerkten wir unsere Fehleinschätzung und stiegen weiter auf, um Berührungen zu vermeiden.

Auch die Landschaft veränderte sich. Hinter Midland, Texas, ging die ockerfarbene und rote Prärie mit den gelegentlichen Tupfern Grün rasch in eine mit Geröll und Felsen übersäte Sandwüste über, in der die Erde nur noch schmutziggelb und schwarz war. Hoch aufragende Tafelberge und Schluchten bildeten das ausgezackte Vorgebirge der Rockies. Bizarre, scheibenförmige Federwolken verschleierten das Sonnenlicht und warfen schwache Schatten. Das eintönige Gelände verschmolz so mit dem eintönigen Himmel, daß kein Horizont zu erkennen war. Da Kern am Boden keine deutlichen Bezugspunkte mehr hatte, setzten ihm manchmal Schwindel oder das Gefühl der räumlichen Desorientiertheit zu, und er war gezwungen, beim Fliegen dauernd auf seine Querruderanzeige und den Höhenmesser zu schauen. Ich hatte alle Hände voll damit zu tun, nach dem Kompaß und meinen zeitlichen Berechnungen zu navigieren. Wir flogen durch eine außerirdisch anmutende Unendlichkeit. Sogar die Namen der Orte, die wir passierten, obwohl wir viele von ihnen gar nicht sahen, hatten einen Beiklang von Ferne. Big Spring, Odessa, Pecos.

Ein Stück weiter brach die Wolkendecke auf, und die Sonne sengte. Ölfelder, die ersten, die wir zu Gesicht bekamen, tauchten urplötzlich in der leeren Landschaft auf. Dutzende schwarzer und orangeroter Bohrtürme pumpten methodisch drauflos, und die Feldwege, die zu ihnen führten, verliefen strahlenförmig in die Wüste wie die Speichen einer Sonnenuhr. Die Bohreinrichtungen müssen jedoch größtenteils unbeaufsichtigt gewesen sein, denn es gab da unten praktisch keine Anzeichen für menschliches Leben.

Wir hatten nicht nur das Gefühl, in einen Mondkosmos hineinzufliegen, sondern es sollte auch sonst ein Tag der Mißgeschicke und merkwürdigen Ereignisse werden. Der hohe Gebirgspaß vor uns, den wir am Nachmittag bezwingen wollten, schien uns von sich zu stoßen, uns durch eine Reihe technischer Pannen und Schrecknisse natürlicher Art zurückzuweisen.

Als wir zum ersten Auftanken des Vormittags zur Landung auf dem Avenger Field in Sweetwater ansetzten, klapperte und rüttelte das Heck plötzlich so heftig wie ein LKW, der durch ein Schlagloch fährt. Die Steuerknüppel senkten sich schwer und tief, die Nase sackte ab, und ich mußte in die Steuerung eingreifen, um meinem Bruder zu helfen, die Maschine oben zu halten. Er packte seinen Knüppel mit beiden Händen und schrie mir zu: »Ich hab den Knüppel! Du übernimmst Gas und Ruder! Bring mich runter, Rink, bring mich runter!«

Wir waren eigentlich ganz anständig geflogen an diesem Morgen. Was war bloß mit dem Flugzeug passiert? Sämtliche Möglichkeiten schossen mir durch den Kopf. Waren wir mit einer anderen Maschine zusammengestoßen? Vielleicht hatten wir unsere Höhenruderstreben verloren, und das Heck war dabei, sich vom Rumpf zu lösen. Oder war es ein Vogel – wir hatten den ganzen Vormittag schon niedrig fliegende Geier gesehen. Sie waren schrecklich groß, und falls unser Ruder einen von ihnen erwischt hatte, könnte es sein, daß das Flugzeug sich verhielt wie jetzt.

Wir brauchten nur etwa eine halbe Minute, um den Boden zu erreichen, doch das ist eine lange Zeit, wenn einem das Herz klopft wie ein Rammklotz. Kern hielt das Flugzeug gut auf Höhe, wenn auch mit kleinen Rucken und Schlägen, weil es zu zweit nicht anders ging. Die ganze Zeit schrie er mir immer wieder zu, wie ich Gashebel und Ruder betätigen sollte, was gar nicht so einfach zu befolgen war. Ein einziger Kopf, der allein steuert, choreographiert den Körper – eine Hand am Knüppel, die andere Hand am Gas, Füße auf den Ruderpedalen – graziös in einen koordinierten Landeanflug.

Zwei Köpfe, die das gemeinsam tun, produzieren, besonders wenn sie von Angst beherrscht sind, ein unkoordiniertes Durcheinander.

»Mehr Gas, Rink!«

»Nicht soviel! Mach schon!«

»Trimmen. Heb die Nase ein bißchen an.«

»Abdrift! Mein Gott, kannst du bitte aufpassen? Linkes Ruder, Rink.«

Allmählich jedoch versetzte ich mich in die Gedanken meines Bruders und meisterte diesen seltsamen Sinkflug ganz gut. Über der Landebahn waberten wir durch ein weiches Luftkissen. Um die Maschine abzubremsen, trimmte ich die Nase so hoch wie möglich und schrammte mir an dem Metallflansch auf dem Knopf für die Vergaservorwärmung die Knöchel auf, als ich den Griff herumwarf. Ich bemerkte das Blut auf meiner Hose erst, als wir aus dem Flugzeug stiegen.

Bei den Zapfsäulen angelangt, die um sieben Uhr morgens verlassen dastanden, konnten wir an der Maschine nichts Ungewöhnliches feststellen. Die Verkleidung hatte keinerlei Dellen oder Risse, alles war dort, wo es hingehörte, und als wir die Inspektionsschilder vom Heck abnahmen und hineinspähten, schien alles in Ordnung zu sein. Aber der Steuerknüppel rührte sich überhaupt nicht mehr, und wir würden die Maschine in diesem Zustand niemals fliegen können. Es war uns ein Rätsel. Mein Bruder setzte sich, das Kinn in die Hände gestützt, auf das Rad der Cub und fühlte sich jämmerlich. Unsere Pläne, an diesem Tag noch die Berge zu erreichen, schienen vereitelt.

Ein paar Minuten später traf der Flugplatzmechaniker in seinem Pickup ein. Er war braungebrannt und freundlich, trug eine speckige Baseballkappe und lächelte wissend, als wir erklärten, was geschehen war. Er langte nach einem Schlüssel in seiner Tasche und schloß die Zapfsäulen auf.

»Ihr könnt schon mal tanken«, sagte er. »Ich will nur ein

paar Sachen aus dem Hangar holen. In zehn Minuten seid ihr weg hier.«

Als der Mechaniker zurückkehrte, hatte er eine Taschenlampe, eine spitze Kneifzange und eine glänzende Sprungfeder aus verzinktem Stahl bei sich. Er griff bis zum Ellbogen hinter das Inspektionsschild am Heck, fummelte dort herum, zuckte zusammen und zog seine Hand, in der er zwei rostige Stücke einer zerbrochenen Sprungfeder hielt, wieder hervor.

»Das habe ich mir gedacht«, meinte er. »Kaputte Sprungfeder am Höhenruder.«

»Verdammt«, sagte Kern, ärgerlich auf sich selbst. »Das einzige, was ich nicht ausgetauscht habe.«

»Na, nun sei mal nicht so streng mit dir, Junge«, sagte der Mechaniker. »Niemand wechselt eine Sprungfeder am Höhenruder aus. Das macht man, wenn sie kaputtgeht. Du hast bloß Glück, daß ich eine neue habe, die paßt.«

»Wodurch geht so eine Feder denn kaputt?« fragte mein Bruder.

»Von wo kommt ihr denn?« erkundigte sich der Mechaniker.

»New Jersey.«

»Nu Jersa! Alle Achtung. Seid ihr die Jungs im Radio?«

»Wir haben kein Radio in der Cub.«

»Nein! Die Jungs auf Mittelwelle. Ihr seid auf allen Sendern. Alle suchen nach euch. Sie sagen, ihr seid die jüngsten Piloten, die je von Küste zu Küste geflogen sind.«

Wir waren erstaunt. Für uns war dies der erste Hinweis darauf, daß sich die Medien für uns interessierten, und wir hatten nie daran gedacht, daß wir die jüngsten Piloten sein könnten, die den Kontinent überquerten. Außerdem erschien es uns bizarr. Hier waren wir nun, in diesem einsamen, entlegenen Winkel von Texas, das uns wie das Ende der Welt vorkam, und wir genossen die Isolation und die völlige Freiheit von allem, was wir kannten. Unterdessen redeten Nachrichtensprecher im Radio über unseren Flug. Beide argwöhnten wir instinktiv, daß mein Vater dahintersteckte. Wahrscheinlich versuchte er, soviel Interesse wie möglich an uns zu wecken, damit es einen großen Rummel gab, wenn wir erst in Kalifornien wären. Es machte keinem von uns besonders viel aus. Wir hatten einfach nicht damit gerechnet, daß mein Vater jetzt schon so ein Ding abziehen würde, oder daß Rundfunkredakteure sich für uns interessierten. Was fanden sie bloß an dieser Reise?

»Die Feder war jedenfalls die Ursache«, sagte der Mechaniker. »Seid ihr oft durch Turbulenzen geflogen?«

»Ja, sehr oft«, sagte mein Bruder. »Fast die ganze Zeit, drei Tage lang.«

»Also, das ist zuviel für so eine alte Sprungfeder«, meinte der Mechaniker. »Sie hat die Belastung einfach nicht ausgehalten, das ist alles.«

Die neue Sprungfeder, die er hatte, war nicht für eine Piper Cub gedacht, sondern für die Piper Pawnee, eine Cropduster-Maschine. Durch das Zurückbiegen der Federenden und das Justieren der Armatur des Höhenruders machte er sie paßgenau für die Cub. Nachdem er sie eingesetzt hatte, erklärte der Mechaniker, die Steuerung wäre dadurch leichtgängiger geworden.

»Das Deng flutscht jetzt ganz locker, wißt ihr, was ich meine?« sagte er. »Funktioniert aber besser. Reagiert prompt.«

Der Flugplatzbesitzer und seine Frau trafen ein und öffneten die Pilotenklause. Wir gingen hinein und kauften Crackers und Limonade. Der Mechaniker holte sich seinen Morgenkaffee, und wir setzten uns alle draußen auf die Veranda und unterhielten uns.

Die Luft war durchdrungen von dem beißend trockenen, holzigen Hochwaldgeruch des frühen Morgens. Eine dicke Schicht Tau lag auf der Asphaltrampe und den Zapfsäulen und glitzerte auf den Salbeibüschen dahinter – erstaunlich, fand ich, bei dieser Trockenheit. Die größten Hasen, die ich je gesehen hatte, tollten auf der Rampe im Kreise umeinander herum.

Die Frau ging zu den Zapfsäulen hinüber, um die Müllfässer zu leeren. Als sie zurückkam, rief sie ihren Mann.

»Schatz«, sagte sie, »guck dir bloß mal die niedliche kleine Cub auf der Rampe an. Sie ist picobello. Picobello! Ich habe noch nie ein so wunderschön restauriertes Flugzeug gesehen.«

Kern strahlte, nahm seinen Cowboyhut ab und fuhr sich mit der Hand durch sein verschwitztes Haar. Ich mußte mich an diesem Morgen über ihn totlachen. Kern bemerkte es, grinste und fing dann auch an, über sich zu lachen. Er sah lächerlich aus in dem riesigen Zehn-Gallonen-Hut, den er sich gekauft hatte. Aber er war glücklich und selbstsicher hier in der äußersten Ecke von Texas. Es kam mir so vor, als ob er sich mit jeder Etappe, die wir hinter uns brachten, veränderte und erwachsener würde, und es machte viel mehr Spaß, mit ihm zusammenzusein, wenn er – wie jetzt – auch am Boden so entspannt war. Ich konnte gar nicht fassen, wie sehr ich seine Gesellschaft inzwischen genoß.

»Paßt mal auf«, sagte der Flugplatzbesitzer. »Seid ihr die Jungs aus Nu Jersa? Ihr seid im Radio. Jeder versucht, euch beide ausfindig zu machen.«

»Ja, das sind wir«, sagte Kern, allerdings ziemlich schüchtern. »Wissen Sie, ich mache das nur, um Flugstunden für meine Berufspilotenlizenz zusammenzukriegen. Wir tun es nicht, um berühmt zu werden.«

»Ach, das ist doch prima«, meinte der Kerl. »Wirft ein gutes Licht auf die Fliegerei. Da warten sicher eine Menge Leute auf euch, wenn ihr heute nachmittag über die Berge kommt.«

Der Flugplatzbesitzer war selbst ein lizensierter Pilot, der ständig über die Rockies flog, meistens in großen Cessnas und zweimotorigen Maschinen. Er ging mit Kern und mir die Karten durch und zeigte uns, wie wir den Guadalupe-Paß in Angriff nehmen sollten. Von West-Texas aus sei es besser, nordwestwärts nach New Mexico vorzustoßen. Dann könnten wir fast genau nach Süden auf die Guadalupe Peaks zufliegen und uns parallel zu den Bergen halten, bis wir den Paß erreichten. So würde uns der Gebirgszug gegen den vorherrschenden Wind aus Westen abschirmen, bis wir oberhalb 9000 Fuß wären. Über fünzig Meilen geradewegs auf ihn zuzufliegen, würde uns nur starken Winden und leewärtigen Turbulenzen aussetzen.

Der Flugplatzbesitzer entmutigte uns nicht, den Paß zu überqueren, aber nach einem leichten Unterfangen klang es bei ihm gerade nicht. Es gebe ein paar Flugzeuge mit 85-PS-Motoren hier auf der Piste, eine Luscombe und eine Cessna 140, die den Paß bewältigt hatten, also sei es zu schaffen. Worauf wir unbedingt achten müßten, meinte er, sei Höhenverlust. Wir sollten den Paß schon aus einer Entfernung von drei bis vier Meilen anfliegen. Wenn wir auf der ersten Meile unsere Höhe und unseren Kurs gegen den Wind und die Turbulenzen halten könnten, würde vermutlich alles glattgehen. Falls wir aber Höhe verlören und sie auch nicht wieder gewännen, müßten wir sofort umkehren.

Dann sagte er noch etwas, das uns aufmunterte.

»Wenn ihr erst mal *im* Gebirgseinschnitt selbst seid, wird es besser. Es ist dort, wie im Auge eines Wirbelsturms, viel ruhiger. Wenn ihr also auf der letzten Meile davor die Hölle durchmacht, könnt ihr euch darauf freuen, daß es drinnen besser wird.«

Als wir uns zum Gehen wandten, holte Kern sein Portemonnaie hervor. Wir waren noch Geld schuldig für die neue Sprungfeder, die Arbeitszeit des Mechanikers, einen Tank Benzin, Crackers und Limonade. Die drei guckten uns nur an und lächelten. Sie wollten unser Geld nicht.

Kern versuchte, es ihnen aufzudrängen, doch es half alles nichts.

Der Besitzer nahm seine zerlumpte Baseballkappe ab und fuhr sich mit der Hand durchs Haar.

»Jungs«, sagte er, »düst einfach los. Alle drücken euch die Daumen. Wenn ihr euch beeilt, seid ihr mittags an den Bergen.«

In Wink, Texas, einem winzigen Wüstenkaff gleich südlich der Grenze zu New Mexico, tankten wir erneut auf. Der Tankwart war ein hagerer, unrasierter Landarbeiter-Typ mit Löchern in den Stiefeln, dreckigen Jeans und einem grauenhaft schweißfleckigen Strohhut. Während ich das Tanken überwachte, spazierte Kern über die Rampe, um sich die Beine zu vertreten.

»Ach, Freundchen«, rief ihm der Tankwart zu, »guck doch mal in den Hangar.«

Kern machte kehrt in Richtung Hangar, weil er dachte, es stünde irgendein besonderes Flugzeug darin, ein restaurierter Doppeldecker oder etwas in der Art, auf das der Tankwart ihn aufmerksam machen wollte.

Während der Tankwart Benzin einfüllte, schaute er immer wieder über seine Schulter hin zu meinem Bruder und dem Hangar, so daß Treibstoff auf die Verkleidung tropfte.

»Hey«, sagte ich, »Sie verschütten Benzin. Gucken Sie sich die Tragfläche an.«

»Scheiß auf die Tragfläche. Guck du dir deinen Bruder an.«

»Gucken Sie auf die Tragfläche, habe ich gesagt! Sie verschütten Benzin.«

»Und *ich* habe gesagt, guck dir deinen Bruder an.«

Ein Geräusch wie von hundert Marschtrommeln und Zimbeln, die gleichzeitig einsetzten, ertönte aus dem Hangar und hallte von den Wellblechwänden wider.

Kern kam so schnell aus dem Hangar gerannt, daß er fast abhob. Der Cowboyhut war ihm vom Kopf geflogen, und seine großen braunen Augen waren vor Entsetzen so weit aufgerissen wie die der Toten von Gettysburg.

Er krachte gegen die Flügelstrebe und stützte sich auf sie. Schnaufend und keuchend versuchte er, wieder zu Atem zu kommen. Der Hangar vor uns rasselte und rüttelte, als würde er sich gleich von seinem Fundament lösen.

»Meine Güte, Rinker. Mein Gott. Herrje.«

Unter wieherndem Gelächter fiel der Tankwart von der Tragfläche, ein wahnsinnig gewordener Derwisch mit Benzinschlauch, 80-Oktan-Treibstoff und klirrender Leiter. Ha, ha, ha! Monatelang nicht mehr so gelacht, seit er den letzten Idioten in Collegeschuhen in denselben Hangar geschickt hatte.

»Schlangen«, stieß mein Bruder hervor. »Schlangen. Hunderte, Tausende. *Klapperschlangen.*«

Es stimmte. Sich immer noch vor Lachen krümmend, führte der Tankwart uns zum Hangar, und wir krochen in die schattige Ecke neben der Tür. Er öffnete sie weit, und wieder erklang das Getöse der Klapperschlangen, so laut, daß ich mir die Ohren zuhielt. Tausende von Klapperschlangen waren da drinnen, in Drahtkäfigen, die an den Wänden entlang gestapelt waren, und in einer großen, offenen Grube auf der gegenüberliegenden Seite, in der hundert oder mehr von ihnen sich umeinanderwickelten und übereinander glitten. Kleinere, hölzerne Käfige in der Mitte des Raums enthielten eine riesige Kolonie Ratten – Klapperschlangennahrung. Ein paar Schlangen aus der offenen Grube begannen, auf die Tür zuzugleiten, als sie das einfallende Licht sahen, und Kern und ich sprangen mit einem Satz zurück.

Mein Vater hatte uns aus seinen Texas-Tagen eine Geschichte über einen Flugkadetten erzählt, der spätnachts betrunken aus der Stadt zurückgekehrt war. Gegen alle Dienstvorschriften hatte er eine Abkürzung durch die Prärie genommen und war über eine Landebahn gelaufen. In der

Kaserne hörte man seine Schreie, und alle drängten sich in ihre Jeeps und fuhren hinüber. Der Flieger war bereits tot, entstellt von über einem Dutzend Klapperschlangenbissen. Für mich war das nur eine Anekdote unter vielen gewesen, typisch für das Bedürfnis meines Vaters, sich Geschichten auszudenken, die abwegiger und makaberer waren als sein Standardangebot über Sturzspiralen und Zusammenstöße in der Luft, das sich im Laufe der Jahre abgenutzt hatte. Und nun stellte sich heraus, daß die über die Klapperschlangen gestimmt hatte.

»Na klar, habt ihr noch nie davon gehört?« fragte der Tankwart. »In Texas dürft ihr nachts nie, niemals eine Landebahn überqueren. Die Klapperschlangen erwischen euch, bevor ihr sie auch nur seht.«

Klapperschlangen sind wärmesuchende Reptilien. Aufgrund der häufigen Todesfälle unter ihren Artgenossen wissen sie, daß sie sich nachts von stark befahrenen Straßen fernhalten müssen. Die Landebahnen kleiner Flugplätze sind um diese Zeit dagegen meistens verlassen, und nach Sonnenuntergang, wenn sich die Wüste rasch abkühlt, kriechen die Schlangen zu Hunderten auf die warmen Asphaltpisten. In Wink und auf etlichen anderen Flugplätzen der Umgebung hatten sich die Besitzer eine lukrative zweite Einnahmequelle erschlossen, indem sie die Schlangen nachts mit speziellen meterlangen Stäben einsammelten und lebendig pfundweise an Fleischfabriken in Dallas oder San Antonio verkauften. In manchen Gegenden von Texas galt frisches Schlangenfleisch immer noch als Delikatesse. Überwiegend wurde es jedoch wie Thunfisch in Dosen konserviert und nach Asien verschifft. Einmal im Monat rollte in Wink ein großer Lieferwagen an und holte die Klapperschlangen ab.

Der Blödmann von Tankwart machte sich einen Spaß daraus, jedem in der Fliegerklause zu schildern, wie er wieder mal einen Piloten von außerhalb zu Tode erschreckt hatte. Aber etwas Anstand besaß er doch. Einer der anderen erzählte ihm, daß er im Radio von uns gehört hatte, deshalb wollte auch er uns nicht für das Benzin zahlen lassen. Wir wurden mal wieder freigehalten, und alle schienen mittlerweile hinter unserem Flug zu stehen und uns anzufeuern, die Berge in Angriff zu nehmen. Als zusätzliches Geschenk gab uns der Tankwart mehrere Dosen Klapperschlangenfleisch mit.

»Von Küste zu Küste, soso«, sagte er. »Na ja, alles Gute. Jeder wünscht euch viel Glück.«

Die Sonne stand hoch, wir befanden uns inzwischen fast 3.000 Fuß über dem Meeresspiegel und brauchten ewig, um von der Startbahn in Wink abzuheben. Die Cub schwamm schrecklich beim Aufstieg. Wir waren nur einen Katzensprung vom Anflug auf den Paß entfernt und wollten kein zusätzliches Gewicht. Sobald wir außer Sichtweite waren und über der grauen und ockergelben Wüste dahinschlingerten, warfen wir die Dosen mit dem Klapperschlangenfleisch aus dem Fenster.

Nachdem wir nun das Herz der Wüste erreicht hatten, wußten wir, daß wir eine grundsätzliche Regel befolgen mußten: uns an Straßen halten, falls der Motor Scherereien machte. Von Wink aus hätten wir aber die ganze Strecke bis Pecos zurückfliegen müssen, um auf eine Straße zu stoßen. Wir schauten auf die Karte und beschlossen, eine Abkürzung zu nehmen, nämlich nach Nordwesten bis zum Pecos River, an den wir uns bis Loving und weiter bis Carlsbad, New Mexico, würden halten können. In der Mittagshitze hatten sich einige tiefhängende Kumuluswolken zusammengeballt, die in weiter Ferne am Vorgebirge der Rockies klebten, so daß wir den Horizont einigermaßen würden sehen können. Wir machten uns über die offene Wüste in Richtung Carlsbad auf.

Kern ließ mich steuern, und ich genoß es, unter den Wolken eines texanischen Himmels entlangzuschrammen und ab und zu in die Ruder zu treten, um nach dem Pecos Ausschau zu halten.

Krawumm! Krawumm! Krawumm, bumm, bumm, bumm, bumm, bumm, bumm! Scheiße.

Was war los? Heftige, unregelmäßige Vibrationen erschütterten das Flugzeug.

Steuerknüppel und Ruderpedale zitterten. Die Motorhaube rüttelte so stark in ihrer Fassung, daß ich Angst hatte, sie würde sich lösen und in die Windschutzscheibe krachen. Zelle und Verkleidung zitterten. Wir waren erledigt, am Ende, fünfzig Meilen entfernt vom nächsten Flugplatz, über unbewohnter Wüste, noch nicht einmal ein Feldweg war unter uns zu sehen. Es war genau die Situation, die zu meiden wir uns geschworen hatten. Instinktiv nahm ich Gas weg, so daß die Maschine langsamer wurde.

Sofort übernahm Kern die Steuerung.

»Keine Panik, Rinker. Wir haben sie noch unter Kontrolle. Navigier du. Ich will unsere exakte Position wissen.«

Zentimeter für Zentimeter schob er den Gashebel nach vorn und pendelte sich in ein gemächliches Tempo bei etwa fünfundsechzig Meilen pro Stunde ein, und so schleppten wir uns über die Wüste und versuchten, uns so lange wie möglich jeden Zoll Höhe zu erhalten, während der Bug unserer Cub heftig schepperte und die Bodenbleche unter uns zitterten und vibrierten.

Wir konnten uns nicht vorstellen, was los war. Laut Drehzahl auf dem Tachometer lief der Motor rund und gleichmäßig, Öldruck und Temperatur waren normal. Auch aufs Gas reagierte der Continental normal. Es mußte ein partieller Motorausfall sein, schätzten wir. Aber vierzylindrige Continentals waren berühmt für ihre Ausdauer, selbst wenn ein Zylinder ausfiel. Wir hatten von Piloten gehört, die mit beschädigtem Motor noch eine halbe Stunde oder länger geflogen waren. Dennoch war es nicht sehr wahrscheinlich, daß wir es bis Carlsbad schaffen würden. Das Flugzeug rüttelte noch stärker als zuvor, und vom Höhenmesser bis zu den Fenstern klapperte alles. Jetzt nahmen die Turbulenzen auch noch zu, und es war sehr schwierig, sie in der verlangsamten, vibrierenden Maschine richtig zu durchfliegen. Die Nase wackelte hin und her, wir fühlten uns sehr unbehaglich. Wir waren so schweißgebadet, daß unsere Hemden naß waren. Unsere Herzen klopften im Gleichklang mit der Maschine. Während ich nach Stellen suchte, wo wir landen konnten, bemühte sich Kern, die Cub auf Geradeaus- und Horizontalkurs zu halten und auf stetiger Höhe zu bleiben. In dieser Hinsicht war er sehr diszipliniert und vernünftig – er wollte keinen Zoll Höhe verlieren, bis wir uns entschieden hatten, was wir tun wollten.

Trotzdem war es ein übelkeiterregendes Gefühl, so in einem angeschlagenen Flugzeug dahinzuschlingern, und schwierig, dem Drang zu widerstehen, einfach eine Notlandung zu machen. Es wäre eine Erleichterung gewesen, auf dem Wüstenboden aufzusetzen, und ich fing an zu schwitzen und zu zittern, weil ich an der schrecklichen Klaustrophobie litt, die alle Piloten und Flugpassagiere in Panik kennen. Ich wollte um jeden Preis raus aus der Maschine.

»Kern! Wir kriegen sie runter. Wenn wir seitlich notlanden und auf die Räder pfeifen, klappt es.«

»Nein! Nein, Rink. Ich gebe 71-Hotel nicht auf. Das ist mein Flugzeug. Ich glaube, wir schaffen es bis Carlsbad.«

Der Weg nach Carlsbad wurde zur Höllentour. Allerdings merkte Kern nach etwa zwanzig Minuten, daß er durch leichtes Justieren von Gas und Trimmung das Flugzeug in eine mit hochgezogener Nase zwar unangenehme Stellung bringen konnte, die aber das Vibrieren der Steuerung reduzierte. Wir wurden immer noch von Turbulenzen umhergewirbelt, doch es ließ sich aushalten in der Maschine.

Trotzdem war unser Unternehmen zum Scheitern verurteilt. Ich wußte, daß mein Bruder dasselbe dachte. Jede Sekunde, die wir den Motor laufen ließen, beschädigte ihn nur noch mehr. Selbst wenn wir es bis zu einem Flugplatz schafften, würden wir uns die Reparaturen oder, noch wahrscheinlicher, einen neuen Motor vermutlich nicht leisten können. Wir würden die Maschine in New Mexico zurücklassen und mit dem Bus nach Hause fahren müssen. Diese Schmach kam mir erbärmlich vor. Inzwischen wußte jeder von unserer Reise, und nun sollte sie eben östlich der Rockies wegen Motorschadens zu Ende sein. Wie dumm wir gewesen waren! Ohne Funk konnten wir bei einer Landung niemandem unsere Position angeben.

Und der Wassersack. Der verdammte Wassersack. Ich schaute hinunter auf die ausgedörrte Landschaft unter uns. Wegen des Laufens machte ich mir überhaupt keine Sorgen – die fünfzig oder sechzig Meilen bis Loving würden wir beide schaffen, sogar in unseren Collegeschuhen. Aber ohne Wasser würden wir wohl nicht einmal bis zum Abend durchhalten. Plötzlich schien es unglaublich idiotisch, daß wir *keinen* Wassersack dabei hatten, und unglaublich klug von meinem Vater, daß er vorgeschlagen hatte, einen mitzunehmen. Wir hatten uns in genau die Situation manövriert, vor der er uns gewarnt hatte. Seine Anekdoten hätten uns auf dieses Ereignis vorbereiten können, doch wir hatten nicht zugehört.

Krawumm, krawumm, krawumm! Mit scheppernden Steuerknüppeln, klappernden Bodenblechen und rumpelndem Gepäckfach kämpften wir uns über die Wüste.

Nachdem wir qualvoll langsam über das versengte und felsige Ödland unter uns vorangekommen waren, stießen wir endlich auf den Pecos und folgten ihm nordwärts nach Loving. Das war Arbeit, gräßlich schwere Arbeit, die ganze Zeit. Als die große Piste von Carlsbad in Sicht kam, schob mein Bruder seinen Cowboyhut in den Nacken, ruhte seine Hand vom Gasgeben auf dem Instrumentenbrett aus und reichte mir seine Ray-Ban, damit ich den Schweiß von ihr abwischte.

»Rink! Wir schaffen es. Wir sind am Arsch, aber wir haben immerhin einen Flugplatz erreicht.«

Auf die Laufbahn von Carlsbad torkelnd, stellten wir den Motor ab und schlitterten in einen Haufen Gestrüpp neben der Piste. Ich öffnete die Tür und sprang hinaus, um den Motor zu inspizieren. Sobald ich das Flugzeug von außen sah, fing ich an zu lachen.

»Kern! Alles in Ordnung?«

»Was?«

»Es ist bloß die Dichtung von der Motorhaube! Sie ist unterwegs abgegangen. Es ist gar nichts! Nur die Verkleidung ist ein bißchen eingerissen.«

Die Gummi- und Asbestdichtung entlang der Unterseite der Motorhaube sowie zwei ihrer Metallbeschläge baumelten auf den Boden. Diese Beschläge waren ebenfalls Opfer all der Turbulenzen geworden, durch die wir die Cub geflogen hatten. Einer von ihnen war dabei abgesprungen, in die Propellerbö geraten und hatte den Rest der Dichtung mitgerissen. Nur ein Beschlag war noch fest, die übrigen hingen unter dem Flugzeug wie der Schwanz eines Drachens. Das Klopfen und Vibrieren war durch die schweren Metallarmaturen verursacht worden, die bei über sechzig Meilen pro Stunde gegen das Fahrwerk und den Boden der Maschine geschlagen hatten. Die Motorhaube war auf und ab gehüpft, weil die schwere Dichtung und die Beschläge in der Propellerbö hin und her gewogt waren. Dies wiederum hatte sekundäre Vibrationen erzeugt, die den Rest des Rumpfes erschüttert hatten.

Der Schaden war relativ gering – ein arg zerkratztes Fahrwerk und ein langer, sauberer Riß in der Verkleidung an der Unterseite der Maschine. Wir würden ihn wahrscheinlich selbst beheben können. Ich freute mich riesig, daß das Flugzeug nicht schlimmer beschädigt war. Den Anflug auf die Berge mußten wir allerdings um mindestens einen Tag verschieben.

Wieder einmal rettete uns ein Flugplatzangehöriger, und zwar ein Cropduster. Eine große Flotte von Piper Pawnees aus Seminole, Texas, spritzte in dieser Woche gerade von Carlsbad aus Farmen in der Gegend von Artesia und Roswell. Jeden Abend brachte die Crew ihre Maschinen zwecks Wartung und Reparaturen nach Carlsbad zurück. Eine viersitzige Cessna 180, bis über die Fenster hinauf mit Ölkanistern, Ersatzteilen und Werkzeug vollgestopft, diente ihnen als mobile Werkstatt.

Als wir, die kaputte Dichtung unter uns mitschleifend, auf die Rampe von Carlsbad rollten, saß der Chef der Schädlingsbekämpfer-Mannschaft, ein ausgebildeter Mechaniker, unter der Tragfläche der Cessna. Er stand auf und kam zu uns herübergeschlendert.

»Habt eure Dichtung verloren, was?«

»Ja«, sagte mein Bruder, der versuchte, seine Enttäuschung zu verbergen.

»Hey«, meinte der Chef-Duster. »Seid ihr die Jungs, die nach Kalifornien fliegen?«

»Na ja, wollten wir eigentlich«, sagte Kern.

»Das ist ja die ganz große Sache jetzt«, sagte der Mann. »Ihr seid auf jedem Radiosender. Ein paar Reporter warten schon in El Paso auf euch. Sie haben hier angerufen und sich nach euch erkundigt.«

»Die werden wohl bis morgen warten müssen«, meinte Kern. »Wir müssen erst das Flugzeug reparieren.«

»Morgen? Was soll das heißen, morgen?« fragte der Chef-Duster. »Ist doch bloß eine Dichtung – Fensterfüllung, Lärmschutz, extra Gewicht. Bei meinen Pawnees hier reiße ich die raus, sowie sie aus der Fabrik kommen.«

Das munterte uns etwas auf, denn eine Pawnee war nur eine umgebaute und erweiterte Cub mit einem größeren Motor und den Tragflächen unten am Rumpf statt oben. Dieser Typ wußte wahrscheinlich, wovon er redete.

Um seine Äußerung zu bekräftigen, hockte er sich unter die Motorhaube, lockerte die noch haftende Dichtung mit einem Schraubenzieher und warf sie, jetzt ganz abgelöst, mit einer ausholenden Geste quer über die Rampe.

»So«, sagte er, »jetzt habt ihr ein richtiges Flugzeug.«

Er schaute unter die Cub, ging zu seiner Werkstatt und kehrte mit leinenbeschichtetem Klebeband, Kaffeedosen voller Imprägnierlack und einer Lötlampe zurück.

»Paßt auf«, meinte er, »meine Maschinen sind alle unterwegs, und ich hab' bis heute abend absolut nichts zu tun. Wenn ihr wollt, kann ich die Cub in 'ner Stunde startklar haben.«

»Wirklich?« rief Kern aus. »Das wäre prima.«

»Kein Problem. Holt euch was zu trinken.«

Und jetzt verpaßte der Chef-Duster dem Boden von 71-Hotel etwas, das er »heißes Pflaster« nannte. Seine Pawnees streiften dauernd Salbeibüsche und andere Hindernisse, die die Verkleidung aufrissen, und der Betrieb verlor zuviel Geld, wenn ein Flugzeug den ganzen Tag am Boden bleiben mußte, nur damit man Stoff aufkleben und den Lack trocknen lassen konnte. Deshalb arbeitete er immer mit »heißen Pflastern«.

Er klatschte einen Streifen Leinenklebeband über den Riß in der Verkleidung, trug darüber Lack auf und trocknete und härtete ihn dann vorsichtig mit der Flamme seiner Lötlampe. Zwei Schichten Nitrat, abfackeln, zwei Schichten Butyrat, abfackeln. Er hatte sogar eine Sprühdose mit Original-Piper-Weißlack, mit dem er das Pflaster und die Kratzer am Fahrwerk retuschierte. Als er fertig war, sah man nicht mehr, daß das Flugzeug jemals beschädigt gewesen war.

»Okay«, sagte der Chef-Duster. »Dieses Pflaster geht nie mehr ab. Meine Pawnees? An denen sind die heißen Pflaster das Stabilste.«

Der Mann mochte Kern. Am Zittern seiner Mundwinkel beim Lächeln erkannte ich, daß er auf meinen Bruder abfuhr.

Einem so ernsthaft wirkenden Jungen, sonnenverbrannt, mit Sommersprossen, Collegeschuhen und dem Cowboyhut eines Erwachsenen, der von seinem Kopf abstand wie Eselsohren, konnte er nicht widerstehen.

»Na, Kleiner«, sagte er, »gibt es noch was, das dir Sorgen macht?«

Kern nahm seinen Cowboyhut ab.

»Der Motor, Sir. Wir haben ihn über der Wüste gerade ziemlich beansprucht – all die Vibrationen und so. Heute nachmittag wollen wir über die Berge. Was meinen Sie?«

»Warte«, sagte der Chef-Duster. »Ich verpasse der Cub eine Jahresinspektion, jetzt gleich. Geht in den Schatten und ruht euch aus. Eine Stunde, habe ich gesagt, und dabei bleibt es.«

Kern spielte mit dem Cowboyhut in seinen Händen.

»Na ja. Ich glaube nicht, daß wir genug Geld für eine Jahresinspektion haben.«

»Ach was, laß dein Geld stecken, Kleiner. Das ist keine große Sache für mich. Ich ziehe so eine Jahresinspektion schneller durch, als ein Stinktier seine Duftmarke setzt.«

Wir wußten, wann wir einen guten Mechaniker vor uns hatten. Wenn mit dem Continental irgendwas nicht stimmte, würde der Chef-Duster es sicher feststellen.

Er holte seinen Werkzeugkasten aus der Cessna und schlug unsere Motorhaube zurück. Er zog alle Kipphebeldeckel, Zündkerzen und Filter ab und überprüfte sie sorgfältig auf Metallspäne und sonstige verräterische Anzeichen für Probleme. Er checkte Kompression, Magnetzünder, Kabel, Verteiler und Vergaser. Es gefiel ihm nicht, wie der Continental hier, wo es so hoch war, im Leerlauf klang, deshalb regulierte er das Treibstoff-Luft-Gemisch und die Zündsteuerung neu.

Wir nutzten die Zeit dazu, unseren Flug über den Paß zu planen. Es war Dienstag, und auf der Piste von Carlsbad hielten sich an diesem Nachmittag keine einheimischen Piloten oder Flugplatzopas auf. Sie hätten uns gesagt, daß unsere

Pläne einen schweren Fehler enthielten. Wir wollten einen 9000 Fuß hohen Berg in Angriff nehmen, und zwar bei maximaler Dichtehöhe. Es war zwei Uhr; um diese Zeit waren Hitze, Turbulenzen und Gegenwind am schlimmsten. Wir hätten bis zum Abend warten sollen, besser noch bis zum nächsten Morgen, dann hätten wir dank einer niedriger stehenden Sonne und kühleren Temperaturen 500 oder 600 Fuß mehr Dienstgipfelhöhe gehabt. Daran dachten wir jedoch nicht; wir waren entschlossen loszufliegen, sobald der Mechaniker fertig war. Es war die schlechteste Tageszeit für unser Vorhaben, ein absolut tollkühnes Vorhaben.

Unsere Route war offensichtlich. Wir sahen, daß wir auf die ersten Hügel der Rockies treffen würden, sobald wir Carlsbad verließen. Ein südwestlich verlaufender Gebirgskamm, der dann steil bis zum Guadalupe Peak anstieg, lag nur wenige Meilen entfernt von der Piste. Wie der Flugplatzbesitzer in Sweetwater gesagt hatte, würden uns dessen Gipfel während unseres langen Aufstiegs gegen die schlimmsten Winde abschirmen. Die Kolorierung des Terrains auf unserer Karte verlagerte sich ebenfalls so radikal, wie wir würden fliegen müssen, von den weichen Ocker- und Grautönen der auf 4000 Fuß gelegenen Wüste zu den häßlichen orangeroten und schwarzen Klecksen der Berge, die rasch bis auf 9000 Fuß hochschnellten. Aber wir mußten noch höher fliegen, um den Paß sicher zu überqueren – 10 000, 11 000, sogar 12 000 Fuß, was immer wir 71-Hotel abtrotzen konnten. Wir wußten, daß eine schwierige Stunde vor uns lag, doch wir erhoben keine Einwände gegen uns selbst. Wir hatten uns bisher schon zu sehr angestrengt, um jetzt vor dem Gebirge zurückzuschrecken.

Der Chef-Duster rief uns zur Cub hinaus. Alles sei in Ordnung, meinte er. Die Kompression war stark, und er hatte nur eine Zündkerze gefunden, die verölt war, nichts Ungewöhnliches bei einem alten Continental, hatte sie gereinigt und überholt. Beim Abheben und Aufsteigen, sagte er, würden wir überrascht sein, wieviel lauter der Motor jetzt sei. Ohne die Dichtung an der Haube würde er regelrecht röhren. Aber das sei schließlich nur Lärm, und nach fünfzehn, zwanzig Minuten hätten wir uns daran gewöhnt. Tatsächlich bleibe der Motor ohne die Dichtung kühler und laufe besser, weil mehr Luft zu ihm gelange.

Kern griff nach seinem Portemonnaie.

»Ich sollte Ihnen doch soviel bezahlen, wie ich mir leisten kann. Ich möchte Ihnen gegenüber fair sein.«

»Steck es weg, Junge«, sagte der Chef-Duster. »Was ihr mir schuldet, ist der Berg da. Überquert ihn. Jeder redet von eurer Reise. In El Paso warten schon die Leute auf euch.«

An diesem Nachmittag, als wir zum Paß aufbrachen, verspürte ich ein wundervolles Gefühl für meine Mitmenschen. Den ganzen Tag, eigentlich die ganze Woche über hatten Fremde uns Essen und Benzin spendiert, umsonst unsere Maschine repariert und uns zum Weiterflug nach Westen ermuntert. Ich hatte Angst vor dem Gipfel, der vor uns lag, das gebe ich zu. Trotzdem wollte ich diesen Berg jetzt bezwingen – nicht meinetwegen, nicht einmal für Kern und mich gemeinsam. Alle waren so nett zu uns gewesen und erwarteten jetzt, daß wir ihn überquerten, also waren wir es ihnen schuldig, die Sache durchzuziehen.

Eine letzte Erinnerung habe ich noch an Carlsbad, New Mexico. In der sengenden Sonne, die Haare vom Wüstenwind an die schweißnasse Stirn geklatscht, stand ich unter dem Heck von 71-Hotel und hielt es auf meinen Schultern parallel zum Boden. Kern betankte von einer Leiter aus das Flugzeug selbst. Er wollte, daß es horizontal stand, damit er den Tank bis zum letzten Tropfen mit Benzin füllen konnte. Es waren nur sechzig Meilen bis zum Paß. Aber der Motor würde beim Aufstieg immer mit Vollgas laufen.

Guadalupe.

Als ich von der Rampe nach Süden schaute, konnte ich den purpur-schwarzen Gebirgskamm erkennen, der sich bis zum Gipfel hochzog. Es würde mir dort oben kein bißchen gefallen, das wußte ich, doch dann rief Kern aus dem Cockpit, und es war Zeit aufzubrechen.

»Kontakt!«

Kern. Irgendwie brachte er uns immer durch. Ich hatte nur die Wahl, meine Zähne zusammenzubeißen und loszufliegen, also riß ich den Propeller an, rannte ums Heck, stieg ein und schnallte mich an.

15

Die Startbahn von Carlsbad lag 3293 Fuß über dem Meeresspiegel. Wir merkten gleich, wie sehr die große Höhe und die brennende Hitze die Leistung von 71-Hotel beeinträchtigten. Den klebrigen Asphalt entlangschlingernd, brauchten wir ein Drittel der Bahn, bevor wir uns in die Luft geackert hatten. Das war kein gutes Omen für unseren Anflug auf den Guadalupe.

Die im Zenit stehende Sonne sengte durch unsere Windschutzscheibe, und der Motor dröhnte wegen der fehlenden Dichtung lauter als je zuvor. Vorsichtig zog Kern uns auf eine sichere Höhe über dem Wüstenplateau. Bei 1000 Fuß, als er sah, daß der Motor rund lief, zog er den Steuerknüppel zurück und hängte die Maschine an den Propeller. Für den Aufstieg in dieser dünnen, heißen Luft würden wir einen sehr steilen »Angriffswinkel« benötigen. In dieser unangenehmen Stellung, die Nase hochgereckt, pulsierend von den Vibrationen des sich abmühenden Continentals, würden wir erneut mehr als eine Stunde nicht über den Berg hinwegsehen können.

Die schwarze Wand der Rockies ragte rechts von uns auf,

stieg höher und höher an. Sie stellte eine wahnsinnig qualvolle Barriere dar. Jedesmal, wenn der Höhenmesser ein paar hundert Fuß nach oben hüpfte, über 4000, 6000, dann 8000 Fuß hinaus, schauten wir aus dem Seitenfenster und fanden uns fast auf gleicher Ebene mit einem kegelförmigen Gipfel oder einer zerklüfteten, nackten Felsenzinne. Manchmal hatten wir über den Berg hinweg Sicht nach Westen. Aber das Gefühl, daß sich der Raum öffnete, und die Freude, auf die andere Seite blicken zu können, waren von kurzer Dauer. Immer erhob sich rechts vor uns wieder höheres Mauerwerk, schwarzgrau und sandig mit spektakulären Geröllawinen, grotesken Vorsprüngen und trügerischen Graten, die meine Gedanken durcheinanderwirbelten. Die Rockies waren ein Widerspruch in sich, sowohl wunderschön als auch grausam. Wie konnten Berge so unendlich verlockend fürs Auge und zugleich so unüberwindlich sein?

Während wir aufstiegen, wurden wir von den Westwinden unter Beschuß genommen, die den rechten Flügel anhoben und von der Verkleidung widerhallten wie ein Trommelwirbel. Der Wind krachte gegen die andere Seite des Bergs, kam senkrecht nach oben über den Gipfel geschossen und strudelte wie in einem gewaltigen, unsichtbaren Vulkan noch Tausende von Fuß weiter in die Höhe, wobei er seine leewärtigen Turbulenzen auf uns entlud. Unser Aufstieg vollzog sich in einem wilden Luftwirbel, der sich den ganzen Bergkamm entlang erstreckte. Die hämmernden Stöße von Westen waren so kontinuierlich, daß mein Bruder das rechte Querruder voll gedrückt hatte, um die Tragflächen unten zu halten, und das Flugzeug mit dem entgegengesetzten Ruder ausbalancierte, um auf Geradekurs zu bleiben. So fühlte es sich ständig an, als rutschten wir. Der steile Anstiegswinkel, den wir wegen der immer dünner werdenden Luft beibehalten mußten, war desorientierend. Mich überfiel ein scheußlicher Schwindel. Aus seiner Position auf dem Führersitz konnte mein Bruder durch einen Teil seiner Windschutzscheibe wenigstens noch die Gipfel sehen. Mir dagegen war die Sicht fast völlig versperrt durch die hochgereckte Nase und die geneigte Tragfläche, und ich haßte das qualvolle Gefühl, daß ein Berg, den ich nicht sehen konnte, neben mir aufragte. Ich saß im untersten Winkel eines Dreiecks, das unangenehm schief stand. Im Scheitelpunkt, über dem Kopf meines Bruders, war nur klarer Himmel, weißgesengt von der Sonne. An meinem rechten Knie vorbei schaute ich direkt hinunter auf die Felsen.

Aber ab und zu schlug der Wind so heftig auf uns ein, daß sich die Tragfläche wieder anhob, dann konnte ich nach links einen kurzen Blick auf die laue Propellerbö erhaschen. Zentimeterweise bewegten wir uns über der schmalen, asphaltierten Landstraße hinweg, die parallel zur Ostseite der Berge durch Carlsbad Caverns, Whites City und Pine Springs verlief. Bei einem derartig steilen Aufstieg, einem Motor, der in der dünnen Luft nur zwei Drittel seiner Leistung hatte, und dem Wind, der uns vom Gebirge wegstieß, kamen wir nur quälend langsam voran. Unsere Geschwindigkeit betrug bestenfalls fünfzig Meilen pro Stunde über Grund. Und wir waren allein, ganz allein. Unter uns war alles leblos – Geröllwüste auf der einen Seite, farbloser Fels auf der anderen. Es gab nicht einmal ein fahrendes Auto, an dem ich unsere Fortschritte hätte messen können. Es schien, daß wir uns und unser Flugzeug unnütz bestraften. Unser Benzin würde schon durch den Aufstieg verbraucht werden, so daß für den Paß nichts mehr übrig wäre.

Kern bemerkte anscheinend nichts. Während wir in dieser merkwürdigen Stellung dahinkrochen, sah ich nach vorn, wo er hoch über mir hockte, fast über meinem Kopf. Sein lässig in den Nacken geschobener Cowboyhut knallte bei jeder Turbulenz gegen die Cockpitstreben. Mit der linken Hand hatte er den Gashebel im Klammergriff, in der rechten den fest in seinen Schoß gezogenen Steuerknüppel, mit dem er die Nase des Flugzeugs nach oben gerichtet hielt. Ich flehte ihn mit jagendem Herzen und zitternden Gliedern an, meine Agonie und mein Unbehagen zu spüren. Dann würde er vielleicht die Flügel in die Horizontale bringen und die Nase senken. Wir könnten umkehren, bevor wir uns im Inneren des Passes befanden und es zu spät wäre. Tatsächlich schaute sich mein Bruder mehrmals nach mir um, ganz kurz, damit er nicht die Kontrolle über die Maschine verlor, und ließ sein entschlossenes halbes Lächeln aufblitzen. Da wollte ich ihm denn doch nicht zeigen, wie ich mich fühlte, deshalb lächelte ich tapfer und reckte beide Daumen in die Höhe.

Es war nicht bloß Prahlerei oder der Widerwille, meinem Bruder meine Feigheit zu verraten. Die Sonne und das pochende Flugzeug, die über meiner Schulter ungesehen aufragenden Berge hüllten mich ein wie eine Art halluzinogener Raum, der mich über mich selbst hinaustrug. Meine Angst wurde etwas Spirituelles. Ich wünschte mir den Paß verzweifelt herbei, ich verfiel in einen gefühllosen, betäubten Dämmerzustand, der die Furcht verwischte.

Während dieses Aufstiegs dachte ich wieder viel über Saint-Ex und Ernest Gann nach. Ich hatte nichts Bestimmtes aus ihren Schriften im Kopf und war vom Klopfen des Motors und des Rumpfes sowieso zu weggetreten, um mich klar ihrer Bücher zu entsinnen. Ich dachte an sie selbst, einfach als Männer. Sie hatten in ihren Flugzeugen tausend Schrecken ausgestanden, waren dann zurückgekommen und hatten ihre Erfahrungen in metaphysische Poesie umgesetzt. Immer behandelten sie ihre Ängste in der Luft sehr offen. Saint-Ex sprach sogar über seinen eigenen Tod, mit dem er jederzeit rechnete. In seinem letzten Buch, *Der Flug nach Arras*, das er als Kampfpilot im Zweiten Weltkrieg schrieb, analysierte er, wie groß seine Chancen waren, den Krieg zu überleben, und kam zu dem Schluß, sie seien gleich Null. Er bereitete sich und seine Leserschaft auf sein unvermeidliches Sterben vor, indem er den Eindruck vermittelte, sein Schicksal sei ihm gleichgültig – man solle noch nicht einmal nach ihm suchen, falls er.abstürzte. Sein einziger Lebenszweck sei die existentielle Sinnsuche in der Luft gewesen. Tot ging Saint-Ex niemanden mehr etwas an. Mit seiner Vorahnung lag er ziemlich richtig. Als er 1943 von einem Aufklärungsflug über Nordafrika zurückkehrte, überraschten ihn deutsche Kampfflieger von hinten und durchlöcherten seine P-38, bevor er ihnen entwischen konnte. Er stürzte in ein nasses, unbekanntes Grab irgendwo im Mittelmeer, und von ihm oder seiner Maschine wurde nie eine Spur entdeckt. Es schien, als hätte Saint-Ex den finalen existentiellen Akt selbst so gewollt. Er war verschwunden, und das einzige, was von ihm übrigblieb, waren seine Schriften. Er hatte nicht gewußt, ob er in seinen letzten Momenten Furcht verspüren würde. Er wußte lediglich, daß er sich dem Tod fügte, wenn er darüber nachdachte.

Diese träumerischen, melancholischen Überlegungen stellte ich an, während wir uns dem Gipfel näherten. Die Auswirkungen der Hitze, des pochenden Flugzeugs und des Sauerstoffmangels spielten dabei vermutlich eine große Rolle, doch das schlimmste war, daß ich aus dem Seitenfenster nichts sehen konnte. Sobald wir aber über 9500 Fuß hoch waren und ich eine Zeitlang ein Stück hellen Himmel vor mir hatte, ging es mir besser. Das wichtigste war, so sagte ich mir, daß ich mich zusammenriß und zur Verfügung hielt, falls Kern meine Hilfe brauchte.

Dort oben, in 10 000 Fuß Höhe, war es recht kalt. Keiner von uns beiden hatte eine Maschine je so hoch geflogen. Als ich anhand einer Straßenkreuzung unter uns die Entfernungen abschätzte, kam ich zu dem Schluß, daß wir uns allmählich Pine Springs und dem Gebirgseinschnitt nähern mußten. Ohne meinen Bruder zu fragen, langte ich mit beiden Händen nach vorn und machte die Seitenfenster zu. Das Ausschließen der Propellerbö brachte keine Erleichterung. Daß nun kein

Wind mehr über mein Gesicht wehte, verschlimmerte meine Schwindelgefühle eher noch, und meine Arme und Beine begannen zu zittern.

In 10 500 Fuß Höhe ging mein Bruder auf Horizontalkurs, und der Guadalupe-Paß kam in Sicht. Er war ein gewaltiges V, das sich über eine Meile weit zwischen den beiden Gipfeln öffnete. Ganz oben flankierten schwarze, gezackte Mauern die Öffnung, aber weiter unten rundeten sich die Formen und verblaßten zu einem beruhigenden Ocker. Geröllawinen und Sandwehen sammelten sich in den Felsspalten und ergossen sich bis ins Tal. Der brutale Gegenwind, der durch den Einschnitt fegte, wirbelte ein dunstiges Inferno aus Nebel und Staub auf. Die ersten Wellen aus dem Windkanal vor uns konnten wir bereits spüren – scharfe, kabbelige Böen und machtvolle, verlängerte Fallwinde.

Wir waren noch drei Meilen vom Paß entfernt und flogen parallel zu den Bergen, die also im rechten Winkel zu uns standen. Obgleich unser Höhenmesser über 10 000 Fuß anzeigte, was ein ganzes Stück oberhalb der Gipfel war, sah es nach wie vor so aus, als seien sie höher als wir. Damals dachte ich, daß unser seitlicher Blickwinkel die Sicht verzerrte, aber später stellten wir fest, daß die Dichtehöhe einen schweren Meßfehler verursachte, und zwar um 1000 Fuß. Wir befanden uns also wirklich noch oberhalb der Gipfel. In jedem Fall war dies eine akademische Frage. Obwohl wir weiter kletterten und in eine aufsteigende Luftsäule eindrangen, war die Cub beinahe an ihrer Leistungsgrenze angelangt, noch bevor wir den Paß erreicht hatten. Wir würden nur noch 900 Fuß hinzugewinnen.

Als wir genau auf der Höhe des großen Zwischenraums voll dunstiger Luft in der Mitte des V waren, drehte mein Bruder um 90 Grad bei, so daß wir dem Paß und dem Gegenwind nun direkt entgegenblickten. Die Tragflächen reagierten sofort auf die Kraft des Windes und zogen die Nase noch weiter in die

Höhe. Mein Bruder ließ kurz den Gashebel los und zerrte heftig an seinem Sitzgurt.

»Rink! Schnall dich ganz eng an!«

»Ich bin eng angeschnallt!«

»Noch enger. Los geht's!«

Wir warteten darauf, daß die erste Turbulenz uns traf, vielleicht waren es drei Sekunden vielleicht auch dreißig. Aber das wurde schnell bedeutungslos. Sobald sie zuschlug, blieb die Zeit stehen.

Wong!

Es geschah sehr rasch und heftig. In einer Sekunde befanden wir uns horizontal dem Paß gegenüber und blinzelten seitwärts hinunter, wo wir deutlich das V vor uns sahen, in der nächsten waren wir so stark nach links geneigt, daß die Tragflächenspitze, um 90 Grad gedreht, senkrecht auf den Wüstenboden zeigte. Himmel, Wüste und Gebirgswand wirbelten herum, ich fühlte mich wie in einer Zentrifuge. Die Kraft des Stoßes ließ unsere Schultern gegen das Gashebelgehäuse krachen, und unsere Füße hoben sich für einen Moment schwerelos von den Ruderpedalen.

Es war physisch anstrengend, die Sache wieder in den Griff zu kriegen. Mein Bruder knallte den Steuerknüppel nach vorn, um einen Strömungsabriß zu verhindern, steuerte mit Quer- und Seitenruder und wartete darauf, daß etwas passierte.

Sein entschlossenes halbes Lächeln war verschwunden. Er mühte sich ab, kämpfte mit Armen und Beinen gegen die Schwerkraft, um das Flugzeug wieder aufzurichten. Aber wir waren jetzt so hoch, über 11 000 Fuß laut Höhenmesser, und der Wind war so stark, daß die Steuerung einfach nicht reagierte. In dieser Höhe strömten buchstäblich nicht genügend Luftmoleküle über die Tragflächen, als daß die Ruder Befehle hätten entgegennehmen können. Unsere Cub war eben nicht dazu gedacht, so hoch zu fliegen. Unglaublicherweise kippte die Tragfläche noch weiter ab, und wir hingen noch ein paar Sekunden reglos und schwerelos auf der Seite, schlugen beinahe um, bevor die Maschine sich langsam aufrichtete.

Verdammt. Wir hatten 300 Fuß eingebüßt. Kern packte den Steuerknüppel, um Geschwindigkeit zuzulegen, und zog die Nase hoch, um wieder an Höhe zu gewinnen. Wir hatten gerade genug Zeit, Luft zu holen, bevor uns der nächste Windstoß erwischte.

Wir waren nur noch der hüpfende Korkschwimmer eines Anglers, der, von der Leine abgerissen, über Wildwasser und Steine karriolt. So jedenfalls kamen uns die nächsten zwei Meilen bis zum Paß vor; unsere Tragflächen, denen gegenüber die Steuerung nahezu machtlos war, schaukelten heftig hin und her. Doch indem mein Bruder mit dem Knüppel in einer Art wildem, schlingerndem Tanz herumfuchtelte, hielt er unseren Kurs, der genau auf die Mitte des Passes zuführte.

Dieser Bereich kurz vor dem Paß war der berüchtigte hintere Quadrant, wo der durch den Einschnitt jagende Wind in seinem Nebenstrom eine eigene Turbulenz erzeugt. Deshalb sind die Windverhältnisse hier gewöhnlich schlimmer als im Inneren des Passes. Als wir uns bis auf etwa eine Meile der Bergwand genähert hatten, wurde es allmählich ruhiger. Jetzt schlugen die Tragflächen nur noch mit 20 oder 30 Grad auf und ab.

Trotzdem war mir nicht klar, wie wir es schaffen sollten. Die direkt vor uns zu beiden Seiten drohend aufragenden Gipfel waren nach wie vor höher als wir. Immer wieder drängten Böen und Abwinde uns zurück. Auf über 11 500 Fuß Höhe senkte Kern die Nase des Flugzeugs ein wenig, um den Gegenwind zu durchdringen und ein Stück voranzukommen. Dann versuchte er wieder, Höhe zu gewinnen. Aber sobald er die Nase anhob, wurden wir erneut zurückgetrieben. Wir krochen regelrecht auf den Paß zu, fast reglos im Gegenwind, wie Krebse, die zwischen den einzelnen Wellenschlägen einen

Strand hochkrabbeln und dann von der zurückweichenden Brandung wieder ins Meer gerissen werden.

Vor uns waren jetzt ganz deutlich die steilen Wände des V sichtbar, ein zerklüftetes und geädertes Felsmassiv, das sich uns entgegentürmte. Immer wieder warfen uns Turbulenzen zur Seite, drückten die Nase nach unten. Die Spitze des V war ziemlich eng; sie füllte nicht einmal unsere Windschutzscheibe aus, so daß es nicht möglich schien, sich hindurchzuzwängen. In diesem seltsamen, praktisch unkontrollierten Flugzustand traten dann auch noch gewaltige Felsbrocken und ausgezackte Steinsäulen so in unser Blickfeld, als wollten sie uns seitlich entgegenwirbeln. Einzelne Felsen ragten kühn aus der Masse hervor – ich hatte das Gefühl, ich könnte jede Vertiefung und sandige Abschürfung erkennen. Von weitem hatte der Paß eine rauhe Schönheit besessen. Aus der Nähe betrachtet, war er eine häßliche Geröllwüste.

Durch verminderte Sauerstoffzufuhr kann es zu einer Hypoxaemie oder Aeroembolie kommen, wie die Piloten sie früher nannten. Wir waren jetzt über eine halbe Stunde in 10 000 Fuß Höhe und mehr geflogen, die Zeitspanne also, die es normalerweise dauert, bis sich die Auswirkungen eines Sauerstoffmangels bemerkbar machen. Zwar hatten wir uns schon vor unserer Reise mit Hypoxaemie auseinandergesetzt und mehrmals darüber diskutiert, aber es ist typisch, daß Piloten alles vergessen, was sie über sie wissen, sobald sie davon befallen werden. Hypoxaemie kann bei jedem Menschen unterschiedliche Symptome hervorrufen. Manche Piloten werden euphorisch, bersten vor Wohlgefühl und möchten am liebsten noch höher fliegen. Andere werden mürrisch und lethargisch und von Panik überflutet. Ich neigte definitiv der düsteren Variante zu. Angst und Klaustrophobie setzten mir in dem glasumschlossenen Inneren der Maschine zu, der verzweifelte Wunsch, nach vorn über die Nase hinwegsehen zu können, so daß ich siedete und zugleich zitterte. Kern schien zufrieden, und sein Lächeln war zurückgekehrt. Er freute sich, endlich in den Bergen und in ruhigerer Luft zu sein.

Auch sein Gespür fürs Fliegen hatte er anscheinend nicht verloren, Durch wechselseitige Seitenruderbetätigung, mit dem Knüppel die Nase ein wenig absenkend und dann wieder nach oben ziehend, mühte er sich, dem Flugzeug und dem Wind auch den letzten halben Meter abzuringen.

Jetzt kam es nicht mehr darauf an, wie wir uns fühlten. Wir waren innerhalb des Bergeinschnitts, die Spitzen der beiden Gipfel neben uns waren nicht mehr zu sehen. Vor uns hatten wir nur grellweißen Himmel, häßliche Sandhänge und schwarz geäderten Felsen. Norden und Süden existierten nicht mehr; es gab nur noch ein Ost-West-Loch im Gestein. Umkehren konnten wir nicht mehr, weil die links und rechts von uns aufragenden Wände für eine Kurve zu eng beieinander standen. Und wenn wir keinen Gegenwind mehr gehabt hätten, wären wir sofort auf die Felsen gestürzt.

Im Cockpit herrschten Hitze und Lärm, die Glashaube über meinem Kopf sah zum Berühren zu heiß aus, und nun wälzten sich die Wände zu beiden Seiten des Passes ganz nah auf uns zu. Es gab Augenblicke, in denen ich hinausschaute und die Zwillingsgipfel mehr oder weniger auf einer Höhe mit uns waren, und andere, wenn wir uns in einem Abwind befanden, in denen sie über den Flügeln verschwanden. Ich war erschöpft, wollte weinen und doch wieder nicht, war überwältigt von dem Wunsch, mich in den Schlaf zu flüchten.

Auch hierüber hatte ich gelesen, in Kriegsbüchern, und Robert L. Scott hatte in *God is My Co-pilot* darüber geschrieben. Mitten im schlimmsten Luftgefecht, das er erlebt hatte, oder bei dem mühsamen Versuch, eine überladene DC-3 über den Himalaja zu befördern, übermannte ihn plötzlich der Drang, einfach aufzugeben und einzuschlafen.

Doch neben der Panik setzte bei mir eine große innere Ruhe und Resignation ein. Mein Vater und mein Bruder waren zu anmaßend gewesen. In einer 85-PS-Cub kam man nicht sicher über die Rockies. Na und? In die Mauern zu krachen, wäre im Moment ein regelrechtes Vergnügen. Ich würde nicht dagegen ankämpfen. Sie würde dieses Elend von einem leichtfertigen, klaustrophobischen Flug mir nichts, dir nichts beenden.

Mein Bruder schreckte mich aus diesem stumpfen Fatalismus auf.

»Rinker! Übernimm du die Steuerung.«

»Was?«

»Greif dir den Knüppel! Das Flugzeug gehört dir! Meine Arme machen schlapp. Ich kann es nicht mehr oben halten.«

Mein Herz muß in diesem Augenblick seine Leistung verdoppelt haben, denn ich war sofort hellwach. Kern brauchte mich; ich sollte fliegen und war so froh darüber, als hätte man mir ein Rettungsseil zugeworfen. Kontrolle über die Maschine zu haben, das wußte ich, würde mich neu beleben.

Ich packte den Knüppel in meinem Schoß, rüttelte ein bißchen daran und trat leicht in die Ruder, um Kern zu zeigen, daß ich das Flugzeug im Griff hatte. Sofort streckte er die Arme aus und ließ die Knöchel seiner Finger knacken, dann begann er, sich die Muskeln zu massieren. An die Streben über seinem Kopf geklammert, beugte er sich über das Instrumentenbrett nach vorn und spähte hinaus auf die Wände des Passes.

»Ich behalte die Gipfel im Auge«, schrie Kern mir zu. »Du fliegst.«

Ich war entsetzt von dem, was ich nun feststellte. Ich betätigte die Steuerung, um zu fühlen, wie die Luft über die Tragflächen strömte. Aber da war so gut wie nichts. Der starke Gegenwind war das einzige, was uns oben hielt.

So flogen wir durch den Rest des Einschnitts. Es können sechs Minuten oder zwölf oder zwanzig gewesen sein. Das spielte keine Rolle. Die Zeit existierte nicht mehr. Ich kämpfte gegen die Turbulenzen und Fallwinde an, hielt die Tragflächen horizontal und gab keinen Zoll Höhe preis. Ich konzentrierte mich auf sie, ein Mittel gegen meine Hypoxaemie oder vielleicht ein Symptom dafür. Als mein Bruder mir das Steuer übergab, hatte der Höhenmesser 11 600 Fuß angezeigt, und ich war fest entschlossen, keinen Fuß zu verlieren.

»Elf-sechs.«

Das war mein Mantra. Elf-sechs. Ich würde dem Berg keinen Zoll schenken.

»Elf-sechs«, wiederholte ich mir, trunken von den Zahlen, immer wieder.

Dauernd spähte ich nach vorn auf den Höhenmesser am Instrumentenbrett und schlug meinem Bruder auf die Schulter, wenn sie ins Blickfeld geriet. Der kleine Zeiger durfte sich nicht von der 6 wegrühren, und tat er es doch, so rüttelte und schüttelte und stieß ich den Knüppel, um die Nase besser in den Wind zu bringen, damit wir wieder aufstiegen.

»Elf-sechs. Elf-sechs. Elf-sechs.«

Des weiteren konzentrierte ich mich auf den Gashebel. Es gab nur eine Stellung für ihn – völlig durchgedrückt. Ich stemmte meinen Arm fest dagegen und lockerte den Druck nicht ein einziges Mal.

Es war ein eigenartiges, wundersames Ereignis, so zu fliegen. Kern hatte mir die Maschine ganz selbstverständlich übergeben. Jetzt war ihre Nase so weit nach oben gereckt, daß er fast über mir saß. Über unseren Abstand zu den Gipfeln machte ich mir gar keine Gedanken, denn ich sah, daß er aufmerksam nach beiden Seiten Ausschau hielt. Er hatte alles im Griff, war auf der Hut, und ich war dankbar, wenn er sich auch nur geringfügig bewegte, weil mir das zeigte, daß er aufgrund von Hypoxaemie nicht gleich umkippte und mich mit dem Flugzeug allein ließ. Er gab mir Handzeichen vom Instrumentenbrett oder langte nach meinen Beinen und drückte sie, wodurch er mich nach links oder rechts lenkte, während wir an den Felsvorsprüngen im Inneren des Passes vorbeikrochen. Er verkörperte beim Fliegen die Augen und ich die Arme und Beine. Wie er so über mir hockte, um uns die pochende, pulsierende Maschine, kam ich mir vor wie ein Atlas, der den ganzen Krempel hielt und über den Paß hievte.

Ich war aber sehr zuversichtlich; all die gefährlichen, trüben Vorstellungen, in die Bergwände zu krachen, waren von mir abgefallen. Wenn wir so weitermachten, konnten wir den Rest leicht schaffen. Es war immer noch ein ganzes Stück zu fliegen und gegen Turbulenzen anzukämpfen, doch jetzt, da ich das Adrenalin in mir für die Steuerung der Maschine nutzen konnte, machten mich unsere bisherigen Fortschritte und die Herausforderung, die noch vor uns lag, eher euphorisch.

Wie zuvor konnte ich draußen nur wenig sehen. Eigentlich starrte ich nur über Kerns Kopf hinweg in den Himmel und fixierte den Höhenmesser. Die Wände des Passes sah ich nicht mehr, weil die Tragflächen zu stark angewinkelt waren und mir den Blick zur Seite hin versperrten. Aber ich vertraute darauf, daß Kern den Abstand zu ihnen im Auge behielt. Glücklich und zuversichtlich blieb ich bei der Sache und flog einfach auf Elf-sechs.

Elf-sechs. Elf-sechs. Ich hielt so lange durch, wie ich konnte, doch wir hatten den Einschnitt immer noch nicht ganz durchquert, und so hielt ich noch ein bißchen durch. Allmählich taten mir die Arme weh, aber ich wollte das Flugzeug erst aus der Hand geben, wenn es absolut sein mußte. Die Turbulenzen auf der anderen Seite würden sehr schlimm werden, und ich wollte, daß Kern dafür frisch und ausgeruht war. Dieser Gedanke munterte mich ebenfalls auf, denn ich merkte, daß ich an Hypoxaemie litt, aber trotzdem noch klar denken konnte.

Puff-rüttel, puff-rüttel, wumm-wumm-wumm. Die Turbulenzen waren jetzt ganz anders, ungewöhnlich, sehr bögig und schnell, mit heftigen Seitwärtsbewegungen, die den Steuerknüppel schüttelten. Gut. Nie zuvor hatte ich Turbulenzen so sehr begrüßt, denn sie bedeuteten, daß wir allmählich auf die Rotore auf der anderen Seite des Passes stießen.

Eine Minute werde ich es noch aushalten, dachte ich. Ich nahm das letzte bißchen Kraft jenseits aller Kraft zusammen, stemmte meine Muskeln gegen Gashebel und Knüppel und zählte auf sechzig.

»Kern! Sind wir durch?«

»Beinahe! Beinahe.«

»In Ordnung! Hör mal, übernimm du das Steuer wieder.«

»Das Flugzeug gehört mir!«

Mein Körper knackte vor Erleichterung. Mein Gasarm war hart wie Gußeisen, und meine Schultern und Hüften waren von der psychischen und körperlichen Anspannung, mit der ich die Maschine oben gehalten hatte, völlig verkrampft. In der winzigen Kabine war nicht genug Platz zum Ausstrecken, und so hockte ich einfach da, schaukelnd und zuckend wie eine Vogelscheuche im Wind.

Gott sei Dank besaßen wir die Geistesgegenwart, noch weitere zehn Minuten so hoch oben zu bleiben. Hätten wir versucht, in den höllischen Windverhältnissen auf der Luvseite herunterzugehen, so hätten uns die starken Fallwinde zurück an den Berg gedrückt. Also blieben wir da oben hängen, so lange, wie wir es irgend aushalten konnten, wumm, wumm, wumm, in dieser schrecklichen Höhe, Elf-sechs, Elf-sechs, und haßten mit jeder Faser unseres Körpers den Gott, der Berge geschaffen hatte. Psychisch war ich aber zur Ruhe gekommen, da ich jetzt wußte, daß die Gipfel hinter uns lagen und mein Bruder das Steuer unter Kontrolle hatte. Ich schloß die Augen und lehnte den Kopf an den Fensterrahmen, erschöpft und körperlich ausgelaugt, doch zufrieden mit mir selbst. Ich wartete darauf, daß es draußen ruhiger wurde, und auf das Geräusch des leerlaufenden Motors, wenn mein Bruder in den Sinkflug ging.

Schließlich tauchten wir nach Luft schnappend dem Wüstenboden auf der anderen Seite des Passes entgegen. Es war eine Erleichterung, endlich wieder durch die Windschutz-scheibe und die Seitenfenster sehen zu können, und ich merkte, daß ich für ein paar Minuten eingedöst sein mußte, während Kern uns durch die Rotore brachte. Die Berge lagen jetzt hinter uns.

In der Wüste jenseits des Passes gab es blaue Salzseen, flach mit Wasser gefüllt. Sie erstreckten sich nach Norden und Süden. Winzige weiße Gischtkronen plätscherten gegen die Ufer, eine exotische, bizarre Meereslandschaft nach einer so langen Zeit, in der wir nur auf Wüste und harten Fels gestarrt hatten. Die Luft über den Flüssigkeitsansammlungen war kühl und verschaffte uns einen klaren Kopf. Über menschenleerer Mesquite-Steppe steuerten wir in Richtung Westen das siebzig Meilen entfernte El Paso an.

Wir waren jetzt tief zufrieden, genossen jene Art Wohlgefühls, das die Erlösung von Gefahr und Strapazen erzeugt. Die große Barriere, das einzige wirkliche Hindernis, das zwischen uns und dem Pazifik gestanden hatte, war überwunden. Seit November, intensiver noch seit Mai, hatte ich mir wegen der Rockies Sorgen gemacht. Mir war nicht klar gewesen, wie wir sie in einer Piper Cub überqueren sollten. Nun war es endlich geschehen, auch wenn ich mir die aerodynamischen Abläufe nicht erklären konnte. Wir hatten es geschafft, basta, und es bestand keine Notwendigkeit mehr, diese Überquerung theoretisch oder nach den Gesetzen der Logik zu analysieren. Logisch war es überhaupt nicht, sondern eigentlich geradezu irrational, was wir soeben bewerkstelligt hatten. Ich sollte nie erfahren, wie nahe wir in jenem Gebirgseinschnitt dem Tod gekommen waren, weil meine Sicht zur Seite hin nicht ausgereicht hatte, um das zu beurteilen. Vielleicht waren wir perfekt geflogen, vielleicht auch nicht so gut. Aber all das zählte nicht mehr, da wir heil und gesund auf der anderen Seite angelangt waren. Das Tor nach Kalifornien war durchschritten. Ich war überglücklich, daß es hinter uns lag.

Erneut veränderte sich die Landschaft. Das Schwarz und harte Gelb der Wüstenhochebene wurde abgelöst von einem Mosaik aus Ocker und vielfarbigem Sand auf der Westseite der Rockies. Die Wüste fiel wieder zum Meer hin ab. Das Fliegen war einfach, und Kern rüttelte am Steuerknüppel, wenn wir uns einer Ranch näherten; dann übernahm ich die Maschine und ging im Sturzflug auf die Kühe nieder.

El Paso erhob sich aus der Wüste wie ein Smaragd. Glitzernde Dächer, grüne Rasenflächen und Yuccapalmen waren gerahmt von der graziös geschwungenen Biegung des purpurnen Rio Grande. Es war die erste Siedlung von nennenswerter Größe, seit wir Pittsburgh unter uns gehabt haben.

Unsere Benzinanzeige stand wieder mal auf LEER, doch gegen Angst waren wir inzwischen abgehärtet. Wir hatten die Fenster offen, und über dem Mesquite schaute ich immer wieder zurück über das Heck auf die verblassende Mauer der Rockies und die zwei Gipfel, die den Paß flankierten, bis sie mit dem blauen Schaum des Wassers auf den Salzsümpfen verschmolzen.

Guadalupe. Vor diesem Tag hatte ich mir Exupéry und Ernest Gann und die frühen Postflieger, die den Paß überquert hatten, immer als entrückte, heroische Gestalten gedacht, tapfere Männer, die Berge bezwangen. Sie waren mir so erhaben erschienen, daß ich glaubte, es ihnen nie gleichtun zu können. Jetzt fühlte ich mich ihnen näher, und ich hatte noch etwas gelernt. Es war keine Tapferkeit. Tapferkeit ist nicht das, worauf es ankommt. Sie waren einfach stur, das ist alles, und hinterher waren sie sehr müde.

16

Als wir auf den geschäftigen Flugplatz der Allgemeinen Luftfahrt von El Paso rollten, drängte sich ein unruhiger Haufen von Reportern und Kameramännern um die Zapfsäulen. In ganz Texas hatten die Flugplatzopas und Tankwarte uns erzählt: »Ihr seid im Radio.« Aber mit einem so großen Empfang hatten wir nicht gerechnet. Während wir den Motor abstellten, kamen Mikrophone an Galgen durch die offenen Fenster gesegelt, und Fotografen kämpften um einen guten Platz am Propeller. Ein paar Zeitungsreporter waren auch da, aber überwiegend Leute vom Fernsehen, die streitlustig ihre Ellbogen gebrauchten. Alle riefen gleichzeitig ins Cockpit.

»Wie fühlt ihr euch?«

»Jungs! Hallo! Sagt doch mal, wie es euch geht.«

Das war so etwas bei den Fernsehleuten, das wir noch lernen sollten. Fakten! Die waren nebensächlich. Als erstes wollten sie wissen, wie wir uns *fühlten*.

Tatsächlich fühlten wir uns furchtbar. Unsere Gesichter und Arme waren ziegelrot verbrannt, unsere Köpfe schmerzten vom Hypoxaemie-Kater, und unsere Blutergüsse waren von den Sitzgurten wundgerieben. Ich freute mich nicht über diesen Schwarm von Reportern, die um das Flugzeug wimmelten und ihre Kameras an die Verkleidung schlugen. Kern hingegen schien das nichts auszumachen. Bisher war unsere Reise ein Wirrwarr immer neuer Landschaften und Ereignisse gewesen. Von der Senke zum Fluß, von der Prärie in die Wüste, von den Klapperschlangen zum Gebirgspaß, und all das hatte an seiner Persönlichkeit Wunder bewirkt. Er war bereit, sich der Presse zu stellen.

Ohne es speziell darauf anzulegen, war Kern der Traum jedes Reporters. Ernsthaft wie ein Novize, über und über errötend, wenn er sein typisches breites Lächeln aufblitzen ließ, war er vor der Kamera ein Naturtalent. (Meine Mutter beklagte sich später darüber, daß ich auf den Fotos immer »finster dreinschaute«, während Kern, wie sie fand, so »nett lächelte«.) Wir verstanden beide nicht, was die ganze Aufregung sollte. Schließlich waren wir einfach zwei Jungs aus New Jersey, die ihren geheimen Traum verwirklichten. Diese Reporter jedoch schienen wild entschlossen, aus unserem Flug ein nationales Spektakel zu machen. Wir waren aufrichtig erstaunt und überrascht von dieser Aufmerksamkeit, und das trug eine Menge zu der naiven Was-soll's-Haltung bei, mit der wir uns präsentierten. Die Reporter waren begeistert. Amerika war damals noch ein anderes Land; seine Helden hatten Bürstenhaarschnitte, platinblonde Ehefrauen und fuhren Corvettes. Die Medien hatten sich einem Kult der Unschuld verschrieben, und die hofften sie bei uns zu finden.

»Rink, guck dir bloß die Typen da draußen an«, murmelte Kern mit verhaltener Stimme, während wir aus dem Flugzeug kletterten. »Die sind ganz verrückt nach uns.«

»Stimmt. Was sollen wir sein, Astronauten?«

»Sind Sie Kernahan Buck?« schrie einer der Reporter.

»Das bin ich.«

»Mr. Buck! Wie fühlen Sie sich?«

»Uns geht es gut, Leute«, sagte Kern, seinen Cowboyhut ziehend, und schüttelte eine Runde Hände. »Wirklich gut. Hallo, ich bin Kern Buck. Freut mich, Sie kennenzulernen.«

Die drei Tochtergesellschaften von ABC, CBS und NBC in El Paso hatten jeweils eine Crew ihres lokalen Senders geschickt. Die Männer umklammerten die von den Nachrichtenbüros durchtelegrafierten Bulletins über unseren Flug und einen Artikel aus der *El Paso Times*, in dem unsere Ankunft angekündigt wurde. Einer der Sender hatte seinen Hauptnachrichtensprecher ins Feld geschickt, einen großen, blonden Adonis in braunem Polyesteranzug, der sich vor einem kleinen Spiegel auf Vordermann brachte, bevor er mit seinem Mikrophon auf uns zutrat. Die anderen Sender hatten sich dafür entschieden, ihr Filmmaterial im Studio mit einer Stimme aus dem Off zu unterlegen. Schon vor unserer Landung hatten sich die Fernsehcrews um uns gestritten. Der Nachrichtensprecher war der Meinung, er sei berechtigt, uns als erster zu interviewen, was die anderen beiden nicht fair fanden.

Kern stürzte sich sofort hinein. Irgend etwas war da hinten über dem Gebirge mit ihm geschehen. Ich staunte über seine mühelose Ungezwungenheit gegenüber der Presse.

»Hey, Leute, macht mal halblang«, sagte er. »Wir sind in dieser kleinen Cub gerade über die Berge geflogen und müde. Kriegt euch unseretwegen nicht in die Haare, okay? Jeder bekommt sein Interview, das verspreche ich. Jetzt muß ich aber erst mal reingehen.«

»Warte!« schrien mehrere Reporter gleichzeitig. »Du kannst noch nicht reingehen. Wir müssen das Interview machen!«

»Leute«, sagte Kern, »ich muß reingehen. Ich muß zur Toilette, dringend.«

Ha! Alle wieherten vor Lachen und fingen wie wild an, sich Notizen zu machen. Offensichtlich war für sie jedes Detail interessant.

Als wir in das kleine Flugplatzgebäude traten, reichte uns einer der Reporter seinen Stapel von Nachrichten und Meldungen. Wir schlossen uns in der Herrentoilette ein, setzten uns in nebeneinanderliegenden Kabinen aufs Klo und lasen unsere Presse. Wenn Kern mit einer Meldung durch war, steckte er sie mir unter der Kabinenwand hindurch zu.

Es war erstaunlich, uns zum erstenmal gedruckt zu sehen, all das Gewäsch zu lesen, das bereits veröffentlicht worden war, das meiste davon auf dem ursprünglichen Artikel im *Indianapolis Star* und Zitaten meines Vaters basierend. Nachrichtenredakteure, die uns nie gesehen hatten, nannten uns, dem Jack-und-Bobby-Motiv folgend, »Kennedy-Doppelgänger«. In einer anderen Story waren wir »Luftpioniere« und »bescheiden trotz unserer Heldentaten«. Im Zeitalter der Kennedys und der Astronauten war Bescheidenheit sehr geschätzt, deshalb strich man diesen Aspekt heraus, auch wenn das totaler Blödsinn war. United Press International schrieb: »Die Bucks scheinen ihren transkontinentalen Flug in einer winzigen 85-PS-Cub so gelassen zu nehmen, als handele es sich um eine Platzrunde auf ihrer heimatlichen Piste.«

Die albernste Übertreibung stammte natürlich von meinem Vater. Aus den Artikeln ging klar hervor, daß er die Berichterstattung sorgfältig von zu Hause aus steuerte, ebenso, wie er seine politischen Kampagnen führte, bei denen er die ganze Nacht mit zwei klingenden Telefonen in seiner Bibliothek saß. Er war derjenige, der das Kennedy-Hirngespinst am Leben hielt. Einer der Reporter hatte meinen Vater gefragt, was uns denn zu unserer Reise »inspiriert« hätte. »Die Jungs haben nie vergessen, was John Kennedy bei seiner Amtseinführung sagte‹, meinte Tom Buck, ihr stolzer Vater. ›Frage nicht danach, was dein Land für dich tun kann, sondern frage dich, was du für dein Land tun kannst.‹«

Die Tugendhaftigkeit von zwei Jungen aus einer großen irisch-katholischen Familie war ein weiteres ergiebiges Thema. Die Schiene der »familienorientierten Werte« wußte mein Vater bestens auszuschlachten.

»Wir finden, es ist weitaus besser, wenn sich die Kinder zu gewinnbringenden Abenteuern wie dem Fliegen hingezogen fühlen«, predigte er in einem Artikel, »als daß sie in die Discotheken von Greenwich Village rennen.«

»Meine Güte, Kern«, sagte ich unter der Kabinenwand hindurch. »Ich glaube, ich muß gleich kotzen. Besser als eine Discothek? Was *ist* eine Discothek?«

»Wirklich!« meinte Kern. »Ich habe nie zu Daddy gesagt, daß ich von John Kennedys Rede inspiriert sei. Ich habe total vergessen, daß Kennedy so was überhaupt geäußert hat.«

»Ja. Wahrscheinlich hat sogar Kennedy selbst es vergessen. Irgendein Redenschreiber wie Daddy denkt sich solche Kacke aus.«

Das merkwürdige war, daß ich, der angeblich das Großmaul, der Komödiant in der Familie war und als mitteilsam gegenüber Fremden galt, mit diesen Reportern nichts zu tun haben wollte. Kern dagegen waren die Pressemeldungen ganz lieb, und er begriff sofort, was sie bedeuteten.

»Paß auf, Rink«, sagte er. »Daddy wird das ganze Zeug zu Hause nur so verschlingen. Für ihn ist das großartig. Füttern wir die Typen doch einfach mit dem, was sie hören wollen.«

»Gut. Kein Problem, Kern. Verpaß ihnen ruhig den Kennedy-Mist.«

Nachdem wir das Gebirge nun hinter uns hatten, kümmerte uns nichts mehr, und wir waren entschlossen, uns zu amüsieren. Wir kamen überein, daß Kern die Reporter übernehmen würde, während ich ein Motel suchte. Wir waren beide erschöpft und hatten vom Flug über den Paß am ganzen Leib Schmerzen, so daß wir die Vorstellung nicht ertrugen, draußen beim Flugzeug zu schlafen.

»Und nicht wieder so ein Billighotel, Rinker«, sagte Kern. »Streng dich an! Luxusunterkünfte bitte.«

Er war in fröhlicher, ausgelassener Stimmung. Als wir durch die Flughafen-Lounge zurückgingen, kamen mehrere Piloten auf uns zu, klopften uns auf den Rücken und schüttelten uns die Hände. Kern schob seinen Cowboyhut in den Nacken, lachte und begrüßte die ganze Runde.

»Ich fasse es einfach nicht, Rink«, sagte er. »Jeder hält das für eine richtig große Sache.«

Er stieß die Glastüren auf und ging hinaus, um den Reportern entgegenzutreten. Sein Gang war steif, weil er den ganzen Tag geflogen war, und seine Arme und sein Nacken waren so verbrannt, daß es weh tat, sie auch nur anzugucken. Aber er strahlte von Kopf bis Fuß Selbstsicherheit und Entschlossenheit aus, Freude darüber, die Berge überquert zu haben. Ich habe nie vergessen, wie ich ihn da von hinten durch die Glastüren sah. Die Sonne glitzerte auf seinem Cowboyhut und ließ gelbe und purpurne Flecken auf seinem Paisley-Gürtel aufleuchten. Hier in El Paso war er eine völlig andere Person.

An der Wand der Pilotenlounge befand sich eine Reihe von Telefonen unter plastikverschweißten bunten Plakaten, auf denen mehrere örtliche Motels abgebildet waren. Offensichtlich war El Paso ein beliebtes Reiseziel für Touristen, und alles war auf Komfort ausgerichtet. Als ich ein Motel gefunden hatte, das mir gefiel, mußte ich nur noch den Telefonhörer abnehmen, und am anderen Ende der Leitung meldete sich sofort ein Angestellter, der meine Buchung entgegennahm. Ich wählte ein Motel, dessen Bilder schöne, sich am Pool räkelnde Frauen in Bikinis zeigten, üppige Mahlzeiten, serviert von Küchenchefs mit weißen Mützen, und ein zärtliches Liebespaar, das, von Kissen gestützt, auf einem riesigen Bett lag, rauchte und Fernsehen in Farbe sah. Farbfernsehen war ein Muß, beschloß ich. Zu Hause hatten wir noch keinen Farbfernseher. Nachdem ich das Zimmer reserviert hatte, versprach der Angestellte, gleich einen Wagen zu schicken.

Als ich zum Flugplatz zurückkehrte, lehnte Kern elegant am Propeller, seinen Cowboyhut hoch auf dem Kopf, posierte für Fotos und beantwortete die Fragen der Reporter. Sie interessierten sich nicht für die technischen Aspekte des Fluges, für Faktoren wie Wetter, Turbulenzen oder die Überquerung der Rockies. Hauptsächlich ging es ihnen um eine Menge Quatsch – wie mein Vater uns das Fliegen beigebracht hatte, ob wir seine Jugendzeit »wiederaufleben« lassen wollten, was denn meine Mutter zu der ganzen Sache sagte. Eine Menge von dem, was nach der Pressekonferenz in El Paso geschrieben wurde, fanden wir ein paar Tage später in den lokalen Zeitungen von Arizona wieder. Es war alles Bockmist, manches davon ziemlich ranziger Bockmist. Wenn Kern und ich nicht sagten, was die Reporter hören wollten, riefen sie einfach meinen Vater an und ließen es sich von ihm erzählen.

»Kern und Rinker sind sich immer nahe gewesen und liebevoll miteinander umgegangen«, log mein Vater in einem dieser Artikel. »In einer Familie mit elf Kindern lernt man, sich umeinander zu kümmern.«

Jesus, Maria und Joseph. Eine Zeitung druckt auch fast alles! Ich verstand aber immer noch nicht, jahrelang nicht, worum es eigentlich ging. Jack Kennedy war tot, darüber waren wir immer noch nicht weggekommen. Die Tragödie in Vietnam zeichnete sich ab. Das Land wurde durch Bürgerrechtskämpfe und Studentenproteste in seinen Grundfesten erschüttert. Amerika wollte in jenem Sommer einfach eine gute Dosis Unschuld, und dieses Bedürfnis erfüllten wir perfekt. Zwei Jack-und-Bobby-Doppelgänger, die in ihrer selbstgebauten Piper Cub nach Kalifornien düsten, das war eine herzerwärmende Geschichte für die Massen.

Außerdem gab Kern auf seine idiotisch alberne Weise sehr unterhaltsame Interviews. Er war total grün hinter den Ohren, was er selbst aber nicht zu merken schien.

Nach den Interviews wollten die Reporter Kern und mich dabei filmen, wie wir auf unsere auf dem Heck der Cub ausgebreitete Karte guckten.

Während die Kameras liefen, rief einer von ihnen: »Jungs! Was ist euer nächstes Ziel?«

Wir schauten auf die Karte, bei der es sich zufällig um die Sektorenkarte von Phoenix handelte. Es war offenkundig, daß wir zum Auftanken in einem Ort namens Tucson, Arizona, würden landen müssen. Beide hatten wir nie zuvor von Tucson gehört. Kern zeigte mit seinem Finger auf Tucson und blickte direkt in die Kameras.

»Tucks-on«, sagte er. »Da wollen wir als nächstes hin. Tucks-on, Arizona.«

Ha! Die Reporter konnten es gar nicht fassen, und alle fingen brüllend an zu lachen und wie wild ihre Notizblöcke vollzukritzeln. Da hatten sie nun zwei Jungen aus Nu Jersa, die in ihren Collegeschuhen Amerika überquerten, mit einer Piper Cub ohne Funk, und die blöden kleinen Scheißer wußten nicht mal, wie man Tucson ausspricht.

Aber jetzt war Kern in Schwung und wollte es nicht dabei bewenden lassen. Ein anderer Reporter fragte: »Und was kommt danach – wie ist eure Flugroute?«

Wir guckten wieder auf die Karte, und es sah aus, als böte sich Yuma, eine kleine Stadt an der Grenze zu Mexiko, als nächste Station an. Von da aus war es nur noch ein Katzensprung, ein kurzer Hüpfer über den Salton-See bis nach Südkalifornien. Erneut lächelte Kern in die Kameras.

»Yumma«, sagte er. »Nach Tucks-on landen wir in Yumma.«

Ha! Die Reporter krümmten sich vor Lachen; jetzt hatten sie den richtigen Ansatz. Die *Hillbilly*-Bären fliegen von Küste zu Küste. Sie lachten noch einmal, als wir unser »Bremsen setzen, Gas, Kontakt!« abspulten und die Maschinen hinüber zu den Verankerungsplätzen rollten. Ich konnte sehen, wie sie dabei die Köpfe schüttelten. Herrgott. Diese Hinterwäldler hatten es in ihrer Kiste doch tatsächlich über die Rockies geschafft.

Unser Motelbus kam. Während wir uns mit unseren Kissenbezügen und den Tüten voller Karten hineinzwängten, luden die Fernsehcrews ihre Ausrüstung in ihre eigenen Wagen. Schaltet um halb sechs ein, sagten sie. Dann seid ihr in den Lokalnachrichten.

Wir trödelten auf dem Weg ins Motel. Der Fahrer war ein netter Kerl, der darauf bestand, mit uns eine VIP-Tour durch El Paso zu machen. Uns gefiel die altmodische Stadt in der äußersten Ecke von Texas mit ihrer lockeren Atmosphäre. Der Fahrer zeigte uns die großen Viehhöfe samt Auktionshalle, den Bahnhof, die Eisenbrücken über den Fluß nach Mexiko und die Altstadt mit den Adobe-Häusern. Alle fuhren in verbeulten Pickups herum und trugen Stetsons oder Sombreros. El Paso machte einen sehr gemütlichen, gastfreundlichen Eindruck, und wir fingen an, uns zu entspannen.

»Hier, nehmt einfach den Schlüssel«, sagte der Mann am Empfangstresen des Motels. »Eintragen könnt ihr euch später. Zimmer 19. Und beeilt euch! Im Fernsehen haben sie gerade gesagt, daß ihr als nächstes dran seid, gleich nach der Werbung.«

Wir klemmten unsere Kissenbezüge unter die Arme und rannten den gefliesten Weg entlang, vorbei an dem blauen Swimmingpool. Auf halber Strecke zu Zimmer 19 stand eine Tür weit offen, durch die ein Farbfernseher gellte. Den Bildschirm füllte – Cowboyhut, blaues Hemd mit geknöpftem Kragen, weiße Levi's, Ray-Ban-Etui am Paisley-Gürtel – Kernahan Buck. Wir stoppten und schauten von der Tür aus zu.

»Also, das einzig Schwierige war die Überquerung der Rocky Mountains«, sagte Kern auf dem Bildschirm. »Aber wir haben es ja geschafft.«

Er sah großartig aus im Fernsehen. Ich hatte bisher nur ein, zwei Farbfernseher zu Gesicht bekommen, die bei Sears Roebuck zum Verkauf standen. Ich konnte gar nicht fassen, wie wirklichkeitsgetreu das Bild war.

Im Zimmer saß auf dem einen Bett ein Mann mit einer dicken, qualmenden Zigarre, Bürstenhaarschnitt und schweren Schnürstiefeln. Auf dem anderen Bett lehnten sich zwei attraktive Frauen, eine blonde und eine brünette, wesentlich jünger als der Mann, in die Kissen.

»Mensch, Mädchen, guckt euch das an!« sagte der Mann. »Diese beiden Jungs aus New Jersey fliegen eine Cub von Küste zu Küste.«

Die Leute sahen sehr nett aus, und wir wollten nichts von

Kerns Fernsehauftritt in Farbe verpassen, deshalb traten wir einfach durch die Tür, um zuzuschauen.

»Entschuldigen Sie«, sagte Kern. »Haben Sie was dagegen, wenn wir mitgucken?«

»Ach was, kommt rein«, sagte der Mann, mit seiner Zigarre wedelnd. »Die beiden verdammten kleinen Jungs da fliegen mit einer Piper Cub von Küste zu Küste.«

»Ja«, sagte Kern. »Das sind wir.«

»Heiliges Kanonenrohr!« brüllte der Mann und stieß eine riesige Wolke Zigarrenrauch aus.

Er blickte auf den Fernseher. Cowboyhut, blaues Hemd und weiße Hosen, Ray-Bans am Paisley-Gürtel. Dann blickte er auf den in der Tür stehenden Kern. Cowboyhut, blaues Hemd, weiße Hosen, Ray-Bans am Gürtel.

»Da soll mich doch der Teufel holen«, sagte er.

Die Frauen auf dem Bett klatschten in die Hände und quiekten.

»Ruhe!« bellte der Mann. »Erst gucken wir uns das an, dann unterhalten wir uns.«

So standen wir da im verrauchten Zimmer eines Fremden, hinter uns auf dem Bett zwei kichernde Frauen, und sahen uns selbst im Fernsehen. Das Ganze dauerte nur eine Minute oder so. Sie zeigten das Interview mit Kern, die »Bremsen setzen, Gas, Kontakt!«-Nummer und natürlich den Schnitzer mit »Tuckson« und »Yumma«. Kern sah großartig aus auf dem Bildschirm, aber als die Kameras sich mir zuwandten, fand ich mich abscheulich. Meine Nase war zu groß, und als ich »Kontakt!« schrie, brach meine Stimme peinlicherweise zum Falsett.

Als die Sache vorbei war, sprangen alle von den Betten auf und machten ein großes Getue um uns. Der Mann, breitschultrig und ein schneller, lebhafter Redner, trat zu uns und schüttelte uns wild die Hände. Beim Sprechen schwenkte er seine Zigarre.

»Guckt euch das doch bloß mal an, Mädels! Das hier sind die Jungs! Heiliges Kanonenrohr! Herzlichen Glückwunsch, Leute! Von Küste zu Küste in einer verdammten Piper Cub. Habt ihr ein Funkgerät da drin, Kleiner?«

»Keinen Funk«, sagte Kern.

»Meine Güte, noch besser!«

So lernten wir Robert Warren Pate kennen, einen prachtvollen Exzentriker und *die* Entdeckung unserer Reise.

Er sei selbst Flieger, meinte er, ein ehemaliger Stearman-Pilot und B-52-Jockey bei der Air Force. Er war gerade erst in dieser Woche von seinem Wohnort nahe Sacramento in Kalifornien in der Familien-Cessna hergekommen. Heute waren sie alle selbst in den Guadalupe Mountains herumgeflogen und hatten Fotos gemacht.

Pates Biographie war ebenso unglaublich wie seine Erscheinung, die ihn, wenn er seinen zerknitterten Stetson aufsetzte und so in seinen Holzfällerstiefeln dastand, aussehen ließ wie aus *Der Schatz der Sierra Madre* entsprungen. Er war Dichter und Songwriter, autodidaktischer Archäologe, pensionierter Air-Force-Pilot und Raketentechniker, dessen Heldentaten ihm zufolge schon als Vorlage für etliche Filme und Bücher gedient hatten. John Wayne, so erzählte er, habe ihn in einem Film gespielt; Steve McQueen ziehe ihn für seinen nächsten in Erwägung. Jetzt, mit dreiundvierzig, hatte er sich von allen obigen Tätigkeiten zurückgezogen und verdiente seinen Lebensunterhalt damit, vergrabene Schätze aufzuspüren. Seine Erfolge klangen verblüffend. Hatten wir je von Drake's Cave an der nordkalifornischen Küste gehört? Er hatte sie gefunden. Montezumas verlorener Schatz in den Guadalupe Mountains? Wo der war, wußte er auch. War uns klar, daß da oben Silber und Gold im Wert von Milliarden Dollar versteckt war? Wir seien ja praktisch drübergeflogen. Beim Abendessen würde er uns davon erzählen.

Die Frauen waren wunderhübsch und zierlich, der perfekte

Kontrast zu Pates grobschlächtigem Äußeren. Ellen, seine Frau, war muskulös und sportlich, trug ihr braunes Haar in einem Pagenschnitt, hatte Sommersprossen und ein breites, keckes Lächeln. Sie kam gleich durchs Zimmer geschossen und nahm Kern in die Arme. Elsa, ihre jüngere Schwester, hätte auf das Cover eines Beach-Boys-Albums gehört. Sie war groß und sehr blond und lebhaft und hatte ein schüchternes, verführerisches Lächeln und leuchtendblaue Augen. Nachdem Ellen mit Kern fertig war, flog Elsa auf ihn zu und umarmte ihn lange und sinnlich.

»Glückwunsch!« sagte sie zu Kern. »Du siehst prima aus im Fernsehen.«

»Vielen Dank«, sagte Kern. »Verzeihung, aber wie heißen Sie?«

»Elsa.«

»Okay, Elsa. Ich bin Kern. Kern Buck.«

Ellen und Elsa fingen an, Kern zu tätscheln und ihm Küßchen auf die Wange zu geben, traten dann, die Hände auf die Hüften gestemmt, ein Stück zurück und taxierten ihn. Kern stand da mit weit ausgebreiteten Armen, grinsend und lachend, und genoß die Aufmerksamkeit.

Ich war stocksauer. Das passierte mir in Kerns Gegenwart ständig. Immer flogen die Frauen Hals über Kopf auf den schüchternen, verletzlichen Typ, Kern, und behandelten mich wie einen Fußabtreter. Außerdem waren wir gerade im Fernsehen gewesen, und diese toll aussehenden Kalifornierinnen interessierten sich für den Piloten, nicht für den Navigator. Ich wurde in meiner Ecke völlig ignoriert.

Hey, Elsa, dachte ich, komm rüber zu mir und nimm mich auch mal so in den Arm.

Schließlich kam Elsa auch, blieb aber ungefähr zwei Meter vor mir stehen und schüttelte mir höflich die Hand.

Pate zündete sich eine weitere Zigarre an und verließ den Raum.

»Meine Güte, Mädels! Hört auf, die verdammten Jungs ab-
zuknutschen. Laßt sie duschen und sich umziehen. Wir essen
nachher zusammen.«

Als wir in unser Zimmer kamen, zog Kern sich aus und griff
nach seiner Badehose.

»Rink«, meinte er, »weißt du, was ich dir zu dieser Reise
sagen möchte?«

»Nein, was denn?«

»Also, am Telefon bist du mit Daddy wirklich umgesprun-
gen wie ein As. Ich bewundere das. Ich will nicht, daß er sich
angewöhnt, immer zuerst mit mir zu reden. Ruf du zu Hause
an, während ich schwimmen gehe.«

Zum Teufel. Er war der kommandierende Pilot.

Also wählte ich unsere heimatliche Nummer, R-Gespräch,
diesmal aus El Paso. Als mein Vater den Hörer abnahm,
wußte er bereits, wo wir waren. Reporter hatten bei ihm angerufen. Er war erleichtert darüber, daß wir sicher über die
Berge gekommen waren, und frohlockte, als ich ihm berichtete, daß Kern mir auf halber Strecke durch den Paß das
Steuer übergeben hatte. Das sei mal wieder »beachtlich«,
sagte mein Vater, typisch für Kerns Großzügigkeit mir gegenüber. Das ärgerte mich, weil es nichts mit Kerns Großzügigkeit zu tun hatte. Seine blöden Arme hatten schlappgemacht.

»Hey, was macht der Wassersack?« fragte mein Vater.

»Ach, Scheiße, Dad.«

»Rinker, hast du eben Scheiße gesagt?«

»Nein. Ich habe nicht Scheiße gesagt.«

»Doch. Ich hab's genau gehört. Du hast Scheiße gesagt.«

»Dad, ich hab' nicht Scheiße gesagt. Es liegt wahrscheinlich an der schlechten Verbindung oder so.«

»Verdammt noch mal, Rinker. Sag nicht mehr Scheiße.«

»Dad, ich hab' nicht Scheiße gesagt. Ich hab' gesagt:›Er ist
hier.‹«

»Er ist hier?«

»Ja. Er ist hier. Der Wassersack. Er ist hier im Zimmer.«

»Der Wassersack? Im Motelzimmer? Was macht der Wassersack im Motelzimmmer? Und verarsch mich nicht. Du hast doch Scheiße gesagt. Zu deinem Vater.«

»Ich hab' nicht Scheiße gesagt.«

»Quatsch. Hast du doch. Und gerade wieder.«

»Scheiße.«

»Meine Güte, Rinker, hör auf, Scheiße zu sagen. Was ist, wenn deine Mutter mithört?«

»Wenn Mutter mithört, hört sie, wie ich Scheiße sage.«

»Mein Gott. Hör endlich auf, Scheiße zu sagen, okay? Mutter könnte mithören.«

»Gut. Dann gibt sie dir die Schuld, weil du mir beigebracht hast, Scheiße zu sagen.«

»Siehst du? Du hast eben Scheiße gesagt. Schon wieder. Du hast Scheiße gesagt.«

»Scheiße.«

»Ach, Scheiße, Rinker, du sagst Scheiße.«

»Scheiße.«

»Hör auf, Scheiße zu sagen!«

»Scheiße.«

»Rinker, du sollst zu deinem Vater nicht Scheiße sagen. Hörst du?«

»Scheiße.«

»Ach, Scheiße.«

»Hey, Dad, Scheiße. In Ordnung? Scheiße. Scheiße, Scheiße, Scheiße, Scheiße. Paß auf, ich bin fünfzehn. Wir sind gerade achthundert Meilen über Texas geflogen und haben den Guadalupe-Paß überquert, und du schreist mich an, weil ich Scheiße sage. Also gut, Scheiße. Ich meine, Scheiße, weißt du? Scheiße, Scheiße, Scheiße, Scheiße. Wenn ich Scheiße sagen will, sage ich Scheiße. Kapiert? Von jetzt an sage ich jedesmal Scheiße, wenn ich Lust dazu habe. Das ist besser als dieser ›Frage-nicht-was-dein-Land-für-dich-tun-kann‹-Scheiß.«

»Ach, Scheiße, Rinker. Rede nicht so mit mir. Du verdirbst alles, wenn du Scheiße sagst.«

»Scheiße. Scheiße, Scheiße, Scheiße, Scheiße, Scheiße. Sag mir nicht, ich soll nicht Scheiße sagen.«

»Ach, Scheiße.«

»Genau ... Scheiße.«

»Warum streiten wir uns überhaupt?«

»Weiß ich nicht. Scheiße.«

»Wo ist Kern?«

»Schwimmen.«

»Hol ihn. Ich will mit jemand Zuverlässigem reden.«

»Ach, Scheiße, Dad. Lassen wir ihn doch einfach schwimmen.«

Robert Pate erlöste mich von diesem unendlichen Rückfall in die Scheiße. Mitten in meinem vierundzwanzigsten »Scheiße« kam er, ohne anzuklopfen, mit einer großen Thermosflasche Limonade, Gläsern und Eis durch die Tür gesegelt. Er schenkte uns beiden ein Glas ein.

So, wie er aussah, war Pate nicht aus Zuckerwatte. Ich hatte ihn schon mehrmals Scheiße sagen hören, daher wußte ich, daß es ihm nichts ausmachen würde. Er erkannte ein schiefgelaufenes Telefongespräch, wenn er es vor sich hatte. Er riß mir den Hörer weg und legte die Hand über die Muschel.

»Name?«

»Tom. Tom Buck.«

»Tom?« setzte Pate an. »Tom Buck? Hören Sie, hier ist Robert Warren Pate. Meine Frau und ich amüsieren uns gerade prächtig mit Ihren wunderbaren Jungs.«

Pate traf genau den richtigen Ton. Er erzählte meinem Vater, er sei ein alter Stearman-Pilot, habe B-52s und praktisch jede andere Maschine geflogen, die die Air Force je gebaut hatte, und außerdem die Hälfte ihrer Raketensysteme konstruiert. Derartige Informationen über einen Mann beruhigten meinen Vater gewöhnlich. Sie waren das perfekte Team am Telefon, zwei ehemalige Stearman-Flieger und große Aufschneider, die ihre Erfahrungen als Militärpiloten im Zweiten Weltkrieg austauschten.

Pate sagte meinem Vater, er würde ein Auge auf uns haben und uns die Südroute nach Kalifornien zeigen, die, so versicherte er ihm, er besser kenne als den »Arsch seiner Frau«. Als der Wassersack zur Sprache kam, ging Pate sofort darauf ein und überschüttete meinen Vater mit einem riesigen Haufen Mist zu dem Thema, der bei ihm so klang, als hätten wir das verdammte Ding. Noch etwas beschäftigte meinen Vater. Er wollte, daß wir einen Tag in El Paso blieben und uns ausruhten. Pate meinte, er würde sich darum kümmern. Kurz bevor sie aufhängten, hörte ich meinen Vater am anderen Ende des Telefons lachen, glücklich darüber, daß wir jetzt in den Händen eines großartigen alten Stearman-Fliegers waren.

Pate lehnte sich im Sessel zurück und produzierte ein paar Rauchkringel. Ich mochte ihn auf Anhieb. Er erinnerte mich sehr an einen verrückten Mönch, den wir in der Schule hatten, Pater Lucien.

»Scheiße, wie?«

»Ja, Scheiße, Mr. Pate.«

»Robert. Nenn mich Robert, Junge.«

»Scheiße, Robert.«

»Wirklich, Scheiße, ich weiß, was du meinst, Junge. Ich bin aus Missouri abgehauen, als ich sechzehn war. Wir waren kleine Farmer, arme Schluckspechte. Es war mitten in der Depression. Weißt du, was ich als letztes zu meinem Vater gesagt habe?«

»Nein, was denn?«

»Scheiße. Das war alles, was es noch zu sagen gab. Scheiße.«

»Ja«, seufzte ich. »Scheiße. Wissen Sie, ich versuche ja, mit meinem Vater auszukommen, aber manchmal …«

»Hey, mach dir keine Sorgen mehr um deinen Dad, okay?« sagte Pate. »Ich habe ihn tüchtig aufgemuntert. Der ist im Moment glücklich wie nur was. Solche Sachen passieren nun mal auf einer großen Reise, und man darf sich davon nicht unterkriegen lassen. Wir sollten uns jetzt lieber darauf konzentrieren, uns richtig zu amüsieren.«

»In Ordnung, Robert.«

Ich sagte Pate, er solle den einen Tag Pause nicht erwähnen, weil Kern absolut dagegen sei. Wahrscheinlich würden wir morgen einfach nach Arizona fliegen, zu Hause anrufen und meinem Vater erzählen, wir seien immer noch in El Paso.

»Sag du gar nichts«, meinte Pate. »Das übernehme ich schon.«

Die Pates waren müde, weil sie den ganzen Tag geflogen waren, deshalb aßen wir im Speiseraum des Motels. In unserer Sitznische hockte ich eingekeilt zwischen Pate und Ellen, während Kern und Elsa uns gegenüber nebeneinander saßen. Die ganze Mahlzeit über, während die Pate uns mit großartigen Anekdoten traktierte, himmelte Elsa Kern an, machte ihm Komplimente und sagte ihm, was für ein fabelhafter Pilot er sei. Kern lächelte verschämt und errötete durch seinen Sonnenbrand hindurch. Was für eine schreckliche Verschwendung, dachte ich, eine Frau wie Elsa mit Kern zusammenzustecken, doch im Augenblick konnte ich nichts dagegen tun, also saß ich einfach da, genoß mein fritiertes Steak und lauschte Pates unvergleichlichen Geschichten.

Beim Nachtisch legte Elsa Kern den Arm um die Schulter.

»Kern«, sagte sie. »Wir haben uns heute im Flugzeug mit Robert gestritten. Es gefällt ihm nicht, wie wir fotografieren.«

»Oh, das ist schade«, meinte Kern.

»Ach, eigentlich nicht«, sagte Elsa. »Ellen und ich streiken jetzt nämlich. Wir fliegen morgen nicht mit Robert. Wir hängen einfach ein bißchen am Pool rum. Bleibt doch auch noch, nur einen Tag. Ihr müßt euch ausruhen. Bis Ende der Woche schafft ihr es leicht nach Kalifornien.«

Elsa hatte ihre Fingernägel ein wenig in Kerns Schulter gegraben und ließ einen Löffel gegen den Rand ihres Glases klimpern, so daß das Eis darin klingelte.

»Na klar, Elsa«, sagte Kern. »Ich meine, ja. Wir bleiben einen Tag in El Paso. Das war sowieso schon die ganze Zeit geplant.«

17

Am nächsten Morgen verließ Pate das Motel bei Sonnenaufgang, um wieder loszufliegen. In den sechziger Jahren verbrachte er die Sommer überwiegend in El Paso, wo er jeden Tag mit der Kamera zu Aufklärungsflügen über den Guadalupe-Bergen aufbrach. Im Winter, wenn er in Sacramento war, analysierte er die Fotos. Er war überzeugt davon, die Stelle lokalisieren zu können, wo der sagenumwobene Schatz Montezumas, des letzten Aztekenkaisers, im sechzehnten Jahrhundert vergraben worden war. Tatsächlich war er schon einmal über die Stätte gestolpert, hatte sie danach aber nicht wiedergefunden. Darüber sollten wir noch am Abend mehr hören.

Am nächsten Morgen, bevor er abzog, sagte er Ellen und Elsa, sie sollten uns im Restaurant auf seine Rechnung anschreiben lassen und dafür sorgen, daß wir uns entspannten.

Es war milde draußen am blauen Motelpool und alles entsprach dem Bild, das ich mir von einer Luxusunterkunft machte. Elsa sah in ihrem roten Badeanzug fantastisch aus, und mehrere halbwüchsige Mädchen, die im Motel mit ihren Familien Urlaub machten, sonnten sich in Bikinis, lauschten ihren Transistorradios und glitten ab und zu geschmeidig wie Seehunde in das warme Wasser. Ellen Pate, entsetzt über un-

301

seren Sonnenbrand, ließ uns auf Liegen Platz nehmen und verpaßte uns eine willkommene und entspannend sanfte Massage mit Sonnenschutzöl. Elsa und Kern vergnügten sich auf dem Sprungbrett, wo sie Überschläge übten. Ellen war Lehrerin und redete gern über Bücher, und sie schien beeindruckt von der Menge, die ich gelesen hatte. In Wahrheit waren es zur Hälfte nur die Kurzfassungen in Cliff's Notes gewesen, doch für eine attraktive ältere Dame hatte ich immer eine Zeile parat, die ihr das Gefühl gab, ich würde der nächste Ernest Hemingway, also hatte ich meinen Spaß dabei. Wir bestellten im Restaurant ein frühes Mittagessen und verspeisten es an einem Tisch am Pool.

Mittlerweile liefen im New Yorker Pressehauptquartier – dem getäfelten Büro meines Vaters bei *Look* – die Telefone heiß. Allmählich merkte er, daß wir, wie er es formulierte, landesweit interessant wurden. Eine der großen Fernsehanstalten hatte angerufen und um ein Interview mit uns am heutigen Nachmittag in El Paso gebeten. Sie wollten einen Produzenten samt Kamerateam von Dallas einfliegen. Da die Crew aber gleich den nächsten Flug zurück nach Dallas nehmen wollte, würden sie keine Zeit haben, quer durch die Stadt zum Flugplatz für die Allgemeine Luftfahrt zu fahren. Deshalb arrangierte mein Vater ein Treffen zwischen ihnen und uns auf dem großen internationalen Flughafen.

Ohne Funk durften wir auf dem El Paso International, einem streng kontrollierten Gelände mit Fluglotsen-Tower, eigentlich nicht landen. Doch es gab Möglichkeiten, die Vorschriften zu umgehen, und in so etwas war mein Vater gut. Er rief den Leiter des Towers von El Paso an, erklärte ihm die Situation und erhielt eine spezielle Erlaubnis für uns, nach Leuchtpistolen-Signalen zu landen. All das erfuhren wir, als ein Angestellter des Motels herausgerannt kam und uns sagte, mein Vater wolle uns aus New York dringend am Telefon sprechen.

Kern nahm den Anruf entgegen, der ihn nicht besonders freute, aber mein Vater drängte ihn. Alles war schon vorbereitet. Auf dem El Paso International war Landebahn 22 für uns vorgesehen, und wir brauchten uns vor dem Landeanflug nur noch anzukündigen, indem wir mit den Tragflächen wippten, und dann auf grünes Licht vom Tower zu warten. Wir hatten nicht mehr viel Zeit. Die Fernsehcrew war bereits in Dallas abgeflogen.

Also machten wir die Idiotie mit, ärgerlich auf unseren Vater, daß er sich erneut eingemischt hatte. Zuerst mußten wir uns mit dem Wassersack-Blödsinn abgeben, und jetzt dies. Mitten an unserem Ruhetag sollten wir zwischen den großen Jets El Paso International anfliegen, und das ohne Funk. Wir zogen uns rasch um und düsten im Motelbus zum Flugplatz für die Allgemeine Luftfahrt.

Ohne Funk auf einem Verkehrsflughafen zu landen, war nichts gar so Ungewöhnliches, solange bestimme FAA-Bestimmungen befolgt wurden. Wir entsannen uns vage der Lichtsignale in *The Private Pilot's Handbook*. Rotes Licht vom Tower bedeutete: Anflug abbrechen. Grünes Blinklicht hieß Warteschlange. Stetiges Grün war die Landeerlaubnis. Was wir nicht wissen konnten, war, daß der Tower-Leiter, mit dem mein Vater mittags gesprochen hatte, nicht viel später seine Schicht beendet und die ablösende Crew nicht davon benachrichtigt hatte, daß in ihrem Luftraum eine rot-weiße Piper Cub auftauchen würde. Während wir uns in den Landeanflug auf den internationalen Flughafen einordneten und anfingen, mit den Tragflächen zu wippen, war Kern damit beschäftigt, sich von den anderen Maschinen fernzuhalten. Ich hielt am Kontrollturm nach dem grünen Licht Ausschau. Zunächst zeigte sich ein langes, unheilschwangeres Rot. Dann sah ich Grün.

»Grünes Licht, Kern!«

»Stetiges Grün oder grünes Blinklicht?«

»Ach, Scheiße, weiß ich nicht, Kern. Grün. Da ist es wieder.«

Also landeten wir. Als wir ausrollten, dröhnte ein großer Frachter über unsere Köpfe hinweg und zog eben das Fahrwerk ein.

»Hoffentlich hattest du recht mit dem grünen Licht, Rinker«, sagte Kern. »Das Flugzeug hat gerade eine Platzrunde gedreht.«

Ich hatte nicht recht gehabt, ganz und gar nicht. Wir hatten keineswegs eine Landeerlaubnis erhalten. Am Sportflieger-Terminal wartete der Tankwart auf uns und zeigte hinüber zum Tower.

»Sie haben gerade angerufen«, sagte er. »Und sie haben sich nicht besonders erfreut angehört. Ihr sollt rüberkommen, sofort.«

Kern schäumte vor Wut. Er meinte, daß es besser sei, der FAA ohne Cowboyhut entgegenzutreten und schleuderte ihn ärgerlich ins Gepäckfach.

»Verdammt noch mal, Rinker. Du hast mich voll verarscht. Dafür können sie mir die Lizenz entziehen! Das könnte uns die ganze Reise versauen!«

Es war ein langer Weg über den Asphalt bis zum Tower und dann mehrere Treppen aus widerhallendem Stahlgitter hoch bis ganz nach oben.

Wir wußten, wann wir ein verkniffenes Arschloch vor uns hatten, und der FAA-Towerleiter war unverkennbar eins. Seine Miene war ausdruckslos, sein Verhalten schroff, und er trug ein glänzendweißes Hemd mit Epauletten und einem Taschenschoner aus Plastik voller Stifte. Er wußte durchaus, daß wir die Jungs waren, die nach Kalifornien wollten – seine Frau hatte uns am Abend zuvor im Fernsehen entdeckt. Aber Vorschriften waren Vorschriften. Wir waren »in seinen Luftraum eingedrungen« und trotz grünen Blinklichts ohne Erlaubnis gelandet. Er war gezwungen gewesen, ein anderes

Flugzeug umzuleiten. Es war ihm egal, daß mein Vater angeblich angerufen hatte, um den Kontrollturm zu benachrichtigen. *Ihn* hatte niemand angerufen.

Kern blieb professionell und ruhig und entschied sich fürs Schleimen.

»Okay, Sir, wir respektieren die Vorschriften«, sagte er. »Die Vorschriften besagen: vorher telefonisch um Erlaubnis nachsuchen, mit den Tragflächen wippen, nach grünem Licht Ausschau halten. Das haben wir getan. Das ist unsere Position.«

»Position?« schnauzte der Tower-Leiter. »Das ist eure *Position?* Ihr nehmt also eine Position ein, wie? Es geht hier aber nicht um Positionen. Es geht um Regelverletzung. Ich bin gesetzlich befugt, deine Lizenz hier an Ort und Stelle einzuziehen. *Das* ist eine Position.«

Ich verabscheute Autorität so sehr, besonders Korinthen-Kackerautorität, daß ich kaum geradeaus sehen konnte. Und ich war wütend auf meinen Vater, der dieses unsinnige Interview auf dem internationalen Flughafen arrangiert hatte, noch wütender als auf mich selbst, weil ich grünes Blinklicht mit stetigem grünem Licht verwechselt hatte. Wir hätten diese erneute Aufdringlichkeit meines Vaters ignorieren und das Fernsehteam versetzen sollen. In diesem Moment könnte ich gemütlich am Motelpool sitzen und mit Ellen Margaritas trinken.

Vom Eingang des Raums her hörte ich das Kratzen schwerer Stiefel auf den Metallstufen.

»Sagen Sie mal, was ist denn los hier?«

Es war Pate. Er war in der Kontrollzone direkt hinter uns gewesen, als er von seinem Flug über die Berge zurückkehrte, und überrascht, unsere Cub über dem internationalen Flughafen vorzufinden. Außerdem hatte er das Funkgeschnatter über den »Eindringling« über dem Feld mitbekommen und war deshalb gleich nach seiner Landung zum Tower geeilt.

Bei Robert Pate gab es keine Unterwürfigkeit mit »Yes, Sir« oder »No, Sir«. Zwanzig Jahre im Dienst der Regierung hatten ihn gegen solche Typen wie den Tower-Leiter abgehärtet. Er zündete sich eine frische Zigarre an, schwenkte seinen Stetson in der Luft und fiel über den Tower-Leiter her.

»Wissen Sie überhaupt, wer diese Jungs sind?« knurrte er. »Sie fliegen in einer Piper Cub ohne Funk von Küste zu Küste. Sie sollten sie um ein Autogramm anbetteln. Grünes Licht oder kein grünes Licht, die beiden nimmt keiner hoch.«

Pate gab zu verstehen, daß er eine Menge mächtiger Freunde habe, Senatoren und Air-Force-Generäle und dergleichen, und strahlte genügend Aggressivität aus, wie er da mit seiner silbernen Gürtelschnalle stand, die aussah, als hätte sie 500 Dollar gekostet, um einen Mistkerl einzuschüchtern. »Irgend jemand wird hierfür seinen Arsch hinhalten«, sagte Pate. »Und ich werde dafür sorgen, daß das auch passiert.« Außerdem, so meinte er, sei er hinter uns geflogen und habe alles beobachtet. Wenn der Tower uns wegen einer Regelverletzung anzeigte, würde er einen Gegenbericht abliefern und sich für uns verbürgen. Das Regionalbüro der FAA würde die Sache unter »Hühnerkacke« abheften.

Ich glaubte nicht, daß Pates Vorgehensweise Erfolg haben würde, und Kern ebenso wenig. Jedesmal, wenn Pate innehielt, um Luft zu holen, sprang Kern ein und bat ihn aufzuhören.

»Bitte, Robert, beruhigen Sie sich«, sagte Kern. »Ich werde schon damit fertig. Der Mann hier versucht doch nur, seine Pflicht zu tun. Ich habe meine Position, und er hat seine.«

Das gefiel Mr. Taschenschoner. Pates Auftauchen im Kontrollturm hatte ihn geärgert, und jetzt fiel ihm dieser sonnenverbrannte Knirps ins Wort, um zu sagen, die FAA sei ein Haufen von prima Typen, die nur ihre Pflicht taten. Auch wenn er soeben in seinen Luftraum eingedrungen war, war Kern zu ernsthaft und liebenswert, um ihm zu widerstehen.

Als Pate endlich den Mund hielt, erklärte der Tower-Leiter, die Vorschriften verlangten von ihm, einen Bericht über den Vorfall zu schreiben, aber er würde empfehlen, keine Maßnahmen zu ergreifen. Wenn wir wieder zu Hause wären, würde Kern vermutlich eine Routineantwort auf den Bericht abgeben müssen.

Wir dankten ihm und machten, daß wir rauskamen. Unten auf der Rampe klopfte Pate Kern auf den Rücken.

»Perfekt, Kumpel, einfach perfekt«, sagte er. »Das haben wir prima hingekriegt.«

»Haben wir?« fragte Kern.

»Na klar, Mensch«, sagte Pate. »Mir versucht die FAA auch ständig was anzuhängen. Die können mich am Arsch lecken. Man muß ihnen nur die Guter-Bulle-böser-Bulle-Nummer vorspielen. Und meine Güte, du bist eine Naturbegabung als guter Bulle. Sag mal, wo ist denn dein Cowboyhut? Da drüben wartet schon die Filmcrew.«

Schließlich machte uns das Interview mit dem Fernsehteam doch noch Spaß. Im Zweiergespräch, ohne das Getümmel einer Pressekonferenz, konnten Fernsehleute recht zuvorkommend sein, wenn sie wollten. Sie waren erleichtert, als sie hörten, daß die anderen Sender uns noch nicht aufgespürt hatten. Der Produzent und der Kameramann mochten uns offensichtlich sehr und zeigten großes Interesse an unserem persönlichen Hintergrund und den Einzelheiten unseres Fluges.

Von dieser Crew lernten wir eine Menge übers Fernsehen und seine Drehmethoden. Sie filmten Kern und mich, wie wir ein paarmal mit der Cub auf der Rampe hin und her rollten, und wir spulten vor laufenden Kameras unser »Bremsen setzen, Gas, Kontakt!« ab, dann kamen wir von der Pilotenklause aus aufs Flugzeug zu, die Karten vor uns ausgebreitet, und diskutierten unsere Strecken. Danach ließ uns der Produzent bei ausgeschalteten Kameras fünf Minuten lang in ein Mikrofon über unseren Flug reden. Das kapierte ich nun gar nicht. Jetzt hatten sie ja keine Aufnahmen, die zu diesem Tonmaterial paßten.

Ich wurde ungeheuer neugierig. Kern interessierte sich nicht besonders für die Technik der Nachrichtenaufzeichnung, für das, was hinter den Kulissen geschah. Mich dagegen faszinierte es.

»Hey, ich verstehe das nicht«, sagte ich zu dem Produzenten. »Wenn Sie uns über unseren Flug interviewen wollen, warum filmen Sie uns dann nicht einfach, während wir darüber reden?«

Der Produzent erklärte, daß er unsere Story nicht als Standardnachricht abhaken wollte. Sobald wir in Kalifornien wären, meinte er, würde unser Flug ganz groß rauskommen, »noch viel größer als jetzt«, und dann hätte sein Sender exklusives Hintergrundmaterial. Die Story würde als Wochenend-Special aufbereitet werden. Dazu würden sie die Aufnahmen von unserer Landung in L. A. verwenden, die sie von ihrer dortigen Lokalredaktion übernehmen konnten. Sie würden dann einige der Szenen dazwischenschneiden, die sie jetzt in El Paso drehten. Diese würden als optischer Hintergrund dienen. Das Herzstück der Sendung würde unsere als Off-Kommentar dazugeschnittene Schilderung des Fluges sein. Das erschien mir sinnvoll, doch ich verstand trotzdem nicht, wieso sich der Sender solche Mühe machte.

»Du hast wirklich keinen Schimmer, was in dieser Story alles drin ist, oder?« fragte mich der Produzent.

»Na ja, irgendwie schon«, sagte ich. » Inzwischen jedenfalls. Jeden Abend rufen Reporter meinen Vater zu Hause an. Aber mein Bruder und ich haben es einfach als Zeitvertreib für den Sommer gesehen. Wir hätten nie gedacht, daß sich sonst jemand darum scheren würde.«

Der Produzent lächelte. Das passiere ihm im Nachrichtengeschäft häufig, meinte er. Diejenigen, die an Ereignissen direkt beteiligt seien, hätten oft keine Ahnung, was sie der allgemeinen Öffentlichkeit bedeuteten. In unserem Fall seien die Leute fasziniert von dem, was wir taten. »Millionen von Jugendlichen« würden töten für die Gelegenheit, das Land von einer Piper Cub aus zu sehen. Es war die Geschichte eines Abenteuers, der amerikanische Traum. Jeder drücke uns die Daumen, daß wir es bis nach Kalifornien schafften, ein solches Drama könne sich das Fernsehen einfach nicht entgehen lassen.

Allmählich verstand ich das Ganze, doch trotzdem schwoll mir keineswegs der Kamm davon. Wir hatten immer noch eine lange Strecke zu fliegen, bevor wir Kalifornien erreichten, erst dann würden wir uns vielleicht für Ruhm interessieren. Aber eigentlich war ich nicht bereit dafür. Aus diesem Grund hatten wir die Reise nicht unternommen. Mir war klar, daß unser Flug bereits über Kern und mich hinausgewachsen war. Fremde Menschen nahmen ein Abenteuer wie dieses und projizierten ihre persönlichen Träume und Vorstellungen hinein, malten sich alles mögliche aus, das gar nicht existierte, und ignorierten Dinge, die da waren. So kommt schließlich eine Dynamik in Gang, und irgendwann ist es nicht mehr die eigene Reise. Das Getue und der Rummel der Medien, das Holterdipolter der Ereignisse, seit wir in El Paso gelandet waren, begannen mir auf die Nerven zu gehen. Ich vermißte die Wüste, das einsame Land, das wir überquert hatten. Ich wollte am liebsten wieder mit Kern da oben in dem pulsierenden Cockpit sitzen, anonym durch die Turbulenzen rumpeln, in einem entlegenen Luftraum, wo uns niemand finden konnte.

Nach dem Interview halfen wir dem Kamerateam, die Ausrüstung abzubauen, und brachten sie in Pates Mietwagen zurück zum Terminal für Linienflüge. Wir beschlossen, die Cub auf dem internationalen Flughafen stehenzulassen. Am nächsten Morgen konnte Pate den Tower aus seiner eigenen Maschine anfunken und die Starterlaubnis für uns einholen.

Auf dem Rückweg ins Motel kaufte Pate einen Sechserpack Bier und bot uns welches an. Kern lehnte ab, weil er tags darauf fliegen mußte, aber ich brauchte ja nur zu navigieren, deshalb nahm ich eins. Es war meine erste Dose Bier, und ich mochte den Geschmack des kalten, schäumenden Gebräus, das mir die Kehle herunterrann. Es war wie eine Injektion mit Mineralwasser, das belebend prickelnde Nadeln in mein verbranntes Gesicht und in meine Arme schießen ließ. Das Kondenswasser an der Dose hinterließ einen kühlen Ring auf meiner Hose. Was war eigentlich so groß dran an Alkohol? Dieses Bier, ganz zu schweigen von der Margarita, die ich zum Mittagessen gekippt hatte, bewirkte nicht das mindeste bei mir.

Im Auto schwafelte Pate weiter über Montezuma, der im sechzehnten Jahrhundert einen tapferen, aber aussichtslosen Kampf gegen die spanischen Conquistadores gekämpft hatte. Schließlich, nachdem der spanische Eroberer Hernando Cortés die meisten der aztekischen Streitkräfte bis an den Rio Grande vertrieben hatte, entsandte Montezuma einen kleinen Trupp auf die Nordseite des Flusses, um den Silber- und Goldschatz der Azteken in den Bergen zu vergraben. Das geheime Versteck Montezumas blieb bis zu seinem Tod im Jahre 1520 unentdeckt. Jahrhundertelang hatten präkolumbianische Gelehrte und Archäologen über die Lage seines verschwundenen Schatzes spekuliert und auch darüber, ob er überhaupt existierte. In der kleinen internationalen Clique der Schatzsucher war er als Montezumas Gruft bekannt. Pate war überzeugt davon, den Schatz bergen zu können, der wahrscheinlich Milliarden wert war. Tatsächlich, so erzählte er uns erneut, sei er einmal bereits darauf gestoßen.

Er würde uns heute abend davon berichten, sagte Pate. Ellen und Elsa wollten auf der anderen Seite des Flusses in Mexiko in Alt-Juarez essen gehen, und sie hätten uns gern dabei. Der Tapetenwechsel, fand Pate, würde uns gut tun.

»Hey, Rink, Mexiko!« sagte Kern, als wir wieder in unserem Zimmer waren. »Dieser Pate gewinnt den Preis für das Großmaul des Jahres, aber zumindest nimmt er uns mal ins Ausland mit.«

Kern mochte Pate nicht so gern wie ich. Ich fand, er sei nicht dankbar genug dafür, wie Pate uns bei der FAA Schwierigkeiten erspart hatte, und ärgerte mich darüber.

»Hey, Kern. Frage nicht danach, was dein Land für dich tun kann, sondern frage dich, was du für dein Land tun kannst.«

»Okay, Rinker, okay. Tut mir leid. Du hast recht. Der Preis für das Großmaul des Jahres geht an Daddy.«

Gegen Sonnenuntergang überquerten wir die Brücke über den Rio Grande, wo wir kurz am Kontrollpunkt der Grenzpatrouille anhielten; dann fuhr Pate die schmalen, gewundenen Straßen nach Alt-Juarez hinein. Kern und ich waren beide freudig erregt, »südlich der Grenze« unterwegs zu sein. Es schien unmöglich, daß ein so verwirrender und exotischer Ort auf der anderen Flußseite von Texas lag. Halbwüchsige Mädchen in knappen, hautengen Trägerhemdchen präsentierten sich uns an den Straßenecken, und entlang der schmutzigen Rinnsteine standen Verkäufer mit T-Shirts und Säcken voller Obst. Die Pates schienen sich auszukennen. Immer wieder drückte Robert auf die Hupe und verscheuchte die Menschen, die sich mit Schmuck und billigen Ledergürteln an die Wagenfenster drängten.

Wir fuhren zu einem Lokal namens Taxico. Vorn war eine überfüllte Bar mit Flamencotänzern und einer lauten mexikanischen Band auf der Bühne. Wir blieben dort eine Stunde und sahen den Darbietungen zu. Ich war ziemlich beeindruckt von meiner Fähigkeit, Margaritas zu konsumieren, zusätzlich zu dem zweiten Bier, das ich noch im Motel unter der Dusche getrunken hatte, ohne irgendwelche negativen Auswirkungen zu spüren. Der Alkohol schien mich nur insoweit zu beeinflussen, als Elsa, gekleidet in einen Hosenrock und eine ärmellose Bluse, noch verführerischer und schöner aussah als tagsüber in ihrem Badeanzug. Es ergaben sich noch andere positive Aspekte, fand ich, wenn ein Junge anfing zu trinken. Ich stellte beispielsweise zum erstenmal fest, daß ich unverschämt brillant Konversation machen konnte. Anscheinend wußte auch Elsa dies zu schätzen. Je mehr Margaritas ich trank, desto offensichtlicher wurde die unheimliche Schwäche, die sie für mich entwickelte. Im Moment saß sie natürlich bei Kern, aber das war nur Show. Wenn wir wieder im Motel wären, würde sie ihn abhängen und mich zu einer der Liegen in den dunklen Winkeln am Pool locken. Bei der dritten Margarita war ich davon absolut überzeugt. Elsa war verliebt in mich. Trinken war ganz und gar nicht so von Übel, wie mein Vater und seine Freunde von den Anonymen Alkoholikern es hinstellten.

Nebenan, mit der Bar verbunden durch einen Korridor, gesäumt von Bildern berühmter Leute, war ein altmodisches Restaurant im spanischen Stil, eines der besten in Mexiko, wie Ellen meinte. Man wies uns eine nette Sitzecke zu. Ich wankte auf unsicheren Beinen und stolz auf sie hinter den anderen her. Ein gewisser Gleichgewichtsverlust war unvermeidlich, wenn man zum erstenmal trank. Pate war ein großzügiger und großartiger Gastgeber.

»Jungs«, sagte er, die Karte schwenkend, »bestellt euch, was ihr wollt. Heute abend feiern wir euren großen Flug.«

Wieder saß Elsa mir gegenüber neben Kern, und ich war zwischen Robert und Ellen eingekeilt, doch das störte mich nicht. Den entscheidenden Schritt würde Elsa erst im Motel tun.

Überdies gefiel mir auch Ellen sehr. Sie war äußerst fürsorglich und aufmerksam und legte beim Reden den Arm um mich und streichelte meine Schultern, was keine erwachsene, verheiratete Frau an der Ostküste jemals tun würde. Ich hatte aber schon davon gehört. Ellen, zu dem Schluß kam ich, war sehr »kalifornisch«. Und Gefühle. Gefühle! Meine Güte, darin waren Kalifornier ganz groß. Als wir uns hinsetzten, erzählte mir Ellen gleich, daß Kern und ich bei Robert »Wunder« bewirkten. Wir hätten sogar Roberts und Ellens »Beziehung« gut getan. Letzte Nacht waren sie lange aufgeblieben und hatten über uns geredet. Für Ellen hatte das Gespräch viele Wissenslücken über Robert gefüllt. Unsere Reise, so sagte sie, erinnerte ihn an sein eigenes jugendliches Herumvagabundieren im Lande, und sie habe eine Menge Details zu hören bekommen, die er zuvor nie erwähnt hatte.

Wir bestellten unser Essen und amüsierten uns gut. Immer wieder versuchte Pate, mich auf »nur noch eine« Margarita zu beschränken, und immer wieder füllten Ellen und Elsa mir aus ihren Gläsern nach. Schließlich wurde Pate ärgerlich, verbannte jeglichen Alkohol von unserem Tisch und ließ mir eine Tasse Kaffee bringen.

Währenddessen unterhielt er uns die ganze Zeit mit den herrlichsten Anekdoten, die ich je gehört hatte. Er war ein großartiger Erzähler mit gutem Tempo und Rhythmus und einer exzellenten Begleitung durch Arme und Beine an seinem imaginären Steuer.

In einem vom Alkohol inspirierten Gedankenblitz wurde mir plötzlich etwas Wichtiges klar. Wenn Pate mein Vater gewesen wäre, hätte ich ihm seine endlose Reihe von Geschichten verübelt. Doch Pate *war nicht* mein Vater, und ich genoß jede Minute mit ihm. Vielleicht war ich zu widerspenstig. Ich sollte zu schätzen wissen, was andere in meinem Vater sahen. Jeder hielt sich gern in seiner Gegenwart auf und lauschte seinen prahlerischen Reden, ebenso gern, wie ich Pate lauschte. Sehnsucht nach meinem Vater überfiel mich, so schlimm wie neulich in Arkansas. Aber dann kam der Kaffee, und ich trank ihn und fühlte mich besser.

Pate sagte an jenem Abend noch etwas, das mir verstehen half und einen riesigen Zweifel behob, den ich hinsichtlich

meines Vaters gehegt hatte. Ohne Pate wäre das nie geschehen.

Wie mein Vater war er der Depression entkommen, indem
er fliegen lernte. Anfangs wollte das Air Corps ihn nur als
Radartechniker einstellen, zum Fluglehrer qualifizierte er sich
erst Ende des Zweiten Weltkriegs. Er trainierte ungefähr um
dieselbe Zeit, in der mein Vater Ausbilder in Texas war, in
Stearmans, und machte seine erste Fronterfahrung in den
fünfziger Jahren in Korea.

»Ich wette, euer Vater ist heute noch verbittert darüber, daß
er im Krieg nie an einer Schlacht teilgenommen hat«, sagte
Pate.

Das stimmte. Mein Vater war nie an der Front gewesen und
sehr gehemmt deswegen. Es war so etwas wie ein dunkles Geheimnis in unserer Familie, ein Thema, das wir nicht aufbrin-
gen durften. Als wir kleiner gewesen waren, hatten uns unsere
Onkel jeden Sommer zu den großen Familientreffen besucht,
die bei uns auf der Farm stattfanden. Dann saßen sie alle unter
der großen Schatteneiche hinten bei uns auf dem Rasen und
unterhielten uns mit ihren Kriegsgeschichten. Mein Vater
hielt sich ein Stück abseits, untypisch ruhig, und lenkte, sobald er konnte, das Gespräch wieder auf die Depression oder
seine Vagabundenzeit in den dreißiger Jahren. Sein Mangel an
Fronterfahrung war ihm furchtbar peinlich, und er log sogar,
um ihn zu überspielen. Tatsächlich tat er das genau in dem
Moment, als wir in Alt-Juarez im Restaurant saßen. In einem
Artikel über unseren Flug, auf den wir in Arizona stoßen sollten, bezeichnete er sich als ehemaligen Piloten der berühmten
Bomberstaffel in Europa. Einem anderen Reporter erzählte er,
er hätte im Pazifik Torpedoeinsätze geflogen.

Kern reagierte ebenfalls fasziniert auf das, was Pate gesagt
hatte. Sein Gesicht leuchtete auf vor Verwunderung.

»Warum, Robert?« fragte er und beugte sich über den
Tisch. »Ich meine, mein Vater ist ein großartiger Pilot. Sie soll-

314

ten ihn in seiner Texan Kunstfiguren fliegen sehen. Mit einem Holzbein! Was soll's, wenn er nicht mitgekämpft hat? Er hat trotzdem seinen Beitrag im Krieg geleistet, und er ist ein toller Flieger.«

»Nun«, sagte Pate, »es gibt Tausende von Männern wie ihn. Ich hatte nach dem Zweiten Weltkrieg dasselbe Problem und bin erst damit fertig geworden, als ich in Korea schließlich eine Mig zu Gesicht bekam. Das Pentagon hatte die Zahl der Piloten, die es für den Zweiten Weltkrieg benötigte, erheblich überschätzt. Die meisten von ihnen landeten bei irgendwelchen undankbaren Aufgaben – Ausbildung, Befördern von Frachtgut, Testflüge. Diese Tätigkeiten waren genauso gefährlich wie eine Schlacht. Scheiße. Als Ausbilder in der Stearman? Wir haben jeden Tag Piloten verloren. Aber für einen blöden Fluglehrer hat nie jemand *God Is My Co-pilot* geschrieben. Man fühlte sich ausgeschlossen, als Versager. Alle anderen kriegten auf Iwo die Ärsche weggeschossen und waren Helden, und man selbst saß besoffen wie ein Schwein in Florida im Offiziersclub. Manche kamen überhaupt nicht darüber weg. Deshalb nennen wir uns ja auch ›Stearman-Flieger‹. Die Boeing Stearman war das prachtvollste Flugzeug, das je gebaut wurde, Jungs, und wir haben dieses wunderbare Luder bis zum Gehtnichtmehr geflogen. Das ist alles, was uns aus jenen Jahren bleibt.«

Meine Güte. Ich faßte es kaum, was in mir vorging, in einem Restaurant da unten in Alt-Juarez. Ich fing wahrhaftig an, mich normal zu fühlen. Und wenn auch niemand meinem Vater jemals vorwerfen würde, ganz normal zu sein, so begann ich doch zumindest, seine Persönlichkeit ein Stück weit zu begreifen. Seine Anekdoten. Die großartigen Stearman-Flieger des Westens. Was unterschied ihn denn groß von Mr. Feakins von gegenüber, dem Ex-Marinesoldaten mit seinen tollen Kriegsgeschichten, oder, wenn man es genau nahm, von Jack, dem Schwarzen Prinzen aus Irland, und seiner PT-109?

Jeder hatte eine Vergangenheit, der er nicht entfliehen konnte, eine Vergangenheit, die für die Jungen ausgeschmückt werden mußte, und konnte schließlich nur über das reden, was er kannte.

»Aber genug jetzt davon«, sagte Pate. »Ich möchte euch meinen Hammer erzählen. Wollt ihr meinen Hammer hören?«

Ich hatte inzwischen eine zweite Tasse Kaffee getrunken, und es ging mir schon wesentlich besser.

»Klar, Robert.«

Pate bestellte sich von der Bar einen doppelten Brandy, kippte ihn herunter, zündete sich dann eine frische Zigarre an und fing mit seiner Geschichte an.

Jeder gute, alte Stearman-Flieger hat einen »Hammer«. Der von Pate fing, wie es sich gehörte, mit einem Routineflug im Zweiten Weltkrieg an.

1944 wurde Pilot Robert Pate beauftragt, als Teil einer Formation von 25 Maschinen eine Stearman von Lakeland, Florida, nach Fresno, Kalifornien, zu überführen. Es war September, eine besonders windige Jahreszeit, und er hatte keinen Funk. Der Flug sollte nach dem Motto »Haltet euch an den Anführer« erfolgen. Zum Navigieren hatte ihm das Air Corps lediglich eine Karte der kontinentalen Vereinigten Staaten im großen Maßstab mitgegeben.

Ich merkte sofort, daß Pates Hammer geradewegs aus der Stearman-Flieger-Bibel stammte. Mein Vater erzählte eine Variante derselben Geschichte, ebenso wie alle alten Stearman-Flieger. Im Zweiten Weltkrieg hatte das Air Corps nicht genügend Hangars, um all seine Schulflugzeuge unterzubringen. Wenn im Herbst die Wirbelstürme über die Stearman Alley fegten, wurde jeder Pilot und Kadett dazu verdonnert, die Stearmans in riesigen Formationen nach Norden zu fliegen, um sie in Sicherheit zu bringen. Diese Flüge waren unweigerlich Katastrophen. Nachzügler wurden oft von Unwettern eingeholt und zu Boden gezwungen. Noch zwanzig Jahre später entdeckten Reisfarmer und Holzfäller in den entlegenen Bayous von Louisiana oder in den Cumberland-Schluchten abgestürzte Stearmans, die Skelette ihrer Piloten im Cockpit festgeschnallt. Der berüchtigtste dieser Flüge, eine Art »Exodus« unter den Stearman-Legenden, war der der »Verschollenen Flieger von Biloxi«. Im September 1943 brachen über hundert Stearmans von Biloxi, Mississippi, angesichts eines wütenden Hurricans auf, und weniger als achtzig von ihnen erreichten sicher eine Piste im Norden. Viele der abgestürzten Maschinen sind bis heute noch nicht gefunden. Als Jungen waren Kern und ich auf makabre Weise fasziniert von jenen verlorengegangenen Biloxi-Piloten. Sie waren verschwunden in einem Gebiet, das so mysteriös und spannend war wie das Bermuda-Dreieck. *Reader's Digest* veröffentlichte Artikel über die »Verschollenen Flieger von Biloxi«, ebenso wie zahlreiche Flugmagazine.

Mein Gott, Schwierigkeiten hatten wir die ganze Zeit (begann Pate), das Wetter war durchweg Kacke, auch noch jenseits der Wüste in Texas, und der Staffelkommandeur, den sie uns mitgegeben hatten, flog wie der letzte Anfänger. Ständig verirrte er sich. Aber ich mußte ihm folgen und bei der Formation bleiben. So lauteten die Befehle.

Es war eine wahnsinnige Reise, auf der alle möglichen verrückten Sachen passierten. Am ersten Abend in Arkansas hatte der Fliegerhorstkommandeur uns nicht erwartet, und alles, was es in der Offiziersmesse für uns zu essen gab, waren gepökelte Schweinsfüße – schreckliches Zeug, das die meisten von uns am nächsten Tag über Bord spuckten. Wir machten oft Tiefflüge über Zügen und spielten Nahkampf über den Wolken. Daran beteiligte sich sogar dieser Idiot von Anführer. Aber immer mehr Maschinen fielen aus. Manche hatten Motorpannen, andere verloren die Formation in den Wolken.

Ein Typ, ein Freund von mir – er hatte in Wichita Falls eine Hure, die er gern fickte: Als wir über dem Red River waren, wippte er mit den Tragflächen, als ob er Probleme mit dem Motor hätte, wißt ihr, und das war das letzte, was wir je von ihm sahen. Bis wir West-Texas erreicht hatten, waren nur noch zehn oder zwölf Stearmans übrig.

Dieser Anführer war einfach ein Blödmann. Als wir zur Grenze nach New Mexico kamen, wo, wie ich wußte, die Berge anfingen, konnte er unter der Wolkendecke nichts sehen und wandte sich deshalb nach Süden. Dabei hätte er aufsteigen und uns nach Westen oder durch den Guadalupe-Paß lotsen sollen. Aber er flog Richtung Mexiko. Scheiß auf die Befehle, sagte ich mir. Ich bringe diese Maschine nach Fresno. Ich wartete, bis sich ein paar Wolken zwischen mich und die Formation geschoben hatten, löste mich von ihr und steuerte die Stearman westwärts.

Jetzt ohne Staffel, gab ich Vollgas und stieß durch die Wolkendecke. Ich kam bei 8000 Fuß über ihr heraus. Mein Gott, das war ein Chaos da oben. Einige Gipfel der Guadalupe Mountains konnte ich vor mir sehen, andere dagegen waren von Wolken verdeckt. Die ganze Zeit flog ich in Wolken rein und wieder raus. Die Karte nützte mir überhaupt nichts mehr, und ich warf sie unter den Sitz. Mir blieb nur noch, weiter aufzusteigen – auf 10 000, 11 000, 12 000 Fuß – und den Kompaß auf einem präzisen Kurs von 270 Grad einzufrieren. Sobald die Berge unter mir verschwänden, würde ich zwanzig Minuten warten, dann runtergehen und beten, daß El Paso immer noch vor mir lag.

Als ich direkt über den Bergen war, einen hohen Gipfel mutterseelenallein genau vor mir, fing der Motor an zu stottern. Die Feuchtigkeit in den Wolken hatte dazu geführt, daß sich auf dem Vergaser Eis bildete. Oh, das war ein erbärmliches Gefühl! Über den Bergen! Über den Wolken! Ich konnte nicht umkehren, weil die Wolken hinter mir ebenso übel waren wie die vor mir. Und jetzt zeigt meine verdammte Ladedruck-Anzeige nur noch zweiundzwanzig Inches an, dann achtzehn. Ich versuchte alles, um den Motor am Laufen zu halten. Als die Anzeige unter fünfzehn absackte, verabschiedete sich der alte Continental einfach, und da saß ich nun mit einem toten Flugzeug. Aber ich war immer noch 800 Fuß oder so über dem Gipfel vor mir, hielt den Knüppel oben, so lange ich konnte, und segelte rüber. Gleich dahinter war ein Loch in den Wolken, und darunter sah ich eine Schluchtenformation. Kurz vor dem Strömungsabriß hatte ich das Loch erreicht und tauchte darauf zu.

Während ich durch das Loch sauste, sagte ich mir bloß noch: Also gut, Robert. Du bist erledigt. Es war ein gutes, kurzes Leben. Du warst ein armseliger Niemand in Missouri, aber du hast dich rausgeboxt, fliegen gelernt und es zum Stearman-Piloten gebracht. In Ordnung. Ich war stolz auf mich gewesen, doch jetzt war meine Zeit abgelaufen. Alle anderen kamen in diesem Krieg da drüben um, warum also nicht auch ich?

Ich meine, man kann einfach nicht mitten in den gottverdammten Rocky Mountains runtergehen und überleben. Aber es war seltsam, ein seltsames Gefühl. Es war mir scheißegal. Nach zwei Jahren hing mir das Air Corps total zum Hals raus, ich hatte es so satt, die ganze Woche wie ein Blöder zu fliegen, daß es mir überhaupt nichts ausmachte zu sterben. Viele von meinen Freunden waren schon unter der Erde. Außerdem litt ich wegen der Höhe an Sauerstoffmangel, und mir war kalt, sehr kalt. Es ist verrückt, was die Aeroembolie mit einem anstellt. In dem Moment akzeptierte ich den Tod – ich wünschte ihn mir geradezu. Herr, gib mir einfach eine Wand, in die ich reinkacheln kann, und beeil dich damit. Ich war bereit zu sterben.

Ich war damals eben so ein junger, abgebrühter Flieger, wißt ihr. Es ist mir bestimmt, in diesen Bergen umzukommen, sagte ich mir. Scheiße, wie viele Postflieger sind in den Guadalupes abgestürzt? Dutzende. Ich würde einfach zu ihnen runterkrachen und mein Leben abhaken. In einer Minute oder zwei, das Versprechen gab ich mir, wenn nur noch Felsen vor mir wären, würde ich einfach auf eine Wand zuhalten, so schnell es die Stearman erlaubte, und die Sache hinter mich bringen.

Aber jetzt waren da diese Schluchten unter mir, Schluchten, die sich schlängelten und wanden, eine ganze Stadt, die sich den Abhang hinunter immer tiefer ins Tal zog. Ich folgte ihnen einfach, mit totem Steuer, wohin sie mich führten. Es ging nicht immer nur bergab, so wie sie es im Film zeigen. Die Hänge fallen ab, dann steigen sie wieder an, sogar an den Seiten, doch ich folgte einfach den Zwischenräumen. Manchmal waren die Räder zehn Fuß von den Felsen entfernt, manchmal vierhundert.

Und da sah ich Montezumas Gruft. Ich würde sagen, es war dreißig Sekunden, nachdem ich durch das Loch in den Wolken abgetaucht war – mein Gott, wenn ich heute nur *genau* wüßte, wo es war –, aber in so einer Situation, mit totem Steuer in den Rocky Mountains, kann man die Zeit nicht abschätzen. Es können auch bloß beschissene drei Sekunden gewesen sein.

Egal, paßt auf. Ich kam also an diese Stelle, wo sich zwei riesige, tiefe Schluchten kreuzten, tief unten im Bauch der Guadalupes, und war auf drei Seiten von hohen, massiven Felswänden umgeben. Ich konnte nur noch nach rechts kurven, und zwar scharf rechts. Die Maschine war ganz nach rechts gekippt, ging fast in eine Rolle, und ich riß das Ruder hoch, damit die Nase weiterhin auf die Lücke zwischen den Felsen gerichtet blieb.

Mein Gott, was ist das? Heiliger Bimbam! Was in Gottes Namen ist das? Ich verrenke mir beinahe den Hals, als ich über die geneigten Tragflächen nach unten gucke und das

Schönste und Magischste sehe, was mir je zu Gesicht gekommen ist.

Meine Güte, Jungs, ich wünschte, ich könnte es euch richtig beschreiben, ich wünschte, ich hätte die Worte dafür. Ich habe es ja nur fünf oder sechs Sekunden gesehen, während ich so schräg in der Luft lag. Da unten, in einer tiefen, tiefen Senke, die von nadelartigen Felszinnen verdeckt war, direkt unterhalb der riesigen Gebirgskreuzung, stand das wunderschönste Schloß, das ein Mensch je erbaut hat. Zwei perfekt gemeißelte Säulen ragten aufrecht in die Luft. Sie waren symmetrisch angeordnet und völlig aufeinander abgestimmt, vielleicht jeweils hundert Fuß hoch. Sie waren durch eine lange, geschwungene Mauer verbunden mit Fensterausschnitten und Plattformen dahinter, als sollten dort Waffen stehen. Die Sonne schien genau drauf und beleuchtete das Ganze durch die Lücke in den Bergen, durch die ich eben gekommen war – das ist tatsächlich auch der einzige Anhaltspunkt, den ich jetzt noch habe. Es war ungefähr halb elf am Vormittag, das weiß ich aus meinem Logbuch, und ich versuche immer noch rauszukriegen, welchen Einfallswinkel das Sonnenlicht an diesem Tag hatte. Jedenfalls wußte ich sofort, als ich das Schloß sah, daß es nichts war, was in der Natur vorkommt. Ganz, ganz weit unten in einem Loch in den Rocky Mountains, irgendwo in der Nähe der Guadalupe Peaks, hatte jemand dieses wunderschöne Bauwerk errichtet, diese Säulen perfekt aus Stein gemeißelt. Und es war nicht zufällig da. Es stand da aus einem bestimmten Grund.

Okay, ich bin jetzt also total durchgedreht. Ich sitze in einem abgesoffenen Flugzeug in den Rocky Mountains. Ich bin wahnsinnig, wild vor Neugier und Verlangen. Ich habe gerade das Achte Weltwunder oder so was gesehen. Ich möchte die Maschine wieder da oben hinfliegen und mir das Schloß noch mal angucken, mir die Stelle merken, damit ich zurückkommen und es auskundschaften kann. Dreh das Flugzeug um, Robert, dreh es um. Du mußt es schaffen, das Ding wie-derzufinden. Aber ich gehe runter, ich muß der Schlucht fol-gen und das Schloß hinter mir verschwinden lassen, sonst bin ich ein toter Mann.

Ich habe gar nicht mehr auf die Maschine geachtet, auf die Instrumente geguckt oder so. Ich konnte nur noch, den Kopf nach draußen in die Propellerbö gereckt, fliegen, von einer Seite zur anderen, mit Hilfe der Ruderpedale um die Felsen rumrutschen, durch die Schluchten nach unten tauchen. Es passierte alles so schnell. Rums, da kommt die große Kreu-zung, wumm, gerade noch mit den Tragflächen drüberge-schrammt, Herrgott, allmächtiger, was ist das für ein Schloß da unten, das muß ich finden, wiederfinden, rasch, versuch es auf der Karte zu markieren, nein, das ist Wahnsinn, muß ver-suchen, mich zu retten, und als nächstes weiß ich nur noch, daß ich durch die Schlucht nach unten schieße und nach einer Lücke Ausschau halte, vorn rumpelt der Motor, und der ganze Rumpf wackelt und bebt, rüttel, rüttel, rüttel, Rauch quillt aus den Auspuffrohren, der Propeller dreht sich wie eine Windmühle, und der Continental spuckt aus jeder gottver-dammten Öffnung Dampf und Eis und heult furios. Mein Steuerknüppel zittert wie verrückt, das Instrumentenbrett vi-briert, und ich bin jetzt im roten Geschwindigkeitsbereich, ich habe das fantastische Luder über die rote Linie und weiter ge-jagt, aber die Flügel bleiben dran. Mein Gott, so ist es mit die-sen Stearmans, diesen prachtvollen Maschinen, es gibt noch keinen Idioten, der eine in der Luft zerfetzt hätte. Sie hielt ganz einfach, diese Stearman. Rumpelnd und klappernd und scheppernd wie wahnsinnig, aber meine gute Stearman hielt. Die ganze Geschichte über den Bergen war rasend schnell passiert, und ich war durchgeknallt vom Sauerstoffmangel. Ich hatte die Zündung nicht ausgeschaltet. Ich hatte die Treib-stoffzufuhr nicht gesperrt – warum auch, wenn man vorhat, in eine Wand zu krachen?

Aber was zum Teufel ist denn nun los? Dampf und Rauch knattern aus dem Motor, rums, rums, rums, poltern die Auspuffrohre. Und wißt ihr was, mein verdammter Steuerknüppel und die Ruder sind auch wieder aufgewacht. Ich konnte die Strömung spüren. Ich warf einen raschen Blick auf die Absolutladedruck-Anzeige, und das Mistding zeigt mir achtzehn Inches an. Es war kaum zu fassen. Ich hatte mein Flugzeug wieder. Beim Abtauchen aus den Wolken unter 8000 Fuß war der Vergaser wieder frei geworden. In ein paar Sekunden war ich bei zwanzig Inches und vielleicht 2100 Umdrehungen pro Minute. Ich konnte jetzt fast normal durch die Schluchten fliegen. Es gab keinen Grund aufzusteigen, und das hätte ich auch nicht gekonnt. Ich war nun, wenn ich wollte, auf Horizontalkurs und hatte jede Menge Strömung an den Tragflächen. Ich hatte es beinahe bis auf die andere Seite geschafft und sah, daß es im Westen klar war. Die Wolken hatten sich alle auf der Ostseite der Berge zusammengeballt.

Gott, was für ein Gefühl, diese Berge hinter mir zu lassen, und das mit laufendem Motor! Ich hatte mich ja aufs Sterben eingerichtet. Aber Scheiße, sogar das mußte Robert Warren Pate in den Sand setzen; er schafft es nicht mal, sich umzubringen, und verdammt, da bin ich auf der anderen Seite der Guadalupes mit einer Maschine, die noch fliegt, und vollgepißten Hosen, also war wohl anzunehmen, daß ich noch lebte.

Aber ich konnte nicht begreifen, was ich gerade gesehen hatte. Das machte mich wahnsinnig. Ich kam ungefähr zwei Meilen nördlich von den Salzseen raus. Ich schätze, ich habe das Gebirge etwa sechs Meilen nördlich des Passes überquert. Es war eine geradezu spirituelle Erfahrung für mich. Ich schnappte nach Luft und hielt auf die Wüste zu, um mehr davon in die Lungen zu kriegen, und irgendwie lachte und weinte ich gleichzeitig. Ich war erst einundzwanzig und wußte nicht, wie ich mit all diesen Emotionen fertig werden sollte, nachdem mich der Tod gestreift hatte. Und ich war überwältigt von dem, was mir eben passiert war. Ich hatte Vorschriften übertreten und mich von der Staffel abgesetzt, war allein über die Rockies geflogen, der Scheiß-Continental verabschiedet sich, und dann hatte ich es durch den gefährlichsten Teil der Berge auf diese spektakuläre Weise doch noch geschafft.

Irgend etwas hatte mich beschützt, hatte mich zu jener Stelle geführt, zu dem versteckten Schloß da in der Nähe der Guadalupes. Ich wurde von einer spirituellen Kraft dorthin dirigiert. Ich mußte jahrelang recherchieren, bis ich herausfand, was es war. In der mexikanischen Literatur heißt es: »Die Delegation des Kaisers verbarg den Schatz tief im Gebirge und markierte die Stätte mit Festungsmauern und zwei in den Himmel ragenden Steinsäulen.« Ich weiß, was ich gesehen hatte, war Montezumas Gruft. Jetzt komme ich jedes Jahr wieder her. Und ich werde sie finden, die Stelle, wo ich damals durch die Berge kam. Das ist meine Mission, meine Religion. Wenn ich es schaffe, diesen Flug noch mal nachzuvollziehen, meinen Weg durchs Gebirge in der Stearman, werde ich Montezumas Gruft finden.

Na ja, nachdem man so einen Hammer gehört hat, sagt man nicht mehr viel. Mit Sicherheit war es eine der besten Stearman-Geschichten, die mir je erzählt wurde. Wir saßen alle nur da am Tisch, starrten in unsere Kaffeetassen und hüllten uns in schweres, vielsagendes Schweigen, und obwohl Ellen und Elsa sie vielleicht schon ein Dutzend Mal gehört hatten, waren sie ebenfalls ergriffen.

Irgendwo mitten in Pates Monolog war ich ihm einfach über die Berge und über meinen Vater hinweg gefolgt. Es war mein zweiter Flug durch den Paß. Er dauerte nur einen Augenblick, blitzte kurz in mir auf, aber als ich ihn ausgestanden hatte, hatte ich ihn für immer ausgestanden. Plötzlich war es mir egal, was zwischen meinem Vater und mir vorging. Er war ein Schwätzer, ein Aufschneider, ein Exhibitionist. Er konnte in keinem Flugzeug sitzen, ohne einen Looping oder eine Rolle zu machen, und er konnte keinen Raum betreten, ohne jeden zu dominieren, der sich darin befand. Und wenn schon. Hier war Pate, reich und erfolgreich, mit dreiundvierzig Pensionär, der den Sommer mit zwei schönen Frauen, die halb so alt waren wie er, in El Paso verbrachte. Er war auch ein Aufschneider, ein ganz, ganz großer Aufschneider, womöglich besser noch als mein Vater. Es gab eben einfach Schwätzer auf dieser Welt, das war alles. Es gab Pate, und es gab Tom Buck. Auf einmal sah ich mich selbst viel deutlicher. Niemand verargte es meinem Vater, der zu sein, der er war, und ebenso verargte es niemand mir, daß ich sein Sohn war. Es gab ihn einfach, das war alles. Und mich gab es auch. Und ich konnte getrennt von ihm existieren und sein, wer ich wollte.

Ich war erschöpft vom Essen und Trinken und von Pates Anekdoten. Wir verließen das Restaurant und spazierten ein Weilchen in Alt-Juarez umher. Auf der Rückfahrt nach El Paso saß Kern vorne neben Pate und hörte den ganzen Weg über die Grenze zu, wie er noch mehr zum besten gab.

Ich schlief hinten zwischen Ellen und Elsa ein. Ich weiß nicht mehr, wer von den beiden, Ellen oder Elsa, aber eine legte mir den Arm um die Schulter und hätschelte mich in den Schlaf. Ich war zufrieden mit mir und mit dem Abend. Wir waren jenseits der Berge und in Sicherheit. Der Körper einer Frau wärmte mich.

Am Morgen weckte Pate uns eine Stunde vor Sonnenaufgang, und in einem Café, das die ganze Nacht geöffnet hatte, tranken wir auf dem Weg zum Flugplatz Kaffee und aßen Doughnuts. Ich war noch verkatert und benebelt, doch der Kaffee und die Aussicht auf eine leichte Etappe über den Südwesten belebten mich. In der Piloten-Lounge ging Pate die Karten mit uns durch. Die Strecke nach Süden war einfach – immer geradeaus. Wir mußten nur nördlich von El Paso den Highway 10 finden und ihm über Deming, Lordsburg, Cochise County und Tucson folgen. Danach würde uns der Highway 8 direkt nach Yuma führen.

Pate lotste uns vom internationalen Flughafen, indem er per Funk von seiner Cessna aus den Tower anrief und ihnen sagte, wir würden in einer »Zweierformation« abfliegen. Wir sollten ihm nur die Rollbahn hinab folgen und dann direkt hinter ihm auf der Startbahn Gas geben. Auf der Rampe hielt er den Daumen hoch und wippte mit den Tragflächen als Zeichen, daß der Tower seine Erlaubnis gegeben hatte.

Es war ein wunderschöner Sonnenaufgang, der schönste unserer Reise. Hoch oben kollidierten fedrige Cirruswolken, tieflila und schwarz, mit rosa und orangegelben Wolkenfetzen vor der Sonne, die eben über den Horizont lugte. Als Pate Gas gab, hielt Kern sich neben ihm, und wir stiegen munter in die ruhige Luft auf, Tragfläche an Tragfläche. Pate flog noch ein Stückchen bis auf die Westseite des Rio Grande mit. Dann, seine Zigarre zwischen die Finger geklemmt, salutierte er, wendete nach Osten und verschwand in Richtung Guadalupe.

Ich war niedergeschlagen, wie ich Pate und sein Flugzeug da über unsere Tragfläche hinweg mit den Bergen verschmelzen sah. Ich habe ihn nie wiedergesehen, aber auch nie vergessen. Er war ein großartiger alter Stearman-Flieger, und ich weiß nicht, was wir ohne ihn in El Paso getan hätten.

18

Eigentlich wollten wir den Bus in Arizona gar nicht von der Straße scheuchen. Es war einfach so eine Sache, die uns ganz nebenbei passierte.

Wir waren über dem Highway 8 zwischen Gila Bend und Yuma, nachdem wir die Wüsten von New Mexico und Arizona in kürzester Zeit bewältigt hatten. Die Straßen verliefen pfeilgerade, monoton und eben, und das Navigieren war einfach. Zwischen Deming in New Mexico und Cochise County in Arizona ließ Kern mich ein paar Stunden lang meinen Kater ausschlafen. Ich erwachte mit dem atemberaubenden Anblick des Tafelberglandes in Arizona. Gewaltige Felsbrocken in Schwarz und Grau, manche mit Zinnen bewehrt, manche flach, ragten aus den gesprenkelten Wüsten auf, und die Abgründe zwischen ihnen wurden gemildert durch die Schatten vorbeiziehender Wolken. Die Schönheit von Arizona war fast zuviel für uns, und das stetige Pulsieren des Continental schläferte uns ein. Deswegen nahmen wir wohl den Greyhound aufs Korn. Wir waren fünf Tage immer nur geflogen, und jetzt langweilten wir uns.

Es war eines dieser langen, glänzenden Schiffe, das auf dem Highway ostwärts fuhr. Aus einer Entfernung von zwölf oder fünfzehn Meilen konnten wir nur ein großes entgegenkommendes Objekt erkennen. Dann sahen wir, daß es ein Greyhound-Bus war, durch dessen seitlich aufgemaltes Logo der rot-graue Hund sprang, und dessen breites, grünes Sonnenverdeck grell leuchtete.

Wir guckten uns die Sache aus der Nähe an. Kern war den ganzen Tag dem gelben Mittelstreifen einer Landstraße nachgeflogen, so daß er den Knüppel einfach nur etwas nach vorn schieben mußte. Als wir auf 500 Fuß waren und noch tiefer gingen, schaute ich nach vorn zu Kern. Er hatte ein entrücktes Lächeln auf dem Gesicht und starrte auf die gelbe Linie. Als wir klein gewesen waren, hatten Kern und ich immer die Hähne in unserer Scheune hypnotisiert, indem wir sie auf den Rücken legten und vor ihren Augen einen Kreidestrich auf den Boden zeichneten. Der Hahn starrte dann aus dieser Position gebannt und völlig still auf den Strich. Wir gingen essen und kamen eine Stunde später wieder. Der Hahn war immer noch da, auf den Rücken gedreht, und starrte auf den Strich. Genau so sah mein Bruder im Moment aus. Er war fixiert auf den Bus und die gelbe Linie.

Ich vermute, Kern hätte die Maschine irgendwann wieder hochgezogen, aber der Busfahrer war ein Blödmann. Aus ungefähr einer Meile Entfernung fing er an, uns mit seinen Scheinwerfern anzublinken, als seien wir irgendeine überladene Familienkutsche, die auf die Überholspur getorkelt ist und zu langsam fährt, um sich rechtzeitig wieder einzuordnen. Ich konnte Busfahrer prinzipiell nicht leiden, und dieser Idiot ödete uns mit seinen Scheinwerfern an.

»Hey, Kern!« schrie ich über den Lärm des Motors hinweg.

»Ja, Rink?«

»Traust du dich?«

»Klar trau ich mich!«

Während der Bus vor uns hektisch »Aus dem Weg« blinkte, gab Kern Vollgas und brachte die Cub auf fünf Fuß über den gelben Mittelstreifen auf dem Asphalt. Meine Güte, dachte ich, der legt ein ganz schönes Tempo vor. Der Fahrer hatte inzwischen heruntergeschaltet und fing an zu bremsen, doch der Bus fuhr immer noch 45 oder 50 Meilen pro Stunde. Wir hatten bei Vollgas und Gegenwind vielleicht 65 oder 70 Meilen Geschwindigkeit über Grund drauf.

Eine halbe Meile von uns entfernt, schwankte der Busfahrer jetzt von Spur zu Spur, als ob der Anblick eines Greyhound auf zwei Rädern uns zum Aufsteigen bringen würde. Dann versuchte er es kurz mit einem Frontalangriff, indem er, die Scheinwerfer voll aufgeblendet, geradeaus auf uns zukachelte. Aber er sah, daß das auch nicht klappen würde. Mit hundert Metern zwischen uns riß der Fahrer sein Lenkrad ruckartig herum, so daß die Vorderräder sich schräg stellten und der Bus sich drehte und zur Seite rutschte. Qualm von den Reifen, schwarzer Rauch aus dem Auspuff und Sand schlugen über dem Sonnenverdeck zusammen.

Als wir über dem Bus waren, knallte Sand gegen den Propeller, und im Cockpit roch es nach Diesel und verbranntem Gummi. Durch die pilzförmige Wolke hatte ich einen guten Blick auf die entsetzten Passagiere. Der Fahrer trug eine braune Uniform mit grauen Epauletten und eine Greyhound-Mütze und drohte uns wütend mit der Faust. Die Touristen auf dem Oberdeck starrten durch das getönte Glas zu uns hoch, mit den Händen fest die Haltegriffe umklammernd – mehrere Reihen billiger Cowboyhüte über offenen Mündern.

Wir flogen in die Wüste hinaus und hielten uns dabei hinter dem Bus, damit sie unsere Zulassungsnummern nicht sahen. Als wir über das Ruder zurückschauten, beobachteten wir, wie der Fahrer bei dem Versuch, den Bus wieder auf die Straße zu kriegen, sein Getriebe malträtierte. Kra-wumm, kra-wumm, kra-wumm, schaukelte er den schweren Zehnrädrigen hin und her über die Böschung, wobei er mit den Hinterrädern Furchen grub und prächtige Sandgeysire in die Luft schleuderte. Die Szene erinnerte mich an das alljährliche Spektakel in unserer Schule, wenn nach dem ersten heftigen Schneefall alle um den Parkplatz herumstanden und den verrückten Pater Lucien, unseren Naturkundelehrer, anfeuerten, der sich mit seinem Buick Wildcat aus den Schneewehen quälte.

»Los, Kumpel«, schrie Kern. »Schaukel den Schlitten! Mach schon!«

Meine Güte, dachte ich. Wenn der Greyhound in Tucson ins Terminal einfährt, drehen die Mechaniker durch.

Schließlich kriegte der Bus auf einer etwas ebeneren Sandfläche Bodenhaftung. Mit einem Hüpfer des hinteren Endes, bei dem sich das Auspuffrohr so tief in die Wüste grub, daß der in Brand gesetzte Sand in alle Richtungen spritzte, holperte die schwere Galeone auf den Highway. Rauchwölkchen schossen hoch, als die Gummireifen auf den Asphalt trafen, und der Bus brauste davon.

Wir riefen hurra und flogen weiter in Richtung Yuma. Vorübergehend allerdings gewann der brave Streber in Kern mal wieder die Oberhand. Er machte sich Sorgen, der Busfahrer würde uns melden, sobald er in Tucson oder Phoenix ankäme. So was fiel grundsätzlich nur Kern ein, er war auch immer noch mitgenommen von der Auseinandersetzung mit der FAA in El Paso. Ich dachte einen Augenblick darüber nach. Dann beugte ich mich nach vorn und schrie ihm über das Dröhnen des Motors hinweg zu: »Hey Kern, nimm mal an, du bist Fahrer von einem Bus mit hundert Passagieren, okay?«

»Okay.«

»Und du fährst in das Terminal von Phoenix ein und sagst zu deinem Boß: ›Mich hat gerade eine Piper Cub vom Highway 8 gescheucht.‹«

»Capito, Rink.Wir haben nichts zu befürchten.«

Yuma war der Westen, der alte Wilde Westen, und wir verbrachten den Rest des Nachmittags damit, in der Stadt umherzuschlendern. Im älteren Teil befanden sich etliche Vorkriegscafés, indianische Kunstgewerbeläden und Eisenwarengeschäfte, in denen es auch Satteldecken und Feldflaschen gab. Cowboys und Navajo-Farmer fuhren in ihren Pickups an uns vorbei, die mit Heuballen und Schafen beladen waren. Wir kauften uns in einem Ledergeschäft neue Geldbörsen, bummelten in einer Kunstgalerie herum, in der Farbfotos aus der Zeitschrift *Arizona Highways* ausgestellt waren. Wir versuchten, einige der Tafelberge und bunt gesprenkelten Wüstenstriche, die wir eben überflogen hatten, darauf wiederzuerkennen.

Nebenan war ein mexikanisches Restaurant, in dem es nach Gewürzen duftete, und wir beschlossen, dort zu essen, weil es uns gefiel, wie die Tische um einen Innenhof mit echten Kakteen und im Sand wachsenden Blumen angeordnet waren. Die Karte, die in Spanisch mit der Hand geschrieben war, konnten wir nicht lesen. Eine dicke, lächelnde Frau kam aus der Küche und meinte, wir sollten uns einfach hinsetzen und ausspannen. Für jeweils 5 Dollar, sagte sie, würde sie uns satt kriegen. Über eine Stunde lang kam ein Gericht nach dem anderen an unseren Tisch – kalter, roh marinierter Fisch, Enchiladas, ein Salat mit warmem Dressing, als Beilagen Reis und Bohnen und ein Pudding mit Likörgeschmack als Dessert. Abgesehen von dem fritierten Steak in Arkansas war es die beste Mahlzeit unserer Reise.

Als wir im Motel waren, zog Kern seine Badehose an und verschwand in Richtung Pool. Ich rief mal wieder meinen Vater an. Trotz des katastrophalen Scheiße-Scheiße-Scheiße-Gesprächs in El Paso diskutierten Kern und ich diese Arbeitsteilung nicht mehr. Wir akzeptierten sie als Routine. Die Anrufe, bei denen mein Vater mich über unsere Strecke ausquetschte, sich nach dem Wassersack erkundigte und über seine Pressekontakte schwadronierte, waren anstrengend. Das Fiasko auf dem internationalen Flughafen von El Paso hatte in uns beiden einen Rest von Ärger zurückgelassen. Kern machte keine große Sache daraus, meinen Vater zu meiden, doch er tat es, so oft er konnte. Immer wenn wir auf einem Flugplatz landeten, war es meine Aufgabe, die Windschutzscheibe von Insekten zu säubern und die Navigationskarten für unsere nächste Etappe zu ordnen. Und wenn wir abends in ein Motel kamen, rief ich meinen Vater an.

Dieser sechste und letzte Anruf, der von Yuma aus, hätte auch wieder ein Desaster werden können, aber anscheinend lernte ich allmählich, besser mit meinem Vater umzugehen. Als er sich meldete, war er verärgert, daß wir an den letzten beiden Abenden nicht ferngesehen und daher uns selbst in den Nachrichten verpaßt hatten. Er verstand nicht, wieso uns das nicht besonders interessierte. Und jedesmal, wenn ich anrief, war Kern passenderweise gerade dabei, zu duschen oder im Motelpool zu schwimmen.

»Rinker, wo ist Kern?« fragte mein Vater. »Ich möchte mit Kern sprechen.«

»Dad, er ist schwimmen. Er hat mich gebeten anzurufen, weil er schwimmen gehen wollte.«

»Schwimmen. Immer ist er schwimmen. Was ist eigentlich los mit euch? Weicht Kern mir irgendwie aus?«

»Nein, Dad. Er ist schwimmen.«

»Schwimmen, meine Güte. Ihr sollt ein Flugzeug von Küste zu Küste fliegen, aber jedesmal, wenn du anrufst, ist Kern in einem gottverdammten Swimmingpool. Ich kenne euch doch. Das hat doch seinen Grund. Warum konnte Kern nicht anrufen?«

»Dad, wenn du willst, gehe ich und hole ihn.«

»Nein, nein, schon gut. Laß ihn ruhig schwimmen. Aber er soll mich anrufen, wenn er zurückkommt. Ich habe mit Onkel Jim geredet, und es gibt noch ein paar Einzelheiten über eure Ankunft morgen in L.A., die ich mit Kern besprechen muß. Also, er soll mich anrufen, hörst du?«

»Klar, Pop. Er ruft an.«

Das war leicht gewesen, dachte ich, als ich einhängte. Dieses Gespräch war ein Durchbruch für mich. Warum konnte ich nicht immer so höflich sein und seinen Scheiß einfach wegstecken? Letztlich war es doch egal. Ich benötigte fast zweitausend Meilen, sechs Tage angestrengten Fliegens und sechs Telefonate, bis ich diesen Punkt erreicht hatte, doch jetzt war es soweit. Wenn er wollte, konnte mein Vater die schlimmste Nervensäge auf der Welt sein. Aber das hatte nichts mit mir zu tun, denn ich brauchte es nur zu ignorieren.

Also ging ich auch hinaus schwimmen und sagte Kern, er solle meinen Vater anrufen.

Für unsere morgige Ankunft in Kalifornien war schon alles arrangiert. Kern und ich würden die Südroute von Yuma nach San Diego nehmen, uns dort ausruhen und tanken und dann entlang der Küste nach Norden bis zu der kleinen asphal-

tierten Piste von San Juan Capistrano in Orange County fliegen, dem Onkel Jimmys Wohnort nächstgelegenen Flugplatz
ohne Tower. Mein Vater erwartete großen Medienrummel –
von den drei Fernsehstationen, Associated Press, United Press
International, allen Sendern in L.A. und weiteren, die sich
noch in seiner Kommandozentrale in New Jersey melden würden. Er würde Onkel Jimmy selbst anrufen und ihm sagen,
er könne um ein Uhr mittags mit uns rechnen.

Bevor wir zu Bett gingen, rief noch ein Reporter von der
Zeitung in Yuma an. Er wollte uns am nächsten Morgen auf
dem Flugplatz interviewen. Wir hatten beide keine besondere
Lust dazu, aber wir planten sowieso, früh aufzubrechen. Kern
war besorgt, weil der Neuanstrich von 71-Hotel nach den letzten fünfzig Flugstunden stumpf wirkte. Er wollte, daß er bei
unserer Ankunft in Kalifornien ordentlich und sauber aussah,
damit Tante Joan von unserem Flugzeug beeindruckt wäre.
Der Reporter konnte uns interviewen, während wir die Cub
wuschen.

In der Nacht wachten wir gegen zwei oder drei Uhr von
dem lautesten Gewitter auf, das ich je gehört hatte. In der
Wüste gab es keine Bäume oder Seen, die die grollenden Don-
nerschläge absorbiert hätten, so daß die Wände des Motels
und die Matratzen in unseren Betten wackelten. Wir waren
aufgeregt, weil wir am nächsten Tag Kalifornien erreichen
würden, und konnten danach beide nicht mehr einschlafen.

Unter dem Regen durch flitzte ich zum Cola-Automaten.
Dann setzten Kern und ich uns auf unsere Betten, redeten, die
Colas im Schoß, bei Lampenlicht und lauschten dem Regen,
der auf das Ziegeldach prasselte.

»Rink, Daddy freut sich total. Ich glaube, ihm bedeutet
diese Reise mehr als uns.«

»Ja. Er ist richtig glücklich, Kern. Er nervt mich zu Tode,
aber er ist glücklich.«

»Rink, weißt du, was du tun solltest?«

»Nein, was denn?«

»Ein Abkommen mit dir selbst schließen. Das habe ich auch getan. Ganz egal, was Daddy sagt, wie er dich auch auf die Palme bringt, mach dir nichts draus. Zeig ihm nie deine Gefühle.«

»Ich weiß, Kern. Das ist mir heute abend auch klargeworden. Trotzdem, danke. Man kann immer eine Bestätigung gebrauchen.«

»Okay, aber da ist noch was. Es ist wie bei Daddy und seinen AA-Treffen.«

»Nämlich?«

»Wenn du ein Abkommen mit dir schließt, mußt du dich daran halten.«

Morgens auf dem Flugplatz von Yuma stellten wir entzückt fest, daß wir die Maschine nicht zu schrubben brauchten. Das Gewitter hatte 71-Hotel saubergewaschen. Wir warteten draußen auf der Bank bei den Zapfsäulen auf den Reporter und genossen den weiten Ausblick in die Wüste. Es war ein wunderschöner Freitagmorgen, und mehrere Piloten waren früh aufgestanden, um ihren Flug ins Wochenende zeitig anzutreten. Der Verwalter und einige Flugplatzopas kamen und setzten sich zu uns. Es herrschte eine freundliche Atmosphäre, und alle wollten etwas über unseren Flug von Küste zu Küste hören.

Einer der Opas hatte Tee gemacht. Aus einer großen Thermoskanne goß er gerade jedem eine Tasse ein, als ein Kommando der US-Grenzkontrolle auftauchte. Drei grün-weiße Pickups mit blinkenden roten Lichtern kamen durch das Flugplatztor, fuhren über die Rampe und nahmen um unsere Cub herum Position ein.

Kern und ich rannten hinüber. Ich sah gleich, daß es sich hier um einen ernstzunehmenden Trupp Gesetzeshüter handelte, oder zumindest hielten sie sich für ernstzunehmende

Gesetzeshüter. Ihre Uniformen strotzten vor Insignien und Abzeichen, und ihre Gürtel waren schwer behängt mit Pistolen, Walkie-talkies und Tränengaspatronen. Über ihren grämlichen Schweinsgesichtern trugen die Grenzbeamten lächerlich aussehende, mit Schellack überzogene Strohhüte, die zu klein waren für ihre Köpfe. Der diensthabende Offizier trug statt Schellack einen grauen Stetson aus Filz.

»Morgen, Jungs«, sagte der graue Hut. »Wir sind hier, um dieses Flugzeug zu inspizieren. Es hat letzte Nacht auf dem Luftweg eine illegale Grenzüberquerung aus Mexiko gegeben, und wir glauben, daß dies die betreffende Maschine ist. Alles muß abmontiert werden – Bodenbleche, Sitze, Motorhaube, alle Inspektionsschilder.«

Mein Bruder protestierte und erklärte, wir seien gestern nachmittag schon vor drei Uhr hier gelandet. Das könnten wir beweisen. Es gebe eine Menge Zeugen, die uns hätten landen sehen, und wir hätten sogar eine Benzinquittung.

Der graue Hut schnauzte zurück.

»Ist mir scheißegal, wann ihr angeblich gelandet seid. Dies ist eine standardmäßige Flugplatzüberprüfung. Routine.«

»Routine?« fragte Kern.

»Klar. Routine. Wo seid ihr denn her?«

»New Jersey.«

»Na schön. Dann seid ihr ja weit weg von zu Hause. Und wir hier regeln die Dinge auf unsere Weise.«

Er gefiel mir kein bißchen, dieser fiese Grauhut, wodurch ich in eine gefährliche Stimmung kam. Ich gehörte sowieso zu denen, auf die Polizisten nur einen einzigen Blick werfen müssen, um sie wegen ihrer »unverschämten Haltung« zu piesacken. Sie hackten ständig auf mir herum, ob ich nun Briefkästen in die Luft gehen ließ oder alten Ladies den Blanken zeigte, und einmal stellte mir so ein Primat in Uniform tatsächlich einen Strafzettel aus, weil ich auf dem Fahrrad einen haltenden Schulbus überholt hatte. Aber das machte mir nichts aus, denn ich war daran gewöhnt. Sie konnten mich aufs Korn nehmen, so oft sie wollten. Doch jetzt war es mein Bruder, der bestürzt aussah, und das machte mich wütend.

Diese Einstellung, einen gesunden Haß auf Polizisten, hatte ich eigentlich geradewegs von meinem Vater übernommen. Er konnte den Männern des Gesetzes richtig gut zusetzen und entlarvte autoritäre Beamte, indem er ihnen mit einer Menge schwieriger Fragen zu Leibe rückte und ihnen immer »du kannst mich mal« zu verstehen gab.

Und ich hatte sie satt, die Verhängnisse dieser Reise. Immer wieder neue Verhängnisse. Gewitter, hämische Halbaffen, Klapperschlangen, FAA-Leute mit Plastik-Taschenschonern – mir reichte der Scheiß. Mir war nicht nach einem Ersatz-Wyatt-Earp mit grauem Hut zumute.

»Routine, von wegen«, sagte ich zu ihm. »Wir sind nicht aus Mexiko. Das hat Ihnen mein Bruder schon gesagt. Wir sind aus New Jersey.«

Der graue Hut stellte die Stacheln auf und packte mit beiden Händen seinen Gürtel.

»Hör mal, Kleiner, für wen hältst du dich eigentlich? Ich bin Beamter. Bundesbeamter. Ich habe das Recht, diese Maschine und jede andere Maschine auf diesem Flugplatz zu inspizieren. Ich habe euch den gesetzlichen Befehl gegeben, dieses Flugzeug zu demontieren. Werdet ihr gehorchen?«

Nein, ich jedenfalls nicht. Kampflos würden sie 71-Hotel nicht zu nahe kommen. Der Anwalt meines Vaters hatte mir mal gesagt, am besten käme man mit einem Polizisten zu Rande, wenn man ihm einen Haufen juristischen Blablas an den Kopf würfe, sie zum Beispiel nach einem Durchsuchungsbefehl oder mutmaßlichen Grund fragte. Dies bremste sie oft, weil sie sich nicht erinnern konnten, ob der Ausbilder in der Polizeischule ihnen nun beigebracht hatte, daß sie für diese oder jene Situation keinen Durchsuchungsbefehl benötigten oder, Scheiße, vielleicht doch.

Was sollte sein? Es kam auf den Versuch an.

»Sie können mich mal«, sagte ich zu Grauhut. »Wo ist Ihr Durchsuchungsbefehl?«

»Jetzt paß mal auf, Bürschchen. Willst du, daß ich Hilfe herbeirufe?«

»Hilfe? Sie können mich mal! Wo ist Ihr Durchsuchungsbefehl?«

Es ärgerte mich ziemlich, daß mir bei jedem »Sie können mich mal!« die Stimme brach. Ich hätte es in ruhigem, männlichem Ton äußern müssen, so wie Clint Eastwood und Steve McQueen im Film.

Aber mein Widerstand war erfolgreich. Der Anblick von zwei Jungen, die von Küste zu Küste fliegen wollten und von der Grenzpatrouille festgehalten wurden, war zuviel für die Piloten von Yuma. Der ganze Flugplatz explodierte vor Zorn.

Während ich Grauhut ins eine Ohr schrie, kam der Flugplatzverwalter und schrie ihm ins andere. Opa schlurfte mit seiner Thermoskanne voll Tee an und nannte Grauhut einen »blöden Esel«.

Offensichtlich war die Grenzpatrouille nicht sehr beliebt in Arizona. Während weiter südlich Illegale ins Land strömten, drückte sie sich immer hier oben herum und belästigte die Einheimischen. Besonders verhaßt waren die Grenzer auf Flugplätzen, wo sie berühmt dafür waren, vollkommen willkürlich Flugzeuge zu überprüfen.

Es war der schlichte Wahnsinn. Jeder brüllte auf den grauen Hut ein, der inzwischen erkannte, daß er hier Dodge City vor sich hatte. Da es so gut funktionierte und so ein gutes Gefühl war, rief ich immer wieder »Sie können mich mal«, auch wenn überhaupt keiner zuhörte.

»Paß auf«, schrie Grauhut und zeigte mit dem Finger auf meine Nase. »Du hörst jetzt auf, ›Sie können mich mal‹ zu sagen, sonst *kann* ich nämlich wirklich.«

»Ach, Sie können mich mal!« sagte ich.

»Hey, Officer, mich können Sie auch mal!« brüllte der Flugplatzopa Grauhut an. »Niemand übertritt das Gesetz, wenn er
›Sie können mich mal‹ sagt.«

»Sie können mich mal! Herrje, das gefällt mir«, sagte der
Flugplatzverwalter. »Ihr Jungs aus Nu Jersa seid in Ordnung.
Officer, was wollen Sie machen? Ihr Hauptquartier anrufen
und denen erzählen, der Kleine hier macht Ihnen Scherereien,
weil er ›Sie können mich mal‹ sagt?«

Als der Zeitungsreporter eintraf, sprang er gleich mit in die
Bresche. Er schob dem grauen Hut einen Stapel Artikel über
uns zu. Und was er sagte, war auch ziemlich pfiffig.

»Hey, Sie, verhaften Sie die Jungs doch. Das ganze Land
verfolgt ihre Reise mit. Und jetzt will die Grenzpatrouille ihr
Flugzeug auseinandernehmen. Für mich ist das eine prima
Story.«

Die Grenzpatrouille verkrümelte sich. Während die Schel-
lackhüte sich in ihre Pickups zurückzogen und Zigaretten an-
zündeten, versuchte Grauhut, sein Gesicht zu wahren, indem
er Kern nach seiner Lizenz fragte. Alles klar, Kernahan Buck
aus Nu Jersa. Tonnenweise Leute hier, die bezeugen, daß du
gestern nachmittag um drei gelandet bist. Na ja, dann werden
wir mal. Gute Reise noch.

Bei der Abfahrt blendeten die Pickups der Grenzer ihre
Scheinwerfer auf und schleuderten mit den Rädern Kies und
Erde über den Flugplatz.

Trotz dieses Sieges waren Kern und ich aufgebracht. Die Piloten aus Yuma jedoch klopften uns auf den Rücken und lachten. Sie meinten, wir sollten uns nichts daraus machen. So
etwas passierte in Arizona dauernd. Die Grenzpatrouille
hasse Flieger, und die Flieger haßten die Grenzpatrouille.

Nachdem wir das Zeitungsinterview erledigt hatten, schüttelten wir jede Menge Hände und wandten uns der Cub zu.
Kurz bevor wir den Motor anwarfen, rollte ein Bus mit india-
nischen Kindern heran. Sie kamen aus einem Ferienlager und

machten heute ihren alljährlichen Ausflug zum Flugplatz. Es waren Fünf- und Sechsjährige mit runden, dunklen Gesichtern und wunderschönen schwarzen Haaren. Während wir an ihnen vorbeirollten, fingen sie alle an, hurra zu rufen, waren aus irgendeinem Grund völlig wild auf uns und johlten von der anderen Seite des Maschendrahtzauns so laut, daß wir sie sogar über den Lärm des leerlaufenden Motors hinweg hörten. Kern drehte das Flugzeug so, daß sie zugucken konnten, und gab Gas.

Die Startbahn lag direkt vor uns. Während Kern Vollgas gab und abhob, rief er mir zu: »Rink, die Kinder sind klasse. Ich werde ihnen ein bißchen was vorführen.«

Wir legten uns am Luftsack zu den Kindern hin in eine scharfe Kurve, so daß sich die Sonnen auf unseren Tragflächen über ihren Köpfen befanden. Von oben konnten wir sehen, wie sie jubelten und klatschten, wie ihre glänzenden, schwarzen Haare und braunen Gesichter in Wogen auf dem Flughafenparkplatz auf und nieder hüpften, wunderschöne indianische Schulkinder. Draußen über der Wüste zogen wir in weitem Schwung tief hinunter in Richtung Piste und gaben Vollgas. Als wir an den Zapfsäulen vorbeiflogen, winkten alle, die Piloten, die Opas und die Kinder, und der Reporter stand auf der Bank und schwenkte beide Arme über dem Kopf, und während Kern die Maschine in einen Hammerkopf jagte, umgaben uns harte blaue Horizonte, glitzernder Tau auf dem Wüstenboden und ein purpur-schwarzer Bergkranz, der uns nach Westen lockte. In diesem Moment liebte ich unsere Reise, jeden, den wir bisher getroffen hatten, alles, was uns passiert war, die unaufhörlich sich entfaltenden Gesichter und Landschaften, Senke, Fluß, Gebirge, all das verbunden und intensiviert durch den donnernden Continental und den Geruch nach verbranntem Öl.

Und so flogen wir westwärts über den Colorado River nach Kalifornien, über endlose, gewellte Formationen aus Sand-dünen, frisch und sauber wie Strände. Dann öffnete sich grün das üppige, bewässerte Terrain des Imperial Valley vor uns, und El Centro und die Superstition Mountains zogen unter uns dahin. Diese Etappe war eine der längsten unserer Reise, dauerte etwas über drei Stunden, und es waren drei friedvolle, sorglose Stunden, in denen uns der Himmel gehörte und alles, was in ihm war.

Kern und ich saßen still im Cockpit und wechselten kaum ein Wort. Es war ein wunderschöner Vormittag; die un-berührte Wüstenlandschaft trieb unter den Flügeln dahin, und wir waren fast angekommen. Wir wollten nicht, daß die Reise endete, und diese letzten Augenblicke schienen zu kost-bar, um sie mit Gerede zu verderben.

Über der letzten Bergkette vor San Diego gerieten wir über die Wolken. Der Pazifik hatte seinen Morgennebel über die braunen Hügel ergossen, und die Feuchtigkeit kam nicht ge-gen den Hochdruck auf ihrer Ostseite an. Aber es würde eine Lücke in den Wolken für uns geben; die gab es immer. Wir be-hielten unseren Kompaßkurs zehn Minuten lang bei, bis es auftauchte, ein Loch, gerade groß genug für unsere Trag-flächen. Im Spiralflug sinkend, sahen wir auf einmal Kalifor-nien vor uns liegen. Da waren rot gedeckte Vorortdächer und Rasensprenger, die über penibel gepflegten Grünflächen Mi-niaturregenbögen erzeugten. Jeder Quadratmeter Südkalifor-niens schien von Menschen besiedelt, doch es war eine bunte, geordnete und wohlhabende Siedlung. Direkt vor uns lag Brown Field; wir hielten darauf zu und kurvten in die Kon-trollzone ein.

Quietsch-quietsch. Zwei Räder aufgesetzt. Wir waren in Kalifornien. Durch das Hitzeflimmern über dem Asphalt sa-hen wir eine Horde von Reportern, die im Vorgriff auf die Me-dien von Los Angeles am Wartungsgebäude auf uns warteten.

Aber in diesem Moment waren mir die Reporter vollkommen schnuppe. Wir hatten sechs Tage anstrengenden Fliegens und die Hölle hinter uns, und unsere Taillen und Hände waren inzwischen praktisch rohes Fleisch. Wir waren müde, wir waren von der Sonne geröstet, und uns summten die Ohren vom ständigen Getöse des Continental. Doch wir waren da. Eine Brise wehte vom Meer, und ich konnte die salzige Pazifikluft riechen.

Mein Bruder war ganz ruhig. Still und in sich versunken saß er da vorn, ein Mönch in seiner Zelle. Er bedeutete mir, das Steuer zu übernehmen und auf die Landebahn zu rollen. Er nahm seine Hand vom Knüppel, legte sie auf den Haltebügel, langte mit der anderen nach hinten und drückte mein Knie.

»Rink, wir haben es hingekriegt. Wir haben es geschafft, von Küste zu Küste.«

19

Der erste Helikopter eines Fernsehsenders fing uns schon über Oceanside ab. Wir flogen in dichtem Smog die Pazifikküste hoch, bewunderten die Surfer auf den Wellen unter uns und die enorme Anzahl von Swimmingpools in Südkalifornien, als der Hubschrauber plötzlich aus dem Dunst auftauchte und sich hartnäckig schräg rechts vor uns hielt. Ein langes Kameraobjektiv ragte durch das offene Fenster auf der Rückseite. Kern versuchte, ihn zu verscheuchen, weil die von seinem Rotor ausgehenden Wirbelschleppen uns behinderten. Aber jedesmal, wenn er ihn wegwinkte, schnallte dieser beknackte Fernsehkorrespondent auf dem Rücksitz seinen Gurt ab, streckte die Hand aus dem Fenster und winkte aufgeregt zurück. Er trug riesige Gummikopfhörer und sprach in ein Mikrofon, als ob er live sendete. Natürlich konnte ich nicht hören, was er sagte, doch es war nicht schwer, es sich angesichts seiner mahlenden Kiefer und fröhlich gebleckten Zähne vorzustellen.

»Leute, jetzt winken sie uns zu. Die Bucks winken. Offensichtlich freuen sie sich sehr, in Südkalifornien zu sein.«

Was mich in diesem Moment erfreut hätte, wäre ein Magazin voller Raketengeschosse gewesen. Während uns der Hubschrauber mit seinen Wirbelschleppen zusetzte, wurde die Kamera aus jedem erdenklichen Winkel auf uns gerichtet und geschwenkt, dann hielt er von hoch oben auf uns zu, um eine lange Frontalaufnahme zu machen. Schließlich hatten sie genug und zogen sich auf eine feste Position neben unserem linken Flügel zurück.

Gegenüber von Dana Point hing ein großes, grünes Ausfahrtschild über dem San Diego Freeway. SAN JUAN CAPISTRANO. Wir folgten der gewundenen, zweispurigen Straße bis hinauf auf den Bergkamm. Es dauerte eine Weile, bis wir im Smog den Flugplatz ausgemacht hatten. Wir wußten, daß die Piste kurz und schwierig anzufliegen war, denn in San Diego hatte uns ein Pilot erzählt, San Juan Capistrano sei eine legendäre Ausbildungsstätte für kurze Start- und Landestrecken, wo Flieger, die als Buschpiloten nach Alaska geschickt werden sollten, trainiert würden. Aber dann klapperte der Helikopter an uns vorbei und löste sich nach links. Wir hielten auf die Piste zu.

Das da unten sah aus wie die Kulisse eines Hollywood-Films. Der winzige Flugplatz lag samt Hangar in einer schalenförmigen Senke, eingekeilt zwischen zwei staubgrauen Canyons und umschlossen von einem Bewässerungskanal. Die uns erwartende Menschenmenge auf dem Asphalt war umringt von den glitzernden Rotoren weiterer Journalisten-Hubschrauber und dem blauen Wasser des Kanals. Alle fingen an zu winken, als wir zur Landung ansetzten, und der ganze Flugplatz wirkte aufgeregt und alarmbereit, wie der Ort eben, den zu erreichen wir uns die Woche über so angestrengt hatten. Ich entdeckte sogar Onkel Jim. Mit seinem rabenschwarzen Haar und lächelndem Gesicht, einen Kopf größer als jeder andere in der Menge, schwenkte er beide Arme über dem Kopf, wie mein Vater bei uns zu Hause.

In den Gegenanflug kurvend, taxierte Kern die Piste. Der Bewässerungskanal mit seinen abfallenden Zementmauern umschloß den Flugplatz wie ein Burggraben. Die Landebahn lag tiefer als der Kanal in einer Art Becken. Sie war zu kurz, um das Hindernis auf die übliche Weise im Gleitflug zu nehmen. Wir würden uns erst niedrig und langsam über dem Kanal halten und dann rasch seitwärts über die Mauer slippen müssen. Die Landung auf unserer Zielpiste in Kalifornien würde die schwierigste von allen werden.

Kern ging solche Aufgaben immer so an, daß die Lösung einfach aussah. Er senkte sich tief über den Kanal und schaffte es, das Tempo zu drosseln, indem er die Nase des Flugzeugs hoch hielt und nur wenig Gas gab. Er folgte dem Bewässerungsgraben bis zur Landebahn, drehte um 90 Grad, ließ sich seitwärts über die Mauer gleiten und ging genau in dem Moment in die Horizontale, als die Strömung an den Tragflächen abriß. Es war perfekt, gleich beim ersten Mal. Die Landebahn lag direkt vor uns.

»Ach, Scheiße, Rinker. Guck dir das an.«

Die vier Helikopter am Boden hatten hektisch abgehoben und kamen herangeschossen, um unsere Ankunft zu fotografieren. Sie blockierten die Piste total, und der Staub, den sie aufwirbelten, bedeckte den ganzen Flugplatz. Uns blieb nur noch, wieder aufzusteigen, eine weitere Runde zu fliegen und dabei zu beten, daß die Hubschrauber nicht ebenfalls hochkletterten und uns von unten aufschlitzten.

Als wir aufstiegen und in den Gegenanflug kurvten, hängten sich die Helikopter wie ein Rattenschwanz in wilder Formation an uns. Sie waren echte Mustangreiter, diese Piloten. Als wir erneut auf den Kanal zuhielten, brachen sie aus und flogen schnurstracks auf die Landebahn zu, um uns beim Anschweben zu filmen. Aber sie hingen so tief über der Piste und wirbelten soviel Staub auf, daß eine Landung zu gefährlich war. Dreimal flogen wir San Juan Capistrano auf diese Weise an. Eine Platzrunde drehen, über den Kanal, die Piste anpeilen. Und jedesmal war die Landebahn das reinste Vietnam, wo es von Hueys wimmelte.

Nach der dritten Runde wurde Kern sauer. Die Adern an seinen Schläfen schwollen an, und er zurrte seinen Gurt enger. Er krümmte den Rücken und schob die Schultern vor und zurück, wie mein Vater und Eddie Mahler es taten, wenn sie zu einer Flugschau antraten und sich in Muskeltonus und Stimmung vom Streckenflug auf Aerobatik umstellten.

»Rink, ich hänge diese verdammten Hubschrauber ab!« schrie Kern mir zu. »Paß auf! Paß auf, was ich jetzt mache.«

Es war ein richtiges Kunststückchen, das Kern uns jetzt lieferte. Er rammte den Gashebel nach vorn und setzte anscheinend zu einer Rechtskurve an, so daß die Helikopter uns in den Gegenanflug folgten. Dann tauchte er kurz ab, um zu beschleunigen, zog den Knüppel scharf hoch, und wir schossen durch den dunstigen Smog senkrecht nach oben. Kurz vor dem Strömungsabriß drehte er das linke Querruder bis zum Anschlag und trat ins Seitenruder, um das Heck nachzuziehen. In einem halben Looping knallten wir um 180 Grad in den Rückenflug. Voll den Knüppel durchgedrückt, jagten wir über den Wassergraben. All dies geschah so rasch, daß die Hubschrauber über uns nicht einmal merkten, daß sie uns nicht mehr auf den Fersen waren. Diesmal nahm Kern die Innenseite der Kanalmauer und legte dabei das Flugzeug in die Kurve. Mein Gott, nimm dich bei diesem Tempo bloß vor einem Strömungsabriß in acht, dachte ich. Aber der Gefahr war Kern sich auch bewußt, und er gab noch mehr Gas. Er trat heftig ins Außenruder, um sicherzustellen, daß noch Strömung anlag. Das alles vollbrachte er mit einem einzigen, graziösen Steuerungsmanöver, bei dem eine Bewegung fließend in die nächste überging, so daß ich gar nicht auseinanderhalten konnte, was eigentlich genau mit dem Flugzeug passierte. Es ist kaum zu beschreiben, wie gut Kern für einen so jungen Piloten an diesem Morgen flog. Er war mein Vater und Big Eddie Mahler in einer Person und gab sämtlichen Fluglehrern und alten Haudegen auf unserer Piste daheim in diesem Moment alles zurück, was sie im Laufe der Jahre in ihn investiert hatten. Zisch, riß er sich aus der Kurve. Rumms, trat er abwechselnd in die Seitenruder, um abzubremsen. Peng, nahm er Gas weg und gab dann volles Seiten- und Querruder, um im Seitwärts-Slip zu bleiben. Gleichzeitig betätigte er links im Cockpit den Steuerknüppel so, daß er uns in der Horizontalen hielt und die Cub sich im Gleitflug verausgabte, damit sie beim Anflug auf die Piste keinen Antrieb mehr hatte. So schlitterten wir über den Kanal. Von unserem Looping bis zum Langsamflug hier unten war das Flugzeug innerhalb von dreißig Sekunden oder weniger in jede Stellung gebracht und mit jeder erdenklichen Geschwindigkeit beansprucht worden. Quietsch, pflanzte Kern die Räder auf die ersten zehn Fuß der Landebahn. Aber jetzt hielt ihn nichts mehr, denn die Helikopter hatten uns nun entdeckt und flogen auf uns zu. Erneut Gas gebend, raste er mit erhobenem Heck bis zum Ende der Bahn, drehte auf einem Rad und jagte mit der auf ihrem Fahrwerk hochgereckten Cub direkt auf die Menge zu. Knapp zwanzig Meter vor ihr griff er nach den Magnetzündern, brach die Treibstoffzufuhr ab, womit der Motor abgestellt war, und trat auf die rechte Bremse, so daß wir uns mit noch klickendem Propeller und von den Rädern hochspritzenden Erdbrocken vor den Leuten im Kreis drehten. Kern konnte wirklich fliegen, wenn es sein mußte; er verschaffte uns einen stilvollen Auftritt.

Die Menge jubelte. Ganz vorn stand eine Gruppe Piloten aus dem Flugkurs von San Juan Capistrano, die mit Vergnügen beobachtet hatten, wie Kern die schmale, kurze Piste bewältigte. Der Flugschuldirektor, der zugleich Flugplatzverwalter war, kam als erster auf uns zu und schüttelte uns die Hände. Onkel Jimmy drängte sich, den Arm um Tante Joan gelegt, durch die Menge. Groß und von der Sonne gebräunt, wie er war, mit jenem breiten, freundlichen Lächeln, an das ich mich gut erinnerte, trug er ein weißes, ihm über die Taille hängendes Hemd im mexikanischen Stil und auffällige, schwarze Hightops, sehr »kalifornisch«, fand ich. Tante Joan hatte sich mit weißem Rock und weißer Bluse in Schale geworfen. Meine Cousins Kevin, Tom und Kelly folgten mit einigen Freunden von Jimmy und Joan aus Orange County. Es war offenkundig, daß sie keine Ahnung hatten, wie es auf kleinen Flugplätzen zuging, denn sie waren reichlich mit Modeschmuck behängt und in ihren Golfhosen und dergleichen eher für den Country Club gekleidet. Die Presseleute fingen an, uns Fragen zuzurufen, und die Fotografen schossen jede Menge Bilder. Sowie ich die Tür geöffnet hatte, umschlang Jimmy uns mit seinen langen Armen, und Tante Joan gab Kern einen Kuß, wobei sich ihre Armbänder und Ringe in seinem Haar verhedderten.

»Oh, Kern!« sagte sie. »Du siehst so gut aus und bist so braun! Schau dich bloß an!«

Das war das Großartige an Tante Joan. Sie behandelte Kern, als ob er Cary Grant wäre.

»Wirklich prima, Kern. Ganz prima«, sagte Onkel Jimmy. »Da hast du ja eine Landung hingelegt! Wenn ich das deinem Dad erzähle!«

»Onkel Jimmy, wage ja nicht, meinem Vater von dieser Landung zu erzählen.«

»In Ordnung, Kern, in Ordnung. Ich erzähle deinem Vater *nichts* von der Landung.«

Die Menschenmenge kam auf uns zugeschwappt. Die Leute stocherten in der Verkleidung des Flugzeugs herum und langten ins Innere, um uns und den Gashebel und den Steuer-knüppel anzufassen, eigentlich alles, was sie in die Finger krie-gen konnten, und ich genoß die ganze Aufregung, die Emo-tionen und die Fröhlichkeit, die von ihnen auf uns übersprang. Es war der erste Augenblick, in dem ich das Gefühl hatte, daß an unserer Reise etwas Bemerkenswertes war. Und doch war meine Freude über diesen Empfang seltsam distanziert, als ob all die Begeisterung jemand anderem galt. Jeder hier war fas-ziniert von unserem Flug, von der Vorstellung, wie es wohl ge-wesen sein mochte, den Kontinent mit einer Piper Cub zu überqueren. Aber ich war erschöpft, müde vom Fliegen, und entsann mich nur noch an fünf Tage unaufhörlicher Turbu-lenzen und ganz verschwommen an das Geholper durch einen Gebirgspaß. Ich war überwältigt von dem ganzen Spektakel, von der merkwürdigen Logik dessen, was Menschen in Be-geisterung versetzt. Kern und ich waren Außenseiter, Flug-zeugbesessene, die Söhne eines exzentrischen, einbeinigen ehemaligen Vagabunden der Lüfte. An einem Samstag waren wir aufgebrochen und nach Westen auf die Berge zugeflogen, und am Samstag darauf stießen wir auf den nächsten Ozean, und damit hatten wir unsere ganz persönliche Schnapsidee verwirklicht. Doch so sah es außer uns niemand. Dies war Amerika, wo alles übertrieben und aufgebauscht werden mußte. Was wir getan hatten, war auf einmal patriotisch. Wir waren prima Amerikaner. Ich konnte im Hintergrund prak-tisch die Nationalhymne erklingen hören. Aber das hatte nichts mit uns zu tun. Das legten die anderen in unseren Flug. Trotzdem schätzte ich, ich könnte die Situation ebensogut auskosten und unsere Viertelstunde Ruhm genießen. Die Re-porter begannen nun, uns alle gleichzeitig ihre Fragen zuzu-rufen, sich anzurempeln und zu streiten, wer uns als erster in-terviewen durfte, und die Lage normalisierte sich wieder. Immer noch bedrängten uns Leute und baten uns um Auto-gramme. Bevor ich noch ausgestiegen war, hatte ich schon ein

Dutzend Unterschriften auf Postkarten und Papierfetzen gesetzt, die uns ins Cockpit gehalten wurden. Ein kleiner Frechdachs suchte sogar mit zwei von unseren Navigationskarten das Weite.

Die Fernseh-Hubschrauber kamen angerasselt, und danach war alles nur noch Medienrummel. Mein Vater hatte Jimmy gebeten, die Presseberichterstattung zu »überwachen«, aber das schaffte er nicht, da er nicht so ein aggressiver Nachrichtenverkäufer und effizienter Gastgeber war wie sein älterer Bruder. Die Fernsehproduzenten waren wütend auf ihn, weil er zuließ, daß ein konkurrierender Pressemann uns als erster interviewte. Einer der Reporter war dahintergekommen, daß Kern sich, als er 1963 auf Besuch in Kalifornien war, mit einem Mädchen aus Jimmys Nachbarschaft getroffen hatte. Es war nicht gerade eine feurige Romanze gewesen. Sie und Kern hatten im Keller Tischtennis gespielt und in Disneyland Händchen gehalten. Aber irgend jemand – Kern schwört, es war Tante Joan, Tante Joan sagt, es sei Kern gewesen – platzte mit ihrem Namen heraus, Carol Brantley.

Es war heiß auf dem Asphalt, und alle gerieten jetzt völlig aus dem Häuschen und zerrten die arme kleine Carol, das sprichwörtliche Mädchen von nebenan, in den Medienrummel hinein. Was Jimmy betraf, war unser Abenteuer, der Flug von Küste zu Küste, damit von einem Liebesbazillus infiziert. Wir wußten alle, daß die Zeitungen Carol Brantleys Namen drucken würden, was Kern dazu verpflichtete, sie anzurufen und sich mit ihr zu verabreden. Aber Carol wiederzusehen, hatte Kern auf dieser Kalifornienreise nie geplant; er war selbst überrascht, wie ihr Name aus heiterem Himmel ins Spiel gekommen war.

Und der Wassersack, der verflixte Wassersack war einfach nicht totzukriegen. Die ganze Woche über hatte mein Vater Jimmy telefonisch mit dem Wassersack unterhalten und Jimmy seinerseits wieder Tante Joan. Heute morgen hatte

Tante Joan in ihrem Cadillac auf dem Weg zum Flugplatz ihren Freunden aus Orange County von dem Wassersack erzählt. Es gab jetzt also eine Art Wassersack-Klüngel von Leuten, die Bescheid wußten, die »nah dran« waren, Eingeweihte in Sachen Wassersack.

Tante Joan und ihre Freunde beschlossen also, zur Cub herüberzukommen und sich den Wassersack anzugucken. In all der Aufregung versagte jedoch Tante Joans innerer Kompaß, und sie rutschte aus und fiel gegen die Cub, direkt auf die öligste Stelle. Damit hatte sich der Abdruck des Fahrwerks einer Piper Cub in schwerem Öl unauslöschlich auf ihr weißes Hinterteil geprägt. Den Wassersack hatte sie völlig vergessen.

»Jim! Mein Rock!« jammerte Tante Joan quer über die Bahn. »Er ist ruiniert!«

»Joan, beruhige dich«, sagte Onkel Jimmy. »Ich versuche mit den Reportern hier fertig zu werden.«

»Aber mein Rock, Jim! Er ist ruiniert!«

»Kauf dir einfach einen neuen, Liebes«, meinte Jimmy. »Du hast ein Kleidergeschäft. Herrgott noch mal, du hast *fünf* Kleidergeschäfte.«

Ich fühlte mich ganz elend – nicht wegen des Rocks, sondern wegen Jimmy und Joan. Ihre Beziehung war in unserer Familie für ihre Wärme geradezu berühmt. Bei Familientreffen saßen sämtliche Tanten immer da und redeten darüber, wie schwer es war, mit einem Buck verheiratet zu sein. Tante Joan jedoch drüben in Kalifornien sei fein raus, da waren sie sich einig. Jimmy war ein echter Schatz, und er und Joan wechselten nie ein unfreundliches Wort. Und jetzt, eben nachdem wir gelandet waren, stritten sie sich zum erstenmal seit Jahren.

»Meine Güte, Rink«, sagte Kern. »Sieh dir Tante Joans Rock an. Ich wußte doch, daß wir das Fahrwerk in Yuma hätten saubermachen sollen.«

»Ja. Das ist vielleicht ein Affenstall hier. Laß uns abhauen.«

Es war eine Erleichterung, als die letzten Helikopter endlich abhoben. Wir vereinbarten, die Cub für die nächsten zwei
Wochen auf dem Flugplatz zu verankern, und quetschten uns
in die beiden Cadillacs von Jimmy und Joan. Ich fuhr im ersten Caddie mit Onkel Jimmy und meinen Cousins, und Kern
folgte mit Tante Joan entlang der sich dahinschlängelnden
Canyonstraße.

Als wir auf den San Diego Freeway einbogen, erkundigte
Onkel Jimmy sich nach dem Wassersack. Er hatte auf dem
Fahrwerk nichts davon bemerkt. Ich machte mir keine Sor-
gen. Kern hatte mir immer erzählt, daß man mit Onkel Jim
offen reden könnte, wie mit den »coolen« Patern an unserer
Schule oder unseren älteren Cousins. Er setzte einem nicht so
zu wie mein Vater. Und er hatte schon gesagt, ich solle ihn
Jimmy nennen.

»Jimmy«, sagte ich, »kann ich dir was erzählen?«

Jimmy hat eine ganz bestimmte Art zu reden. Ihm platzen
die Worte aus dem Mund, eins nach dem anderen.

»Er ist Blödsinn, stimmt's? Der Wassersack ist *Quatsch.*
Ich *wußte* es. Ich *wußte* es einfach. Ihr habt schon so einen
Vater.«

»Totaler Quatsch, Jimmy«, sagte ich. »Wir haben noch
nicht mal nach dem Ding gesucht.«

Jimmy gröhlte vor Lachen. Er vergötterte meinen Vater. Als
Kinder hatten sie in einem Zimmer geschlafen, und er war
meinem Vater heute noch dankbar dafür, daß er während der
Depression eingesprungen war und geholfen hatte, die Familie zu unterstützen. Aber er wußte ziemlich gut über seinen
älteren Bruder Bescheid und betrachtete ihn mit Humor. Es
freute ihn, daß das hochtrabende Gerede meines Vaters nicht
ernst genommen wurde.

»Wirklich prima«, sagte Jimmy, immer noch lachend. »Der
Wassersack ist ein Schwindel. Aber hör mal, sag Tante Joan
nichts davon. Ihre Freunde waren so versessen auf den

Wassersack, und ich will nicht, daß sie jetzt alle enttäuscht sind.«

Was mir auf dem Freeway als erstes auffiel, war der Verkehr. Die Beschäftigung mit dem Automobil war in Südkalifornien offenbar eine sehr ernste Angelegenheit. Jedes Fahrzeug auf der ein Dutzend Spuren breiten Fahrbahn glänzte frisch poliert und sah aus, als würde es von seinen Insassen getragen wie ein Kleidungs- oder Schmuckstück. Makellos gebräunte und frisierte Männer in langnasigen XKEs glitten mit achtzig Meilen pro Stunde vorüber. In gelben Jeeps saßen Surfer und jede Menge hübscher Mädchen. Selbst Biker und Polizisten wirkten hier so sauber und adrett, als wären sie verkleidet und unterwegs zu einem Kostümfest.

Das Auto schien das ein und alles der Kalifornier zu sein. Bei Anaheim bogen wir vom Freeway ab in Richtung Tustin, wo Jimmy wohnte, und fuhren sonnige Alleen entlang, die von Palmen, Blumenteppichen und auf mediterran getrimmten Fassaden gesäumt waren. Während die Männer im Schatten ihre Coupés polierten, mähten ihre Frauen und Töchter den Rasen.

Wir waren kaum im Haus angekommen, das Tante Joan in Beige- und Erdtönen, mit vielen Naturtextilien und afrikanischen und mexikanischen Masken geschmackvoll eingerichtet hatte, als Jimmy uns auch schon in die Garage rief. In Kalifornien mußte sofort nach Ankunft des Gastes der Bezug zum Auto hergestellt werden.

»Jungs«, sagte Jimmy, während er uns in seine makellose Doppelgarage führte, »was zuerst kommt, kommt zuerst. Hier ist euer fahrbarer Untersatz.«

Neben dem Einstellplatz von Tante Joans Cadillac stand ein Ford-Falcon-Combi, ihr »Reservewagen«. Er war zwar einige Jahre alt, doch der rote Lack glänzte wie neu.

»Ihr könnt das Auto benutzen«, sagte Onkel Jimmy, »solange ihr hier seid. Es ist mir egal, was ihr damit anstellt, wann ihr abends nach Hause kommt. Ihr könnt tun, was ihr wollt, basta. Ihr seid erwachsene, reife Jungs – Teufel noch mal, ihr habt gerade ein Flugzeug hierhergeflogen! Bringt mich bloß nicht in Schwierigkeiten mit eurem Vater. Tante Joan liebt euch sowieso und will nur, daß ihr viel Spaß habt.«

Meine Güte. Ich hatte immer gedacht, daß mein naiver Bruder übertrieb, wenn er Kalifornien so pries. Aber Jimmy schien wirklich zu meinen, was er sagte. Es war ein echtes Paradies hier.

Kern und ich gewöhnten uns an, die meisten Abende in Tustin jeweils zu zweit mit Onkel Jimmy beziehungsweise Tante Joan zu verbringen. In den Wohngegenden Kaliforniens schien immer was los zu sein, und meine Cousins, die jünger waren als wir, sausten ständig in der Gegend herum, fuhren Go-Cart mit ihren Freunden oder halfen dem Nachbarn, eins seiner Autos neu zu lackieren. Tante Joan, die eine wunderbare Köchin war und in der Küche gern Gesellschaft hatte, saß drinnen mit Kern am Tisch, und beide schnippelten Gemüse für ein Abendessen im mexikanischen Stil und unterhielten sich. Sie hatte immer allen erzählt, daß Toms »reizender Kern« ihr Lieblingsneffe sei. Sie freute sich, daß er im Herbst aufs College gehen würde, und wollte wissen, was sich seit seinem Besuch vor drei Jahren alles getan hatte, mit wem er ausgegangen war. Kern war ihr besonderer Schützling; sie wollte unbedingt, daß er Erfolg hatte und wußte auch genau, wie das zu bewerkstelligen war. Durch Verabredungen mit Mädchen. Kern, so glaubte Tante Joan, brauchte jede Menge Mädchenbekanntschaften.

Ich saß derweilen mit Onkel Jim draußen im Garten. Mein Gott, wie mir Kalifornien und dieser Garten gefielen! Zu Hause in New Jersey war mein Vater zu Ostern stets darauf bedacht, meiner Mutter ein paar Papageiblumen und die rosa Orchideen zu schenken, die ihr so gut gefielen. Die verdammten Dinger kosteten ungefähr 15 Dollar pro Blütenblatt, denn an der Ostküste galten diese Pflanzen als selten. Hinter Jimmys Haus hingegen wuchsen mindestens ein Dutzend Papageiblumenstauden, so dicht wie der wuchernde Flieder bei uns daheim, und Orchideen gab es hier fast umsonst. Um den Patio herum standen in adrett manikürten Beeten alle möglichen Mimosenbäume und Bonsais, blühende Gingkos und so weiter, dazwischen ein grüner Grasteppich, so üppig, daß ein Baby von der Schaukel hätte fallen können, ohne sich weh zu tun. Der Duft all dieser Pflanzen war überirdisch, und immer wehte von den Santa Ana Mountains her eine leichte Brise.

Ich war nie viel mit Jimmy zusammengewesen und empfand es als eine Erleichterung, meine Abende mit jemandem aus der Familie zu vertrödeln, der mir so ähnlich, aber auch so normal war. Wir hatten dieselben Interessen – Politik und Geschichte – und lasen beide viel, und Jimmy fühlte sich als einziger Anhänger der Demokraten im Umkreis von Meilen in Orange County intellektuell oft isoliert. Wir kriegten nie genug vom Reden. Jimmy erzählte grandios und ausschweifend, und er erinnerte mich sehr an meinen Vater, nur daß er weniger Wert darauf legte, recht zu behalten, und zufriedener mit sich selbst zu sein schien.

Jimmy hatte nichts dagegen, wenn ich ab und zu ein Bier trank. Ich trank sogar so manches Bier draußen im Garten. Da wir aber wußten, daß es Kern womöglich störte, holte Jimmy die Biere heimlich für mich aus dem Kühlschrank und goß sie in ein Glas mit großem 7-Up-Aufdruck. Wenn Kern und Tante Joan dann aus der Küche zu uns hinausschauten, dachten sie, ich tränke 7-Up.

Hier drüben fühlten wir uns neu und anders. Es lag nicht nur an Jimmys Sinn für Vergnügen oder dem Fehlen von Vorschriften. Er und Tante Joan liebten uns bedingungslos und scherten sich den Teufel um die großen Ambitionen, die mein Vater für uns hatte. Tante Joan nahm Kern in die Einkaufszentren mit, kaufte ihm Sachen zum Anziehen und sagte ihm, wie fabelhaft er in dieser oder jener Kluft aussehe. Onkel Jimmy freute sich mit mir, als ich eines Abends vom Strand kam und ihm berichtete, daß ich es endlich geschafft hatte, auf einem Surfbrett zu stehen. In Kalifornien konnte man einfach in den Tag hineinleben, und keiner schien sich Sorgen über die Zukunft zu machen. Alles war prima, wirklich prima, wie Jimmy immer sagte, und jeder mochte Kern und mich so, wie wir waren.

Ein paar Tage nach unserer Ankunft in Kalifornien kam Onkel Jimmy eines Abends von seiner Arbeit bei einer Versicherungsgesellschaft nach Hause und erzählte uns, er hätte heute einen interessanten Anruf erhalten. Ein würdevoll klingender Herr namens Harold Buck hatte in der *Los Angeles Times* über uns gelesen und Jimmy ausfindig gemacht, um ihn zu fragen, ob wir vielleicht mit ihm verwandt seien. Das waren wir nicht, aber Harold Buck galt in Südkalifornien offensichtlich als große Nummer. Er war ein ehemaliger enger Mitarbeiter des einsiedlerischen Milliardärs Howard Hughes und jetzt seit vielen Jahren als Direktor von dessen Werkzeugmaschinenfabrik im Ruhestand. Er wollte seine neuerdings berühmten Namensvettern unbedingt kennenlernen.

Jimmy hatte sich zurückgehalten. Er wollte uns nicht noch einen Besucher aufdrängen, war aber auch zu höflich, um Harold Buck einfach abblitzen zu lassen.

»Jungs«, sagte er. »Mr. Buck hört sich sehr alt an. Und sehr allein. Könntet ihr euch nicht mit ihm treffen, mir zuliebe?«

»Wirklich prima«, meinte Kern.

Am nächsten Abend erschien Harold Buck bei uns in der Einfahrt und ließ die Hupe seines Cadillacs ertönen. Er fühle sich gerade nicht so beweglich und hätte es lieber, wenn wir zu ihm ins Auto kämen. Er war ein bleicher, weißhaariger Mann mit Hörgerät und altmodischen Manieren. Wir saßen eine Stunde bei ihm im Wagen und lauschten seinem langen, einsamen Monolog.

Er freute sich so sehr, uns kennenzulernen. Wir erinnerten ihn an seine eigene Jugend, als er von der Ostküste aus Kalifornien erobert hatte. In den zwanziger Jahren war er in der Werkzeugmaschinenbranche schnell nach oben gekommen und dann Howard Hughes begegnet. Mr. Hughes war selbst auch ein recht begabter Pilot, wußten wir das? Mr. Buck hätte uns gern das Hughes-Werk gezeigt. Er könne uns sogar, meinte er in gedämpftem Ton, Zutritt zu dem Hangar in Long Beach verschaffen, wo das größte Flugzeug der Welt stehe, Howard Hughes' unbrauchbares Großflugboot, die Spruce Goose. Kern spielte auf Zeit, indem er die Ausrede erfand, wir müßten an unserer eigenen Maschine etwas reparieren. Ich war müde vom Surfen und schlief auf dem Rücksitz ein.

Es war unser bizarrstes Erlebnis in Kalifornien. Harold Buck tauchte noch ein paarmal auf, meistens unangemeldet. Wenn er sich besonders unbeweglich fühlte, fuhr ihn ein Chauffeur. Dann saßen wir draußen in seinem klimatisierten Cadillac, tranken von Harold spendierte Colas und hörten zu, wie der reiche alte Mann drauflosplapperte. Er versuchte ständig, uns für seine verschiedenen Besitztümer zu interessieren. Zum Beispiel gehörte ihm eine Avocado-Farm irgendwo in den Bergen, die wir doch mal besichtigen sollten. Höflich lehnte Kern immer wieder ab.

»Oh, Kernahan, bitte, du brauchst dich nicht zu entschuldigen«, sagte Harold. »Natürlich seid ihr im Moment sehr beschäftigt. Aber kann ich euch nicht zumindest ein paar Avocados mitbringen, als Geschenk? Ihr könnt sie mitnehmen und auf dem Rückflug essen.«

»Ja, prima, Harold«, sagte Kern. »Wirklich prima. Die hätten wir sehr gern.«

Es war also abgemacht. Für den Rückflug würde Harold uns Avocados mitgeben.

20

Am Ende unserer ersten, seligen Woche in Kalifornien faßte mein Vater den impulsiven Entschluß, sich über Nacht in eine Linienmaschine nach Los Angeles zu setzen und uns zu besuchen. Das bedeutete wieder mal eine Prüfung für Kern und mich. Ich war sofort deprimiert und wütend darüber, denn für mich war die Entscheidung meines Vaters gedankenlos und egoistisch, ein Beweis, daß er uns einfach nicht in Ruhe lassen und zu Hause bleiben konnte. Kern nahm es viel gelassener.

»Rink, stell dir vor«, sagte er, als er kurz nach unserer Rückkehr aus Newport Beach am Freitag abend in unser Zimmer platzte. »Daddy kommt! Er sitzt schon im Flugzeug. Onkel Jimmy hat es mir gerade erzählt.«

So war es nie geplant gewesen, und nun hatte mein Vater einfach angerufen, bevor er in New York in den Flieger gestiegen war. In seinem Verkaufsbüro in Los Angeles herrsche ein »Riesendurcheinander«, hatte er Onkel Jim erzählt, und plötzlich war seine Anwesenheit vonnöten, um die Angelegenheit zu ordnen. Das war der älteste Trick im Zeitschriftengewerbe. Mein Vater hatte in seiner Karriere einen heiklen Punkt erreicht. Er war bei *Look* mittlerweile stellvertretender Herausgeber, in einer klassischen Warteposition also, in der talentierte Manager oft jahrelang darauf warten mußten, daß der Herausgeber endlich abtrat. Mein Vater bekam allmählich das Gefühl, er würde nie zum Herausgeber ernannt werden, doch das machte ihm keine Sorgen. Seine Auflagenzahlen waren gut, und er war besonders geschickt darin, die unzähligen Krisen zu bewältigen, die das Verlagsgeschäft jede Woche heimsuchten, so daß das Magazin ihn nicht verlieren wollte. Er hatte ein großes Eckbüro in New York, jede Menge Sekretärinnen und ein unbegrenztes Spesenbudget. In Los

Angeles gab es ständig irgendein »Riesendurcheinander« – mein Vater machte seit Jahren Witze darüber. Immer wenn ihm sein Büro zu langweilig wurde oder er einfach das Bedürfnis hatte, in einem gemieteten Lincoln Continental einen sonnigen Freeway entlangzubrettern, ließ er seine Sekretärinnen einen Flug »an die Küste« buchen. Sobald er dann aus dem Flugzeug gestiegen war, tat er alles, was er konnte, damit das »Riesendurcheinander« auch eines blieb. Auf diese Weise konnte er im nächsten Monat wiederkommen, seinen Bruder Jim besuchen und mit seinen Kumpels aus den Filmstudios von Hollywood rumhängen.

»Was für ein Zufall!« hatte er zu Jimmy gesagt. »Dann kann ich ja die Jungs sehen.«

Seine Maschine würde morgen ganz zeitig landen, und wir sollten einen frühen Bus zum Flugplatz von Los Angeles nehmen und ihn abholen.

Mein Ärger war verflogen, sobald ich meinen Vater am Terminal die Rolltreppe herunterhüpfen sah. Er wirkte ungeheuer fit und weltmännisch. Gebräunt und mit seinen Ray-Bans auf der Nase, trug er ein rosa Polohemd und eins jener wunderschönen sommerlichen Tweedjacketts, die der beste Schneider von Dublin für ihn anfertigte. Kern freute sich über seinen Anblick und lief zum Fuß der Rolltreppe, und ich selbst freute mich sowieso immer, wenn ich die beiden zusammen sah. Kern und mein Vater liebten sich so sehr.

Mein Vater hopste in der ihm eigenen Art von der Rolltreppe und umarmte uns.

»Mein Gott, Jungs, wie schön, euch zu sehen! Ihr habt es wirklich geschafft. Von Küste zu Küste in einer Piper Cub. In New York sind alle ganz aus dem Häuschen deswegen. Ich bin so verdammt stolz auf euch, daß ich schreien könnte.«

»Ja«, sagte Kern strahlend. »Aber, Dad, über eines mache ich mir doch Gedanken.«

»Worüber denn?«

»Na ja, Dad, es war gar nicht schwer. Wir sind einfach nur jeden Morgen in die Cub gestiegen und den ganzen Tag geflogen, und jetzt sind wir hier. Was ist daran so Besonderes?«

Mein Vater guckte, als hätte er fürchterliche Verdauungsprobleme.

»Meine Güte, Kern, sag doch so was nicht! Wenn dich ein Reporter fragt, erzählst du ihm, es sei *sehr schwierig* gewesen.«

Die Aktenmappe meines Vaters quoll über von Artikeln über uns, die er aus New Yorker Zeitungen ausgeschnitten hatte, und Kern präsentierte ihm ebenfalls einen Stapel aus L.A. Zu dritt standen wir am Fuß der Rolltreppe, blätterten sie durch und lachten darüber, wie die Zeitungen in der einen Stadt von denen in der anderen abgeschrieben hatten, und über den ganzen Kennedy-Quatsch, durch den es klang, als hätten Kern und ich bei unserem Flug über die Rockies John Fitzgerald Kennedys Rede zur Amtseinführung rezitiert.

Nach unserer Landung in Kalifornien hatte Associated Press beim Luftfahrtbüro der FAA Erkundigungen eingezogen und daraus geschlossen, daß wir »die jüngsten bisher erfaßten Piloten, die Amerika je von Küste zu Küste überflogen hatten«, waren. Uns schien das eine sinnlose Auszeichnung zu sein. Vielleicht war ja doch schon früher jemand jüngerer als wir von Küste zu Küste geflogen, und auf jeden Fall hatten wir nicht vorgehabt, einen Rekord zu brechen, als wir aufgebrochen waren. Aber offensichtlich brauchte die Presse die Vorstellung, daß ein Rekord gebrochen worden war. Das war für sie der Knackpunkt, ein Aufhänger für die Leser, mit dem sie begründen konnte, was der ganze Rummel eigentlich sollte. (In Wahrheit war der »Rekord« ein Schwindel. Jahre später stieß ich auf das Buch eines gewissen Robert N. Buck, nicht verwandt mit uns, aber ein bekannter TWA-Pilot, der über Themen schrieb, die das Fliegen betrafen. Robert Buck war in den dreißiger Jahren im Alter von sechzehn von Küste zu Küste geflogen und hatte dabei sogar einen Geschwindigkeitsrekord aufgestellt. Na und, zumindest war er ein *Buck!)* Kern und ich kapierten das Ganze nicht.

»Hey, Dad«, sagte Kern. »»Die jüngsten Piloten, die Amerika je von Küste zu Küste überflogen haben?‹ Meinst du nicht, daß das vielleicht Blödsinn ist?«

»Ach, laß doch, Kern«, sagte mein Vater. »Das mußt du locker sehen. Im Grunde ist doch alles Blödsinn! Wen kümmert's? So steht es eben in den Zeitungen, also stimmt es. Nutz es aus! Gewöhn dich dran. Meine Güte, Junge, du bist berühmt!«

Alles ging glatt, bis wir auf den Freeway kamen und mein Vater in seinem gemieteten Lincoln nordwärts nach Los Angeles abbog statt nach Süden zu Onkel Jim. Alle guten Männerbekleidungsgeschäfte, so erklärte er uns, seien in Beverly Hills in der Nähe des Wilshire Boulevard. Er wollte uns ausstaffieren – neue Hosen und Sommerjacketts, Schuhe, Hemden und Schlipse. Es war ein Ritual für ihn, das ihm Spaß machte, uns für jedes Stadium unserer »Karriere« als Heranwachsende neue Hosen oder lederne Bomberjacken zu kaufen. Seine Kollegen und Kumpels in Los Angeles waren alle ganz wild darauf, uns kennenzulernen, und er wollte, daß wir flott aussähen, wenn er uns durch die Stadt kutschierte.

Kern und ich rebellierten beide, und mein Vater war von der Heftigkeit unserer Reaktion überrascht. Irgend etwas hatte uns zwischen New York und Los Angeles überkommen. Nein, nein, nein, sagte ich, ich wollte keinen wunderschönen Samstagmorgen damit verschwenden, Klamotten einzukaufen. Kern unterstützte mich. Tante Joan hatte ihm gerade erst ein Paar weiße Hosen gekauft. Die waren gut genug. Außerdem, wo sollten wir hin mit dem ganzen Zeug? Im Gepäckfach der Cub war nicht genug Platz, um es mitzunehmen.

Mein Vater ärgerte sich, versuchte aber, aus der für ihn enttäuschenden Situation das Beste zu machen.

»In Ordnung. Gut. Ihr braucht keine neuen Sachen«, sagte er. »Wie steht's mit Mittagessen? Ich lade euch zum Essen ins Beverly Wilshire ein. Wartet nur, bis ihr das Beverly Wilshire seht!«

»Dad« sagte ich, »es ist zehn Uhr morgens.«

Zufällig hatte ich mittags eine Verabredung zum Surfen in Orange County. Kern wollte mit Carol Brantley zu einer Strandparty.

»Na prima, Jungs, einfach prima«, meinte mein Vater. »Rinker geht surfen. Kern will zu einer Strandparty. Ich bin den ganzen Weg hierhergekommen, um euch zu sehen, und jetzt kann ich im Garten sitzen und mit Onkel Jimmy und Tante Joan Däumchen drehen.«

Der Rest seines Besuchs verlief ähnlich – ein einwöchiges Mißverständnis.

Als wir in das Haus in Tustin kamen, fielen meinem Vater am Pinnbrett in der Küche einige telefonische Nachrichten für Kern auf. »Kern, ruf Hildegard Richter an.« Hildegard Richter – so hieß sie wirklich – war uns schon die ganze Woche besonders auf den Geist gegangen. Sie schrieb die Klatschspalte in einer Wochenzeitung bei uns zu Hause und war, was für ein Zufall, gerade bei Freunden in San Diego County zu Besuch, als wir hier landeten. Tagelang hatte sie uns wegen eines Interviews genervt und sogar meinen Vater in New Jersey angerufen, um ihn um Hilfe zu bitten. Unterstützt von Onkel Jimmy und Tante Joan, erfand Kern ein Dutzend Ausreden, um sie abzuwimmeln. Als Hildegard einfach nicht aufgeben wollte, hatte Kern schließlich eingewilligt, am Samstag, also heute, zu ihr hinunterzufahren. Aber dann rief Carol Brantley wegen der Strandparty an, und ich wurde zum Surfen eingeladen. Und mein Vater hatte sich kurzfristig angekündigt. Es war klar, daß Hildegard aus unserem Programm gestrichen werden mußte, doch wir hatten beide bisher keine Lust gehabt, diese fürchterliche Frau anzurufen.

»Hey, Kern«, hatte ich deshalb morgens gesagt, als wir in den Bus nach L. A. gestiegen waren. »Scheiß auf Hildegard. Versetzen wir sie einfach.«

»Ja. Okay, Rink. Es ist zwar nicht die feine Art, aber wir tun es einfach.«

Mein Vater war wütend darüber. Bei Onkel Jimmy angekommen, griff er sofort zum Telefon, rief Hildegard an und entschuldigte sich dafür, daß wir uns verspäten würden. Dann verfrachtete er uns wieder in den Lincoln, um sich auf den langen Weg nach San Diego zu machen.

Es war ein heißer, vom Smog stickiger und daher für eine Fahrt auf dem Freeway ungünstiger Tag, so daß der Trip die reinste Hölle wurde. Das Haus, in dem Hildegard wohnte, lag hoch oben auf den Hügeln, und wir verfuhren uns. Irgendwann mußten wir sogar nach dem Weg fragen. Als wir Hildegard endlich aufgespürt hatten, empfing sie uns an der Tür in einem leuchtend orangeroten Overall, den sie wohl für »sehr kalifornisch« hielt. Sie war mittleren Alters und recht mollig. Für mich sah sie aus wie Winston Churchill als Transvestit.

Hildegard führte uns zu den Liegestühlen im Patio-Garten und servierte uns Sprudel und ein nach Aprikosen schmeckendes Gebäck, das bestimmt kein Mensch auf der Welt gern essen würde. Mein Vater saß bei uns und trug alle paar Minuten damit zum Gespräch bei, daß er Hildegard mit dem Wassersack vollquasselte. Der Garten war ebenfalls sehr kalifornisch, nämlich bis zum Zaun mit Blumen vollgestopft, die betäubend dufteten. Mitten in der Beantwortung einer von Hildegards total bescheuerten Fragen schlief ich fest ein.

Auf dem Rückweg kritisierte mich mein Vater gnadenlos.

»Verdammt noch mal, Rinker! Warum wirst du nicht endlich erwachsen und machst anständig mit? Ich weiß, daß Hildegard eine Nervensäge ist. Aber mit solchen Leuten mußt du auskommen, wenn du es zu was bringen willst. Das ist so typisch für dich, so destruktiv, mitten in einem Zeitungsinterview einzudösen.«

Und wahrscheinlich war es auch typisch für mich, daß mir in den nächsten drei Tagen elend zumute war, während mein Vater uns durch L. A. schleppte. Wir absolvierten das Büro von *Look* und die Filmstudios und aßen in den Luxusvillen seiner Freunde auf den Hügeln von Hollywood zu Abend. Auf Schritt und Tritt wurden Fotos von uns geschossen und Toasts auf uns ausgebracht, und wir langweilten uns zu Tode. Dazu war ich nicht nach Kalifornien geflogen. Ich sehnte mich danach, in 71-Hotel zu sitzen und mit Kern über die Wüsten zu streifen. Am Ende des dritten Tages merkte mein Vater, daß sogar Kern genug hatte. Mißmutig verabschiedeten wir uns voneinander, als er uns in den Bus zu Onkel Jim setzte. Samstag, wenn wir uns auf den Rückweg an die Ostküste machten, würden wir ihn in San Juan Capistrano wiedersehen.

Der Samstag kam, und es war Zeit für unseren Heimflug. In San Juan Capistrano wartete eine kleine Menschenansammlung auf uns, darunter einige Piloten von der hiesigen Piste, ein paar Neugierige aus der Stadt sowie Tante Joan und Onkel Jimmy. Hildegard Richter kam in einer Parfümwolke und einem weiteren ihrer gräßlichen kalifornischen Overalls angerauscht. Der Lincoln kreuzte auf, und mein Vater hüpfte heraus, lächelnd und lebhaft redend, als wäre in L. A. nichts zwischen uns vorgefallen.

»Hey, Jungs!« sagte er. »Dann wollen wir mal! Los geht's! Macht die Maschine startklar. Und wo ist der Wassersack? Alle wollen ihn sehen. Holt das Flugzeug und bringt den Wassersack her.«

Es war ein langer Weg bis zur Cub, und Kern war untröstlich. Vor zwei Wochen hatte er mich noch überschwenglich dafür gelobt, wie ich die Sache mit dem Wassersack gedeichselt hatte. Jetzt wußte er keinen Ausweg und warf mir vor, ich hätte zu gut gelogen. Er setzte sich auf das Rad der Cub und stützte sein Kinn auf die Hände.

»Scheiße«, sagte er. »Was machen wir bloß? Daddy wird explodieren.«

Es schmerzte mich, Kern in diesem Zustand zu sehen, und ich war wütend. Zum Teil auf mich selbst, weil ich so überzeugend gelogen hatte, aber am wütendsten war ich auf meinen Vater. Wir hatten nicht ahnen können, daß er nach L. A. kommen und den Wassersack sehen wollen würde. Hätten wir das gewußt, so hätten wir entweder einen aufgetrieben oder die Wahrheit gesagt. Die ganze Farce war meine Schuld, weil ich so ein perverses Vergnügen daran gefunden hatte, ihn zu hintergehen. Also würde ich die Verantwortung übernehmen und mich mit meinem Vater befassen müssen.

»Beruhige dich, Kern«, sagte ich. »Ich regle die Wassersack-Geschichte mit Dad.«

Von der Rampe her konnte mein Vater mittlerweile kein Anzeichen dafür erkennen, daß wir mit Flugzeug und Wassersack anrückten. Verärgert von unserem Zögern, kam er über die staubige Piste auf die Cub zugehopst. Ich ging ihm auf halbem Weg entgegen.

Ich entsinne mich dieser Konfrontation mit fotografischer Genauigkeit. Mein Vater trug ein knackigweißes Polohemd, blaue Köperhosen und ein neues Paar Schnürschuhe im englischen Stil, das er in einem Geschäft in Beverly Hills gekauft hatte. Wir trafen in der Mitte der Piste aufeinander, neben dem Heck einer braunen Stinson.

Alles quoll auf einmal in mir hoch. Ich spürte instinktiv, daß ich schnell und hart würde zuschlagen müssen. Ich konnte meinen Vater nicht schonen oder ihm bußfertig entgegentreten. Also holte ich tief Luft und eröffnete das Feuer.

»Dad, es ist kein Wassersack da. Wir haben nicht mal nach dem blöden Ding gesucht. Es gibt keinen Wassersack.«

»Ach, Scheiße, Rinky.«

»Ja, Scheiße. Du warst eine absolute Nervensäge, was den Wassersack angeht, wir haben keinen.«

»Scheiße.«

»Scheiße stimmt genau.«

»Keinen Wassersack?«

Er wußte nicht, ob er losschreien oder lachen sollte, und hatte ein kieksendes Erstaunen in der Stimme, als er *»Keinen Wassersack?«* sagte.

»Keinen Wassersack.«

»Meine Güte, Rinker. Da drüben warten alle darauf, diesen Wassersack zu sehen. Sie wollen den Wassersack sehen. Ist das wirklich dein Ernst? Kein Wassersack?«

»Dad, wir haben keinen Wassersack. Kapier es doch endlich. Keinen Wassersack. Es war blöde von dir, die Idee überhaupt aufzubringen. Es war blöde von dir, uns den ganzen Weg hierher damit zu nerven. Es ist immer noch blöde. Wir haben nicht mal nach einem Wassersack gesucht. Man braucht keinen Wassersack, um Amerika in einer Piper Cub zu überqueren. Das haben wir dir bewiesen.«

Mein Vater schaute vom Boden hoch, das Gesicht verzerrt vor Wut, doch er besaß stets eine wunderbare Fähigkeit. Er konnte unmittelbar von einer Empfindung zur nächsten umschalten, und wenn er im Unrecht war, scheute er sich nicht, es zuzugeben.

»Scheiße, Rinker. Ich fühle mich schrecklich. Es war doof von mir.«

Er angelte seine Pfeife aus der Tasche und nahm mehrere tiefe Züge, um sich zu beruhigen. Er bemühte sich sichtlich, über den Berg und in eine andere Stimmung zu kommen. Dann begannen seine Schultern zu zucken, und er lachte so heftig, daß er sich an das Heck des Flugzeugs hinter ihm lehnen mußte.

»Eigentlich müßte ich ja böse auf dich sein, Rinker. Bin ich aber nicht. Es tut mir leid. Die ganze Angelegenheit ist meine

Schuld. Ich sehe, daß du aufgebracht bist, und du hast auch ein Recht dazu. Offensichtlich brauchtet ihr keinen Wassersack.«

»Na ja, mir tut es auch leid. Ich hätte dich nicht anlügen sollen.«

»Nee, nee, nee. Du hast nicht gelogen. Du hast mich das glauben lassen, was ich glauben wollte. Und es war idiotisch von mir, daß ich es glauben wollte. Aber sag mal, wie steht Kern dazu? Wie sieht er es? Ist er auch sauer auf mich?«

»Kern geht's gut, Dad. Überlaß Kern ruhig mir.«

»In Ordnung. Aber ich möchte nicht, daß er sich aufregt.«

»Dad, er regt sich immer auf, wenn du solchen Druck auf ihn ausübst. Warum kannst du dich nicht einfach mal zurückhalten, ihn in Ruhe lassen?«

»Mein Gott, Rinker. Ich ärgere mich richtig über mich selbst deswegen. Ich nehme mir von jetzt an vor – Kern in Ruhe zu lassen. Jimmy hat mir auch schon die ganze Woche damit in den Ohren gelegen. Ich muß aufhören, Kern zu nerven.«

»Mich auch, Dad. Mich auch.«

»Dich? Was meinst du damit, dich auch?«

»Mich, Dad. Mich. Immer drehte sich alles um Kern. Kern, Kern, Kern. Was ist, wenn ich genervt bin? Du interessierst dich nur für Kern.«

»Ach, du liebe Güte«, seufzte mein Vater. »Woher sollte ich wissen, daß du das so empfindest?«

»Du hast mich nie gefragt.«

»Du hast nie was gesagt.«

»Du hast nie zugehört. Du interessierst dich nur für Kern.«

»Rinker, das stimmt nicht. Verdammt noch mal, das stimmt nicht! Um Kern habe ich mir *Sorgen* gemacht, das ist ja wohl was anderes. Um dich brauchte ich mir keine Sorgen zu machen. Du treibst Sport, du kriegst die besten Noten, und die Pater in der Schule wissen, daß sie sich manchmal in den

Arsch treten sollten, doch sie tun es nicht, weil sie dich zu sehr mögen. Scheiße, das bewundere ich. Aber Kern war nie so. Er war schüchtern. Er konnte nicht so mit Leuten umgehen wie du. Bis ich ihn in ein Flugzeug gesetzt habe, wußte ich nicht, was ich mit ihm anfangen sollte. Mutter hat sich Sorgen um ihn gemacht. Ich habe mir Sorgen um ihn gemacht. Ich stand ihm immer nahe und wußte, daß ich was unternehmen mußte. Daß bei dir alles glattgehen würde, stand für mich fest. Verstehst du das nicht? Das ist ein Kompliment, Junge.«

»Klar verstehe ich. Danke für das Kompliment.«

»Meine Güte. Was willst du damit sagen? Daß du dich vernachlässigt fühlst? Ausgeschlossen?«

»Nein, ich fühle mich nicht vernachlässigt! Ich fühle mich nicht ausgeschlossen«, sagte ich. »Ich meine, weißt du, naja, okay, klar, kann schon sein, daß ich mich vielleicht manchmal ausgeschlossen fühle. Egal, Dad. Aber wenn du dich aufregst, weil Kern genervt ist, mußt du dich auch aufregen, wenn ich genervt bin. Dad, ich habe mir den Arsch aufgerissen auf dieser Reise. Ich habe das für Kern durchgezogen. Aber ich habe keine Lust, ständig als Zweiter hinter ihm her zu wieseln. Das habe ich satt. Ich bin ebenso wichtig wie er.«

»Rinker, das weiß ich doch. Und wenn ich dir das nicht gezeigt habe, tut es mir leid, das meine ich ernst. Aber es gibt Gründe dafür. Du kennst nicht mal die Hälfte.«

»Ach nee? Welche Hälfte kenne ich nicht?«

»Laß, Rinker. Ihr seid spät dran. Alle warten. Damit können wir uns später befassen, wenn wir zu Hause sind.«

»Nein. Das will ich jetzt wissen. Welche Hälfte?«

»In Ordnung! Okay, wenn du unbedingt darauf rumreiten mußt. Rinker, guck dich mal selbst an. Du bist die Hälfte des Problems, das ich mit Kern habe, weil du ihn immer als lahme Krücke bezeichnest, weil du ihn ständig neidisch darauf machst, daß du bei euch in der Schule so ein toller Hecht bist. Es ist nicht leicht für ihn, einen jüngeren Bruder wie dich zu haben. Ich war völlig geschockt, als er sagte, er wolle dich auf den Flug mitnehmen. Wieso hat er dich nicht einfach zu Hause gelassen? Jetzt seid ihr hier, und ihr habt euch keinen Wassersack besorgt, und ihr gebt mir beide das Gefühl, ich sei so eine Art fünftes Rad am Wagen. Jimmy meint, Kern braucht mich nicht mehr, ich soll ihn in Ruhe lassen, und wahrscheinlich hat er recht. Nun sagst du dasselbe. Ich bin praktisch aus dem Rennen.«

»Dad, du bist nicht aus dem Rennen. Du mußt nur aufhören, dich dauernd einzumischen, das ist alles. Mit den Problemen, die Kern und ich hatten, haben wir uns auseinandergesetzt. Laß uns einfach in Ruhe. Hör auf, uns auf den Wecker zu gehen.«

»Ja, da muß ich mir Mühe geben«, seufzte mein Vater. »Mein Gott, das ist ja ebenso schlimm wie bei einem AA-Treffen. Kannst du nicht ein bißchen Erbarmen mit mir haben? Es ist schwer für mich. Kern geht in einem Monat aufs College, dann sehe ich ihn kaum noch, wenn wir erst mal zu Hause sind. Aus dem Grund bin ich auch hergekommen.«

»Dad, du hast noch zehn andere Kinder. Warum machst du dir zur Abwechslung nicht mal über die Sorgen?«

»Ich weiß ja, ich weiß! Ich mußte nur sichergehen, daß mit Kern alles in Ordnung ist, sonst nichts.«

»Klar. Also, paß auf, mach das nicht mit mir. Ich möchte etwas Freiraum, Dad. Ich werde dir an meinem Geburtstag keine sechzehn Soloflüge und den ganzen Kram vorführen. Ich brauche Luft zum Atmen.«

»Also gut. Du möchtest etwas Freiraum. Ich bin jetzt sowieso ausgepowert. Vielleicht brauchen wir beide etwas Freiraum.«

Es war Zeit zu gehen, und wir hatten uns leergeredet. Da trat Kern vor die Cub und schaute, die Hände auf die Hüften gestützt, zu uns herüber.

»Lächle, Rinker«, sagte mein Vater. »Lächle oder irgend so

367

was. Kern guckt zu uns her. Siehst du mich? Ich lächle. Guck mal, wie ich lächle. Ich lache mich tot über die ganze Sache, okay? Das erzählst du jedenfalls Kern. Alles ist in Ordnung, und Daddy lacht sich tot über den Wassersack. Meine Güte, Rinker, ich sollte mir wirklich die Birne untersuchen lassen.«

Dann dichteten wir noch eine Geschichte zusammen, denn mein Vater wollte für die Wartenden auf der Rampe unbedingt eine Entschuldigung für den fehlenden Wassersack haben. Also dachten wir uns folgendes aus: Als ich den Wassersack vor zwei Wochen in der Herrentoilette des Flugplatzes von Yuma auffüllte, vergaß ich ihn dort. Aber wir würden den Wassersack noch heute nachmittag auf dem Weg an die Ostküste in Yuma abholen.

»Gut«, sagte mein Vater. »Die Herrentoilette in Yuma. Ich gehe jetzt zurück und schwindele Tante Joan den größten Bockmist ihres Lebens vor.«

Er wandte sich zum Gehen und drehte sich dann noch einmal zu mir um.

»Weißt du, ich bin froh, daß wir miteinander geredet haben. Keiner tut das zur rechten Zeit. Und ich bin stolz auf euch zwei. Offensichtlich braucht ihr meine Belehrungen nicht mehr, deshalb macht euch nicht die Mühe, mich jeden Abend anzurufen. Sagt bloß Mutter Bescheid, wo ihr seid. Und auf den Wassersack ist geschissen. Tut mir leid deswegen. Der Wassersack ist Geschichte.«

Ich sah zu, wie mein Vater an den geparkten Flugzeugen vorbeihumpelte. Der Weg war zu lang für ihn gewesen, so daß sich sein schlimmes Bein jetzt am Knie auskugelte und Staub aufwirbelte. Ich erlebte einen Moment höchster Zwiespältigkeit. Ich verspürte Mitleid mit ihm und war gleichzeitig zufrieden mit mir selbst. Wahrscheinlich verstanden wir uns nun viel besser, und er würde versuchen, mich in Ruhe zu lassen. Aber es war auch beklagenswert. Und alles nur wegen des Wassersacks!

Ich wandte mich wieder Kern und der Cub zu.

»Was hat er gesagt, Rink?«

»Alles in Ordnung, Kern. Er wird den anderen erzählen, wir hätten den Wassersack auf der Männertoilette in Yuma liegenlassen.«

»Herrje. Wieder so ein Schwindel. Paß auf, ich will von dem verdammten Ding überhaupt nichts mehr hören.«

Der alte Harold Buck traf ein, als wir mit dem Flugzeug zum Start rollten. Sein Chauffeur hatte ihn in einer langen Stretch-Limousine nach San Juan Capistrano gefahren. Er setzte sich draußen auf der Rampe auf einen Klappstuhl und schien sehr interessiert, denn er stellte eine Menge Fragen, als Kern und ich ihm das Flugzeug zeigten. Dann kam der Chauffeur mit einer riesigen Gemüsekiste vom Parkplatz her auf uns zu.

»Hier sind eure Avocados, Jungs«, strahlte Harold. »Das sind so viele, daß sie euch bestimmt bis zur Ostküste reichen.«

Es war die größte Gemüsekiste, die ich jemals gesehen hatte, größer noch als diejenige, die Henry Fonda in *Früchte des Zorns* herumschleppen mußte. Es war völlig unmöglich, sie in dem winzigen Gepäckfach der Cub zu verstauen, aber keiner wollte den alten Harold enttäuschen, und so ließen wir sie erst mal auf dem Boden stehen.

Mein inzwischen geläuterter Vater faßte Kern jetzt mit Samthandschuhen an. Allerdings wollte er ihn noch um einen Gefallen bitten – einen einzigen nur, meinte er. Ob wir nicht nach dem Abheben an der Menge vorbeifliegen und dann auf Höhe gehen könnten, indem wir Platzrunden drehten? Wir würden sowieso hoch aufsteigen müssen, bevor wir ostwärts über die Santa Rosa Mountains flogen, und die Leute hier auf der Rampe würden das bestimmt gern sehen, ehe wir hinter den Hügeln verschwanden. Kern willigte ein.

Allgemeines Händeschütteln folgte; wir küßten Tante Joan und quetschten uns in die Cub. Mein Vater kam und stellte mir die Kiste mit den Avocados auf den Schoß. Die Kiste war schwer, so schwer, als wenn ein Erwachsener auf mir gesessen hätte, und als Kern versuchte, die Steuerung zu betätigen, stieß mein Knüppel auf dem Rücksitz gegen die Avocado- kiste. Kern würde nur die Hälfte des normalen Spielraums für sein Höhenruder haben.

»Meine Güte, Dad«, sagte ich.

»Ach, Rinker, nun mach mal eine Minute halblang und be- nimm dich«, sagte mein Vater leise. »Wir wollen doch den alten Harold nicht aufregen. Sobald ihr draußen über der Wüste seid, könnt ihr sie über Bord schmeißen.«

Mein Vater riß den Propeller an. Den Zuschauern auf der Rampe gefiel es, daß er bei jedem Mal vier oder fünf Umdre- hungen schaffte, während Kern den Motor einspritzte.

»Kontakt!«

»Kontakt!«

Wir hoben ab, erledigten den Vorbeiflug und umkreisten dann das Flugfeld, während unten auf der Rampe alle die Hälse reckten und uns beim Aufstieg beobachteten.

Es war die Hölle, unter einer Großmarktkiste voller Avo- cados auf dem Rücksitz einer Piper Cub eingeklemmt zu sein. Die Kiste grub sich in meine Schenkel, und während wir immer höher über den Flugplatz kreisten, rief Kern mir wie- derholt mißbilligend zu, ich solle meinen »dicken Arsch« ein- ziehen, damit die Kiste seinem Steuerknüppel nicht mehr im Wege wäre. Aber es half alles nichts. Auf 5000 Fuß angelangt, mußten wir die Nase in der dünnen Luft höher anheben, doch das ging einfach nicht. Die Avocadokiste blockierte den Steuerknüppel.

»Rink!«

»Was ist?«

»Ich kriege die Maschine nicht hoch. Schaff uns die Avo- cados vom Hals. Sofort!«

Ich öffnete die Fenster auf beiden Seiten und stemmte die

Kiste so auf meine Knie, so daß ich eine regelrechte Abwurf-
plattform hatte.

Weg mit den Avocados! Es war ein sehr interessantes visu-
elles Erlebnis, die Früchte über Bord gehen und rasch im
Smog verschwinden zu sehen. Wenn ich den Kopf in die Propellerbö hinausstreckte, konnte ich ihren Fall ungefähr drei
Sekunden lang verfolgen. Ich wollte die Avocados jedoch länger beobachten, deshalb fing ich an, sie in großen Batzen von
vier oder fünf Stück abzuwerfen, so daß ich sie noch zusätzliche fünfhundert Fuß im Auge behielt.

Avocados-Smog. Avocados-Smog. Es war faszinierend zuzuschauen, wie sie sich im Dunst über Südkalifornien verloren. Nun stieg auch Kern in das Spiel ein, und es machte ihm
großen Spaß, sie aus dem linken Fenster zu schleudern. Wir
waren der erste Piper-Aircraft-Bomber, und zwar mit Ge-
schützen, die nach beiden Seiten feuerten.

Als der Boden der Kiste sichtbar wurde, schlug Kern vor,
ich solle drei oder vier Avocados als Reserve im Gepäckteil
zurückbehalten, falls wir in Arizona wieder auf einen Greyhound stießen. Nachdem das erledigt war, stellte ich die Kiste
auf meinem Schoß hochkant, und Kern war dankbar, daß er
den Steuerknüppel jetzt ganz herausziehen konnte.

Wir überlegten, wie wir die Kiste ohne Gefahr entsorgen
sollten, denn sie konnte sich beim Abwurf leicht im Heck oder
den Rädern verfangen. Zu Hause kannte Kern ein paar Piloten, die Fallschirmspringer flogen, und er beschloß, es so zu
machen wie sie. Er zog die Nase der Cub hoch in einen langsamen Flug, gab ein wenig Gas und legte sich schräg nach links,
so daß ich jenseits der offenen Tür nur noch leeren Luftraum
und eine sanft wehende Propellerbö unter mir hatte. Mit beiden Händen hievte ich die Kiste hinaus.

Es war wunderbar, der Kiste beim Sturz in die Tiefe zuzuschauen. Wild trudelnd und sich überschlagend, verschwand
sie in etwa 2000 Fuß Höhe.

Wir kreisten nach wie vor über dem Flugplatz, und irgendwann sah ich zwar Harold Bucks Limousine wegfahren, dachte
aber, er sei einfach müde und müsse zu Hause ein Nickerchen
machen. Es waren ja nur Avocados, die hier über Bord gingen.

Wir verschwendeten keinen Gedanken mehr an sie, bis wir
abends aus Arizona meine Mutter anriefen. Mein Vater war
nach Los Angeles gefahren, um nach New York zurückzuflie-
gen, und hatte vom Flughafen aus mit ihr telefoniert.

»Mensch, Rinky, was ist denn da drüben passiert?« fragte
meine Mutter. »Daddy hat nur von den Avocados geredet.«

»Au weia. Ist er böse?«

»Nein. Er fand es lustig. Ich habe ihn noch nie so laut lachen
hören.«

Ich hängte ein und rief gleich Onkel Jim an. Er lachte ebenfalls. Die Szene am Flugplatz, so meinte er, sei besser gewesen
als die Ardennenoffensive. Der erste große Avocadoschwarm
war nur etwa fünfzig Fuß von der Menschenmenge entfernt
auf der Rollbahn gelandet. Platsch-platsch-platsch-platsch.
Guacamole auf dem Asphalt. Danach hatte es nur noch so ge-
hagelt. Zu mehreren oder einzeln landeten Avocados auf der
Piste, auf dem Hangar und klatschten in den Bewässerungskanal. Hildegard Richter suchte in der Fahrerkabine des Ben-
zinlasters Deckung. Die Avocadosalve, die sich auf den Parkplatz entlud, überzog Harold Bucks Limousine mit einer
grünen Schleimschicht, die der Chauffeur mit einem dieser
Tücher abwischte, die an Golftaschen befestigt sind. Aber Harold Buck regte sich gar nicht sonderlich darüber auf. Mein
Vater ging während des Bombardements zu ihm hinüber und
erklärte ihm ganz ruhig, die Cub hätte vermutlich »Schwer-
punkt«-Probleme. Das besänftigte Harold. Wenn er seine
eigene Erfahrung als Ingenieur bei Howard Hughes bedenke,
meinte er, hätte er wissen müssen, daß das für die Jungs ein
Problem werden könnte. Sogar der Flugplatzverwalter lachte
über die Geschichte.

Oh, und die Kiste, sagte Jimmy. Mein Gott, die Kiste! Die Kiste hatte eine echte Spitzenlandung hingelegt. Sie war, vibrierend und jaulend wie eine fliegende Untertasse, mit rasender Geschwindigkeit angesaust angekommen und – krach! – etwa zehn Fuß neben dem Luftsack gelandet und in hundert Stücke zersplittert.

Aber davon ahnten wir im Moment nichts. Nachdem wir die Santa-Rosa-Berge hinter uns gelassen hatten, veränderte sich der Luftdruck, der kalifornische Smog löste sich auf, und wir flogen tiefer, um uns am Anblick der Wüste um Thermal und Blythe zu erfreuen. Über dem kreidigen Ödland von West-Arizona mußten wir ein paar Gewittern ausweichen und kreuzten dann über dem Highway 10 in Richtung Phoenix.

Während wir zum Auftanken Litchfield Park anschwebten, entledigten wir uns der letzten Avocados, indem wir sie auf den Parkplatz eines Hotels klatschen ließen. Kalifornien war eigentlich prima gewesen, zumindest bis mein Vater auftauchte. Zwei Wochen lang hatte es Spaß gemacht, die Coast-to-Coast-Flieger zu sein. Aber jetzt wollten wir einfach ein Weilchen im Land umherstreifen und neue Routen für den Heimweg auskundschaften, anonym diesmal, das Pulsieren des Continental und das unaufhörlich wechselnde Terrain genießen.

21

Unser Rückflug war die Traumreise, die wir uns immer erhofft hatten. Über New Mexico und den Weiten von Texas war der Himmel wolkenlos und versetzte uns beim Fliegen in einen tranceähnlich entspannten Zustand. Die vorherrschenden Westwinde, die uns auf dem Hinweg entgegengestanden hatten, wurden jetzt zum Rückenwind, der uns flott in Richtung Osten trieb. Die Presse saß uns nicht mehr auf den Fersen, und die einzige Panne, die wir hatten, war ein gebrochenes Kabel an der Vergaservorwärmung, das wir selbst reparierten. Präriehunde und Busse ließen wir in Ruhe. Alles war sehr romantisch, und Kern und ich campierten fast jede Nacht unter den Tragflächen. Wir saßen noch spät in der nun kühlen Wüste, redeten über uns und unsere Pläne für die Zukunft und lachten über meinen Vater und den Wassersack. Morgens fuhren uns die Flugplatzopas in die Stadt, wo wir in den Cafés fettige Frühstücke verschlangen, und abends fuhren sie uns zu unseren fritierten Steaks. Wir verbrachten die Tage ohne Ziel, angenehm, so, wie es auf einer Reise sein sollte. Wir wollten nicht wieder über die felsige Kentucky-Senke fliegen, sondern wandten uns in Richtung Golfküste, so daß wir New Orleans und Pensacola sahen.

Wir meisterten sogar erneut den Guadalupe-Paß. Am zweiten Nachmittag beeilten wir uns, um El Paso so zu erreichen, daß wir den Paß am nächsten Morgen bei Tagesanbruch ohne Turbulenzen in Angriff nehmen konnten. Als wir aber um sechs Uhr abends landeten, verankerte ein Pilot eben seine Beechcraft Bonanza. Er war gerade über die Berge gekommen. Es gebe dort im Moment keine Turbulenzen oder Luftlöcher, sagte er. Er empfahl uns, nicht über den Gipfel des Guadalupe zu kreuzen, wo die Luft bewegter sei, sondern sofort aufzubrechen und in 8000 Fuß Höhe direkt den Paß zu durchfliegen. Wir tankten auf und jagten im Höllentempo auf die Berge zu.

In 9000 Fuß Höhe, eine Meile vor dem Paß, senkte Kern die Cub bei Vollgas langsam ab. Sein Timing war perfekt, und außerdem hatten wir guten Rückenwind. Mit einhundert Meilen pro Stunde pfiffen wir leicht abwärts mitten durch den Paß. Zum Ende hin waren ein paar häßliche Kurven zu nehmen, weiter unten, wo die Bergwände enger beieinander standen. Sobald unsere Tragflächen den Aufwinden ausgesetzt waren, die an den zerklüfteten Felsen auf der anderen Seite hochstiegen, erwarteten uns einige Turbulenzen. Aber es war definitiv eine gute Entscheidung gewesen, die Berge in ruhiger Abendluft und relativ niedrig zu überqueren.

Oh, du wunderschöner Berg, dachte ich, als wir die letzte Wand hinter uns hatten, du Wahnsinnsluder. Beim erstenmal hast du uns fast erwischt, aber jetzt wissen wir über dich Bescheid, also gehab dich wohl, Guadalupe! Wir flogen weiter über die Hochebene bis nach Wink. Noch in dieser Nacht nahmen uns der Flugplatzverwalter und seine Gehilfen auf eine Klapperschlangensafari mit, und Kern und ich brachten beide etliche Tiere zur Strecke.

Für etwas, das Kern tat, als wir Zentral-Texas erreichten, bin ich immer dankbar gewesen. Nach unserer Landung in Junction, in der gestrüppbewachsenen Prärie nördlich von San Antonio, warf Kern mir, als wir gerade mit unseren Colas und Moon Pies fertig waren, die Sektorenkarte zu.

»Hier«, sagte er, »plan doch mal eine Route nach Austin. Du fliegst die ganze Etappe selbst, und zwar vom Vordersitz aus, als kommandierender Pilot. Und ich sitze hinten und rühre mich nicht.«

Beim Anrollen war ich zunächst noch nervös. Ich war es nicht gewöhnt, 71-Hotel vom Führersitz aus zu steuern. Aber dann gab ich Gas, das Heck hob sich, und es war kein Problem für mich, mich an die Mittellinie zu halten und Höhe zu gewinnen.

Es versetzte mich in regelrechte Euphorie, die Strecke Junction-Austin vom Vordersitz aus ganz allein zu fliegen, zwei Stunden und fünf Minuten kommandierender Pilot zu sein. Am Pedernales, einem einsam gelegenen Fluß, zog sich ein Erdölfeld hin, das ich auf halbem Wege würde überfliegen müssen, denn es war praktisch unser einziger Fixpunkt im Gelände, und es lag nach einer Stunde auch genau da, wo es sollte. Kern saß die ganze Zeit mit gekreuzten Armen auf dem Rücksitz, ohne irgendwelche Vorschläge zu machen, in Gedanken versunken und den Flug genießend. Unsere Route führte uns direkt an Lyndon Johnsons Ranch vorbei, und Kern war begeistert von der Möglichkeit, den Besitz des Präsidenten sehen zu können.

Als wir uns Tims Flugplatz in Austin näherten, senkte ich die Maschine auf Landehöhe und ging in den Gegenanflug.

»Da sind wir!« rief ich Kern stolz zu, glücklich darüber, wie gut ich navigiert hatte und geflogen war. »Die Maschine gehört dir!«

»Rink, die *ganze* Etappe, habe ich gesagt«, schrie Kern. »Du kannst die Cub doch landen.«

Und das konnte ich auch. Vergaservorwärmung, drei Korrekturen der Trimmung, Gas weg und auf fünfundsechzig Meilen pro Stunde bleiben. Über dem Absperrzaun schob ich den Steuerknüppel langsam nach vorn. Während wir aufsetzten, starrte Kern mit übereinandergelegten Armen absichtlich so unbeteiligt aus dem Fenster wie ein United-Airlines-Passagier. Er wußte, daß ich die Landung glatt hinkriegen würde.

Wir flogen am selben Abend noch nach Houston weiter. Nachdem wir in der Stadt gegessen hatten, rollten wir unsere Schlafsäcke unter den Tragflächen aus, lagen eine Weile da und schauten zu den Sternen auf.

»Das war gut heute, Rink«, sagte Kern. »Von Junction bis nach Austin. Das ganze Stück bist du allein geflogen. Für mich ist das der Höhepunkt unserer Reise.«

Mein immer bemühter Bruder. Ständig war er außer sich vor Begeisterung von einer Sache, machte etwas, das sich vor einer Stunde ereignet hatte, zum Höhepunkt der Reise, eine Angewohnheit, die ich nie an ihm verstand. Offensichtlich gab es auf diesem Flug noch eine ganze Reihe von Situationen, die man als Höhepunkte hätte bezeichnen können – Hank in Indiana, Pate in El Paso, die Überquerung des großen Passes. Aber wenn die Strecke Junction-Austin für Kern heute der Höhepunkt war, auch wenn er morgen schon wieder einen neuen benennen würde, so sollte es mir recht sein. Ich lag, die Hände unter dem Kopf, unter dem Flügel, blickte zu den Sternen auf und war im reinen mit mir und meinem Bruder.

Am nächsten Abend, Dienstag, waren wir bereits in Florida. In Pensacola erzählte uns ein Flugplatzopa, daß man etwa zehn Meilen weiter für eine Erdölleitung einen Geländestreifen abgeholzt hätte, dem wir bis rauf nach New York folgen könnten. Unsere Navigationskarten konnten wir mehr oder weniger wegwerfen. Am Mittwoch erreichten wir North Carolina, und nach vier Stunden einfachsten Fliegens kamen wir schon vor Mittag in Pennsylvania an. Mein Vater hatte für Samstag nachmittag einen Empfang am Flugplatz und eine Party bei uns zu Hause geplant. Wir wollten ihn nicht enttäuschen, indem wir zwei Tage zu früh auf unserer heimatlichen Piste anrauschten. Also gingen wir über der vertrauten Landschaft in den Sinkflug und landeten auf unserem alten Lieblingsplatz in Lancaster County, der tadellos gepflegten Graspiste von New Holland. Die nächsten zwei Tage verbrachten wir in Ephrata bei Ivan Martin, einem Farmer mennonitischen Glaubens, von dem mein Vater im Laufe der Jahre mehrere Pferde gekauft hatte. Wir halfen Ivan und seinen Söhnen bei der Weizenernte und jagten abends mit Pferd und Einspänner auf den Landstraßen umher.

Am Freitag abend fuhren wir nach dem Essen nach Blue Ball, um uns die Haare schneiden zu lassen, denn mein Vater wollte, daß wir »nett aussehen für Mutter«, wenn wir am nächsten Tag aus dem Flugzeug stiegen. Kern freute sich auf die Heimkehr; er konnte es gar nicht erwarten, sich in die Vorbereitungen für seine Berufspilotenlizenz zu stürzen. Mir war es gar nicht so lieb, daß unsere Reise bald endete, aber *ein* Ergebnis des Fluges erhoffte ich voller Zuversicht. Mein Vater hatte mir in Kalifornien zugehört, nachdem ich ihm von dem Wassersack erzählt hatte. Wir waren uns nähergekommen und verstanden einander jetzt besser. Ich hatte mich auf diesem Flug bewährt und stand voll hinter Kern. Von nun an würde mein Vater mir vertrauen und mich mit mehr Respekt behandeln. Jedenfalls hatte ich das Gefühl, daß ich das verdiente.

Die Enttäuschung lauerte jedoch schon auf mich, als ich in der hübschen kleinen Ortschaft aus dem Friseurladen trat. Von einem Telefon vor Goodes Gemischtwarenhandlung rief ich zu Hause an.

»Lancaster? Was zum Teufel macht ihr denn da?« knurrte mein Vater in den Apparat. »Das liegt ja im Süden. Ihr sollt die Piste morgen doch von Westen her anfliegen. Meine Güte, muß ich euch denn alles erklären? Jeder rechnet doch damit, daß die Cub von Westen kommt.«

Ich war niedergeschmettert. Hatte sich denn noch immer nichts geändert?

»Okay, Dad, tut mir leid«, sagte ich. »Wir haben einen Fehler gemacht. Aber ich glaube, der läßt sich ausbügeln. Wir werden bis zum Delaware nach Norden fliegen und von da nach rechts schwenken. Mach dir keine Sorgen. Alle werden uns von Westen kommen sehen.«

»In Ordnung. Also morgen mittag. Genau zwölf Uhr mittags. Jack Elliott wird da sein und jede Menge sonstige Presse. Achtet drauf, daß ihr beide eure Mutter umarmt. Und Rinker, verkneif dir die Widerreden und die schreckliche Ausdrucksweise, die du dir auf dieser Reise zugelegt hast.«

Als ich zu unserem Einspänner zurückkehrte, kam Kern gerade aus dem Friseurladen.

»Alles okay, Rink?«

»Klar. Alles bestens. Der Alte ist richtig glücklich heute abend.«

Am nächsten Morgen, dem unseres letzten Flugtages, erlebten wir einen jener echten Höhepunkte, über die Kern immer so frohlockte. Ehrlich gesagt, sollten wir über diesen beide frohlocken. Wir hatten noch vor acht Uhr in New Holland abgehoben und reichlich Zeit, bis mittags New Jersey zu erreichen, deshalb beschlossen wir, ein paar Freunden in Princeton eine Stippvisite abzustatten. Wahrscheinlich hatten sie mittlerweile alle von unserem Abenteuer gehört und würden sich freuen, wenn wir sie besuchten.

Big Eddie Mahler war als erster der alten Basking-Ridge-Flieger nach Princeton abgewandert, und wir hatten ihn lange nicht gesehen. Als wir an diesem Morgen hier landeten und um den Hangar gerollt kamen, zog er eben seinen offenen Doppeldecker aus der Halle, denn er bereitete sich darauf vor, zu seiner Samstagnachmittags-Flugschau aufzubrechen. Eddie Mahler war ein imposanter Mann. Er zeigte seine Gefühle nur selten, und wenn er eine Rampe überquerte, schritt er gelassen und majestätisch wie eine große Wildkatze.

Als er aber die Cub mit den aufgemalten roten Sonnen um die Ecke kommen sah, rannte Eddie auf uns zu. Wir konnten uns gerade noch auf die Bremsen stellen und den Propeller abwürgen, bevor er bei uns war. Er griff ins Cockpit, riß die Tür auf und schüttelte mir die Hand. Dann schlang er einen seiner riesigen, gebräunten Arme um Kern und drückte ihn wie ein Kind an seine Brust.

»Kern Buck, ich bin ja so stolz auf dich«, sagte Eddie. »Du hast es geschafft. Jeder hat euren Flug in den Zeitungen mitverfolgt. Jeder findet, du hast Großartiges für die Fliegerei geleistet. Die alten Piloten von Basking Ridge sind alle ganz hin und weg von dir, Kern.«

Das waren für Big Eddie eine Menge Silben auf einmal, praktisch die Emotionen eines ganzen Jahres.

Was Eddie an diesem Morgen sagte, war ein Meilenstein für Kern, der immer wichtig für ihn blieb. Jedesmal, wenn wir im Laufe der Jahre irgendwo auf einer Veranda saßen und über diesen Sommer redeten, imaginäre Steuerknüppel und Ruder betätigend, wiederholte Kern Big Eddies Worte wie ein Mantra.

»Und Rink, an dem Tag, als wir zurückkamen, hat Eddie Mahler gesagt, er sei stolz auf mich. Er hat mich *umarmt*. Das vergesse ich nie.«

Weitere Flieger, von denen wir manche kannten und viele nicht, fingen an, sich aus den Hangars und der Pilotenklause um unser Flugzeug zu drängen. Bevor wir noch aussteigen konnten, trat Eddie einen Schritt zurück, hievte das Heck bis auf Taillenhöhe und begann, uns auf einen Ankerplatz auf dem Gras nach hinten zu ziehen. Die anderen Piloten schlossen sich an und schoben an Tragflächen und Flügelstreben, und es war ein wundervolles Gefühl für Kern und mich, in unseren Sitzen rückwärts zu rollen, während all unsere alten Fliegerkumpel uns Fragen zuriefen. Es war eine Sache, von den Medien und der Öffentlichkeit umschmeichelt zu werden, aber dies hier waren Piloten, die Helden unserer Kindheit, Künstler im Tiefflug und berühmte Luftakrobaten und Flugkapitäne, und sie staunten über unser Abenteuer.

»Verdammt noch mal, Kern, das war großartig! Warum bin ich nicht selbst auf die Idee gekommen?«

»Wow!« Laß mich mal den Kopf ins Cockpit stecken. Kein Funk! Kern, du hast ’n Knall. Aber ich finde es toll.«

Eddie wollte alles über unsere Reise hören – die Wüsten und die Berge, die Stearman-Flieger, ob wir Pannen gehabt oder uns verflogen hatten. Wir setzten uns vor den Zapfsäulen ins Gras, tranken Cola, und Kern erzählte gestikulierend, wie er die Senke in Kentucky durchflogen oder 71-Hotel drüben im Westen unter Dichtehöhebedingungen auf eine jener breiten, langen Pisten gejagt hatte.

Ich freute mich für Kern. Immer wieder wurde ihm auf den Rücken geklopft und gesagt, was für ein »Wahnsinns«-Pilot er sei, und immer wieder kam jemand, den wir kannten, auf den Parkplatz gefahren und aus dem Auto gesprungen. »Meine Güte! Ist das die Cub! Das ist ja Kern Buck!« Er war nicht mehr der mickrige Teenager, der den ganzen Tag auf dem

Flugplatz herumlungerte und sich fragte, was die anderen wohl von ihm hielten. Larry Tokash, der den Betrieb leitete, versprach Kern einen Sommerjob bei Princeton Aviation, sobald er seine Berufspilotenlizenz und seinen Fluglehrerschein in der Tasche hätte.

Danach vergnügten wir uns alle mit unserer alten Samstagsvormittagsnummer – zusehen, wie der große Eddie Mahler zu seiner Flugschau aufbrach. Eddie verabschiedete sich händeschüttelnd und schlang dann ein letztes Mal seinen Arm um Kerns Schulter, bevor er an seine Maschine trat.

Es war der Mahlersche Standardabgang. Voll losgefetzt beim Start, abheben zu einer steilen Chandelle, zwei Rollen über dem Luftsack und dann im Hammerkopf in Richtung beabsichtigte Route. Er war ein erstklassiger Flieger, dieser Eddie, wie ein großes, altes Zuchtpferd, das morgens aus dem Stall kommt und dabei erst mal ein paar Türen eintritt, um sicherzugehen, daß es auch richtig wach ist.

Ein paar Minuten später hoben wir ebenfalls ab, und weil wir Lust dazu hatten, vollführten wir einen Tiefflug über den Piloten, so niedrig, daß sie sich ducken mußten, und schwenkten dann mit einem Hammerkopf auf unsere Flugrichtung ein.

Wir waren mittlerweile erfahrene Landekünstler, und so war es nicht schwer, es meinem Vater und der auf uns wartenden Menge in Basking Ridge recht zu machen. Die Sache mit der »von Westen kommenden Cub« erwies sich als überflüssige Besorgnis meines Vaters. Es wurde mittags so dunstig über New Jersey, daß sowieso keiner ein weit entferntes Flugzeug erkennen konnte. Aber wir taten ihm diesen Gefallen und schwenkten schon früh in Richtung Somerville ab, so daß wir uns von Westen her näherten.

Als wir über den Hügel von Mendham kamen, sahen wir, daß direkt über dem Flugplatz eine Wolke war. Kern blieb über ihr, bis wir fast an der Piste vorbei waren, und warf dann den Knüppel herum und nach vorn, so daß wir, in einer graziösen Kurve abtauchend, über den Köpfen der Leute erschienen. Steuerknüppel zurückgerissen, in eine Chandelle gegangen, die Ruder getreten zu einem kurzen Gegenanflug – wir setzten zum Endteil an und sanken über den Telefonleitungen steil hinab. Genau vor der Menge kamen wir in einer Staubwolke zum Stehen.

Wieder mal war der Teufel los, aber ich fühlte mich völlig anders als bei unserem Empfang in L.A. Einen Monat lang waren Kern und ich frei und unbeschwert gewesen. Wir hatten alles gesehen, was es für zwei Jungen in Amerika zu sehen gab, waren über den Mississippi geflogen, über Prärien und Wüsten, dann über den Paß und hatten nachts unter den Tragflächen geschlafen. Während wir gemeinsam umhervagabundierten, mußten wir uns nur um zwei Menschen kümmern – uns beide. Hier nun drängten sich Leute um uns, Fotografen, alte Freunde der Familie und heulende jüngere Geschwister, die ihre Colas auf das Flugzeug verspritzten. Mein Vater dirigierte die Presse, indem er gemäß der Wichtigkeit der jeweiligen Publikation eine Hackordnung festlegte.

Trotz meiner frischgeschnittenen Haare war meine Mutter unzufrieden mit meiner Frisur. Sie war zerzaust, und dagegen konnte ich auch nichts tun, denn ich war fast sechstausend Meilen geflogen, die Hälfte der Zeit mit aus dem Fenster gerecktem Kopf, um nach Geländepunkten Ausschau zu halten oder Avocados in der Tiefe verschwinden zu sehen. Selbst Elvis Presley hätte danach nicht picobello frisiert aus dem Flugzeug steigen können. Aber meine Mutter war ärgerlich. Sie warf einen Blick auf mich und konnte nicht an sich halten. Die Reporter waren natürlich mit aufgeschlagenen Notizblöcken zur Stelle, und alles, was sie sagte, stand am nächsten Tag in der Zeitung.

»»Da bist du also wieder‹, seufzte Mrs. Buck. ›Streich dir das Haar aus den Augen, Rinker.‹«

Ja, da waren wir wieder, in der guten, altbekannten Scheiße.

Anschließend gab es bei uns zu Hause eine Party mit all den katholischen Priestern, die mein Vater immer um sich hatte, Freunden aus der Stadt und den Freunden meiner älteren Schwestern. Mein Vater war in seinem Element, und ich freute mich für ihn. Im Glanze unseres ruhmreichen Fluges zu baden, das brauchte er. Aber nach etwa einer Stunde Fröhlichkeit merkten Kern und ich, daß es bei der Feierei gar nicht mehr um uns ging. Sie diente, wie ein Geburtstag oder eine Kommunion, lediglich als Vorwand, die Zimmer voller Menschen zu haben. Wir mußten raus hier. In Gedanken waren wir immer noch in Texas.

Zusammen schlüpften wir aus dem Haus und gingen hinüber zur Scheune. Der blaue Willys war im großen Raum geparkt, an derselben Stelle, an der wir das Flugzeug restrauriert hatten. Während unserer Abwesenheit hatte sich eine Staubschicht auf ihn gelegt, die wir mit geölten Lappen abwischten. Leise tuckerten wir vom Grundstück und fuhren hinüber zum Minuteman-Restaurant an der Route 202.

Es war gar nicht geplant gewesen, unseren Flug zu analysieren wie zwei NASA-Astronauten, aber genau das taten wir jetzt. Es war eins unserer letzten ausführlichen Gespräche, bevor Kern aufs College ging.

Kern sah das Ganze sehr uneigennützig. Er bestand darauf, ich solle endlich anerkennen, welchen Beitrag ich zu unserem Unternehmen geleistet hatte, und war erstaunt, daß ich meine Rolle dabei nach wie vor anders einschätzte als er. Die Idee zu der Reise habe zwar er gehabt, meinte er, sie sei vielleicht sein Traum gewesen, doch ich habe ihm geholfen, das »Beste draus zu machen«. Es sei eine unerwartete Freude für ihn gewesen, schon am ersten Tag Indiana zu erreichen und zu sehen, was ich alles schaffte. Und das sei nicht nur die Art und Weise gewesen, wie ich navigiert hatte oder die Strecke Junction-Austin geflogen war oder mitten über dem Paß das Steuer übernommen hatte.

»Rink, weißt du, was das Wichtigste ist, das ich auf dieser Reise gelernt habe?«

»Nein, was denn?«

»Ich hab' Köpfchen und weiß es nicht mal.«

»Ja?«

»Ja! In dem Moment, als ich zum erstenmal daran dachte, von Küste zu Küste zu fliegen, hörte ich so 'ne kleine Stimme in mir: ›Du mußt Rinky mitnehmen. Rinky muß dabeisein.‹ Ich war richtig sauer und stritt mich deswegen mit mir selbst rum: ›Warum sollte ich Rinky mitnehmen? Der geht mir doch nur die ganze Zeit auf die Nüsse.‹ Aber ich konnte die kleine Stimme einfach nicht zum Schweigen bringen, und mir war klar, daß es dafür einen Grund geben mußte. Jetzt kenne ich ihn. Meine Güte, den Scheiß mit dem Wassersack mußten wir uns einfach zusammen reinziehen, das war ja erst der Witz daran.«

Ich äußerte mich nicht groß dazu, hatte aber auch nicht das Gefühl, daß das nötig war. Was Kern gesagt hatte, stimmte und war eine Genugtuung für mich. Ich hatte in diesem Sommer für meinen Bruder getan, was ich tun mußte, und darüber freue ich mich bis heute.

Als Kern ein paar Wochen später zum erstenmal nach Red Bank flog, um Stunden für seine Berufspilotenlizenz zu nehmen, machte niemand viel Aufhebens darum. Er wurde immer nervös, wenn man ihm zu einem Ereignis Glück wünschte, und außerdem war dies auch nur ein Morgen wie jeder andere. Jeden Tag flitzte Kern, sobald er aufgestanden war, im Willys zum Flugplatz, um sich auf seine Prüfung vorzubereiten.

Am letzten Tag des Monats – ich arbeitete inzwischen wieder auf dem Gestüt – kam ich müde nach Hause und legte mich vor dem Abendessen auf die Couch in der Bibliothek meines Vaters. Am Geräusch des ankommenden Willys konnte ich schon hören, daß Kern die Prüfung bestanden hatte. Die Reifen quietschten, als er um die Ecke bog, dann kam der Wagen kreischend in der Einfahrt zum Stehen.

»Rink!«

Er rief ganz allgemein nach mir – egal, wo ich mich gerade befand, auch wenn ich gar nicht zu Hause war; er wollte, daß ich Bescheid wußte. Doch ich war da, gleich auf der anderen Seite des offenen Bibliotheksfensters.

»He! Du hast wohl bestanden!«

»Klar. Dem Prüfer gefielen meine Chandelles und Lazy Eights nicht, aber was weiß der schon? Jedenfalls hab' ich den Schein. Jetzt bin ich Berufspilot.«

»Klasse. Dann kannst du ja ins College abdampfen und es ruhig angehen lassen.«

»Genau. Paß auf, jetzt habe ich folgendes vor: Weihnachten wirst du sechzehn und kannst dein erstes Solo fliegen. Also werde ich vorher meinen Fluglehrerschein machen und danach den Schein für Instrumentenflug und Mehrmotorige. Bis zum nächsten Sommer muß ich für Princeton Aviation alles in der Tasche haben.«

Genau. Der Witz war, daß Kern das alles auch tat, exakt nach Plan, so daß er hinterher auch eine ganz schöne Menge Anekdoten zu erzählen wußte. In Holy Cross, seinem College, gründete er einen Flugverein und überredete die Jesuiten sogar, ein paar Flugzeuge dafür anzuschaffen. Eines Nachmittags landete er mit einem davon nur so zum Spaß auf dem Football-Feld.

22

Das letzte Mal flog ich mit meinem Vater am Tag nach Weihnachten 1966, fünf Monate nachdem wir von unserem Sommerabenteuer zurückgekehrt waren. Es war in so mancher

Hinsicht ein letztes Mal. Mein Vater vagabundierte danach nie wieder in der Luft herum und flog überhaupt kaum noch selbst. Aber mein sechzehnter Geburtstag näherte sich, und er hatte noch etwas zu erledigen. An diesem Morgen blickte er vom Frühstückstisch auf und schaute mich prüfend an, als wäre ich ein Fremder.

In der Tat waren wir praktisch Fremde füreinander geworden. Nachdem Kern aufs College gegangen war, existierte unser altes Dreiergespann nicht mehr, und mein Vater und ich hatten uns rasch auseinandergelebt. Es war keine Absicht, weder von ihm noch von mir, doch es erschien uns beiden richtig so. Die Woche über hatte ich für die Schule zu arbeiten, und am Wochenende war ich ständig mit meinen Freunden unterwegs, denn ich hatte das Alter erreicht, in dem ein geselliger Junge wie ich nicht mehr viel mit seinen Eltern zu tun haben will. Mein Vater war damit beschäftigt, seinem Beruf nachzugehen sowie ein Buch zu schreiben. Zunehmend war er von »alternativer Politik« und Bürgerrechten fasziniert. Wir sahen uns kaum noch, aber ein letztes gemeinsames Unternehmen blieb, ein letztes Mal zusammen in der Luft.

»Rinker«, sagte mein Vater, »laß uns heute deinen Soloflug in der Cub durchziehen. Ich habe mir immer geschworen, daß ich eure Solos, Kern und deines, noch miterleben will. Ich will es einfach hinter mich bringen.«

Eigentlich waren es noch drei Tage bis zu meinem sechzehnten Geburtstag, und kein Fluglehrer, der von Gesetzes wegen dazu bevollmächtigt gewesen wäre, hatte mein Logbuch unterzeichnet, aber ich sah darin keinen Grund, meinem Vater zu widersprechen. Kern würde seinen Fluglehrerschein in Kürze haben und könnte mich dann auf die Prüfung für meine Pilotenlizenz vorbereiten. Ich wollte das Solo fliegen, und es stand außer Frage, daß ich mit einer Piper Cub umgehen konnte. Und in diesem alten Stearman-Flieger hier hatte ich mit Sicherheit einen fähigen Begleiter.

In den letzten Tagen war Schnee gefallen, so daß sich an vielen Stellen Schneewehen über die Startbahn zogen. Eine Schicht weißen Eises bedeckte die Senke in der Mitte, doch die sechshundert Fuß am nördlichen Ende des Flughafens waren für den Start zu gebrauchen, und ein frischer Wind blies genau die Piste entlang.

Es gab keine Heizung in 71-Hotel, und mein Vater zitterte in seinem Rücksitz, während wir in den Schnee hinausrollten. Beim Abheben machten wir uns jeden Zentimeter schnee-freier Fläche zunutze und jagten durch die eine Wehe in die Luft. Kalter Puder wirbelte um das Flugzeug und kroch durch die Ritzen an Fenstern und Tür ins Cockpit. Ich habe das Bild noch vor Augen, denn in diesem Moment wirkte mein Vater plötzlich um so vieles älter, daß ich sofort eine Vorahnung hatte. Er war nicht rasiert, und der hereinwehende Schnee blieb wie Konfetti an seinen Bartstoppeln kleben.

Ich war eine Weile nicht geflogen, stellte aber fest: Es spielte in der alten Cub keine große Rolle, daß ich etwas eingerostet war. Vergaservorwärmung, drei Korrekturen der Trimmung, Gas weg und auf 65 bleiben. Wir umkreisten den winterlichen Flecken ein paarmal, und meine Landungen waren okay. Anschließend stieg mein Vater aus und beugte sich zu mir ins Cockpit.

»In Ordnung, Rinker, dann mal los«, sagte er. »Ich kann dir in einem Flugzeug nichts mehr beibringen.«

Ich düste durch die Schneewehen davon und drehte meine Runden über der Piste, voller Euphorie darüber, allein zu flie-gen, überrascht von der Leichtigkeit der Maschine und der Steuerung ohne meinen Vater im Rücksitz. Ich bibberte vor Kälte, bestaunte jedoch die Schönheit der weißen, schneebe-deckten Landschaft um mich herum mit ihren Hügelkuppen und nackt aufragenden Bäumen, die sich bis zum Horizont zu einer Seite in Richtung Pennsylvania und zur anderen Rich-tung Atlantik ausbreitete, und der Sonne, die das schwarze Eis auf den nahen Seen zum Glitzern brachte. Der Continental dröhnte, die Bodenbleche pulsierten, die Kabine roch nach verbranntem Öl, und ich freute mich, allein in der Cub zu sein.

Mein Vater hatte mich davor gewarnt – ohne sein Gewicht im Rücksitz würde die Maschine sich bei dem starken Wind beim Landeanflug nicht senken und zum Stillstand kommen wollen. Genau das passierte, aber ich ließ mich dadurch nicht aus der Ruhe bringen. Ich gab Vollgas, drehte eine weitere Runde, und beim zweiten Versuch quetschte ich die Cub ganz anständig auf die kurze Landebahn, wobei ich die Räder absichtlich die erste Schneewehe schrammen ließ, um die Bremswirkung zu verstärken. Den Schnee durchpflügend und mit dem Propeller große weiße Federwolken aufwirbelnd, rollte ich zum Hangar hinüber.

Mein Vater trat heraus und kam, seitlich gegen den Wind gestemmt, vor Kälte zitternd, mit seiner Pfeife, aus der Asche und Rauch wogten, auf mich zugehüpft.

»Gut, Rinker. Ich hab' ja immer gesagt, du kannst ebenso gut mit einem Flugzeug umgehen wie Kern, wenn du dich darauf konzentrierst. Jetzt los mit dir. Heb wieder ab und flieg noch ein bißchen in 71-Hotel rum.«

Der Wind wehte jetzt richtig stark, und zwar kreuz und quer, so daß die Cub von Schneewirbeln umgeben war. Aber der Luftsack wies direkt auf mich, also brachte ich die Maschine an Ort und Stelle auf Touren und hob im Eddie-Mahler-Stil gleich von der Rampe ab. Sobald ich den Boden hinter mir gelassen hatte, steuerte ich gegen die Abdrift, gab volle Trimmung und hängte die Cub an den Propeller. Mit steil angewinkeltem Flugzeug hielt ich den Blick fest auf den Fahnenmast vor der Highschool gerichtet, damit ich genau über der Startbahn blieb. Ich genoß es, mit Vorhaltewinkel nahezu senkrecht aufzusteigen und der Abdrift keinen Zentimeter nachzugeben, während mein Vater vom Boden aus zuschaute. Als ich zu ihm hinuntersah, winkte er ein paarmal, so daß sich der Rauch aus seiner Pfeife über den Platz verteilte. Das gab mir ein gutes Gefühl, und die heftigen Böen, die an den Tragflächen zerrten, erinnerten mich an Carlisle in Pennsylvania und Carlsbad in New Mexico. Auf einmal fiel mir etwas Merkwürdiges auf. In gewisser Hinsicht war ich genau wie Kern. Je härter die Bedingungen, desto besser flog ich.

Mein Vater hatte gesagt, ich solle eine Weile herumfliegen und mich vergnügen, also tat ich das auch. Sobald ich genügend Höhe und die Cub auf Horizontal- und Geradeauskurs hatte, freute ich mich erneut wie ein Schneekönig über meinen Soloflug, und das machte mir großen Appetit auf einen Hamburger. Die Familie Walker hatte drüben auf dem Flugplatz von Somerset einen sehr guten Imbißstand, also flog ich hin. Auch dort war der Seitenwind ziemlich schlimm, und der verschrobene alte George Walker war nicht begeistert, daß ich unter diesen Bedingungen landete, aber ich kriegte die Sache einigermaßen hin und wartete, bis er mich ein paar Minuten lang angebrüllt hatte, bevor ich mir meinen Burger holte. Dann beschloß ich, Princeton anzufliegen – vielleicht wären Larry Tokash oder Big Eddie da. Als ich in der Luft war, fiel mir ein, daß ich keine Karte hatte, doch das war mir nur angenehm. Schließlich war ich einer von den Coast-to-Coast-Jungs. Ich brauchte keine Navigationskarte, um Princeton ausfindig zu machen. Die Route 206 führte direkt am Flugplatz entlang, und am Flemington Circle hatte ich sie praktisch schon unter meiner Tragfläche. Als ich in Princeton landete, war Big Eddie nicht da, dafür Larry. Er spendierte mir einen heißen Kakao aus dem Automaten, und wir unterhielten uns ein wenig. Larry war inzwischen Prüfer bei der FAA, aber auch mein Freund geworden.

»Scheiße, Rinker. Bei diesem Wind solltest du nicht in der Gegend rumfliegen. Und dann auch noch bei deinem ersten Solo. Doch was soll's. Du hast die Cub ja runtergekriegt. Ich nehme an, du kriegst sie auch wieder nach Hause.«

Auf dem Heimweg fiel mir ein, daß ich den Patern an meiner Schule versprochen hatte, über das Kloster zu fliegen, sobald ich mein erstes Solo hinter mir hatte, also tat ich das. Als ich über den niedrigen Hügeln dahinkurvte, war ich ganz gebannt von den Schlittschuhläufern und Segelschlitten auf den Seen von Gladstone und Peapack und kreiste eine Zeitlang über ihnen, um sie zu beobachten. Als ich unsere Piste erreichte, war es fast dunkel und der Tank der Cub beinahe leer. Mein Vater war schon seit Stunden nicht mehr da. Ich verankerte die Cub und trampte in der Kälte nach Hause.

Als ich ins Haus trat, saß mein Vater in seiner Bibliothek neben dem Feuer an der Schreibmaschine.

»Na, wie ist es gelaufen?«

»Prima, Dad. Ich war erst in Somerset und dann in Princeton. Tut mir leid. Ich hätte dich anrufen und dir sagen sollen, wo ich bin.«

»Nee, Rinker, ist schon in Ordnung. Du solltest ja ein Weilchen rumfliegen. Ich hab' mir keine Sorgen gemacht.«

Ich hatte nicht beabsichtigt, diesen Flug zu einem symbolischen Akt zu machen, doch das war er. Wahrscheinlich war die wachsende Entfremdung von meinem Vater unvermeidlich: Viele meiner Freunde machten mit ihren Vätern dasselbe durch, und auch die turbulenten Ereignisse der sechziger Jahre spielten eine große Rolle. Mein Vater war immer ein Mann der Öffentlichkeit gewesen und mit der Zeit gegangen und konnte dem Lockruf des Aktivismus nicht widerstehen, der durch das Land hallte. Noch bevor wir zu unserem Sommerabenteuer aufgebrochen waren, hatte er sich für seinen letzten Kreuzzug gerüstet.

Es fing ganz harmlos an mit Wochenendausflügen zu Bürgerrechtsdemonstrationen im Süden und den Protestmärschen gegen den Vietnam-Krieg in Washington. Es dauerte nicht lange, da schloß er sich weiteren Gruppen an und hielt in unserem Wohnzimmer Strategiesitzungen für lokale Kundgebungen ab. Er wurde häufig auf Friedensmärschen verhaftet. Andere Männer seines Kalibers und Alters – Schriftsteller, Geistliche, Professoren – verhielten sich Ende der sechziger Jahre genauso, waren normalerweise aber so schlau, sich nicht mit der Polizei anzulegen. Als er bei Demonstrationen in New Jersey und dann noch einmal am Foley Square in New York von Beamten rauh angefaßt wurde, wehrte mein Vater sich. Die Polizisten und Staatsanwälte, die wegen Tätlichkeit Anklage gegen ihn erhoben, schienen nicht zu begreifen, daß es im ganzen Land keinen Richter gab, der diesen einbeinigen Vater von elf Kindern ins Gefängnis werfen würde, und er kam stets ungeschoren davon. Aber seine Gerichtsverhandlungen zogen eine Menge Aufmerksamkeit auf sich und gingen durch die Presse, so daß er sich innerhalb der »Bewegung« schon bald den Ruf einer Art alternden Unruhestifters erwarb, der den klassischen Schritt von der Politik des Establishments zur Radikalität vollzogen hatte. Einladungen, Reden zu halten, flatterten uns von überall her ins Haus. Der Strafverteidiger William Kunstler, der Pazifist David Dellinger sowie Daniel und Philip Berrigan, die als Pfarrer gegen den Krieg predigten, waren jetzt seine Freunde.

Natürlich konnte er nie nur eine Sache tun. Zu seinem Entzücken war er auch als Autor hervorgetreten. Im Jahr nach unserem Flug von Küste zu Küste hatte er *But Daddy!* fertig, einen humorvollen, anekdotenreichen Bericht über seine Erfahrungen mit der Erziehung von elf Kindern. Das Buch war mäßig erfolgreich als Hardcover, als Paperback allerdings ein Hit, und so war er auch zu diesem Thema bald ein sehr gefragter Redner vor Frauenvereinen und kirchlichen Gruppen. Um ihn besser von anderen abzugrenzen und zu vermarkten, nannte sein Agent in Washington ihn den katholischen Dr. Spock. 1968 gab er seinen Job bei *Look* auf und lebte nur noch von den Einkünften, die er mit Vorträgen und dem Schreiben erzielte.

Die letzten drei Jahre, die ich zu Hause verbrachte, waren von einem höchst merkwürdigen Rollentausch gekennzeichnet. Während mein Vater sich durch die Sechziger hatte radikalisieren lassen, war ich der konservative Spießer, hauptsächlich an Mädchen, teuren ausländischen Autos und der Anhäufung von genügend guten Zensuren interessiert, um ein Jahr früher das College absolvieren zu können. Gelegentlich nahm ich mit meinem Vater an Friedensdemonstrationen teil und engagierte mich, weil es von mir erwartet wurde, für soziale Belange, indem ich Lebensmitteltransporte für bedürftige Familien im Süden organisierte und unterprivilegierten Kindern in der Stadt Nachhilfeunterricht gab. Doch ich war innerlich zu abgestumpft und von anderen Dingen abgelenkt, als daß ich wirklich mit dem Herzen dabeigewesen wäre.

Bei meinem Vater hatte sichtlich der gesundheitliche Verfall eingesetzt, und es gab nichts, was man dagegen tun konnte. Sein Verhalten hatte immer etwas fahrlässig Selbstzerstörerisches gehabt – nicht nur die Art und Weise, wie er flog, sondern auch die bloße Vielfalt seiner Aktivitäten, das mörderische Tempo, das er vorlegte. Seine Ärzte hatten ihn seit Jahren gewarnt, daß Phantomschmerzen sich im allgemeinen mit dem Alter verschlimmern, und daß er sich dagegen nur durch eine ruhigere Lebensführung und verminderten Streß schützen könne. Aber das wollte mein Vater nicht. Je härter er sich antrieb, desto stärker wurden die Phantomschmerzen, und das gab ihm wiederum nur noch mehr das Gefühl, alt zu sein. Nach jeder Attacke dauerte es länger und länger, bis er sich erholt hatte. Doch sobald es ihm wieder besserging, nahm er die nächste Einladung an, einen Vortrag zu halten, und sprang in die nächste Linienmaschine, fast als liefe er absichtlich davon, um nicht mit sich selbst konfrontiert zu sein. Er war ausgebrannt, ohne es zu wissen.

Und die Phantomschmerzen hatten sich inzwischen zu wahren Ungeheuern ausgewachsen – heftigen, lange andauernden Anfällen, die ihn auf dem Höhepunkt bis zum Delirium würgten und ihn anschließend tagelang nahezu leblos hinterließen. Während meiner Highschooljahre und auch noch, nachdem ich 1969 aufs College übergewechselt war, fuhr ich ihn mehrmals allein ins Krankenhaus, wo er seine Spritzen bekam. Er brauchte mittlerweile immer größere Dosen Demerol – gefährlich große Dosen, wie sich herausstellen sollte –, und wenn die nicht wirkten, schickten ihn die Ärzte mit Tüten voller Methadon als »Nachschluck« nach Hause. Die Mediziner hatten mehr oder weniger aufgegeben. Gegen Phantomschmerzen ließ sich eh nicht viel ausrichten, und mein Vater beschwor die Anfälle durch Überanstrengung selbst herauf.

Diese Fahrten mit meinem Vater waren fürchterlich. Ich verstand erst Jahre später, als ich über Phantomschmerzen las, so richtig, was eigentlich passierte. In schweren Fällen wie dem meines Vaters lösen die Attacken Erinnerungen an tief vergrabene oder sogar vergessene Einzelheiten des ursprünglichen Unfalls oder Traumas aus, so daß der Patient den Unfall oder das Trauma, das der Verlust des Gliedes verursacht hat, buchstäblich halluziniert. Auf dem Rücksitz zusammengesunken, bleich und schwitzend, murmelte mein Vater wie im Delirium vor sich hin und fing dann an zu schreien. Monat für Monat durchlebte er seinen Absturz von 1946 noch einmal.

»Mein Gott! Schafft ihn raus hier! Er stirbt! Holt den Mann aus dem Flugzeug, verdammt! O Gott, o Gott, o Gott, um Gotteswillen, er verbrennt!«

Wie ich schon sagte, es war fürchterlich, und das fürchterlichste war, daß ich nicht wußte, was ich tun sollte. Oft konnte mein Vater nach unserer Rückkehr immer noch nicht besonders gut laufen, und Kern war nicht da, um mir behilflich zu sein, ihn die Treppe hochzutragen, so daß meine Mutter und ich ihn so bequem wie möglich auf seine Couch in der Bibliothek betteten, Feuer machten und ihn dort schlafen ließen.

Am nächsten Morgen äußerte sich mein Vater nur kurzangebunden über das Geschehene. Entweder weil er sich tatsächlich nicht allzugut daran erinnerte, oder weil es ihm peinlich war, sprach er nicht gern über seine Halluzinationen und das, was er am Abend zuvor geschrien hatte. Ich fing an, der Wahrheit ins Gesicht zu sehen. Der schwere Absturz meines Vaters, mit dem er anscheinend, wie ich geglaubt hatte, so stoisch fertig wurde, machte ihn in Wirklichkeit zum emotionalen Krüppel und verfolgte ihn in seinem vorgezogenen Greisenalter. Aber wir konnten oder wollten nicht darüber reden. Es ist schwer zuzugeben, doch eine Krankheit wie diese entfremdet einen von dem Betroffenen, auch wenn man ihn liebt.

Im Frühjahr 1969, in meinem letzten Highschooljahr, brach mein Vater mit Herzversagen zusammen, während er an der University of Arizona einen Vortrag hielt. Angesichts des Unvermeidlichen ging er nun endlich in den Ruhestand, wenn er auch politisch und in verschiedenen sozialen Bereichen noch aktiv blieb, so lange er konnte. Meine Eltern verkauften unseren Besitz in New Jersey, packten ihre Habe und die Andenken an ihre fruchtbare, erfüllte Ehe zusammen und zogen nach Susquehanna County in Pennsylvania, wo ihre fünf jüngsten Kinder den Rest ihrer Schulzeit absolvierten. Die alte Cub, 71-Hotel, war bereits 1968 verkauft worden. Der Motor hatte überholt werden müssen, aber das Geld, das dafür benötigt worden wäre, ging für die Krankenhausrechnungen meines Vaters drauf.

Während meiner Jahre auf dem College und noch nachdem ich meinen Abschluß hatte und zunächst als Zeitungsreporter im westlichen Massachusetts arbeitete, versuchte ich, meinen Vater alle paar Monate in Pennsylvania zu besuchen. Gewöhnlich traf ich ihn dann im Obergeschoß der Scheune an, das er sich gleich nach dem Umzug von New Jersey zu einem geräumigen, von Büchern gesäumten Arbeitszimmer ausgebaut hatte. Seine alten Fliegerfotos und Erinnerungen an politische Kampagnen bedeckten die Wände, und die gerahmte aeronautische Karte der Vereinigten Staaten, auf der die Route unseres Fluges von Küste zu Küste in Rot eingezeichnet war, hing wieder an ihrem angestammten Platz über seiner Schreibmaschine. Unser alter Kanonenofen aus New Jersey stand auf einer riesigen grauen Schieferplatte. Wenn es kalt war, machten wir Feuer, setzten uns auf Schaukelstühle und unterhielten uns den ganzen Nachmittag, während die Bäume von draußen immer längere Schatten auf die Wände warfen.

Mein Vater war mittlerweile ziemlich dünn. In einem Winter ließ er sich einen langen, schneeweißen Bart wachsen, der ihn sogar jünger aussehen ließ oder zumindest lebensvoller. Die Gespräche mit meinem Vater waren nach wie vor überwiegend eine Sache des Zuhörens, und so saß ich so geduldig wie möglich da und lauschte seinen langen, vertrauten Monologen. Manchmal redete er über seine Kindheit während der Depression oder über seine Vagabundentage, oder er stürzte sich, falls es Neues in den Nachrichten gab – im Radio wurde täglich über die Watergate-Affäre berichtet –, auf die Politik. Immer wieder vergaß er, daß er mir schon bei meinem letzten Besuch von dem Buch erzählt hatte, das er zu schreiben beabsichtigte. Es sollte ein *roman noir* werden, eine Fliegergeschichte aus dem Zweiten Weltkrieg. Der Spitfire-Pilot startet in England. Der Messerschmitt-Pilot kommt ihm aus Deutschland entgegen. Über dem Kanal treffen sie sich, eröffnen gleichzeitig das Feuer aufeinander, sterben im selben Moment und stürzen zusammen ins Wasser. Das beiderseitige Opfer, sagte mein Vater, solle die Vergeblichkeit des Krieges symbolisieren. Ich war nicht sicher, ob er das Buch jemals schreiben oder man es veröffentlichen würde, aber ich wußte, was er damit meinte. Er war ein guter alter Stearman-Flieger, der jetzt oft übers Sterben nachdachte.

Manchmal döste mein Vater mitten in seiner eigenen Geschichte ein. Ich blieb ruhig in meinem Schaukelstuhl sitzen, während er schnarchte, trank Kaffee, rauchte meine Pfeife und starrte in die Flammen. Meine Gedanken wanderten, und in dem alten, schwarzen Kanonenofen vor mir schien sich unsere Vergangenheit widerzuspiegeln. Ich hing meinen Erinnerungen nach. Hier, an seinem Feuer, hatte ich als Junge gesessen und den wundervollen Anekdoten meines Vaters gelauscht. Später war er in die Scheune gestellt worden, und Kern und ich hatten jeden Abend davor gehockt und im Eiltempo meine Hausaufgaben erledigt, bevor wir uns an die Arbeit an 71-Hotel machten.

Die Fahrt zurück nach New England entlang den Milchfarmen von New York State war trübselig. Mir war nur allzu klar, daß ich mich auf den Tod meines Vaters vorbereiten mußte. Ich hatte schreckliche Schuldgefühle, weil ich nicht versuchte, mehr für ihn zu tun. Aber ich mußte mein eigenes Leben leben, und mein Vater hatte mich immer vor allem dazu ermutigt, ehrgeizig zu sein. Mit jedem Jahr, das verging, fiel es mir leichter, die Zeiträume zwischen meinen Besuchen zu verlängern.

Als meine Mutter mich in der ersten Aprilwoche 1975 aus dem Krankenhaus in Washington, D.C., anrief – ich war gerade im Nachrichtenraum –, hörte ich schon am Ton ihrer Stimme, was geschehen war. Der Reporter am Schreibtisch neben mir konnte meine Reaktion kaum fassen. Während meine Mutter redete, spannte ich ein Blatt Papier in meine Schreibmaschine und begann, sämtliche Informationen, die sie mir gab, mitzutippen. Ich wußte, daß ich in der Familie eine Menge zu organisieren haben würde, und wollte sicher sein, daß ich alles richtig verstanden hatte. Mein Vater war tot, und ich ließ mir diktieren, als schriebe ich irgendeine beliebige Story.

Die letzten beiden Lebensjahre meines Vaters waren eine medizinische Odyssee gewesen. Zusammen mit meiner Mutter, manchmal auch den jüngeren Geschwistern, hatte er an der gesamten Ostküste Krankenhäuser und auf Schmerzen spezialisierte Kliniken abgegrast, ein verzweifelter allerletzter Versuch, sich von seinen Phantomschmerzen zu befreien. Vor kurzem waren sie in Washington auf ein Behandlungsprogramm gestoßen, das ihm durch Akupunktur zeitweise Erleichterung verschaffte. Sie hatten sich gerade im Hotelzimmer ausgeruht, bevor mein Vater am nächsten Morgen wieder zur Behandlung antreten sollte, und sich eben etwas zu essen bestellt. Mitten in einer schweren Schmerzattacke brach mein Vater zusammen. Er hatte einen Herzinfarkt erlitten.

Obwohl der Rettungsdienst über eine Viertelstunde gebraucht hatte, um das Hotel zu erreichen, in dem mein Vater wohnte, und seine Bemühungen, ihn wiederzubeleben, erfolglos blieben, unternahm das Krankenhaus in Washington herkulische Anstrengungen, um ihn ins Leben zurückzuholen. Wir wußten alle, daß die Situation hoffnungslos war, doch das Krankenhaus weigerte sich, die Geräte abzustellen.

Kern arbeitete damals in Washington als Kongreßberater, und meine ersten panischen Gedanken galten ihm.

»Mutter, wo ist Kern? Was macht Kern?«

»Er ist hier, Rinker. Und mach dir keine Sorgen. Es geht ihm gut, und er weiß, was zu tun ist.«

Und ob Kern das wußte. Nachdem er zwei Tage lang Ärzten auf Golfplätzen hinterhergejagt war und gedroht hatte, sie zu verklagen, war das Krankenhaus endlich bereit, dem gesunden Menschenverstand zu folgen. Man willigte ein, den riesigen Apparat aus lebenserhaltenden Maschinen abzuschalten, an den mein Vater angeschlossen war.

Als die Ärzte und Schwestern zu diesem Zweck ins Zimmer kamen, standen meine Mutter und Kern, sich an den Händen haltend, daneben.

»Oh, Kern, sei nicht traurig«, sagte meine Mutter. »Jetzt muß Daddy nicht mehr leiden.«

Und so war es auch. Mit einem letzten Heben seiner Brust atmete er laut aus und gab auf. Er war neunundfünfzig geworden. In den neunundzwanzig Jahren seit seinem Absturz 1946 hatte er elf Kinder gezeugt und großgezogen, war den AA beigetreten und hatte ein Krankenhaus für Alkoholiker gegründet, ein halbes Dutzend großer Zeitschriften vor dem Ruin gerettet, bei der Wahl eines Präsidenten mitgeholfen, sich von den Sechzigern mitreißen lassen und uns außerdem so in den Arsch getreten, daß wir bis nach Kalifornien und wieder zurück geflogen waren. Das war ein gewaltiger Rekord für einen Mann, der nicht mal einen Highschoolabschluß hatte.

Wir veranstalteten in Pennsylvania eine schöne Beisetzungsfeier mit jeder Menge Buck-Chaos und Wiedersehen mit alten Freunden. Wir saßen bis spät nachts im Obergeschoß der Scheune und redeten über alte Zeiten und Tom Buck. Es war ein schöner Abend, genau das Richtige. Jeder hatte großartige Geschichten zu erzählen und seine eigene Version der Ereignisse, aber wir alle stimmten darin überein, daß dieser übellaunige, getriebene, unvergeßliche Wahnsinnige uns sehr inspiriert hatte, und daß es unmöglich war, ihn nicht zu lieben.

Zu Eddie Mahler hatten wir immer noch guten Kontakt. Er war die Verbindung zu unseren alten Fliegertagen als Jugendliche in New Jersey, und davon brauchte ich immer eine ordentliche Dosis oder auch zwei, wenn das Flugwetter sommerlich schön wurde. Ihm selbst blieben auch nur noch zwei Jahre. Es geschah im Herbst 1977 bei der großen Schau von Easthampton an der Spitze von Long Island. Am Abend vor der eigentlichen Veranstaltung, die an einem Samstag stattfand, fuhr ein Kamerateam von einem New Yorker Sender hinaus, um Eddies Nummer zu filmen, damit sie für die Wochenendsendungen Material im Kasten hätten. Während die Kameraleute ihre Geräte aufbauten, leerten sich die Hangars und das kleine Passagierterminal, da alle den großen Eddie Mahler sehen wollten.

Mitten in seiner Nummer löste sich eine der metallenen Streben vom Heck der PJ und flog weg. Eddie fing die Maschine in aller Ruhe ab, kam zurückgekurvt und landete, um das Heck zu untersuchen. Der anwesende FAA-Beobachter schlug vor, Eddie solle die Strebe auf der anderen Seite auch entfernen, um das Flugzeug auszubalancieren. Eddie hatte die PJ jahrelang ohne Heckstreben geflogen – sie waren erst kürzlich angebracht worden –, deshalb willigte er ein. Irgend jemandem hätte auffallen müssen, daß die flatternde Strebe auf ernsthafte, tieferliegende Probleme am Rumpf hindeutete, aber im nachhinein ist man immer schlauer, besonders, wenn man nicht dabei war. Also wurde die zweite Strebe abmontiert, und dröhnend hob Eddie wieder ab.

Sobald er über dem Flugfeld die PJ in den Rückenflug rollte, flog der gesamte hintere Teil der Maschine weg, und einer der größten Stuntpiloten aller Zeiten stürzte ab.

Kern und ich lebten damals beide in New York. Ich war fester Mitarbeiter bei der Zeitschrift *New York*, und er beendete eben sein Jurastudium. Weil Eddies Absturz an einem Freitagabend passierte, an dem ich meistens aus war, hatte ich die Nachricht noch nicht gehört, als Kern mich früh am nächsten Morgen in meinem Apartment in der 77th Street weckte.

»Rink, hast du schon in die Zeitung geguckt?«

»Nein, was ist los?«

»Eddie.«

»Mein Gott, Kern. Das darf nicht wahr sein.«

»Ist es aber, Rink. Eddie Mahler ist nicht mehr bei uns. Eddie ist nicht mehr.«

Ich war untröstlich, fassungslos. Nur wenige Showpiloten sterben im Bett, und viele, die wir gekannt hatten, viele von Eddies Freunden, waren bereits tot. Aber Big Eddie hatte ich immer für unverwundbar gehalten, gedacht, daß ihm das nie passieren würde.

Am Abend trafen Kern und ich uns in Minetta's Tavern unten in Greenwich Village. Bei Minetta's gab es ein kleines, ruhiges Hinterzimmer, wo es den Kellnern nichts ausmachte, wenn wir dort bei einer Mahlzeit und ein paar Bieren herumtrödelten. Niedergeschlagen in unserem Essen stochernd, unterhielten wir uns und ergingen uns bis nach zehn Uhr in Erinnerungen.

»Rink, Eddie Mahler hat mich *umarmt* damals«, seufzte Kern. »Er hat gesagt: ›Kern, ich bin stolz auf dich.‹ Das vergesse ich nie.«

Draußen auf der Straße redeten wir noch ein bißchen, schüttelten uns dann die Hände und wünschten einander alles Gute. Kern nahm ein Taxi nach Brooklyn, und ich ging zu Fuß nach Hause. In dieser Nacht fühlte ich mich sehr einsam und bedrückt, aber auch auf merkwürdige Weise befreit von meiner Vergangenheit, und ich wußte, daß dabei mehr mitspielte als Eddies Tod. Jetzt, da es meinen Vater und Eddie nicht mehr gab, war eine ganze Ära vorbei. Eine bestimmte Generation von Piloten, und was für großartige dazu, hatte ihr Fahrwerk eingezogen. Es war eine Zeit des Abschieds für offene Cockpits, für die starken, muskulösen Männer in ihren glänzenden Maschinen und auch für uns. Vielleicht konnte ich jetzt allmählich das Gefühl hinter mir lassen, daß immer mehr von mir erwartet wurde, als ich leisten konnte. Und eine Befriedigung blieb mir: 1966, als mein Bruder und ich die Cub an die Westküste geflogen hatten, hatten wir all diesen Männern eine große Freude gemacht und vielen Leuten gezeigt, daß sie es verstanden, Piloten heranzuzüchten. Vielleicht hatten wir nicht alles richtig oder nicht besonders gut gemacht. Aber wir hatten unser Ziel erreicht, wir hatten es geschafft, wir hatten wirklich Tag für Tag das Land unter unseren Tragflächen dahingleiten lassen. Mehr hatten wir nicht tun müssen.

Gelegentlich streife ich immer noch in einem Flugzeug im Westen umher. Ab und zu suche ich gern unsere alten Landeplätze auf – Cochise County, Albany und Wink. Natürlich ist es nicht mehr dasselbe wie früher. Die riesigen Rinderherden sind von den Ebenen verschwunden und statt dessen in kommerziell betriebenen Fütterungspferche eingesperrt. Die fliegenden Schädlingsbekämpfer haben ihre Stearmans an Museen und reiche Bonzen verkauft. Sie spritzen jetzt von schnittigen Eindeckern mit turbogeladenen Motoren aus. Neue Luftraumbestimmungen auf Bundesebene haben es wesentlich erschwert, ohne Funk über die Wüsten zu zigeunern. Diese Veränderungen und die neue Flugweise, die damit einhergeht, hatten mir lange zu schaffen gemacht, doch ich versuchte, nicht darüber nachzugrübeln. Ich wollte meine mittleren Lebensjahre nicht wie mein Vater in den Fängen der Nostalgie verbringen. An einem wolkenlosen Frühlingsmorgen über der Roten Wüste von Wyoming aber mußte ich wieder daran denken, und jetzt fühle ich mich wohl mit meinen Erinnerungen, beim Fliegen und mit meinem Fernweh.

Es war der beste Sommer unseres Lebens gewesen; so einen würde es nicht noch einmal geben. Nachdem mein Bruder und ich die Rockies angesteuert und den großen Paß bezwungen hatten, mußten wir keine Energie mehr darauf verwenden, einander kennenzulernen. Wenn ich wollte, könnte ich zwar versuchen, jene Augenblicke wieder wachwerden zu lassen, aber ich kann die Vergangenheit nicht festhalten und diese Reise noch einmal erleben. So etwas erlebt man nur, wenn man jung ist.

EPILOG

An einem angenehm sonnigen Nachmittag im August 1994 rollte ich mit einem Hintermann im Rücksitz auf dem Flugplatz Harriman und West in North Adams, Massachusetts, ans Ende der Startbahn. Ken Burton verdient seinen Lebensunterhalt als Flugkapitän und hat einen ähnlichen familiären Hintergrund wie ich. Außer der Piper Cub, in der wir saßen, gehört ihm eine Stearman in tadellosem Zustand, die er im High-School-Alter zusammen mit seinem Vater restauriert hat. Im Sommer nimmt er in deren offenem Cockpit gern die Kids aus der Nachbarschaft zu kleinen Ausflügen mit.

Ich hatte lange keine Spornradmaschine mehr geflogen, merkte aber, daß mich so etwas jetzt, da ich älter war, nicht mehr nervös machte. Ich gab Gas, und sobald das Heck oben war, fühlte ich, wie die Ruder reagierten. Schlaffe Steuerseile können bei alten Flugzeugen immer ein Problem sein, doch ich hielt mich gut an der Mittellinie, und wir hoben ab.

Wir kreisten über die Piste und flogen nach Norden über die Staatsgrenze. Ich kenne die Berkshires ziemlich gut und liebe sie, und wir passierten die Stelle, wo sie in die Green Mountains von Vermont übergehen. Genau dort, wo die beiden Gebirgszüge aufeinandertreffen, liegt in einem kleinen Naturpark ein oblatenförmiger See. Kens Frau und Kinder und meine Frau und meine Kinder tollten nahe dem Ufer im Wasser herum. Ken holte ein Rudererhorn aus dem Gepäckfach, das er gern auf solche Flüge mitnimmt, öffnete das Seitenfenster und tutete für die da unten hinein, damit sie auch ganz sicher sein konnten, daß dies unsere Maschine war.

Wir wandten uns wieder nach Süden und stiegen über die purpurne Kuppe des Mt. Greylock. Dieser Berg hat große Bedeutung für mich. Ich hatte viele glückliche Tage damit verbracht, ihn mit meinem Freund Roger Linscott zu erklettern, als ich beim *Berkshire Eagle* als Reporter mein Handwerk lernte. Auf dem Gipfel des Greylock steht ein hohes, elegantes Monument aus Stein, ein Denkmal für im Ersten Weltkrieg gefallene Soldaten, das mein Urgroßvater John Kernahan mit erbaute.

Der Flugplatz von North Adams stößt direkt an die Nordwand des Greylock. Wenn man über den Berg kommt, treiben einen die Winde und die steil vom Gipfel abfallenden Hänge von selbst in Richtung der Landebahn 29. Ich nahm etwas Gas weg und rief Ken zu, ich wolle ein paar Landungen riskieren.

»Kein Problem«, schrie Ken. »Hauptsache, du bleibst auf fünfundsechzig.«

Es war mir nie in den Sinn gekommen, daß die alte Cub noch fliegen könnte. Die meisten dieser Maschinen modern irgendwo an ihrer Verankerung vor sich hin, oder Flugschüler setzen sie in die Bäume, machen sich aus dem Staub, und man hört nie wieder von ihnen. Aber dann war ich eines Tages nach Somerset in New Jersey geflogen, um einige Details für dieses Buch zu überprüfen, und zufällig unserem Mechaniker von 1966, Lee Weber, begegnet.

»Klar, Rinker, die fliegt noch«, sagte Lee. »Ich sehe sie ab und zu. Sie gehört jemandem in den Berkshires – Great Barrington, glaube ich, oder Pittsfield.«

In der Pilotenklause gab es ein Flugzeugverzeichnis der FAA, das wir durchblätterten. Und tatsächlich, die Maschine war registriert, und zwar auf Ken Burton und seinen Sohn.

Als ich Ken abends von zu Hause anrief, zitterte meine Stimme und blieb mir immer wieder weg, und Magen und Kehle flatterten, als ob ich mich zum erstenmal mit einem Mädchen verabredete. Ich war selbst überrascht von meiner heftigen Reaktion, doch mir war klar, was sie bedeutete. Ich wollte die Cub unbedingt wiedersehen.

Als ich ein paar Tage später nach North Adams flog, war Ken nicht da, aber ich unterhielt mich dort eine ganze Weile mit Pete Esposito, einem netten Flugplatzopa und ehemaligen Stuntpiloten, der, wie der Zufall es so will in Fliegerkreisen, auch noch ein alter Freund von Eddie Mahler war. Er erzählte mir, was in der Zwischenzeit mit der Cub geschehen war. Nachdem mein Vater sie 1968 an einen Piloten aus Connecticut verkauft hatte, stand sie zehn Jahre lang auseinandergenommen in einem Hangar. Schließlich wurde sie restauriert und ein paar Jahre im Raum Connecticut geflogen, bis Pete die Maschine erwarb. Er benutzte sie eine Zeitlang für Sightseeing-Touren und als Schulflugzeug, bevor Ken sie dann übernahm, um mit seinen Kindern darin herumzudüsen. Und nun komme das Komischste, sagte Pete. In jenem Sommer 1966, als wir von Küste zu Küste geflogen waren, hatten hier alle Flieger darüber geredet und sich gefragt, warum sie sich in ihrer Jugend nicht so einen Gag hatten einfallen lassen. Big Eddie erzählte ihm, daß er die beiden Jungs kenne und es gar nicht abwarten könne, sie nach ihrer Rückkehr aus Kalifornien zu sehen. Natürlich hatte Pete die Sache fünfzehn Jahre danach vergessen und nicht gewußt, daß er genau dieses Flugzeug gekauft hatte.

Wenige Wochen später machte ich mich erneut auf den Weg nach North Adams. Und jetzt flogen Ken und ich ein bißchen in der Gegend herum, zwei alte Cub-Piloten, die sich in der Luft kennenlernten. Das mache ich sowieso alle paar Jahre mal, in einer alten Spornradschleuder rumdüsen, nur um mich zu vergewissern, daß ich noch nicht zu alt dafür bin.

Die Sache liegt mir so im Blut, daß ich sie nie verpatzen könnte. Auf fünfundsechzig bleiben, hatte Ken gesagt. Vergaservorwärmung, drei Korrekturen der Trimmung, Gas weg. Als ich zum Endteil anschwebte, meinte Ken, ich solle auf dem Grasstreifen neben der Asphaltpiste landen, das sei schonender für die Gummireifen. Gut. So ist es einfacher, denn das Flugzeug hat auf Erde mehr Haftung und hüpft nicht so leicht.

Und es ist immer eine Befriedigung für mich, eine Cub, nachdem ich lange keine geflogen habe, weich zu landen und zu spüren, daß ich mein Gefühl für die Konstruktion noch nicht verloren habe. Ken schlug vor, noch ein paar Runden zu drehen, was wir auch taten, und schließlich kurvte ich zur letzten Landung an. Ich wollte nicht zuviel von seinem Benzin verbrauchen.

Als wir auf dem Boden gegenüber der Pilotenklause waren, stellte Ken sich in seinem Rücksitz auf die Bremsen, öffnete die Tür und stieg aus. Holla, dachte ich, das ist echt großzügig. Er läßt mich allein fliegen.

»Ich habe nur eine Regel, Rinker«, sagte Ken. »Wer was kaputtmacht, macht es auch wieder heil.«

Ein paar Männer reparierten gerade die Landescheinwerfer auf dem Asphalt, deshalb startete ich vom Gras aus.

Es war ein überwältigendes Gefühl, allein in dem Flugzeug zu sitzen, das ich mit meinem Bruder durch den Paß geflogen hatte. Achtundzwanzig Jahre waren schnell vergangen. Der Continental röhrte, die Bodenbleche vibrierten, und im Cockpit roch es nach verbranntem Öl. Die alten Meßinstrumente und Skalen waren noch an derselben Stelle wie früher. Ich mußte mich nicht mehr um den Wassersack oder die Geschichte in El Paso scheren, und es war Jahre her, daß ich mir vorgeworfen hatte, meinem Vater nicht näher gewesen zu sein und nicht mehr für ihn getan zu haben, als er noch lebte. Ich war jetzt dreiundvierzig, und im Laufe der Zeit tritt doch die Wahrheit zutage oder das, was man für sich als Wahrheit definiert. Ich hatte getan, was ich konnte, indem ich ihn einfach verstand. Nein, heute machte ich mir um gar nichts Sorgen. Nichts konnte diese Wiedervereinigung verderben. Ich schwenkte nach links auf den Gipfel des Greylock ein, brachte die Tragflächen in die Horizontale und hängte die Cub an ihren Propeller. Ich war hoch oben im Himmel über Bergen, die ich liebte, in einem Flugzeug, das in Würde gealtert war, und alles, was ich wollte, war, noch ein Weilchen in 71-Hotel herumzufliegen.

DANKSAGUNGEN

An einem Buch wie diesem sind viele Menschen beteiligt, und ich möchte mich hier bei dem großen Kreis von Angehörigen und Freunden bedanken, die mir behilflich waren, während ich es schrieb. Die meisten von ihnen kennen mich zu gut, als daß sie daran gezweifelt hätten, daß ich die Geschehnisse humorvoll und sachlich schildern würde, und unterstützten mich vorbehaltlos.

Mein Bruder Kern, der inzwischen Rechtsanwalt ist, bestand darauf, ich dürfe »nichts als die Wahrheit« über unsere Beziehung als Jugendliche preisgeben, so daß ich den Mut fand, Ereignisse zu erwähnen, vor denen ich mich sonst vielleicht gedrückt hätte, und anderes wichtiges Material hinzuzuziehen, das den Hintergrund unseres Fluges von Küste zu Küste im Jahr 1966 beleuchtet. Gelegentlich wichen die Erinnerungen und Interpretationen meines Bruders von den meinen ab. Aber ihm ist klar, daß sich in einer Erzählung in der ersten Person wie dieser zwangsläufig die persönliche Meinung des Autors und seine Sicht der Dinge widerspiegeln. Kein Leser wird sehr lange brauchen, um zu merken, wie glücklich ich mich schätzen kann, ihn als älteren Bruder zu haben.

Meine Mutter Pat Buck verabscheut meine Ausdrucksweise und ist manchmal entsetzt über meine Gesinnung, unterstützt mich jedoch unerschütterlich in allem, was ich tue. Meine

Schwestern Dempsey und McNamara halfen mir besonders dadurch, daß sie sich an Vorfälle während unserer Abwesenheit in jenem Sommer entsannen. Bryan und Nicholas steuerten ihre Erinnerungen an unsere Zeiten als Flieger in den sechziger Jahren bei. Mein Onkel und meine Tante, Jim und Joan Buck, halfen ebenfalls sehr und sind nach wie vor die vorbildlichen Eltern, als die sie in diesem Buch beschrieben werden.

Jack Elliott, der Kolumnist des *Newark Star-Ledger*, der in den Sechzigern über meine Familie und ihre Heldentaten in der Luft berichtet hatte, erwies sich dreißig Jahre später gemeinsam mit seiner Frau Esta-Ann als unschlagbar im Ausgraben von Artikeln und brachte mich wieder mit vielen alten Fliegerfreunden zusammen. Jack ist ein äußerst präziser und scharfsiniger Beobachter, und seine Einsichten in die Persönlichkeit und den Flugstil meines Vaters waren ungeheuer hilfreich, als ich die zu unserem Unternehmen führenden Ereignisse sortierte.

Mehrere alte Fliegerkameraden aus New Jersey – Valerie Mahler, Lee Weber, Bill Machauer, Jack Sylvester, Tom Morley, Helen Yankaskas, Tom Kanach, Art Storm und Jan Mock – durchstöberten ihre Logbücher, fanden Zeitungsausschnitte auf ihren Dachböden und ertrugen geduldig alle meine Fragen. Joseph Heller, Iggy Wolfington, Sterling Dimmitt, John King, Barclay Morrison, Pater John Corr, Sarah und Paul Feakins, Louise DeChiaro, Terry und Natalie Gallagher und Nicholas Platt steuerten ihre Erinnerungen an meinen Vater und meine Familie bei. Auch die Mönche der Delbarton School von St. Mary's Abbey widmeten mir großzügig ihre Zeit, und besonders möchte ich meinem ehemaligen Englischlehrer danken, Gerard Lair vom Benediktinerorden, der heute Abt in St. Mary's ist. Seine überragende Intelligenz und sein Witz halfen mir sehr, als ich dieses Buch schrieb, und sind mir eigentlich immer eine Unterstützung gewesen.

Mit dem unvergleichlichen Robert Warren Pate korrespondiere ich zu meiner großen Freude rund dreißig Jahre nach unserem ersten Zusammentreffen in El Paso 1966 jetzt als Freund. Seinen langen Monolog in Kapitel 17 hatte ich aus dem Gedächtnis verfaßt, bevor ich ihn endlich in Nordkalifornien aufspürte. Pate war so nett, ihn sich sorgfältig durchzulesen, und bestätigt seine Richtigkeit.

Mein Agent David Black stachelte mich jahrelang an, dieses Buch zu schreiben, und seine Assistenten Lev Fruchter und Susan Raihofer kümmerten sich fröhlich um alle Details bei der Vertretung eines Autors. Mein Verleger Brian DeFiore legte zwischen den einzelnen Manuskriptüberarbeitungen eine bewundernswerte Geduld an den Tag, und sein Bestehen darauf, ich möge den psychologischen Beweggründen für unseren Flug nachspüren, verhalf mir selbst zu einem besseren Verständnis des Geschehenen. Auch mein Anwalt Kenneth P. Norwick hat es mit mir ausgehalten und mir über das rein Juristische hinaus wertvolle Ratschläge gegeben.

Jeder, der mit einem Schriftsteller verheiratet ist, zieht während eines Buchprojektes ab und zu die Weisheit seiner Partnerwahl in Zweifel. Meine Frau Amelia aber verlor nie ihre Geduld oder Zuversicht, auch nicht in den vielen Nächten, in denen ich nicht nach Hause kam, sondern bis zum Morgengrauen in meinem Büro am Computer saß.

Bestimmte Leute, die meinen Vater kannten und respektierten, wird einiges von dem, was ich geschrieben habe, womöglich überraschen, doch es wird einem während des Schreibens selbst erst vieles klar. Einer Sache, die ich vorher nur vermutete, bin ich mir jetzt ganz sicher: Wenn er ein anderer Mensch, ein anderer Vater gewesen wäre, hätten mein Bruder und ich niemals das unternommen, was wir wagten.

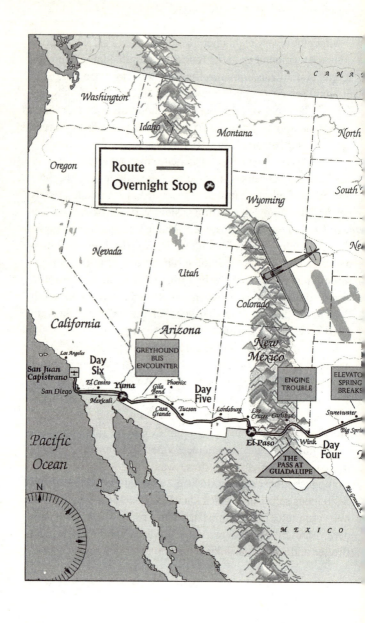

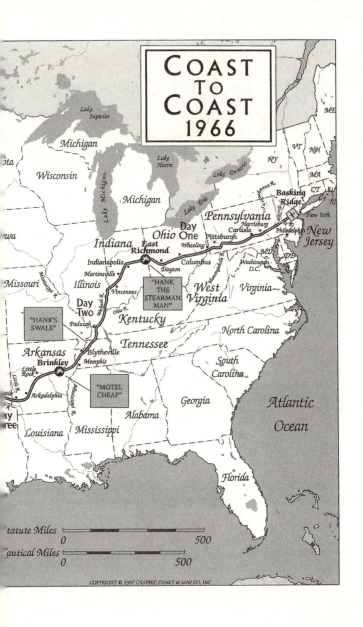

Die Warburgs
Odyssee einer Familie
960 Seiten
btb 72029

Aus Freude am Lesen

Ron Chernow

Die Warburgs sind wie die Rothschilds oder Mendelssohns eine der großen jüdischen Familien Europas – Bankiers, Forscher und Mäzene. Chernow beschreibt ihr bewegtes Schicksal zwischen Hamburg, London und Amerika.
»Ein glänzendes, spannendes Werk.«
DER SPIEGEL

Saint-Exupéry
Eine Biographie
670 Seiten
mit zahlreichen
Abbildungen
btb 72024

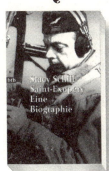

Aus Freude am Lesen

Stacy Schiff

Stacy Schiff setzt sich auf die Spuren eines schwierigen Lebens – und entdeckt einen Menschen, dessen Existenz eine komplizierte, zerbrechliche Mischung aus Heroismus, Einsamkeit und Melancholie war.
»Glänzend geschrieben, hervorragend recherchiert.«
KIELER NACHRICHTEN